方山年鉴

2023

《方山年鉴》编纂委员会 编

中国文史出版社

图书在版编目(CIP)数据

方山年鉴. 2023 / 《方山年鉴》编纂委员会. --
北京 : 中国文史出版社, 2023.12
ISBN 978-7-5205-4545-7

Ⅰ. ①方… Ⅱ. ①中… Ⅲ. ①方山县—2023—年鉴
Ⅳ. ①Z522.54

中国国家版本馆CIP数据核字(2023)第243882号

责任编辑：高　贝

出版发行：中国文史出版社
社　　址：北京市海淀区西八里庄路69号院　邮政：100142
电　　话：010-81136606　81136602　81136603（发行部）
传　　真：010-81136655
印刷设计：洛阳晟扬文化传播有限公司
印　　装：河南省书韵印务有限公司
开　　本：889mm×1194mm　1/16
印　　张：24　　字数：430千字
版　　次：2023年12月第1版
印　　次：2023年12月第1次印刷
定　　价：168.00元

《方山年鉴》编纂委员会

主　　任　周小云　高　鹏

副 主 任　薛利民

委　　员　（按姓氏笔画为序）

王卫忠　王国锋　王　强　王鑫辉　刘月亮

任丽军　任星星　吕鹏飞　吴小卫　宋小平

张少为　何永才　李建军　李雪芬　赵晶晶

郝玉平　秦芝锋　郭岩峰　高越勇　崔彦龙

霍秉艮　薛向辉　薛贵锋　薛　颖

《方山年鉴》编纂人员

主　　编　李雪芬

副 主 编　李晓晴　陈　胜　张　健　白鹏伟

总　　纂　李晓晴

编　　辑　高全清　刘云健　王慧慧　乔姝婧　菅　哲

摄　　影　肖继旺　杨应平

编辑说明

一、《方山年鉴》创办于1993年，是由中共方山县委、方山县人民政府组织，方山县委党史研究室（方山县地方志研究室）主办编纂的县级年度资料性文献。《方山年鉴（2023）》为第9部。

二、《方山年鉴》坚持以马克思列宁主义、毛泽东思想、邓小平理论、“三个代表”重要思想、科学发展观、习近平新时代中国特色社会主义思想为指导，坚持辩证唯物主义和历史唯物主义的立场、观点、方法，存真求实，全面、客观、系统地记载方山县自然、地理、政治、经济、文化、社会、生态建设等各个领域的基本情况，反映年度重要事项和发展变化，为读者认识方山、投资方山、建设方山提供帮助。

三、《方山年鉴（2023）》记述时限为2022年1月1日至2022年12月31日，特载内容除外。

四、《方山年鉴（2023）》分类编排，设条目记述。全书分四个层次，即类目、分目、次分目、条目。设特载、大事记、县情概览、中国共产党方山县委员会、方山县人民代表大会、方山县人民政府、中国人民政治协商会议方山县委员会、中国共产党方山县纪律检查委员会 方山县监察委员会、群众团体、法治、经济管理、方山生态文化旅游示范区、农业、水利、工业、商贸服务业、金融、交通运输、邮政通信、城乡建设与环境保护、教育科技、文化旅游、医疗卫生、乡镇概览、人物和附录共26个类目，总字数43万字。

五、《方山年鉴（2023）》统计数据采用法定计量单位，涉及数据均经撰稿单位核对。

六、《方山年鉴（2023）》稿件由方山县党政机关、群众团体、企事业单位、乡镇人民政府提供。

数字方山

行政区域	1434.1平方千米
年均气温	8.7℃
地区生产总值	85.91亿元
全县一般公共预算收入	3.20亿元
固定资产投资完成	200100万元
常住人口	111724人
全县居民人均可支配收入	13707元
城镇居民人均可支配收入	27430元
农村居民人均可支配收入	7330元
粮食作物播种面积	15099.73公顷
粮食产量	5.11万吨
社会消费品零售总额	107527.7万元

北武当山风景

北武当山风景名胜区客运索道建设项目奠基仪式

名胜区客运索道建设项目奠基仪式

方山县消防救援大队——敬业奉献榜样

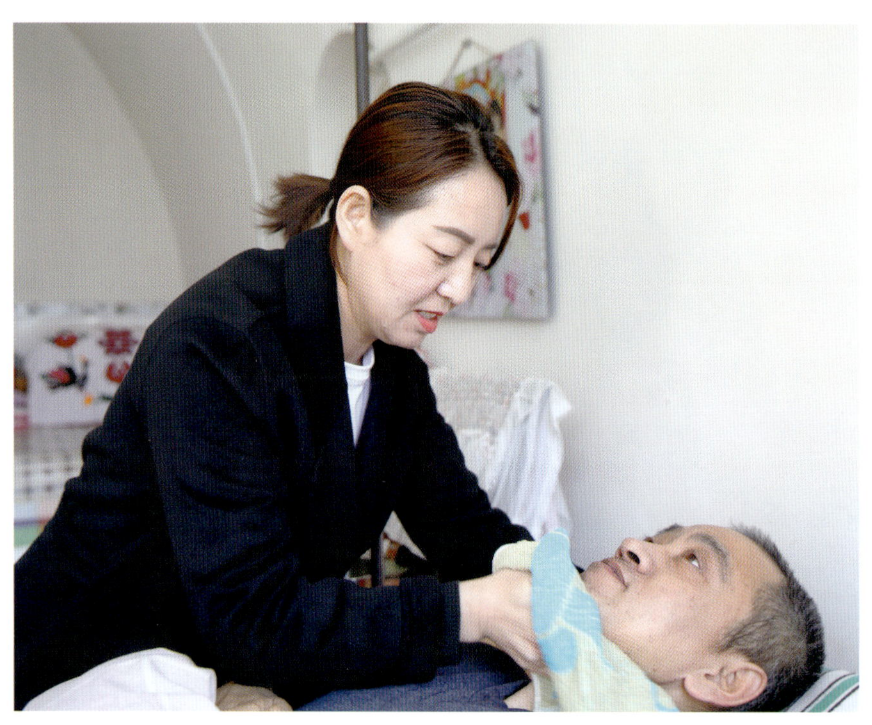

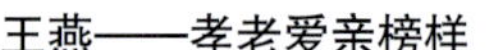

王燕——孝老爱亲榜样

李永明——见义勇为榜样

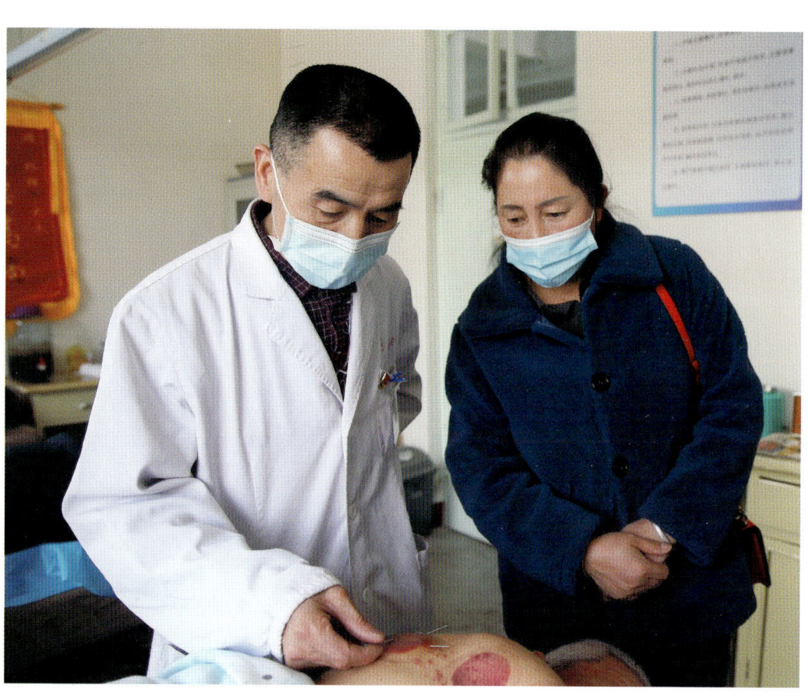

赵四清——血脉军魂榜样

李玉平——赤子初心榜样

李来平——家国情怀榜样

任云——情系家乡榜样

北理工支教团——
特别致敬团队

李金坤——胸怀宏志榜样

江阴教育管理团——
特别致敬团队

在方山县城内第二小学

二十大宣讲小分队基层宣讲

在方山县高级中学

在方山县机关第三幼儿园

在山西庞泉重型机械制造有限公司

二十大宣讲小分队基层宣讲

① | ②

在圪洞镇前东旺坪村

③ | ④

③北京理工大学机械与车辆学院在方山县职业中学开展科普讲座

④北京理工大学方山县实习实践活动暨暑期学校开班仪式

北京理工大学支教活动

① | ②

北京理工大学2023年“徐特立科学营”开营暨“全能少年夏令营”“方山专题营”活动

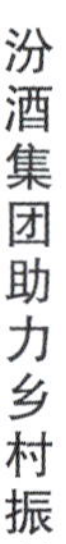

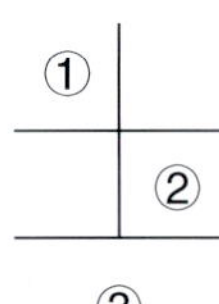

汾酒集团助力乡村振兴
篮球表演赛

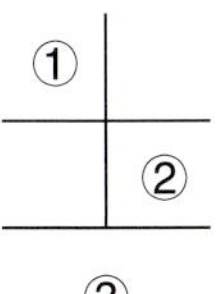

汾酒集团向马坊镇寄宿制小学捐赠校服仪式

方山县垚鑫生态蛋鸡养殖

目　录

特　载

大事记

县情概览

中国共产党方山县委员会

方山县人民代表大会

方山县人民政府

中国人民政治协商会议 方山县委员会

中国共产党方山县纪律检查委员会 方山县监察委员会

群众团体

法　治

经济管理

方山生态文化旅游示范区

农 业

水　利

工　业

商贸服务业

金　融

教育　科技

文化　旅游

医疗　卫生

镇概览

人　物

附　录

供稿单位撰稿人名单

特　载

中共方山县委常委会工作报告

——在中共方山县委十一届七次全体(扩大)会议暨县委经济工作会议上

(2023年1月18日)

中共方山县委书记　周小云

各位委员,同志们:

这次会议的主要任务是,以习近平新时代中国特色社会主义思想为指导,认真学习贯彻党的二十大精神和中央、省委、市委决策部署,总结2022年工作,部署2023年任务。下面,我受县委常委会委托,向全会报告2022年工作,并就做好今年工作讲几点意见。

关于2022年县委常委会工作

2022年是党的二十大召开之年,也是方山全方位推动高质量发展的关键一年。县委常委会坚持以习近平新时代中国特色社会主义思想为指引,深入贯彻党的二十大精神和习近平总书记视察山西重要讲话重要指示精神,认真落实中央和省委、市委各项决策部署,积极克服新冠疫情、洪涝灾害等不利因素影响,团结带领全县党员干部群众接续奋斗、苦干实干,全县党的建设和经济社会各项事业取得积极成效。

一年来,我们坚持稳字当头、稳中求进,经济结构持续优化。始终坚持以经济建设为中心,抓牢高质量发展首要任务,全年地区生产总值预计完成83亿元,财政总收入和一般公共预算收入分别达9.6亿元、3.2亿元。30兆瓦屋顶分布式光伏发电项目纳入国家试点,吕梁北煤炭专用线和铁路装车系统项目、100兆瓦国网综合能源农光互补项目有序推进,吕梁山矿产品10万吨电熔改性料项目投产达效。持续实施了农旅特色产业园、张家塔古村落保护与开发等项目,成功举办了全省“三个一批”活动吕梁现场会,示范区5项考核指标全部完成,文旅产业发展成效明显。形成了养殖、中药材、蔬菜三大特色产业集群,带动全县牛、猪、鸡存栏分别达到5.3万头、5.7万头、130万只,中药材达到5万亩、季节差蔬菜达到1.2万亩。全县产业结构不断优化,为全方位推动高质量发展注入强劲动能。

一年来,我们坚持扛牢责任、持续巩固,乡村振兴扎实推进。累计召开县委常委会、领导小组会、专题会议等49次,高位推动各项任务全面落实。制定了18个政策性文件,保持了帮扶政策总体稳定。统筹整合资金2.1亿元,实施巩固衔接项目108个。脱贫群众“三保障”和饮水安全全面保障提升。落实稳岗就业政策,全县脱贫劳动力实现务工17106人。16座光伏电站年发电收益4468.55万元,惠及脱贫户、监测户10365人。建设美丽乡村7个、乡村振兴示范村8个。7个易地扶贫安置点实现了产业园区全覆盖。2022年全县脱贫人口人均纯收入达11053元,增长17.1%。实施“一村一名大学生”计划,新招聘大学生64名,农村组织人才保障不断强化。

一年来,我们坚持补齐短板、提升品质,城乡面貌明显改观。投资2.4亿元的棚户区改造东三区分房到户,累计投资8376.2万元的县城提升改造周转房、老旧小区改造、民欣苑公租房等项目竣工,投资2816.14万元的文化艺术馆项目主体建成。大武新区5个安置区主体完工,配套设施有序推进。持续推进农村“六乱”整治,完成“四好”农村路35.685公里、农村改厕400座,77个行政村保洁、垃圾收运实现城乡一体化运营管理。深入推进文明城市创建,扎实开展市场交通秩序整顿、环境卫生整治、文明城市宣传等专项行动。

一年来,我们坚持以民为本、民生优先,民生福祉不断提升。坚定教育“四个优先”发展战略,投资3.59亿元启动了新建一中及县高级中学综合楼建设项目和二中教学楼、宿舍楼改扩建等重点工程,维修改造中小学、幼儿园22所,办学条件显著改善;募集教育基金2650万元,兑现增量绩效1248.7万元,教师积极性全面激发;引进山西华阳教育集团全面托管贺龙中学,同步深化与江阴教育集团合作办学,教育教学质量显著提高,2022年高考二本B类以上达线115人,比2021年的31人增加了84人,达线人数打破历史最高纪录,赢得了学生家长和社会各界的高度认可。总投资3.6亿元的县人民医院项目主体完工,“行走的医院”项目落地方山,逐步实现了“小病不出村、大病不出县”。扎实做好疫情防控,持续推进疫苗接种,保障群众就医用药需求,确保防控措施调整转段平稳有序。城乡居民低保标准分别提高到7560元、6024元/人/年,农村特困人员集中供养、分散供养标准分别提高到10100元、8170元/人/年,县殡仪馆主体完工。刘泽军烈士荣登“中国好人榜”,李春连喜获“赵树理文学奖”,文化事业繁荣发展。

一年来,我们坚持生态优先、绿色发展,生态环境持续改善。坚决践行“两山”理论,综合施策、标本兼治,全县空气质量综合指数3.68、全年优良天数321天,分别列全市第一、第二。三川河(城区段)生态修复综合治理项目顺利推进,县污水处理厂二期扩容工程建成投运,县城污水集中收集处理率达95%以上。4万平方米既有建筑节能改造项目完工。北川河大武出境省考断面、马坊国考断面水质均值达地表水II类水质。全年查处环境违法案件23起、罚款374.02万元。完成黄河重点生态区生态保护和修复、经济林提质增效、森林质量提升等营林造林工程17.73万亩,水土流失综合治理29平方公里。

一年来,我们坚持夯实基础、强化治理,社会大局和谐稳定。扎实开展抓党建促基层治理能力提升专项行动,创新“乡镇党委主导发展党员”工作,全面推进基层网格治理,深化综合执法队伍改革；高效推动“清化收”工作，清理规范合同 7510 份、化解债务 4388.22 万元、新增资金 2007.38 万元、新增土地资产 10.73 万亩，全面夯实基层治理根基。深入开展打击非法盗采矿产资源、安全生产大排查大整治等活动。成功应对洪涝灾害，及时组织开展生产自救、灾后重建，守护了人民群众生命和财产安全。全力做好重大活动和敏感节点期间信访维稳工作，常态化推进扫黑除恶斗争，“一站式”调解中心调解矛盾纠纷 649 件，实现了矛盾纠纷在源头化解。

一年来，我们坚持政治引领、从严治党，政治生态风清气正。把思想政治建设放在首位，县委常委会坚持每季度至少研究一次意识形态工作，切实加强党对意识形态工作的领导。深入学习宣传贯彻党的二十大精神，举办读书班、研讨会、报告会，领导干部带头深入基层宣讲调研，累计开展“新思想在方山”基层宣讲 226 场次、受众 2.18 万人，推动习近平新时代中国特色社会主义思想在基层入脑、入心、入行。大力推进清廉方山建设，做实做细政治监督，高质量开展十一届县委第二轮巡察、村集体“三资”专项巡察工作。保持反腐败高压态势，立案 206 件，给予党纪政务处分 218 人次。

各位委员、同志们，艰难困苦、玉汝于成。这些成绩的取得，是习近平新时代中国特色社会主义思想指引的结果，是省委、市委大力支持的结果，也是全县广大党员干部群众团结一致、艰苦奋斗的结果。在此，我代表县委常委会，向全县各条战线的党员、干部和群众，向所有关心支持方山发展的同志们和朋友们，表示衷心的感谢！

各位委员、同志们，总结成绩的同时，我们也要清醒认识到，全县工作还存在不少问题。县域经济发展总量不大、质量不高，文旅品牌不响，农业产业化程度低；龙头企业较少，产业整体链条不长、附加值不高；教育、卫生等公共服务供给相对不足；财政收支矛盾突出、债务压力较大；干部创新意识不强，抓落实的劲头不足，攻坚克难、化解风险的本领还需进一步提升。对于这些问题，我们将采取有力措施，切实加以解决。

关于 2023 年工作安排

今年是全面贯彻落实党的二十大精神的开局之年，是实施“十四五”规划承上启下的关键之年，做好今年各项工作意义重大。县委提出，今年经济工作的总体要求是：以习近平新时代中国特色社会主义思想为指导，全面贯彻落实党的二十大精神，深入贯彻中央和省委、市委经济工作会议精神和习近平总书记视察山西重要讲话重要指示精神，坚持稳中求进工作总基调，完整准确全面贯彻新发展理念，主动服务和融入新发展格局，着力推动高质量发展，更好统筹疫情防控和经济社会发展，更好统筹发展和安全，坚定“一二四四”发展思路，提振信心、抢抓机遇，求真务实、埋头苦干，为全面建设宜居宜游宜养宜业“四宜”方山而团结奋斗。

今年县委、县政府对经济指标的预期考虑是：地区生产总值增长 6%；一般公共预算收入增长 5%；固定资产投资增长 7%；社会消费品零售总额增长 7%；规模以上工业增加值增长 7%；城镇居民人均可支配收入与经济增长基本同步，农村居民人均可支配收入高于经济增长水平；约束性指标完成市定要求。

各位委员、同志们,要实现经济社会各项预期目标,全县上下必须统一思想、坚定信心,因势而谋、攻坚克难,把握发展规律,总结经验教训,奋力在全方位推动高质量发展上实现新突破。下面,我强调七方面的重点任务。

一、坚定不移推进转型发展,构建现代化产业体系

全方位推动高质量发展,首要任务是经济高质量发展,重中之重是构建完善的现代产业体系。

一是做强农业产业特优集群。依托肉牛、生猪、中药材、设施蔬菜等特色优势产业,强龙头、补链条、兴业态、树品牌。要做强养殖产业集群。依托龙头企业宏康牧业,形成“种养加、产供销”全循环产业链,支持建设雁门关生态区肉牛提质增效标准化示范场 20 个,推进肉牛产业研发中心建设,延伸拓展“活体牛抵押贷”,带动全县肉牛产业提质增效,打响“方山肉牛”品牌;大力发展以山西昕广欣种猪育种、晋汾白猪种猪繁育为龙头的生猪养殖产业,形成“生猪养殖—粪污处理—有机种植—田园采摘”产业链,支持建设 10 个存栏 2000 头以上生猪标准化示范场,打响“方山生猪”品牌。要做强中药材产业集群。坚持“区域化布局、景观化建设、基地化培育、品牌化营销”思路,深化与振东集团、山西农业大学合作,新建中药材标准化种植基地 2000 亩、种苗繁育基地 500 亩、中药材良种示范场 1 个,扶持圣帝中药材、鼎峰种养专业合作社等延伸中药材深加工链条,探索中医药养生、食疗药膳、中药饮品等新业态,打响“方山本草”品牌。要做强蔬菜产业集群。坚持“规模化发展、标准化建造、产业化经营”思路,发展冷凉区露地蔬菜 1.3 万亩,实施 1 万吨仓储冷链项目,推动 100 亩日光温室蔬菜园区建设,加快绿之乡番茄酱、老传统辣酱等生产线扩建,打响“方山蔬菜”品牌。要扛起稳粮保供责任。以稳粮保供、特优高效、科技兴农为方向,实施高标准农田建设,提高农业机械化水平,健全种粮农民收益保障机制,推进 5000 吨标准化粮食储备库项目,启动全县第三次全国土壤普查工作,确保全县粮食播种面积稳定在 19.1 万亩以上、粮食产量稳定在 5300 万公斤以上。

二是加快传统产业升级改造。积极优化产业结构、转变产业发展方式,推进煤下铝资源开发,汇丰新星年内争取由探转采,霍州煤电木瓜、店坪及金晖瑞隆、金晖凯川等 4 户企业加快获批。确保汇丰新星 2846 万吨、金晖凯川 1700 万吨下组煤年内投入生产,有序释放煤炭产能。深化与北理工、省科协等的合作交流,推动庞泉工贸、新星冶炼等企业数字化智能化转型,加快新产品开发研究,推进吕梁北煤炭专用线和铁路装车系统项目,提高制造业增加值比重。加强与汾酒集团合作,支持老传统和良泉改进工艺、提升品牌、扩展市场,做大做强白酒产业。

三是推动文旅产业提档升级。持续发挥好示范区“主引擎”“主阵地”作用,以文塑旅、以旅彰文,推动生态、文化、旅游全领域、全方位、全链条深度融合。要补齐短板。持续优化基础设施和公共服务配套,加快“阳湾—骨脊山”、梅洞沟、鸦儿崖等循环旅游公路建设,打通县内循环、县外连接旅游线。加快推进北武当山景区客运架空索道建设项目,开工建设旅游集散基地及离东抗日民主政府、张叔平烈士故居保护修缮等重点项目,提升景区软硬件水平。推进北武当山国家5A级、张家塔古村落国家3A级景区创建工作。要提升品牌。深化与中传建信、中传大地合作,加强项目打造、景区运营、品牌塑造。加强与主流媒体合作,探索运用新媒体平台,举办文化活动、节庆赛事,打造全方位立体化营销矩阵,提高方山“廉吏故里、康养胜地”文旅品牌知名度。要拓展外延。充分发挥北武当镇、峪口镇、圪洞镇等文旅资源优势,培育一批生态康养示范点、农旅田园示范点、廉政教育示范点、民俗文化示范点,串点成线,打造精品旅游线路。紧扣“吃、住、行、游、购、娱”等要素,大力发展休闲康养、特色民宿、美食餐饮等生活性服务业,推动批发零售、住宿餐饮等传统服务业复苏振兴,不断提升旅游行业服务水平。

四是支持新兴产业发展壮大。推动新能源、数字经济、服务业等新兴产业快速发展。新能源方面,立足风能、光能优势,大力发展风光储产业,加快推进国网能源100兆瓦光伏发电项目、格盟新能源30兆瓦屋顶分布式光伏发电项目,促进中广核80兆瓦风电项目尽快落地。数字经济方面,抓住数字转型机遇,积极争取省、市数字经济项目,新建、升级135个5G网络基站,强化数据资源共建共享。依托乡村e镇项目,建设“一套数字景区系统、一座数字科技展馆、一套溯源系统、一座VR体验馆、一条供应链系统”五个一工程,形成“康养+产业+电商+配套”产业生态,持续打响“一方粮川”区域公共品牌。服务业方面,加快县域商业体系建设,以顺达连锁超市为龙头,支持新建6个镇级商贸服务中心,推动城乡居民共享品质消费。鼓励实体零售业通过社交电商、直播带货等新型营销手段扩展线上销售渠道。

二、坚定不移抓好项目建设,夯实高质量发展基石

必须牢固树立“抓项目就是抓经济,抓项目就是谋发展”的理念,不断强化各类要素保障,力促项目尽快落地,产生实际投资、稳定税收和更大附加值。

一是强力推进项目建设。要抓好项目谋划。今年我们谋划了总投资150.72亿元的110个重大项目,但真正能带动县域经济高质量发展的大项目、好项目还不多,省委、市委在能源革命、数字经济上将投入大量资金,必须紧跟上级政策、紧盯产业前沿,精准对接国家、省、市政策投资导向,争取更多中央预算内资金和政府专项债券支持,充分释放有效投资对经济增长的拉动作用。要完善推进机制。健全重大项目协调机制,强化县级领导包联项目机制,引深“周例会、月通报、季观摩、年考核”推进机制,形成在谈项目抓签约、待批项目抓前期、新建项目抓开工、在建项目抓进度、竣工项目抓投产的工作闭环。要加强对各承载项目单位的考核,将项目建设考核与领导干部考核相结合,树立以项目论英雄、以项目论担当、以项目论能力的导向。要提高招商质效。积极完善招商引资体制机制,用足用好三支招商引资小分队,创新招商模式,加大招商引资优惠政策宣传力度,营造全社会关注和参与招商引资的浓厚氛围,促进一批大项目、好项目落实落地。

二是持续优化营商环境。聚焦“三无”“三可”(无差别、无障碍、无后顾之忧,可预期、可信赖、可发展)要求,全面深化“证照分离”“一业一证”改革,科学精准赋权,实行联合办公、容缺受理、并联审批、提速办公、拿地即开工等新机制,确保县级90%以上事项“一件事一次办”。全面推进“双随机、一公开”监管,千方百计为企业松绑、为群众解绊、为市场腾位。依法平等保护各类市场主体合法权益,着力解决市场主体反映强烈的堵点、痛点、难点问题,加强事中事后监管,构建亲清政商关系,让企业家安心经营、放心发展,全面激发市场主体和全社会动力活力。

三是强化科技人才支撑。充分依托省校合作"12大基地"以及北理工科技人才工作站、智能无人综采实验室等平台,推动重点产业关键技术攻关,认真落实科技创新奖励政策,加速科技成果转化。坚持"人才强县"战略,深化与北京理工、山西大学、山西财大、山西农大等高校对接合作,采取股权投资引才、工作站点引才、项目合作引才等方式吸引集聚一批"高精尖缺"创新人才。完善人才引育留用制度、优秀人才联系服务制度,落实子女就学、社会保障等各项优惠政策,确保人才引得进、留得住、用得好。

三、坚定不移统筹城乡发展,加快城乡融合步伐

城乡一体化融合是提升区域竞争力、助力乡村振兴的重要举措,要创优路径、全域联动,推动区域协调发展。

一是提升城乡建设品质。合理实施城市更新。完成文化艺术馆项目,实施城北医疗教育园区雨污管道及道路建设项目,争取老旧小区改造、便民农贸市场、特色农产品批发交易市场、经贸广场等项目开工,合理调控现有建设项目,优化城市空间格局,美化城市形象。加快新区建设进度。完成大武新区5个安置区、木瓜沟改线、举人头沟两山防洪、市政基础设施等项目建设,配合实施大武商业街、丽水苑、清风雅苑、吕梁大道二期、北川河及沿河生态治理二期、新安大道等市重点项目。巩固提升基础设施。加快"十四五"期间黄河板块旅游公路建设,年内完成"马坊—武家湾""大武—木瓜"路面升级改造、"车道崖—刘家沟"县乡道拓宽改造项目,完成圪洞35千伏变电站升压、大武110千伏输变电工程项目。加强城市综合管理。完善城市执法改革,加强综合行政执法队伍建设,推进城市管理精细化、数字化。规范城乡建设秩序、道路交通秩序、市场经营秩序,改善城市人居环境,提高城市应急管理水平,全力做好省级文明城市迎检验收工作。

二是全面推进乡村振兴。巩固脱贫成果。持续开展防返贫动态监测,紧盯易返贫致贫人口,开展常态化动态监测和帮扶,坚决守牢不发生规模性返贫底线。落实好教育、医疗、住房、饮水等民生保障普惠性政策。健全7个易地扶贫安置点后续扶持机制,完善配套基础设施和公共服务,提升配套产业园吸纳就业能力。推进乡村建设。按照固强补弱思路,注重乡土味道,深挖历史古韵,持续打造一批美丽乡村和乡村振兴示范村。完善提标乡村公共服务设施,健全农村垃圾收集清运处理体系,确保6个镇77个行政村垃圾清扫、清运规范运营,提升19个美丽乡村垃圾分类试点工作,完成1个建制镇、启动6个行政村污水治理项目,全面提升乡村整体面貌和群众生活质量。深化乡村治理。发挥农村党组织引领作用,构建党组织统一领导下的自治、法治、德治相结合的治理体系。持续深化农技农经农机"三支队伍"改革,稳步推进农业生产托管服务试点工作,巩固农村集体资产"清化收"工作成果。推动镇村文明创建、文明实践、文明培育,深化移风易俗,开展文明户评选活动,形成文明乡风、良好家风、淳朴民风。

四、坚定不移保障和改善民生,提高人民生活品质

始终坚持以人民为中心的发展理念,着眼普惠、面向普通、惠泽普遍,全力提高人民生活品质，把民生愿景变成幸福实景。

一是办好人民满意教育。坚定教育“四个优先”发展战略，着力补齐教育短板，全力推进我县教育高质量发展。持续改善办学条件，年内完成新建一中及高级中学综合楼建设项目。统筹实施学前教育普惠发展、义务教育优质均衡、高中教育多样发展、职业教育产教融合“四大工程”，巩固民办义务教育学校规范治理成果。深化与江阴、华阳教育团队合作办学，运用省内外高校、优质中小学教育帮扶有利契机，拓宽办学思路，增强办学活力。全面加强师资建设，有序开展优秀教师选派、优质教育资源共享、师德师风整治等工作，为教育高质量发展提供人才支撑。大力实施捐资助学，表彰先进、树立典型，增强广大教师的职业荣誉感、使命感和责任感。

二是推动健康方山建设。推动优质医疗资源扩容下沉和区域均衡分布，以提升县域医疗综合服务能力为目标，完成“智慧医疗+5G协同诊疗”“行走的医院”通信主干网络部署等智慧健康项目建设，实现远程医疗服务信息化全覆盖，最大限度方便群众就近就医。大力改善医疗条件，加快县人民医院迁址投用，推进县疾控中心建设项目。做好紧缺人才和骨干人才招聘培养，引进人才19人、定向委培6人，切实解决人才短缺问题。

三是提升社会保障能力。落实落细就业优先政策，确保城镇调查失业率控制在5.5%以内。完善高校毕业生、农村劳动力、城镇就业困难人员、退伍军人、脱贫人口等重点群体就业支持体系，加大职业技能培训，组织专场招聘活动，落实创业优惠政策，实现群众就业扩容提质。开展就业援助活动，开发公益性岗位，动态消除“零就业”家庭。强化社会救助兜底保障，完善农村特困供养人员、城乡低保、残疾人等社会救助制度。加快启用县殡仪馆、社会福利院养护楼，积极争取博物馆改建、全民健身中心项目，广泛开展非遗展、全民阅读等群众性文化活动，丰富群众文化生活。

五、坚定不移突出绿色发展，持续改善生态环境

深入贯彻习近平生态文明思想，牢记保护生态环境是“国之大者”，践行“两山”理念，以高水平保护助推高质量发展。

一是深入推进环境污染防治。持续打好蓝天保卫战。全面开展建筑施工扬尘、餐饮油烟、柴油货车污染等专项治理，力争全年优良天数达到321天以上，空气质量稳定达到国家二级标准。持续打好碧水保卫战。加快推进峪口沟河道治理、三川河（城区段）生态修复综合治理，积极争取横泉水库应急防护工程项目，持续巩固水环境质量提升成效，力争马坊国考断面、大武省考断面水质稳定达到地表水II类标准。持续打好净土保卫战。全面加强农业面源污染防治和土壤污染重点单位监管，严厉打击固危废非法倾倒、转移等违法行为，确保土壤环境质量总体保持稳定。

二是持续开展国土绿化行动。完成吕梁山生态保护与修复、黄河及黄河流域防护林屏障建设、退化林修复、核桃经济林高接换优等项目5.3万亩，争取开工国家储备林及林业扶贫项目，巩固提升我县国土绿化质量效益，夯实高质量发展生态根基。以全面落实林长制为抓手，健全林草资源保护管理运行机制，抓好森林防灭火和资源保护工作，确保森林资源安全。

三是加快推进绿色低碳发展。严把产业项目准入,从源头控制高耗能项目,为先进产能腾出发展空间和环境容量。发展生态经济、全域旅游、特色农牧业等绿色产业,拓展资源禀赋优势,打造生态文化旅游新高地。实施公共交通绿色提升,新增新能源公交车30辆。倡导绿色生产生活方式,开展绿色学校、机关、社区、家庭创建活动,推动全民践行简约适度、绿色低碳的生活理念。

六、坚定不移守牢安全底线,提升社会治理水平

始终坚持以人民为中心的发展思想,全面落实疫情防控优化措施,全力防范化解各类风险挑战,不断提升治理效能,确保社会大局稳定。

一是精准优化疫情防控措施。不折不扣落实好“新十条”和《农村地区新型冠状病毒感染防控工作指南》,重点抓好老年人、儿童、孕产妇、残疾人、严重慢性病患者等重点人群健康服务,深入做好医疗资源扩容和物资储备。大力提升基层医疗卫生机构诊疗水平,补齐重症床位、发热门诊、设施设备,畅通转诊通道,及时分类分级收治患者。加快推进老年人疫苗接种工作,确保60至79岁老年人全程接种率、加强针接种率均不低于95%,80岁以上不低于90%。

二是坚决守牢安全生产底线。严格落实安全生产责任制,压紧压实属地管理、部门监管和企业主体责任。更好统筹发展和安全,严格把好规划、建设、生产、运行等各环节安全关,推动安全生产治理模式向事前预防转变。坚持不懈落实十五条硬措施,毫不放松抓好煤矿、非煤矿山、交通、危化品、建筑施工、食品药品等重点行业领域安全生产监管,强化安全监管执法,夯实安全生产基础。加快应急物资储备库项目建设,提高防灾减灾救灾能力,统筹抓好防汛抗旱、森林防火、地质灾害、防灾减灾等工作,强化应急备勤和值班值守,科学应对处置事故灾害。

三是全力维护社会和谐稳定。推动全科网格信息化、流程化、专业化建设,全面提升城乡社区治理水平。坚持和发展新时代“枫桥经验”,强化预警、研判机制,完善人民调解、行政调解、司法调解联动机制,推进信访矛盾多元化解机制建设。统筹抓好金融风险、企业债务风险、政府债务风险防范化解,牢牢守住不发生区域性风险底线。持续开展“平安方山”创建活动,常态化推进扫黑除恶斗争,完善打防管控立体化社会治安防控体系。坚持县级领导每月至少一次深入基层联系群众制度,切实解决群众身边急难愁盼问题。

七、坚定不移加强和完善党对经济工作的领导

加强和完善党对经济工作的集中统一领导,是中国特色社会主义制度的一大优势,是做好经济工作的根本保证。

一要发挥思想引领作用。思想引领力是我们党极其重要的领导力,也是党的优良传统和制胜法宝,全县领导干部要大力弘扬吕梁精神,凝聚方山高质量发展的共识。要有强大的思想动员力。善于启发教育群众、组织发动群众,只有真正从思想上引领教育群众,才能唤起干事创业的激情,推动工作的不断前进。要有强大的思想凝聚力。善于统一思想、汲取智慧、凝聚人心,方山的工作要干好、走在前列,必须动员全县党员干部群众,当党员干部群众真正觉悟起来了,智慧凝聚起来了,组织行动起来了,我们就有力量战胜一切困难。要有强大的思想转换力。坚持以正确思想引领党员干部群众，正确处理部门利益、地方利益与全局利益的关系，掌握科学的工作方法，指导开展创造性实践活动。

二要提高工作能力本领。要提高算账本领。账算不好，决策就做不好。作为领导干部，既要会算经济账、社会账、生态账，又要会算当前账、短期账、长远账，还要会算总量账、结构账、效益账。要提高统筹本领。抓住主要矛盾和矛盾的主要方面，善于处理两难和多难问题，统筹处理好当前和长远、速度和质量、发展和民生、发展和安全等重大关系，确保稳增长、促改革、惠民生、防风险、保稳定等各项工作协同发力、齐头共进。要提高落实本领。既要在思想上求实，抓好抓活宏观指导，解决干什么、为什么的问题，又要在工作上务实，做深做实工作矩阵，解决谁来干、怎样干的问题，还要在效果上求实，落实落细督查考核，解决结果好不好、效率高不高的问题。

三要持续改进工作作风。要树立鲜明导向。始终把不务虚名、崇尚实干作为工作的常态化要求，着力解决人浮于事、庸懒散拖、得过且过、事无回应等问题，引导干部把心思和精力用在谋划发展上、放在狠抓落实上、落在为民办事上。要坚持真抓实干。深入调查研究，站在全局看局部，透过现象看本质。走好群众路线，提升群众工作能力，把工作做到群众心坎里。坚持亲力亲为，不当甩手掌柜，对重要任务一杆子插到底。要做好奖优罚劣。真心实意关心关爱干部，严格落实“三个区分开来”，坚持为担当者担当，为干事者撑腰，旗帜鲜明地问责不为者、惩戒违纪者，善于发现、培养、使用敢担当善作为的干部，让愿担当、敢担当、善担当蔚然成风。

同志们，为者常成，行者常至。让我们更加紧密地团结在以习近平同志为核心的党中央周围，踔厉奋发、笃行不怠，埋头苦干、勇毅前行，扎实做好各项工作，全面建设宜居宜游宜养宜业“四宜”方山，奋力谱写方山现代化建设新局面！

方山县人民代表大会常务委员会工作报告

——在方山县第十一届人民代表大会第四次会议上

(2023年4月13日)

方山县人大常委会主任　贺新众

各位代表:

我受县人大常委会的委托,向大会报告工作,请予审议,并请列席会议的同志提出意见。

2022年主要工作

过去的一年,在中共方山县委的坚强领导下,县人大常委会坚持以习近平新时代中国特色社会主义思想为指导,全面贯彻落实党的十九大、二十大精神,紧紧围绕县第五次、第六次党代会决策部署,努力践行党的领导、人民当家作主、依法治国有机统一,认真履行法定职责。一年来,共召开人民代表大会2次、县人大常委会议8次、党组会议10次、主任会议16次。听取和审议有关部门专项工作报告17个,组织执法检查2次,专题调研6次,做出决议决定9项,为推进全县民主法治进程和促进经济社会发展发挥了地方国家权力机关的积极作用。

一、坚持正确方向,深学笃用党的创新理论书写新篇章

县人大常委会始终把党的全面领导贯穿于人大工作各方面全过程,旗帜鲜明讲政治,深刻把握“两个确立”的决定性意义,增强“四个意识”,坚定“四个自信”,做到“两个维护”。

坚持党的全面领导。县人大常委会细化明确重大问题、重要事项、重点工作向县委请示报告制度。始终在县委领导下履行职能、开展工作,发挥县人大党组把方向、管大局、保落实作用,坚持政治引领,履行政治责任,突出政治功能。一年来,县人大常委会就召开代表大会、作出决定等向县委请示报告10次,确保人大工作正确的政治方向。

贯彻县委的决策部署。坚决贯彻落实党中央决策部署和省委、市委、县委工作要求,认真完成县委交办的任务。县人大常委会班子成员带头深入所包联镇村、学校、企业、高速卡口开展疫情防控和脱贫攻坚与乡村振兴有效衔接督导检查;组织机关干部职工下沉一线参与疫情防控工作。围绕县委“一二四四”发展思路,组织开展了依法监督工作,切实担起政治机关肩负的职责和使命。

强化党的创新理论武装。严格落实第一议题学习制度,将深入学习贯彻十九届六中全会精神、党的二十大精神、习近平总书记关于坚持和完善人民代表大会制度的重要思想和中央人大工作会议精神作为重大政治任务，坚持用党的创新理论统一党员干部的思想认识。全年县人大常委会党组组织集中学习21次、学习研讨6次。

依法推进重大事项决定及任免工作。县人大常委会严格遵守有关工作程序，依法决定重大事项，在深入调查研究的基础上经过认真审议，审查批准了《关于在全县开展法治宣传教育的第八个五年规划》。

在人事任免方面，坚持党管干部和人大依法任免相统一的原则，全年共任免国家机关工作人员19人次（其中：决定任免县政府组成部门负责人9人、县人民法院法官8人、县人民检察院检察官2人），确保了县委意图的顺利实现。

二、聚焦中心任务，正确有效依法开展监督取得新成效

县人大常委会围绕全县工作大局，寓支持于监督之中，为全县经济社会高质量发展作出了积极贡献。

助推经济发展平稳向好。审查和批准县财政2022年预算及预算调整；听取和审议了2022年上半年国民经济和社会发展计划执行情况、2022年重点产业项目建设暨招商引资工作情况等专项工作报告，提出了加大对审计查出问题整改情况的跟踪督查力度，提高预算编制的科学性和精准性，加强债券资金项目的管理等12条建议意见。跟踪落实了行政事业性国有资产管理情况报告的审议意见，推动国有资产规范管理。

回应人民群众关切关注。听取和审议了县人民政府关于环境状况和环境保护目标完成情况、职业技能提升工程、医疗卫生人才队伍建设、退役军人事务管理等专项工作报告，提出了强化环境法治建设，建立职业技能培训长效机制，完善医疗卫生人才培养引进办法等15条建议意见。配合市人大常委会就我县红色旅游资源保护和利用、康养产业发展等报告审议意见落实情况开展了跟踪监督；配合市人大常委会开展了乡村振兴（美丽乡村建设）工作、农业保险推动特色产业高质量发展的专题调研。

维护基层法治公平正义。跟踪监督了县人民法院《关于全县审判机关队伍建设情况报告审议意见的研究处理情况的报告》，提出了强化法律知识普及、加大便民措施推行力度、提升审判队伍素质等3条建议意见。听取和审议了县人民检察院《关于全县检察机关未成年人检察工作情况的报告》，提出了压实帮扶和犯罪预防责任，提高未成年人检察工作水平，加强未成年人检察社会化建设等3条建议意见。

此外，配合省、市人大开展对《山西省警务辅助人员条例》《吕梁市电梯使用安全条例》等6部法律法规的执法检查工作；配合省、市人大开展了《山西省杂粮产业促进条例》《吕梁市城市绿化条例》等6部地方性法律法规的立法调研，确保宪法和法律法规在县域范围的贯彻落实。

三、坚守为民初心，全县各级人大代表充分彰显新风采

县人大常委会始终尊重代表主体地位，强化服务代表意识，不断拓宽代表民主渠道，逐步提升代表履职能力。

完善代表联系群众机制。印发了《关于方山县人大常委会组成人员分工联系代表的通知》，县人大常委会组成人员采取走访、约见、座谈、电话、网络等多种形式主动联系代表,扎实开展“三联系”制度活动。

强化“人大代表联络站”建设。按照省市、县、乡三种类别科学设置了任务和目标;在阵地建设、阳光履职、机制保障、资料整理等四方面进行了强化,巩固提升过程和效果;通过完善学习、接待、反馈、回应、视察机制等五个方面,规范充实了内容和形式。代表进联络站(点)452人/次,接待群众1367人/次,收集问题192件,已全部按程序转交政府有关部门办理。

提高议案建议督办实效。坚持代表议案建议内容高质量、办理高质量。听取了县政府关于议案建议办理工作情况的报告,开展建议办理个案评议和建议办理单位综合评议,压紧压实承办单位责任,56件建议意见全部答复代表,做到事事有回应。有关“开通城乡公交、在县城街道合理增设停车位”等建议意见得到有效落实,实现办理质效同步提升。

保障代表依法履职。全年共邀请50余名代表列席县人大常委会会议、参加视察、调研、执法检查等活动。通过向代表寄送刊物资料、征集意见建议等方式,向代表通报县人大常委会和“一府一委两院”重要工作,拓宽代表知情知政渠道,极大地提高了代表的履职能力。

四、强化履职基础,推动“四个机关”建设焕发新活力

县人大常委会始终牢牢把握新时代人大工作新要求,坚持从思想政治、工作质效、制度规范抓起,努力打造让党放心、让人民群众满意的政治机关、权力机关、工作机关、代表机关。

着力加强政治建设。扎实开展党的十九届六中全会、二十大精神专题学习贯彻系列活动,增强县人大常委会组成人员和机关干部的政治判断力、政治领悟力、政治执行力。认真履行管党治党主体责任,督促机关工作人员主动接受县纪委监委派驻纪检监察组监督,深入开展清廉机关创建工作,严守党的政治纪律和政治规矩。

强化实干担当作风。认真落实中央八项规定精神及实施细则,严防“四风”问题反弹。树牢群众观点,加强调查研究,更好地接地气、察民情、惠民生,保持人大机关工作的生机和活力。

加强人大制度与工作的宣传。组织开展了“喜迎二十大·奋进新征程”主题征文、书画活动,7幅作品获市人大常委会一、二、三等奖;县人大常委会主要领导带头撰写的《强化“代表机关”建设,提升代表履职能力》《促进“四个机关”建设,提升人大工作质量水平》等5篇学习体会在吕梁日报上刊登。2022年,县人大常委会被《省人民代表报》评为“人大新闻宣传特等奖”;被市人大常委会评为“人大新闻宣传先进单位”。

推进上下联动形成合力。积极主动争取市人大常委会的指导,认真落实市人大常委会上下联动有关工作部署和交办的工作任务。加强对镇人大工作的指导和支持,联合开展执法检查、视察调研,推进形成上下联动的整体工作合力。

各位代表:总结过去一年的工作,得益于市人大的有力指导、中共方山县委的坚强领导;得益于各位人大代表、人大常委会组成人员和人大机关全体干部的共同努力和辛勤工作;得益于“一府一委两院”和镇人大的密切配合、县政协及社会各界和全县人民的鼎力支持。在此,我谨代表县人大常委会向多年来所有关心、支持人大工作的有关部门及各界人士,表示衷心感谢并致以崇高敬意!

回顾过去一年的工作，我们也深刻地认识到，县人大常委会的工作与新时代要求，与人民群众的期盼还存在一定的差距：监督工作针对性和时效性还不够，重大事项决定权的行使有待进一步探索，服务代表工作尚需继续提高，县人大常委会及机关自身建设仍存在薄弱环节。我们一定在今后的工作中认真加以改进。

2023 年工作建议

今年县人大常委会工作的总体要求是：坚持以习近平新时代中国特色社会主义思想为指导，深入学习贯彻党的二十大精神和习近平总书记考察调研山西重要讲话重要指示精神，深化落实中央、省委、市委人大工作会议安排部署，在市人大的有力指导和县委的坚强领导下，紧紧围绕县委"一二四四"发展思路，不断践行全过程人民民主，切实履行宪法法律赋予的各项职责，为全面推进我县高质量发展贡献人大力量。

一、坚定人大工作正确的政治方向

始终坚持党中央的集中统一领导，坚持以习近平新时代中国特色社会主义思想统揽和指导人大工作，深入学习宣传贯彻党的二十大精神，全面贯彻落实习近平总书记关于坚持和完善人民代表大会制度的重要思想，推动新时代人大工作再上新台阶。

二、切实用好宪法赋予的监督权

紧紧围绕全县经济高质量发展和人民群众所思所想所盼，组织开展正确监督、有效监督、依法监督，切实增强监督的刚性和实效。聚焦实施民生实事项目重点工作，听取审议环境保护、安全生产、公共文化服务保障、职业教育改革发展等工作的报告。围绕计划、财政预决算、国有资产管理审查监督，对审计查出问题整改进行跟踪问效。坚持问题导向、目标导向、结果导向，强化决定决议、审议意见的跟踪落实，推动我县经济实现量的增长、质的提升。

三、充分发挥人大代表主体作用

继续抓好代表素质能力提升，组织开展形式多样、内容丰富的综合培训。持续开展向代表通报工作情况、征求意见建议，邀请代表列席常委会会议、参加视察调研等工作。持续推进代表联络站（点）的规范化建设，发挥代表联络站（点）的阵地作用，认真组织理论学习、接待群众、走访选民等活动。持续落实好驻县各级人大代表服务保障措施。

四、紧扣定位全面加强自身建设

牢牢把握"四个机关"的定位要求，全面加强县人大常委会自身建设和人大机关建设。加强政治理论、法律知识和人大业务的学习培训，夯实调查研究基本功。落实全面从严治党主体责任，落实党风廉政建设和意识形态工作责任制。加强新闻宣传工作，唱响人大声音。加强对镇人大工作的联系和指导，推进镇人大工作规范化建设，汇聚工作合力。

各位代表，目标已确定，奋进正当时。让我们更加紧密地团结在以习近平同志为核心的党中央周围，在中共方山县委的坚强领导下，担当尽责、扎实工作，团结奋斗、锐意进取，紧紧依靠全县广大人民群众，为谱写中国式现代化方山篇章而努力奋斗！

政府工作报告

——在方山县第十一届人民代表大会第四次会议上

(2023年4月12日)

方山县人民政府县长　高　鹏

各位代表:

现在,我代表县人民政府向大会报告工作,请予审议,并请县政协委员和其他列席人员提出意见。

一、2022年工作回顾

2022年,是极不平凡、极不寻常的一年。一年来,在县委的坚强领导下,全县上下坚持以习近平新时代中国特色社会主义思想为指导,深入学习贯彻党的二十大精神,全面贯彻习近平总书记考察调研山西重要讲话重要指示精神,坚决落实"疫情要防住、经济要稳住、发展要安全"重大要求,统筹疫情防控和经济社会发展,统筹发展和安全,迎难而上,奋楫争先,经受住了经济下行、疫情反复、极端天气等超预期风险考验,经济社会发展各项事业取得了新成效。

这一年,我们抓培育、促增长,稳中求进的经济发展实现预期。精准落实稳经济一揽子政策,制定出台"助企纾困16条措施",全年"减免退缓"税费超1亿元,投放政府消费券550余万元。创新"18889"举措,大力实施市场主体倍增工程,全县各类市场主体达11815户,增长37.98%,增速全市排名第二。全面落实"三无""三可"要求,持续深化"承诺制+标准地+全代办"改革,示范区考核5项指标全部完成,全省开发区"三个一批"吕梁分会在我县成功举办。实施总投资67亿元的项目79个,固定资产投资任务超额完成;地区生产总值达85.91亿元,增加8.4亿元;一般公共预算收入增幅实现进位;农村、城镇居民人均可支配收入和社会消费品零售总额增幅排名分列全市第四、第五、第六位,经济发展的质和量实现新的提升。

这一年,我们抓统筹、促转型,多元支撑的产业体系初步成型。汇丰新星下组煤层增批和煤下铝勘探取得实质性进展,传统工业潜能持续释放。30兆瓦整县屋顶分布式光伏项目进展顺利,成功争取到中广核方山80兆瓦风电项目指标,新能源产业发展势头显现。一批养殖示范场和年产600吨中药材饮片生产线建成投产,垚鑫生态养殖鸡蛋和鸡肉被农业农村部认定为名特优产品,养殖、中药材、蔬菜等三大特色产业主导作用持续加强。农旅特色产业园、张家塔古村落开发与保护等项目快速推进,与于成龙故居、北武当山等景区连点成线,农旅、文旅融合初见成效。

这一年,我们抓巩固、促衔接,乡村振兴的战略基础更加牢固。坚决扛起巩固拓展脱贫攻坚成果同乡村振兴有效衔接重大政治责任,统筹整合资金 2.1 亿元,实施巩固衔接项目 108 个。狠抓“三落实一巩固”,确保监测不遗漏、帮扶不断档、力量不减弱。顶格落实“两不愁三保障”等普惠性政策,调整优化“四个不摘”相关政策,持续强化易地扶贫搬迁后续扶持工作,脱贫群众人均收入达 11053 元,增长 17.1%。建设美丽宜居示范村 7 个、乡村振兴示范村 8 个。“一村一名大学生”实现行政村全覆盖,“清化收”专项工作强力推进,污水、垃圾、厕所三大革命持续深化,乡村治理取得阶段性成效。

这一年,我们抓基础、促提质,共建共享的人居环境明显改善。11 个老旧小区改造、县城提升改造周转房、文化艺术馆主体、民欣苑公租房完工,棚户区改造东三区分房到户,县城面貌取得可喜变化。大武新区 5 个安置区主体完工,两山防洪举人头沟东段项目全部竣工,大武新区建设全面提速。国道 209 改线(方山段)、梅洞沟旅游产业公路竣工通车,建成“四好农村路”35.7 公里,峪口沟河道治理工程基本完工。县城新增供热面积 17.82 万平方米、停车位 718 个,规划打造便民经营点、特色街区各 2 个,城区公交进入免费时代,文明城市创建全面启动,群众生活越来越便捷舒适。

这一年,我们抓治理、促改善,山清水秀的生态画卷更加多彩。完成国家储备林等各类营林造林工程 17.73 万亩,实施道路绿化 66.6 公里,“推窗见绿”成为老百姓生活新常态。完成城乡既有建筑节能改造 4 万平方米,全年优良空气天数达 321 天,PM2.5 浓度下降 22.6%,空气综合指数全市第一。县城污水处理厂二期扩容工程和马坊、北武当建制镇污水处理厂、4 个村级污水处理站基本完工,马坊国考断面和大武省考断面水质均达地表水Ⅱ类标准,获得市级生态奖补资金 3015 万元,“一泓绿水伴方山”成为我们的靓丽底色。

这一年,我们抓保障、促民生,人民群众的关切期盼逐步实现。新建一中及高级中学综合楼建设项目加快推进,合作办学持续深化,高考二本以上达线人数创历史最好成绩,教育振兴势头强劲。新人民医院基本完工,“行走的医院”落地运行。全年完成送戏下乡演出 42 场,数字文化馆平台建设工作全市排名第一,青年作家李春连荣获“赵树理文学奖”。社会福利院养护楼、殡仪馆主体完工。城乡低保标准分别提高 600 元、960 元,农村特困人员集中、分散供养标准分别提高 800 元、1270 元,城镇登记失业率下降到 3.54%。全年未发生较大以上生产安全事故。十件民生实事基本办结,人民群众对美好生活的向往逐渐变为现实。

这一年,我们抓落实、促发展,勤政务实的政府自身建设持续加强。坚持“第一议题”抓学习、“第一遵循”抓贯彻、“第一政治要件”抓落实,忠诚拥护“两个确立”、坚决做到“两个维护”。坚持不懈纠治“四风”,纵深推进清廉政府创建。主动接受人大、政协监督,56 件代表建议、136 件委员提案全部办结。全年督办重点事项 213 件,有力推动各项重点工作落地见效,对党忠诚、清廉守正、担当实干成为政府工作的鲜明导向。

各位代表,过去的一年,是我们与新冠肺炎疫情斗争最艰难的一年。我们坚持人民至上、生命至上,始终把人民群众生命安全和身体健康放在第一位,因时因势调整完善防控措施,持续提升核酸检测、物资保障等能力,成功应对多起散发疫情冲击,平稳度过了疫情流行高峰期,最大限度减少了疫情对经济社会发展的影响。150余次会议研究调度,362万人次核酸检测,27万剂新冠疫苗接种,70余万片布洛芬免费发放,3665人集中隔离管控,1133名在职党员、2873名网格员、1500余名志愿者奔赴一线,297人次驰援上海、大同、离石等10余个地区抗疫……在这场没有硝烟的战斗中,全县各级党员干部闻令而动、尽锐出战,广大医务工作者白衣执甲、枕戈待旦,社会各界和广大人民群众守望相助、共克时艰,作出了无私奉献,彰显了方山担当,让我们向他们致敬!为他们点赞!

各位代表,艰难方显勇毅,磨砺始得玉成。我们取得的点滴进步,源自于习近平新时代中国特色社会主义思想的科学指引,得益于市委、市政府和县委的坚强领导,得益于县人大、县政协的倾力支持,得益于全县人民的团结奋进。在此,我代表县人民政府,向各位代表、委员,向全县人民,向所有关心支持参与方山建设发展的同志们、朋友们,表示衷心的感谢和崇高的敬意!

思危方能居安,知忧才能克难。我们清醒地认识到,方山正处在一个极为艰难又极其重要的转型期,长期积累的周期性、结构性、体制性问题相互交织。产业投资占比低,支撑转型项目少;煤铝等重点工业发展遇到瓶颈,经济缺乏新的增长点;市场主体运行困难,新发展主体质量不高;财政收支矛盾突出,"三保"任务艰巨;城市建设基础薄弱,民生改善上还有很大空间;一些干部执行力和抓落实的能力不强,工作作风需进一步改进。对此,我们一定坚持问题导向,发扬斗争精神,努力加以解决。

二、2023年工作安排

历史画卷,在砥砺前行中铺展;时代华章,在接续奋斗中绘就。今年是全面贯彻落实党的二十大精神的开局之年,也是方山全方位推进高质量发展的关键之年。

今年政府工作的总体要求是:以习近平新时代中国特色社会主义思想为指导,全面贯彻党的二十大和习近平总书记考察调研山西重要讲话重要指示精神,深入落实中央和省委、市委、县委经济工作会议部署,坚持稳中求进工作总基调,立足新发展阶段,完整准确全面贯彻新发展理念,主动服务和融入新发展格局,全方位推动高质量发展,更好统筹疫情防控和经济社会发展,更好统筹发展和安全,坚定"一二四四"发展思路,提振信心,抢抓机遇,求真务实,埋头苦干,为全面建设"宜居宜游宜养宜业"四宜方山而团结奋斗。

经济社会发展的主要预期目标是:地区生产总值增长6%,一般公共预算收入增长5%,固定资产投资增长7%,社会消费品零售总额增长7%,规模以上工业增加值增长7%,城镇居民人均可支配收入与经济增长基本同步,农村居民人均可支配收入高于经济增长水平;统筹完成高质量发展指标和约束性指标。围绕上述目标,重点做好以下八方面工作:

(一)强化产业培育聚集群,推动产业体系高质量发展

坚持做大规模、调优结构、提升质量并重,加快构建现代化产业体系,推动一二三产业协同发展。

绿色化、智能化培育新兴产业。加快推进新能源项目,推进30兆瓦屋顶分布式光伏、农光新能源100兆瓦农光互补项目部分建成并网,开工中广核方山80兆瓦风电项目,支持山西粤电等已入库风光储项目争取指标。挖掘煤铝资源潜力,上马汇丰新星下组煤层项目,协调店坪煤矿探转采尽快过审,支持霍州煤电店坪、金晖瑞隆、金晖凯川、汇丰新星煤矿增批煤下铝资源,加快推进金晖瑞隆、汇丰新星压覆资源村庄搬迁工作,延长矿井服务年限。提升装备制造业水平,深化与北理工、省科协等科研单位合作,推动庞泉工贸、新星冶炼等企业数字化智能化转型,加快新产品开发,增加制造业比重。壮大白酒产业,建成于成龙酒业500吨白酒生产和酒文化博览园项目,促成老传统、良泉酒业与汾酒集团深度合作,进一步改进工艺,提升品牌影响力,拓展市场。发展数字经济,新建、升级5G网络基站135个,强化数据资源共建共享;依托乡村e镇项目,建成一套数字景区系统、一座数字科技展馆、一套溯源系统、一座VR体验馆、一条供应链系统,促进数字经济与实体经济融合,提升重点领域数字化水平。

集群化、规模化壮大特优农业。持续打造养殖产业集群。健全完善以宏康牧业为龙头的肉牛全循环产业链,依托方山肉牛产业研发推广中心和牛犇肉牛改良服务中心,改良能繁母牛1万头;新建肉牛提质增效标准化示范场10个,扶持饲草加工企业6户,引深推进人畜分离、标准化养殖,用好"活体牛抵押贷"融资模式,全县牛存栏达到5.5万头;大力扶持山西昕广欣种猪育种、晋汾白猪种猪繁育项目,推动形成"生猪养殖—粪污处理—有机种植—田园采摘"产业链,新建存栏2000头以上生猪标准化示范场10个,全县猪存栏达到8万头;实施完成垚鑫30万只生态养殖蛋鸡项目,全县鸡存栏达到140万只。持续打造中药材产业集群。坚持"区域化布局、景观化建设、基地化培育、品牌化营销"思路,依托振东集团、山西农大,新建中药材标准化种植基地2000亩、种苗繁育基地500亩、中药材良种示范场1个,扶持圣帝中药材、鼎峰种养专业合作社延长深加工链条,上马山西蒲谷香艾产品加工项目,探索开发中医药养生、食疗药膳、中药饮品等新业态,全县中药材种植面积稳定在5万亩以上。持续打造蔬菜产业集群。按照"规模化发展、标准化打造、产业化经营"思路,全县蔬菜面积发展到1.3万亩,启动1万吨冷链仓储检验配送中心项目,上马5000吨甜糯玉米加工项目,新建蔬菜批发市场1个,推动绿之乡西红柿酱、老传统辣椒酱、觅农小杂粮生产线技改扩建,打响方山蔬菜品牌。开展特色农产品"三品一标"认证,培育农业龙头企业,做强"一方粮川"品牌。

链条化、品牌化深耕文旅产业。瞄准"全域旅游示范县"创建,围绕"补链、延链、强链"做文章,精心打造吕梁"后花园"、文旅康养新高地。项目建设"补链"。加快推进"圪东线""车刘线"建设,打通县外连接旅游线,积极推进北武当山景区客运架空索道项目,开工建设示范区旅游集散地,全面提升旅游基础设施。农文旅融合"延链"。发挥好示范区"主引擎""主战场""主阵地"作用,打好生态、廉政文化牌,培育一批生态康养、农旅田园、廉政教育示范点,打造9个乡村旅游重点村,规划建设一批康养集聚区、乡村客栈、民宿,健全完善配套设施,加快构建"吃住行游购娱"全产业链。提升品牌"强链"。启动北武当山5A级景区创建,完成于成龙故居和廉政文化园、张家塔古村落3A级景区创建。引进中传建信、山西蒲谷香等市场主体,推动农旅特色产业园、张家塔民居、前东旺坪、庄上等景区景点项目化打造、市场化运营。充分利用文化科技创意为现有旅游资源赋能,强化旅游宣传推介,举办旅游季系列活动,讲好“方山文旅故事”,擦亮“廉吏故里、康养胜地”品牌。

(二)强化项目投资增动能,推动县域经济高质量发展

发挥投资关键作用、消费基础作用、企业主体作用,全力上项目、抓招商、促消费,推动经济稳定增长、整体向好。

全力扩大有效投资。全年实施总投资66亿元的项目88个,年内完成投资21亿元。完善交通设施,实施完成鸦儿崖红色景区旅游公路和“大武—木瓜”“马坊—武家湾”路面升级改造项目,配合做好“古娄方”高速公路和国道209线北拓工程前期工作,争取尽早开工。提升水利设施,完成峪口沟、杨家塔、沟卜沟等5项河道治理和骨干坝除险加固工程,争取开工总投资5.32亿元的城乡一体化供水保障工程。改善电力设施,完成大武110千伏和圪洞35千伏变电站升压110千伏输变电工程。统筹实施一批城市建设、民生改善、产业发展项目。健全推进机制,继续推行“五个一”和“周例会、月通报、季观摩、年考核”制度,动态完善“储备、新开、在建、投产”项目清单,强化县级领导包联重大项目专班调度、全过程管控,全力提速项目建设。强化要素保障,及时协调解决用地、能耗、水电等项目落地堵点问题,有效推动形成实际投资;精准把握国家政策导向和资金投向,积极争取中央预算内投资和地方政府专项债券,力争更多项目进入国家和省市支持计划。

千方百计招商引资。深度挖掘各类资源优势,绘制招商引资图谱,建好招商引资项目库,大力开展以商招商、长板招商、产业链招商、项目招商。借势示范区、经开区优惠政策,用好3支招商引资队伍,发挥商会、协会优势,开展驻点招商、亲情招商和中介招商,重点引进一批现代农业、现代物流、文旅康养、新能源等优质项目。狠抓项目签约落地,一企一策,一事一议,跟踪服务,力争超额完成市下达招商引资任务。

加速释放消费潜力。认真贯彻落实国家、省、市相关政策,精心办好促消费系列活动,推动住宿餐饮、批发零售、休闲娱乐等传统消费回暖。促进传统商业优化升级,建成覆盖6个镇的县域商业体系项目,打造一批夜间经济载体、街区和便民服务商圈,增添城市“烟火气”。实施完成乡村e镇项目,支持发展直播电商、社区电商等线上经济新业态,推进电子商务和寄递物流协同发展。全力推进吕梁北煤炭专用线和铁路装车系统项目,争取开工邮件处理及物流配送中心项目,加快融入省市物流战略布局。

各位代表,抓好今天的项目,就是播下明天的希望!全县各级都要强化抓项目意识,提升抓项目能力,严实抓项目作风,为转型发展汇聚更大更多能量!

(三)强化改革创新破难题,推动实体经济高质量发展

全面推进重点领域、关键环节创新发展、改革攻坚,进一步汇聚市场资源、激活发展动力。

构建良好创新生态。推进规上企业研发活动全覆盖,引导企业创新发展。支持企业开展创新示范基地建设,年内新增高新技术企业1户、科技型中小企业4户,新建创新平台1个。强化

人才支撑，开工建设人才公寓（二期）项目，实施“人才引进”工程，新引进高层次青年人才60名以上。强化“校地合作”，依托北理工等高等院校，建设一批大学生实习实训基地、国情教育基地、干部人才培养基地，切实增强高质量发展动力。

抓好重点领域改革。深化示范区“三化三制”和“管委会+公司”管运分离改革，推行“承诺制+标准地+全代办”改革。加强国有资本市场化运作，落实国有（集体）企业职工到龄退休、垫交养老金政策，妥善解决遗留问题，巩固国企改革三年行动成果。持续推进“个转企、小升规、规改股、股上市”，年内培育“专精特新”中小企业1户、“小升规”企业2户，力争完成股改企业1户、晋兴板挂牌企业1户。

打造一流营商环境。按照“三无”“三可”要求，大力开展营商环境创新提升行动，推动“五有套餐”全面落地。引深“放管服”改革，年内县级行政审批事项全程网办率达到90%以上。深化“一枚印章管审批”改革，办理时限、材料、环节再压减10%以上。大力推行“一件事一次办”，年内再梳理“一件事”50项。升级重大投资项目审批“全代办”服务，加快智慧政务一体化平台建设，完善政府服务“好差评”机制。

培育壮大市场主体。实施市场主体提升年活动，集中攻坚乡村e镇、文旅康养集聚区、高水平“双创”平台、农业龙头企业四类平台，年内新增市场主体20%、市场主体突破1.4万户。开展规上企业培育工程，完成新增“四上”企业任务。认真落实省支持民营企业发展“30条”、市“20条”、县“15条”政策和新的减税降费政策，健全领导干部包联制度和常态化入企服务机制，“一企一策”解决企业急难愁盼问题，全力以赴惠企助企。

（四）强化巩固提升促振兴，推动农业农村高质量发展

坚持深度研判、综合施策，集中精力、全力攻坚“乡村振兴”大课题，持续巩固拓展脱贫攻坚成果，全面推进乡村振兴。

巩固拓展脱贫成果。围绕“三保障一安全”，用足用好脱贫攻坚5年过渡期政策。对易返贫致贫人口开展常态化监测和帮扶，做到“监测快、帮扶准、退出严”。落实好县促进脱贫人口增收“32条”措施，持续推动稳定增收。加强易地搬迁群众产业就业扶持，强化扶贫项目资产后续管理，让脱贫基础更加稳固、成效更加显著。持续压紧压实责任，全面落实各项兜底政策，守牢不发生规模性返贫底线。

扛牢粮食安全重任。落实“藏粮于地、藏粮于技”战略，新建有机旱作节水示范基地7000亩，发展玉米大豆复合种植1万亩，播种大豆1.4万亩、油料作物0.3万亩，农作物综合机械化率达到70.21%。守好耕地保护红线，坚决遏制耕地“非农化”、防止“非粮化”，耕地、永久基本农田面积分别稳定在28.2万亩、21.8万亩以上。启动第三次全国土壤普查工作，完成高标准农田建设1600亩、坡耕地综合治理2200亩、小流域综合治理25平方公里。建成5000吨标准化粮食储备库1座，全县粮食种植面积达到19.07万亩以上，粮食总产量达到0.53亿公斤以上。

实施乡村建设行动。坚持规划引领，加快编制多规合一的村庄规划。持续开展农村人居环境整治提升行动，提档升级路水电气网和物流等基础设施；巩固拓展城乡环卫一体化成果，完善

农村卫生保洁和垃圾转运体系,推广农村垃圾分类试点;完成1个建制镇、启动6个行政村污水治理项目,改造农村户厕500座,完成“四好农村路”28公里。扎实推进美丽宜居示范村建设,扫尾完善美丽宜居示范村7个,续建省级示范村2个,以点带面开展县级示范村创建活动。

深化农业农村改革。全力做好农村集体资产“清化收”后半篇文章,扎实开展“经管强”工作,稳妥推进农村承包地、宅基地等改革,强化农村“三资”、产权流转监督管理。稳步推进农业生产托管服务,新增托管面积3万亩。持续深化“三治”融合,推进农村移风易俗,广泛开展文明村镇、文明家庭、方山榜样评选活动,推动形成良好家风、文明乡风、淳朴民风。

(五)强化提质扩容补短板,推动城镇建设高质量发展

按照离柳中方城镇组群总体布局,进一步做精设计、完善功能、优化环境、强化治理,提升城市形象品质和居民幸福指数。

加快县城更新步伐。实施完成三川河(方山城区段)生态修复综合治理、县城污水处理厂二期扩容、积翠公园提升改造、城北医疗教育园区雨污分流及道路改造等项目,开工建设老旧小区改造、公租房建设项目,争取开工污水处理厂尾水湿地及区域再生水循环利用项目;多措并举引进社会资本,盘活利用闲置资源资产,落地开工便民农贸市场、特色农产品批发交易市场、经贸广场等项目。

提升新区发展能级。在已建成28栋4510套安置房的基础上,年内完成剩余17栋2935套安置房建设,让搬迁群众尽快实现回迁。实施完成两山防洪举人头沟西段项目,开工建设“木瓜—高家沟”资源产业公路项目,配合实施大武商业街、木楼广场、北川河二期治理、吕梁大道二期、新安大道等市重点项目。

加强城市管理服务。以省级文明城市创建为牵引,持续推动国家卫生城市、森林城市和省级园林城市创建。加强城市执法队伍建设,提升综合执法服务水平,严厉打击未批先建、乱修乱建、乱停乱放、占道经营等违法违规行为,有效规范城乡建设、道路交通、市场经营秩序。启用城市运行管理服务平台,推动城市智慧化管理,提高城市管理精细化、数字化水平。

各位代表,城市发展是高质量发展的重要载体,城市建设是现代化建设的重要引擎。我们将用心谋划、精心建设、细心管理,努力为高质量发展打开广阔空间、注入强大动能!

(六)强化为民理念办实事,推动民生事业高质量发展

践行以人民为中心的发展思想,加强普惠性、兜底性、基础性民生建设,让群众有更多的获得感、幸福感。

提高公共服务水平。促进教育事业更高质量。坚持教育“四个优先”战略,实施完成新建一中及高级中学综合楼项目,改扩建寄宿制学校3所和公办幼儿园1所,力争投用大武八区幼儿园。深化与江阴、华阳教育团队合作办学,加大教师培训力度,强化教师队伍管理,兑现教师增量绩效,巩固“双减”成果,规范民办教育,全面提升教育质量。促进医疗供给更为优质。实施脊柱微创暨疼痛康复诊疗中心等县域医疗综合服务能力提升项目,完成县人民医院整体搬迁。推动乡村医疗卫生机构“智慧助医”全覆盖,进一步提升基层医疗服务水平。强化医疗人才培养,

加大中医药实用技术在康养产业中的推广和运用。推进县疾控中心建设，落实新阶段疫情防控举措，坚决守护好群众生命安全和身体健康。促进文体服务更加丰富。建成文化艺术馆、体育馆项目，争取开工博物馆提升改造项目，谋划启动全民健身中心项目。开展非遗展、全民阅读、全民健身赛事和青少年体育活动，丰富群众文化体育生活。加强文物和非物质文化遗产保护利用工作，推进离东县抗日民主政府旧址和张叔平烈士故居保护修缮工作。

兜牢民生保障底线。健全"分层分类"社会救助保障体系，完善特困人员、城乡低保户、残疾人等救助制度，切实保障困难群众基本生活。落实就业优先政策，加强公益性岗位开发，抓好重点群体就业创业，深入开展"人人持证、技能社会"全民技能提升工程，做好失业人员再就业和农村劳动力转移就业工作，城镇调查失业率控制在5.5%以内。深入推进全民参保计划，城乡居民基本医疗保险参保率稳定在95%以上。加快启用社会福利院养护楼、县殡仪馆，积极推进公益性公墓建设。

办好重点民生实事。在全面落实省政府17项民生政策扩面提标动态调整的基础上，今年集中力量再办"10件民生实事"。一是实现农业保险全覆盖，让农户持续稳定增收更有保障。二是实施农村寄递物流服务全覆盖提质工程，在原有补贴基础上，对电商平台销往县域外的农副产品给予每件1元的物流费用补贴，让农产品有个好销路。三是实现80周岁以上老年人高龄津贴全覆盖，让高龄老人安享晚年。四是残疾儿童抢救性康复救助范围由0—6岁扩面到0—15岁，为残疾儿童照亮康复之路。五是实现免费多元调解全覆盖，让公民权利得到多途径、多层次的有效保障。六是实行城乡公交一体化运营，让广大城乡群众共享公共交通带来的方便和实惠。七是继续实施老旧小区改造工程，让城区居民居住条件进一步改善。八是实施既有住宅自愿加装电梯工程，让更多居民享受出行便利。九是建设1所100个托位的示范性公办综合托育机构，着力破解"养的难题"、提升"育的质量"。十是建设公益性零工市场，让就业服务更有温度。

各位代表，我们将始终坚持工作重心向民生聚焦、财政投入向民生倾斜，真正做到民有所盼、政有所为，努力把群众"盼的事"变成政府"干的事"，将更多民生愿景变成幸福实景！

(七)强化绿色发展打基础，推动生态文明高质量发展

树牢"绿水青山就是金山银山"理念，做到降碳、减污、增绿协同推进，以生态环境的"含绿量"提升经济发展的"含金量"。

稳定有序降碳。统筹做好碳达峰、碳中和工作，坚决遏制"两高"项目，压减淘汰落后产能，引导煤炭行业、高耗能行业加快节能技术升级改造。实施公共交通绿色提升工程，新增新能源公交车30辆。倡导绿色生产生活方式，开展节约型机关、绿色家庭、绿色社区创建活动，让绿色低碳成为全社会的共同追求和自觉行动。

持续深入减污。深入开展夏季臭氧污染治理、秋冬季污染防治、柴油货车污染整治、散煤清零四大攻坚行动，确保全年空气质量优良率不低于83%，空气质量稳定达到国家二级标准，让蓝天白云成为常态。加快推进建制镇和行政村污水治理项目，持续开展"清河行动"，强化排污监

管执法,确保马坊国考断面稳定达到Ⅱ类水质标准、大武省考断面达到或优于Ⅲ类水质标准,为“一泓清水入黄河”作出方山贡献。抓好土壤污染治理修复,控制农业面源污染,强化工业固废监管,坚决守住土壤环境质量底线。

提质增效扩绿。大力开展国土绿化行动,实施完成吕梁市中部三县黄河流域生态保护和修复工程3.5万亩、核桃经济林提质增效高接换优2万亩,争取开工吕梁市国家储备林及林业扶贫项目,巩固提升国土绿化质量效益。加大林业资源管护力度,调整充实护林员队伍,严格落实生态综合管护林长负责制,健全县、镇、村三级林长制体系,推进各级林长巡林工作常态化,确保森林资源安全。

各位代表,良好的生态环境是最普惠的民生福祉。我们要深入践行习近平生态文明思想,厚植生态优势,让良好生态成为方山最持久的生产力、最核心的竞争力。

(八)强化底线意识防风险,推动社会治理高质量发展

聚焦发展和安全,牢固树立总体国家安全观,全力做好防风险、保安全、护稳定各项工作,建设更高水平的平安方山。

防范化解重大风险。加强舆情信息监测预警,健全完善舆论引导机制和应急处突体系,全力做好意识形态重大问题处置。强化预算约束和绩效管理,坚决压缩一般性支出,兜牢兜实“三保”底线。健全债务管控机制,完善风险处置机制,确保政府性债务风险可控。严密防控非法集资、民间融资等领域风险,重点打击网络传销、电信诈骗等非法违法行为,坚决守住不发生系统性、区域性金融风险底线。

坚持抓好安全生产。严格落实“党政同责、一岗双责、齐抓共管、失职追责”责任制和“三管三必须”要求,压紧压实安全生产属地管理责任、部门监管责任和企业主体责任。持续开展安全生产专项整治,突出煤矿、非煤矿山、危险化学品、道路交通、城镇燃气、食品安全等重点领域风险隐患排查治理,保持打非治违高压态势。启动应急管理指挥中心项目,年内投用消防救援大队队站。统筹抓好防汛抗旱、森林防火、地质灾害等防灾减灾工作,确保安全形势持续向好。

全面强化社会治理。学习借鉴新时代“枫桥经验”,充分发挥县镇村三级综治中心作用,打造自治、法治、德治“三治融合”基层治理新模式。坚持“控新治旧、降量退位”目标,开展越级访、重复访、初次访治理工作,解决好各类信访问题。持续创建社会治安防控体系建设示范城市,常态化推进扫黑除恶斗争,依法打击各类违法犯罪活动。加强国防动员和后备力量建设,推进国防动员体制改革,做好退役军人服务保障工作,巩固军政军民团结良好局面。

各位代表,我们将一如既往支持工会、共青团、妇联、残联等人民团体更好发挥作用,做好人民防空、民族宗教、档案方志、地震气象、消防救援等工作,扎实开展第五次全国经济普查。

三、全面加强政府自身建设

打铁还需自身硬。我们将把自身建设摆在更加突出位置,牢记政府前面的“人民”二字,坚决做到为人民服务、受人民监督、让人民满意。

(一)坚持忠诚履政。深入学习贯彻党的二十大精神,深刻领悟“两个确立”的决定性意义,

增强“四个意识”，坚定“四个自信”，做到“两个维护”，不断提高政治判断力、政治领悟力、政治执行力。深入开展学习贯彻习近平新时代中国特色社会主义思想主题教育，真正用党的创新理论统一思想、统一意志、统一行动。认真贯彻党中央决策部署和省委、市委、县委工作要求，把坚持和加强党的全面领导贯穿政府工作的各领域全过程。

（二）坚持依法行政。深入贯彻习近平法治思想，忠实履行宪法法律赋予的职责，全面实行政府权责清单制度，主动接受人大依法监督、政协民主监督，自觉接受纪检监察、司法、社会和舆论监督，强化审计财会统计监督，自觉运用法治思维和法治方式推动工作，确保行政权力在法治轨道上运行，努力让人民群众在每一个执法行为中看到风清气正，从每一项执法决定中感受到公平正义。

（三）坚持务实勤政。大兴调查研究之风，推动各级干部深入一线，问需于民、问计于民，向人民群众学习，真正帮助基层解决实际问题。强化实干担当，少开会、开短会、开解决问题的会，少发文、发短文、发管用的文，让广大干部有更多时间和精力促发展、谋改革、抓落实。提高服务效率，发扬马上办和钉钉子精神，对作出的决策、部署的工作紧盯不放、一抓到底，发挥绩效考核指挥棒、风向标作用，高效推动工作落地见效。

（四）坚持清廉从政。坚决扛起政府系统全面从严治党主体责任，严格落实“一岗双责”，切实加强重点领域监管，深入开展各领域清廉单元建设，锲而不舍落实中央八项规定及其实施细则精神，让铁纪铁规成为政府工作人员的自觉遵循。继续树牢过紧日子思想，打好行政开支“铁算盘”，拧紧三公经费“水龙头”，用党政机关的“紧日子”换取人民群众的“好日子”，努力打造崇德尚廉、风清气正的清廉政府。

各位代表！初心如磐，使命在肩；任重道远，实干为先。让我们更加紧密地团结在以习近平同志为核心的党中央周围，在县委的坚强领导下，心无旁骛促发展、只争朝夕抓落实，以团结凝聚力量，以实干践行使命，奋力谱写中国式现代化方山篇章！

中国人民政治协商会议
第十届方山县委员会常务委员会工作报告

——在政协第十届方山县委员会第三次会议上

(2023 年 4 月 11 日)

方山县政协主席　任志勇

各位委员:

我代表中国人民政治协商会议第十届方山县委员会常务委员会,向大会报告工作,请予以审议。

2022 年工作回顾

2022 年,是党的二十大胜利召开之年,是开启全面建设社会主义现代化国家新征程的关键一年。一年来,在中共方山县委的坚强领导、市政协的有力指导下,县政协及其常委会坚持以习近平新时代中国特色社会主义思想为指导,深入学习贯彻中共二十大精神,紧扣县委决策部署,坚持发扬民主和增进团结相互贯通、建言资政和凝聚共识双向发力,以改革创新精神,推进专门协商机构建设、强化政协委员责任担当,在全面建设"四宜"方山的征途中,展现了新时代人民政协的新担当、新时代政协委员的新形象。

一、坚定不移用党的创新理论凝心铸魂

1. 常态化学习习近平新时代中国特色社会主义思想。严格落实第一议题学习制度。构建政协党组理论中心组带头学,常委会集体学,专委会(学习+履职)临时党支部专题学的全覆盖学习体系,全年组织政协党组理论中心组学习 40 次、常委会学习研讨 3 次、专委会(学习+履职)临时党支部组织党员政协委员学习 4 次。健全完善习近平新时代中国特色社会主义思想学习座谈小组制度,开展党的"三个决议"融会贯通学习讨论活动,召开习近平新时代中国特色社会主义思想学习座谈 4 次。引深"百名委员"学"百年党史"活动,持续常态化推进党史学习教育向界别群众和基层群众延伸。

2. 深入学习宣传贯彻落实党的二十大精神。政协党组始终把学习宣传贯彻落实党的二十大精神作为首要政治任务。出台《工作方案》,明确学习重点和形式,细化宣讲宣传举措,提出六个方面的贯彻落实意见。坚持每周二、五集中学习,组织党组中心组参加全国政协第 139 期干部培训班暨加强和改进新时代市县政协工作专题研讨班和市县政协班子成员轮训班,组织机关全体党员干部通过山西省干部学院在线学习《学习贯彻党的二十大精神网络培训专题》,组织常委会集中学习二十大精神 1 次,专委会组织联系界别委员举办中共二十大精神学习座谈 4 次,党组和主席会议班子成员带头开展宣讲 7 次,167 名政协委员深入全县村(社区)宣传了二十大精神 99 次,学习宣传贯彻落实党的二十大精神成为政协系统的行动自觉。

二、坚定不移加强党对政协工作的全面领导

1. 主动接受县委对政协工作的全面领导。始终保持与县委思想同心、目标同向、工作同行。重大事项、重要问题、重大活动及时向县委请示报告,全年向县委请示汇报 12 次。省、市政协会议精神及时向县委汇报,年度协商计划经县委常委会审定批准后予以实施,重点调研课题主动征求县委意见,协商完成后成果及时报县委、县政府,"有事来商量"议题均报县委审定。

2. 积极构建"两个全覆盖"的政协党建体系。构建了政协党组、机关党支部、专委会功能型(学习+履职)临时党支部组织体系,政协全会期间设立大会临时党委,做到党的领导在政协系统全覆盖。4 个专委会功能型(学习+履职)临时党支部组织 89 名中共党员委员每季度开展一次组织生活会,党员委员过"双重"组织生活成为常态。89 名中共党员委员结对联系 78 名党外委员,每季度开展一次走访活动,实现了党的工作对政协委员的全覆盖。方山县政协系统党建做法被《山西政协报》采用专题刊发于"全面从严治党落实主体责任书记谈"栏目中。

三、坚定不移聚焦"四宜"方山开展履职尽责

1. 围绕"宜居"方山开展协商议政。紧盯 2022 年省级文明县城提名创建,召开政协常委会围绕"提升县城综合管理水平,推动省级文明县城创建"进行常委会专题议政,为文明县城创建凝聚社会共识,提出睿智之言。聚焦城乡环境卫生治理,撰写的《关于城市生活垃圾分类处置存在的问题和建议》社情民意信息,被全国政协转送中央有关部委。

2. 围绕"宜游"方山开展协商议政。为推动全县文旅产业融合发展,邀请山西财经大学教授朱丽萍为全县党政干部和政协委员作了《方山县一二三产业融合发展思路》专题讲座。聚焦黄河流域生态保护和高质量发展,撰写的《建议加强黄河支流周边山体经济林绿化》社情民意信息,被省政协转送省直有关部门。

3. 围绕"宜养"方山建设开展协商议政。结合全县疫情防控和医疗园区建设,召开政协常委会专题进行协商议政。聚焦如何主动融入太忻经济一体化发展,做大做强全县旅游康养产业,撰写的《关于将方山县北武当山景区纳入太忻经济一体化发展旅游康养景区打造的建议》社情民意信息,被市政协采用并报省政协。

4. 围绕"宜业"方山建设开展协商议政。聚焦全县高质量发展,围绕"市场主体倍增计划,培育壮大中小微企业"这一议题,邀请市中小企业局等 5 个市直单位的 16 名领导和专家,与我县 21 个职能部门、10 户骨干企业、10 名企业家政协委员齐聚一堂,共商方山市场主体倍增和中小企业发展大计。围绕应急体系建设,撰写的《建议提升县级消防救援能力建设》社情民意信息,被省政协转送省直有关部门。围绕电子商务健康发展,撰写的《关于网络“种草”传播的优化建议》社情民意信息,被全国政协每日社情采用。

一年来,县政协聚焦县委、县政府中心任务,开展专题调研23项,举办协商议政活动48次,提案审查立案155件,向县委县政府提交建议报告4件,向县直有关部门转送建议报告8件。向省市政协报送社情民意信息90篇,2篇被省政协转送省直有关厅局,2篇被全国政协转送中央有关部委,2篇被全国政协每日社情采用,报送国家领导同志参阅。

四、坚定不移坚持团结民主,广泛凝聚共识

1. 大力开展团结联谊工作。组织开展全县党外知识分子座谈会、非公有制经济人士座谈会、少数民族人士座谈会、新的社会阶层人士座谈会、宗教人士座谈会,200余人齐聚政协集中学习、建言资政,为全县高质量发展凝聚了人心、汇聚了力量。

2. 大力提升提案“提”和“办”的质量。县委研究制定《方山县人民政协提案办理工作细则》,有效推动了人民政协提案办理工作的制度化、规范化、程序化。县委书记周小云、县人民政府县长高鹏把阅批县政协重点提案作为制度长期坚持,并带头亲自领办政协十届二次一号提案和二号提案。建立主席班子成员督办提案工作机制,主席班子成员带队深入提案承办单位督办10次。积极探索提案督办新方式,组织开展了提案办理民主评议活动,委员提案办理满意度达89.4%,提案工作质效得到整体提升。

3. 大力提升文史“存史、资政、团结、育人”成效。组织政协委员完成了《方山县政协文史资料汇编》(1-10辑)的收集、整理、编辑和翻印工作,全书约90万字,有效发挥了新时代政协文史资料“存史、资政、团结、育人”的社会功能,传播了社会正能量。

4. 大力推进“书香政协”品牌建设。制定委员年度读书计划,列出读书清单。全年共组织委员线上读书会48次、线下读书会4次、读书分享会1次,邀请樊登小读者创始人肖宏文为政协委员作了《爱上阅读》专题报告,委员参与读书活动全年累计达8800余人次。

5. 大力推进“有事来商量”协商品牌建设。县政协“有事来商量”协商议事室遴选物业管理等11个选题开展了协商活动,6个镇围绕信访矛盾、民生小事等开展协商6次。

6. 大力创办《走进政协》电视栏目。与县融媒体中心合作创办《走进政协》电视栏目,全年制作6期,50多名政协委员参与拍摄,观看人数达5000人次,向社会各界讲述了政协好故事、展现了政协新作为、展示了委员新风采。

五、坚定不移强化自身建设,夯实履职基础

1. 大力提升队伍能力建设。制定实施《关于强化政协委员责任担当的实施意见》《委员履职量化考核实施细则》,引导委员规范履职、主动作为。167名政协委员积极主动参加“喜迎二十大·委员在行动”暨“我为全方位推动高质量发展做贡献”主题活动,提交提案159件、社情民意信息402篇,宣讲党的理论政策99次,提出高质量发展意见60条,参与公益活动180人次,办理惠民实事20件,参加各类协商活动300多人次。制定《关于建立县政协专委会兼职副主任、委员工作项目制和年度工作报告制的实施办法(试行)》,确保了专委会兼职委员有工作、肯工作、愿工作。

2. 大力加强政协机关日常管理。出台《县政协2022年重点工作任务分解》,坚持秘书长每周协调催办,主席会议每月听取汇报督办,机关效能建设得到较大提升。制定《县政协派驻圪洞镇庄上村工作队管理办法》,党组坚持每月听取一次驻村工作汇报,切实提升了干部驻村帮扶工作。制定《政协干部定期联系帮扶村脱贫户的通知》,主席会议成员带头联系帮扶"三类户",政协干部联系帮扶脱贫户,推动干部作风进一步夯实。开展政协机关建设理论研究,撰写的《基层政协"三定方案"亟待修订规范》社情民意信息,被全国政协每日社情采用,送中央领导和中央有关部门参阅。

各位委员、同志们,一年来的工作成就,是中共方山县委坚强领导的结果,是县人大、县政府大力支持的结果,是各镇、县直各单位和社会各界共同支持的结果,也是政协各参加单位和政协委员团结奋斗的结果。在此,我代表县政协常委会表示崇高的敬意和衷心的感谢!

对照县委对政协工作的新期望,对照人民对政协工作的新要求,我们还清醒地认识到,县政协常委会的工作还存在不少问题和不足,如专门协商机构制度化、规范化、程序化等功能建设不够完善;政协协商向基层延伸助力基层治理还有差距;界别活动不够活跃,委员建言资政的能力有待进一步提高;政协机关服务管理委员能力仍需进一步加强。对此,县政协常委会将采取措施认真积极改进。

2023年工作部署

2023年是全面贯彻落实中共二十大精神的开局之年。开局关乎全局,起步决定后程,做好新一年政协工作意义重大。县政协常委会要坚持以习近平新时代中国特色社会主义思想为指导,深入学习贯彻中共二十大精神和习近平总书记视察山西重要讲话重要指示精神,深入贯彻落实习近平总书记关于加强和改进人民政协工作的重要思想,在中共方山县委的坚强领导下,紧紧围绕县委十一届七次全体会议暨经济工作会议确定的目标任务,强化政治引领、广泛凝聚共识,发挥专门协商机构作用,为我县经济社会高质量发展,全面建设"四宜"方山提供政协智慧、贡献政协力量。

一、全面加强党的领导,坚定正确政治方向

坚持把深入学习贯彻习近平新时代中国特色社会主义思想和中共二十大精神作为首要政治任务。与贯彻落实习近平总书记关于加强和改进人民政协工作的重要思想贯通起来,健全学习制度体系,坚持党组理论中心组为引领,强化习近平新时代中国特色社会主义思想学习座谈会和座谈小组功能,运用全员培训、座谈研讨、读书交流等形式,结合即将开展的学习贯彻习近平新时代中国特色社会主义思想主题教育,教育引导政协各参加单位和政协委员在学思践悟中深刻领悟"两个确立"的决定性意义,自觉把捍卫"两个确立"转化为做到"两个维护"的实际行动,不断巩固团结奋斗的共同思想政治基础。认真贯彻落实《中国共产党政治协商工作条例》和省委、市委《关于加强和改进新时代市县政协工作的实施意见》,健全完善党对政协工作全面领导的制度机制,严格执行重大事项、重大问题、重大活动向县委请示报告制度,切实把中央、省、市决策部署和县委工作要求不折不扣落实到政协全过程。以党的政治建设为统领,压实从严治党主体责任,严格落实意识形态工作责任制,增强政协党组织政治功能,更好发挥政协党组把方向、管大局、保落实的领导作用,充分发挥党员委员的先锋模范作用,以高质量党建引领政协工作高质量发展。

二、聚焦服务中心大局,以新担当助推高质量发展

紧紧按照县委十一届七次全体会议暨经济工作会议要求,围绕“四宜”方山建设,开展协商议政。围绕推动高质量发展建言献策。聚焦“培育壮大文旅康养集聚区,推动全县文旅产业提档升级”“发展数字经济产业,推动经济转型发展”开展常委会协商议政,沉下去调查研究,走出去鉴“他山之石”,提出更多务实管用的高质量建议。聚焦“高质量发展庭院经济,助推全县乡村振兴产业发展”开展对口协商,推动农民就近就业增收,积极打造乡村振兴新场景。围绕全面从严治党建言献策。聚焦清廉方山建设,开展“以清廉单元示范创建为引领,全力推动清廉方山建设”专题议政性协商,助推全县清廉建设。围绕提升民生福祉建言献策。聚焦人民群众密切关注的教育、卫生问题,开展“加强师德师风建设,培养高素质师资队伍”专题议政性协商和“实施智慧健康项目,推动健康方山建设”对口协商。聚焦法治方山、平安方山建设,开展“加强新时代司法所建设,提升基层法治水平”和“提升道路执法规范化水平,加强全县道路安全建设”对口协商。聚焦全县重点工作定期组织委员听取有关单位清廉建设、干部作风建设、工作落实等情况,积极为全县清廉建设、转作风促落实建设,增添政协民主监督力量。聚焦全县重点项目和政府承诺民生事项,组织委员开展监督性调研,让群众的获得感成色更足、幸福感更持续、安全感更有保障。

三、践行发展全过程人民民主,更好察民情聚民智惠民生

深入贯彻落实《中国共产党政治协商工作条例》,加强专门协商机构制度化、规范化、程序化等功能建设。扎实推进县政协专委会“一委一品”建设、镇政协工作联络组标准化建设,规范提升“有事来商量”平台建设质效,丰富拓展委员履职平台。聚焦县委所需和群众所盼,组织委员深入调查研究,统筹运用专题调研、提案办理、反映社情民意等履职方式,倾听民声、汇集民意、纾解民忧。出台提案审查工作实施细则、提高提案质量的实施意见、重点提案遴选和督办办法、优秀提案评选表彰办法,完善提案协商督查办理机制,着力在提案提得准、办得实、用得上下功夫。组织开展重点提案办理情况视察监督,助力推动工作、解决问题,以提案办理实效牵引提案工作质量整体提升。发挥协商式监督的优势作用,把调研、协商、监督有机结合,推动协商与监督优势互补,形成协商—监督—落实一体贯通的机制,提升民主监督质效。建立完善提升社情民意工作质效机制,发挥委员主体作用,积极围绕全县高质量发展的堵点、困难和群众的急难愁盼,开展调查研究,撰写高质量社情民意信息,切实让社情民意成为联系群众、推动工作、贴近民生、为民代言的“直通车”。

四、全面共筑政治同心，以团结奋斗广泛凝聚各方正能量

充分发挥人民政协作为最广泛爱国统一战线组织的功能作用，按照二十大报告对“巩固和发展最广泛的爱国统一战线”的部署，切实履行“落实下去”“凝聚起来”的政治责任。通过定期举办座谈会、工作通报会等形式，畅通党外知识分子、非公有制经济人士、新的社会阶层人士、少数民族人士、宗教界人士等诉求表达渠道。扎实开展主席走访政协参加单位、主席会议成员走访看望政协委员、政协党组成员与党外政协委员座谈交流、谈心谈话。完善政协委员联系界别群众制度机制，持续引深政协委员“四联系四服务”制度，依托委员工作室、协商议事室、联系点，深入开展“有事来商量”活动，协助党委、政府做好收集民情、体察民意、协调关系、化解矛盾的工作。发挥“书香政协”委员读书引领作用，在读书活动中筑同心聚共识增本领，进而带动和影响社会各界开展全民阅读。广泛开展对外交流活动，做好文史资料征编工作，持续办好《走进政协》电视栏目，营造有利于政协事业发展的良好环境。

五、全面提振信心，以自身建设新成效树立新形象

要以时不我待的精神，全方位提高履行协商主职的能力。坚持以严要求、高标准推动工作，确保调查研究走深走实、建言资政求真求实、凝聚共识落细落实。强化政协委员队伍建设。严格委员管理，强化服务保障，加强委员培训，不断提升委员履职能力。优化委员履职评价管理办法，完善激励机制，提升委员履职的积极性和主动性，努力打造“懂政协、会协商、善议政、守纪律、讲规矩、重品行”的政协委员队伍。强化机关干部队伍建设。坚持以党的政治建设为统领，全面推进清廉机关建设，增强干部廉洁从政履职意识。健全机关考核激励机制，加强机关文化建设，提升服务保障水平。严格落实党风廉政建设，锲而不舍贯彻落实中央“八项规定”及其实施细则精神，持之以恒纠“四风”、树新风。在省市政协的统一部署下，加快推进“智慧政协”建设，打造具有鲜明政协履职特色的提案提办、专题协商、社情民意信息反映等网上平台，集成打造融学习教育、履职活动、信息报送、服务管理于一体的“智慧政协”，做到思想在线、智慧连线、联系不断线，推动发展“指尖上的民主”。

各位委员、同志们：

时间勾勒年轮的更迭，岁月记录奋斗的足迹。站在新的历史起点，面对新的使命召唤，我们深感职责在肩、任重道远。让我们以习近平新时代中国特色社会主义思想为指导，全面贯彻落实党的二十大精神和各级党委的决策部署，在中共方山县委的坚强领导下，坚守初心向未来，踔厉奋发谱新篇，扎实推动新时代人民政协事业新发展，共同把政协的履职答卷写在中国式现代化方山篇章的伟大实践中、写在方山的大地上！

关于方山县2022年国民经济和社会发展计划执行情况与2023年国民经济和社会发展计划草案的报告

——在方山县第十一届人民代表大会第四次会议上

(2023年4月12日)

方山县发展和改革局局长　王国锋

各位代表:

受县人民政府委托,现将我县2022年国民经济和社会发展计划执行情况与2023年国民经济和社会发展计划草案提请方山县十一届人大四次会议审议,并请县政协委员和其他列席人员提出意见。

一、2022年国民经济和社会发展计划执行情况

2022年,全县上下坚持以习近平新时代中国特色社会主义思想为指导,全面贯彻党的十九大、十九届历次全会和党的二十大精神,深入落实习近平总书记重要讲话重要指示精神,坚决落实"疫情要防住、经济要稳住、发展要安全"的要求,积极克服新冠疫情、洪涝灾害等不利因素影响,认真执行县十一届人大三次会议审议批准的2022年国民经济和社会发展计划,扎实推动高质量发展,加快推进全方位振兴,经济发展取得来之不易的成绩。

2022年,全县地区生产总值完成85.9亿元,总量持续增长;一般公共预算收入完成3.2亿元,保持稳定增长;固定资产投资完成20亿元,增速全市排名第5;社会消费品零售总额完成10.8亿元,增速全市排名第6;城乡居民人均可支配收入分别完成27430元、7330元,增幅分别为6%、8.8%,增速全市排名第5、第4。

(一)产业转型发展进一步加快

传统产业发展增量提质。新星煤业、凯川煤业通过智能化掘进工作面验收,两矿下组煤延伸开采项目获批,新星煤业煤下铝项目已完成备案;全县洗选煤企业完成了标准化建设。新兴产业发展稳步推进。格盟方山30兆瓦屋顶分布式光伏发电项目开工建设,方山农光100兆瓦光伏项目、吕梁北煤炭专用线和铁路装车系统项目有序推进,中广核80兆瓦风电项目获得消纳指标、吕梁山矿产品10万吨电熔改性料项目投产达效。农业发展稳中向好。全县粮食播种面积达到19.51万亩，比上年增长1.77%，粮食产量达到0.67亿公斤，增长26.41%；昕广欣2万头生猪养殖项目和垚鑫生态养殖公司50万只功能蛋鸡项目均投产达效，全县牛、猪、鸡存栏分别达到5.3万头、5.7万头、130万只；中药材种植达到5万亩，季节差蔬菜达到1.2万亩。成功申报了1个国家级示范合作社、2个市级示范合作社、1个省级家庭农场、5个市级示范家庭农场，创建了县级示范合作社和家庭农场各10个。酒、醋、沙棘等农产品加工业销售收入达5.2亿元。

文旅产业提档升级。南村城址抢险加固工程项目、鸦儿崖景区旅游基础设施建设项目基本完工，农旅特色产业园、张家塔古村落保护与开发等项目快速推进，贺龙中学旧址与张叔平烈士故居、离东县抗日民主政府旧址等“红色+绿色+古色（廉政文化）”旅游线路初步形成，于成龙故居、韩庄村农旅特色产业园、北武当山等景点连点成线，文旅产业发展成效明显。

（二）乡村振兴战略进一步深化

进一步推进农村低保与乡村振兴的有效衔接，全年发放农村低保金3111万元，农村特困供养金972万元。7个安置点3829名脱贫劳动力实现务工3601人；配套了总面积5434亩的4个种植园区和1个养殖园区，实现安置点产业园区全覆盖。统筹整合资金2.1亿元，实施巩固衔接项目108个。脱贫人口“三保障”和饮水安全全面保障提升。完成撂荒地改造面积为11306.45亩。落实稳岗就业政策，全县脱贫劳动力实现务工17106人。16座光伏电站年发电收益4468.55万元，惠及脱贫户、监测户10365人。建设美丽乡村7个、乡村振兴示范村8个。2022年全县脱贫人口人均纯收入达11053元，增长17.1%。实施“一村一名大学生”计划，农村组织人才保障不断强化。

（三）营商环境进一步优化

持续深化“放管服”改革。全面推进“证照分离”改革。发布“证照分离”改革全覆盖事项清单65项，全力规范行政权力，厘清权力界限。深化企业开办“一件事”改革。营造高效便捷的政务环境，提高线上线下政务服务能级。建立健全政务服务“全程网办”线上、线下“全代办”制度。全面推行“帮办代办”“绿色通道”服务，累计提供“帮办代办”400余次。县级90%以上事项实现“一网通办”“最多跑一次”。优化政府采购服务。充分预留面向中小企业采购份额，全县74个单位在832平台预留采购份额10.63万元，全部减免投标和履约保证金，全面推行“政采智贷”线上融资服务。全面落实助企纾困措施。全年“减免退缓”税费超1亿元，投放政府消费券550余万元。创新市场主体发展“18889”举措，全县各类市场主体达11815户，增长37.98%，增速全市排名第二。全县221项审批事项减少办理环节19个，办理时限由法定5566个工作日缩减到2531个工作日，压缩54.5%，办理材料由1831份减少到1288份，减少29.7%。

（四）基础设施建设进一步完善

城市品质不断提高。县城提升改造周转房建设项目、老旧小区改造、文化艺术馆、民欣苑公租房完工，三川河（方山城区段）生态修复综合治理工程项目进展顺利，县城污水处理二期工程已完成80%,棚改东三区项目投入使用。建成停车场3个,设置停车位718个,设置便民经营点4个、摊位75个。城市运行管理服务平台项目总投资为1300余万元已完成前期工作,城区客运公交实现免费乘坐。

农村基础设施不断完善。完成马坊村、下昔村饮水管网改造工程,完成农村饮水安全巩固提升工程4处,实施农村饮水安全应急抗旱工程9处。持续推进农村“六乱”整治,完成“四好”农村路35.7公里、农村改厕400座,77个行政村保洁、垃圾收运实现城乡一体化运营管理。新增供热面积17.82万平方米,2022年7个美丽宜居示范村建设项目完成90%以上。

(五)生态环境进一步改善

完成四荒绿化、封山育林、未成林造林地管护等各类营林造林工程17.73万亩,总投资7066万元;实施乡镇道路绿化66.6公里,“推窗见绿”成为市民生活新常态。优良空气天数321天,PM2.5浓度下降22.6%,PM10同比下降36.1%;SO_2同比下降35.7%;NO_2同比下降12%;O_2平均浓度152,同比下降7.9%;空气综合指数全市第一。县污水处理厂二期扩容工程正在推进,马坊、北武当镇污水处理厂和4个村级污水处理站基本完工,两个断面均达地表水Ⅱ类水质标准。完成城乡既有建筑节能改造4万平方米。

(六)民生投入进一步加大

民生领域项目稳步推进。教育方面:新建改扩建普惠性幼儿园2所,县城棚改三区幼儿园已投入使用,大武棚改八区幼儿园主体已完工。启动新建一中及高级中学综合楼建设项目,对马坊寄宿制小学、城内第二小学等15所学校,机关二幼、大武中心幼儿园等6所幼儿园进行了维修改造;为全县学校添置了设施设备,实施了校园监控全覆盖和一键式报警系统,学校办学条件得到了极大改善。医疗卫生方面:新县人民医院项目基本完工,“行走的医院”项目落地运行,逐步实现了“小病不出村、大病不出县”。启动疾病预防控制中心建设项目和方山县县域医疗综合服务能力提升项目。民政方面:新建、改建日间照料中心25个、幸福小院6个,易地移民安置点建设老年人养老服务设施,方山县社会福利院、殡仪馆项目主体完工。

民生领域保障和服务不断提高。加大教师培训力度,分批次选派37名中小学教师赴江阴跟班学习;累计培训中小学幼儿园教师3000余人次,引进研究生38名,招聘特岗教师80名。全县义务教育阶段教师工资待遇水平不低于公务员平均工资收入水平得到全面落实。为全县1800余名教师进行了免费健康体检、1700余名教师定制了工作服。募集教育基金2650万元,兑现增量绩效1248.7万元,教师积极性全面激发;引进山西华阳教育集团全面托管贺龙中学,同步深化与江阴教育集团合作办学,教育教学质量显著提高,2022年高考二本B类以上达线115人,比2021年的31人增加了84人,达线人数打破历史最高记录,赢得了学生家长和社会各界的高度认可。县人民医院选派优秀人才20人到乡镇卫生院进行帮扶,确保农村群众“便捷看病,看得好病”。进一步提高城乡最低生活和特困人员保障标准,提标后农村低保、分散特困供养分别提高960元/人/年、1270元/人/年;城市低保、特困人员供养分别提高600元/人/年、800元/人/年。

经济社会发展在取得成绩的同时,也存在不少问题和不足,主要表现在以下方面:一是高质量发展的基础还不够坚实,传统产业升级改造步伐还不够快,新兴产业尚未形成有力支撑;二是经济发展内生动力还不强,营商环境还需进一步优化;三是重大产业项目投资不足,新型产业较少,民营经济发展不充分;四是生态资源环境约束加大,污染防治和绿色发展任务艰巨。这些问题我们必须高度重视,认真研究,切实加以解决。

二、2023年国民经济和社会发展的总体安排和主要任务

做好2023年全县经济社会发展工作,必须以习近平新时代中国特色社会主义思想为指导,全面贯彻党的二十大和习近平总书记考察调研山西重要讲话重要指示精神,深入落实中央和省委、市委、县委经济工作会议精神,坚持稳中求进工作总基调,立足新发展阶段,完整准确全面贯彻新发展理念,主动服务和融入新发展格局,坚定"一二四四"发展思路,全方位推动高质量发展,更好统筹疫情防控和经济社会发展,更好统筹发展和安全,提振信心,抢抓机遇,求真务实,埋头苦干,加快建设"宜居宜游宜养宜业"四宜方山,奋力谱写中国式现代化方山篇章!

按照上述总体要求,充分考虑我县经济社会发展的需要和可能,确定今年我县经济社会发展的总目标是:地区生产总值增长6%;一般公共预算收入增长5%;固定资产投资增长7%;社会消费品零售总额增长7%;规模以上工业增加值增长7%;城镇居民人均可支配收入与经济增长基本同步,农村居民人均可支配收入高于经济增长水平;统筹完成高质量发展指标和约束性指标。完成以上目标任务,需要做好以下七方面工作:

(一)聚焦产业转型升级,培育高质量发展新体系

推动工业产业转型提升。支持优势产业扩产升级,推进汇丰新星煤下铝资源开发,协调店坪煤矿探转采项目尽快过审,完成金晖凯川、汇丰新星2户企业下组煤延伸开采项目建设,争取金晖瑞隆边角资源开采项目获批,启动金晖瑞隆压覆资源村庄搬迁工作。完成新星煤业、凯川煤业信息化建设晋级,完成全县洗选煤企业标准化建设动态达标和全年煤炭生产保供任务。推进新兴产业全面发展。完成格盟方山30兆瓦屋顶分布式光伏发电项目和方山农光新能源100兆瓦农光互补项目并网,开工建设中广核80兆瓦风力发电项目,积极引进储能项目,完成新能源项目入库和消纳指标争取工作。推进制造业协同升级发展。支持属地煤矿带动庞泉机械、鸿澜支护等制造型企业逐步形成产业发展链条,支持属地铝土矿带动吕梁山矿产品等企业协同发展,提高制造业增加值比重。支持发展数字经济,促进数字经济与实体经济融合发展。

推动农业产业高效发展。壮大养殖产业规模。依托以宏康牧业、昕广欣、晋汾白猪、垚鑫蛋鸡等企业为龙头的养殖产业,形成循环绿色有机产业链,延伸养殖业深加工项目,实现可持续发展。扩大中药材发展规模。利用地理优势积极引进药材种植企业,进一步扩大我县中药材种植规模,加强与振东集团、山西农大合作,扩大中药材标准化种植基地建设,支持圣帝中药材、鼎峰种养专业合作社等延伸中药材深加工链条。探索开发中医药养生、食疗药膳、中药饮品等新业态。做强蔬菜产业集群。支持日光温室大棚建设,推动绿笋芦笋专业合作社、国红农林牧合作社、生绿合作社等专业合作社,发展冷凉区露地蔬菜种植。支持惠仁菌业、永盛食用菌、万泽食

用菌等专业合作社,扩大食用菌种植,争取开工1万吨仓储冷链项目,加快推进番茄酱、辣酱及其他农业延伸产业发展。

推动农、文、旅融合发展。进一步完善基础设施,加快"阳湾—骨脊山"、梅洞沟等循环旅游公路建设和北武当山景区客运架空索道建设项目,争取开工建设旅游集散基地及离东县抗日民主政府旧址、张叔平烈士故居保护修缮等重点项目,打造赤坚岭陈列馆、贺龙中学旧址等红色革命文化参观学习点。进一步推动特色示范点建设,培育一批生态康养示范点、农旅田园示范点、廉政教育示范点、民俗文化示范点,逐步形成旅游产业链条,实现多产业融合发展。启动北武当山5A级景区创建,完成于成龙故居和廉政文化园、张家塔古村落3A级景区创建。引进中传建信等市场主体,推动全县旅游业多样化、品牌化、规范化运营。

(二)聚焦项目带动,增强经济发展新动能

坚持项目为王理念,加大招商力度。用好3支招商引资队伍,发挥商会、协会优势,开展以商招商、驻点招商、乡情招商和中介招商,重点引进一批符合我县发展实际的现代农业、现代物流、文旅康养、新能源等优质高新项目。抓好项目建设,全年实施总投资66亿元的项目88个,年内计划完成投资21亿元。完成鸦儿崖红色景区旅游公路、"大武—木瓜""马坊—武家湾"路面升级改造项目,开工圪洞35KV变电站升压项目工程;做好"娄烦—方山"高速公路和国道209线北拓工程前期配合工作,力争车道崖至刘家沟乡道拓宽、危旧隧道改造、农村供水保障工程开工建设;完成峪口沟河道综合治理项目和杨家塔、沟卜沟、张家耳3座骨干坝的除险加固。争取上级资金。抓住机遇,围绕基础设施补短板、强弱项,民生、产业转型等领域,及时申报项目,进一步加强与上级部门对接沟通,加强与县直各相关部门的协调配合,积极争取各级预算内和专项债券资金。

(三)加快城市建设步伐,提升县域功能品质

完善县城基础设施。完成积翠公园提升改造、三川河(方山城区段)生态修复综合治理、县城污水处理厂二期扩容项目,开工建设老旧小区改造、公租房建设、方山县城市运行管理服务平台项目,实施城北医疗教育园区雨污分流及道路改造项目,争取开工污水处理厂尾水湿地及区域再生水循环利用项目。引进社会资本,开工建设便民农贸市场、特色农产品批发交易市场、经贸广场等项目。

加快大武新区建设。在已建成28栋4510套安置房的基础上,年内完成剩余17栋2935套安置房建设,让搬迁群众尽快实现回迁。实施完成"两山"防洪举人头沟西段项目,开工建设"木瓜村—高家沟村"资源产业公路项目,配合实施大武商业街、木楼广场、丽水苑、清风雅苑、北川河二期、吕梁大道二期、新安大道、五大中心等市重点项目。

(四)持续巩固脱贫攻坚,扎实推进乡村振兴

加强动态监测。常态化开展防返贫动态监测和帮扶,应纳尽纳,应帮尽帮,筑牢脱贫人口规模性返贫底线。发挥产业、就业、金融、以工代赈、帮扶车间等政策举措的综合效应,推动脱贫人口持续增收。

落实政策扶持。落实省促进脱贫人口增收省“30条”、县“32条”措施，持续推动稳定增收。加强易地搬迁群众后续扶持，强化扶贫项目资产后续管理，全面落实各项帮扶政策。

落实稳粮保供。完成高标准农田建设1600亩、实施5万亩农业生产托管服务试点项目，提高农田水利有效灌溉面积，以稳粮保供、特优高效、科技兴农为方向，提高农业机械化水平，加强农机具购置补贴，健全种粮农民收益保障机制，启动全县第三次全国土壤普查工作，确保全县粮食播种面积稳定在19.07万亩以上、粮食产量稳定在5300万公斤以上，开工建设5000吨标准化粮食储备库项目。

完善农村基础建设。完成糜家塔村田间路建设和积翠镇公益性基础设施建设项目，完成弹花沟除险加固工程和土桥沟中型淤地坝工程，推进圪洞镇高家庄村、积翠镇麻地会村、大西沟村等6村污水治理工程和农村供水城乡一体化供水工程。

深化农村改革。继续深化“三支队伍”改革，开展新一轮“空壳”合作社专项清理活动，实施农村集体“三资”平台建设规范化管理，做好农村“一事一议”筹资筹劳工作。

(五)持续优化营商环境，不断提升市场活力

政务信息化建设。大力提升“一网通办”服务水平。按照“让信息多跑路、群众少跑腿”的理念和目标，充分运用大数据技术和“互联网+政务服务”模式，打造群众办事“零跑腿、零排队、不见面、自动批”的“互联网+政务服务”新业态。惠企政策落地。当好“店小二”，畅通企业信息反映渠道，压实企业帮扶责任，开展惠企工作评价，全力帮扶企业发展，切实增强企业获得感、幸福感。持续深化惠企政策兑现落地，激发市场主体创造活力。市场主体纾困解难。多角度、全方位减轻市场主体成本负担。坚持减税与退税并举，加强金融支持实体经济力度，营造实体经济良好发展环境。

(六)坚持绿色发展，加快推进生态文明建设

推动生态修复。完成吕梁山生态保护与修复项目、北川河省级湿地公园生态保护修复工程、2023年造林补贴项目、国家储备林及林业扶贫项目，推动北川河生态修复及水土保持项目。

加强环境保护。加强大气污染防治工作，确保全年优良天数达到321天以上，空气质量稳定达到国家二级标准。持续巩固水环境质量提升成效，力争马坊国考断面、大武省考断面水质稳定达到地表水II类标准。加强农业面源污染防治和土壤污染重点监管，确保土壤环境质量总体保持稳定。

强化能耗双控。严控“两高”项目建设，严把产业项目准入，持续推动重点行业、重点领域节能改造，提高能源利用效率。推进既有节能建筑改造，加快充电基础设施建设，推广使用新能源汽车。实施公共交通绿色提升，新增新能源公交车30辆。倡导绿色消费和低碳生活方式，开展世界环境日、节能宣传周等宣传活动，倡导绿色生产生活方式，开展绿色学校、机关、社区、家庭创建活动，推动全民践行简约适度、绿色低碳的生活理念。

(七)加大惠民投入，民生福祉得到新提升

扎实办好民生实事，抓好惠民政策落地见效，让人民群众在共建共享中拥有更多的获得感

和幸福感。

推进教育事业发展。年内完成新建一中及高级中学综合楼项目,开工建设文旅产教融合实训基地,争取大武八区幼儿园投入使用,新建、改扩建寄宿制学校 3 所、普惠性幼儿园 1 所,统筹实施学前教育普惠发展、义务教育优质均衡、高中教育多样发展、职业教育产教融合"四大工程",巩固民办义务教育学校规范治理成果。深化与江阴、华阳教育团队合作办学,加大教师培训力度,强化教师队伍管理,继续兑现教师增量绩效,持续巩固"双减"成果,引导规范民办教育,全面提升教育质量。

提高医疗卫生综合水平。完成县人民医院整体搬迁,加快推进县域医疗综合服务能力提升项目、县疾控中心项目,推进医疗信息化建设,多渠道积极引进人才,加大外出学习培训力度和优质资源下沉,科学运营"智慧医疗+5G 协同诊疗""行走的医院"项目,认真落实新阶段疫情防控各项举措,最大程度保护人民群众身体健康和生命安全。

强化社会基本保障。强化社会救助兜底保障,完善农村特困供养人员、城乡低保户、残疾人等社会救助制度。加强就业创业服务。坚持就业优先战略,全面推进稳就业工作,加强职业技能培训,完善就业帮扶措施,重点做好高校毕业生、农民工、就业困难人员等群体就业服务,城镇登记失业率控制在 5.5%以内。维护劳动者权益,保障农民工工资足额发放。加快启用县殡仪馆、社会福利院养护楼。

提升文体服务水平。建成投运文化艺术馆和体育馆建设项目,争取开工博物馆提升改造,举办"中国旅游日""送戏下乡"、民俗文化旅游节等系列文化活动,开展谋划启动全民健身中心项目,广泛开展非遗展、全民阅读、全民健身赛事和青少年体育活动,丰富群众文化体育生活。

各位代表,2023 年是全面贯彻落实党的二十大精神的开局之年,做好全县经济社会发展工作任务艰巨、责任重大。让我们在县委、县人大、县政府、县政协的正确领导和监督支持下,立足发展新要求和人民群众新期待,齐心协力、攻坚克难、苦干实干、锐意进取,奋力谱写方山经济高质量发展的新篇章!

关于方山县2022年财政预算执行情况和2023年财政预算草案的报告

——在方山县第十一届人民代表大会第四次会议上

（2023年4月12日）

方山县财政局局长 陈 冲

各位代表：

受县人民政府委托，我向大会报告2022年财政预算执行情况和2023年财政预算草案，请予审议，并请县政协委员和其他列席人员提出意见。

一、2022年预算执行情况

2022年，在县委、县政府的坚强领导和县人大及其常委会的监督指导下，县财政坚持以习近平新时代中国特色社会主义思想为指导，全面贯彻落实党的二十大精神，紧紧围绕“一二四四”发展思路，坚决落实县委、县政府重大决策部署，持续深化财政改革，不断增进民生福祉，加强预算绩效管理，全力防范化解风险，为全县经济高质量发展提供了坚强的财力保障。

（一）一般公共预算执行情况

1、收入完成情况

一般公共预算总收入完成219267万元，其中：县本级一般公共预算收入31999万元，上级补助收入151989万元，地方政府一般债务转贷收入8189万元，上年结余收入26541万元，调入资金549万元。

2、支出执行情况

一般公共预算支出执行204245万元，上解支出-33027万元，调出资金2179万元，安排预算稳定调节基金14072万元。

一般公共预算支出204245万元，为上年150300万元的135.89%，增支53945万元，主要原因是上级补助收入同比增加28811万元，经开区补助收入同比增加18859万元，上年结余收入25760万元。一般公共预算支出主要项目执行如下：

（1）一般公共服务支出22966万元，完成调整预算的96.50%，同比增长31.3%；

（2）公共安全支出5289万元，完成调整预算的90.77%，同比增长13.72%；

(3)教育支出28964万元,完成调整预算的97.33%,同比增长42.27%;

(4)科学技术支出964万元,完成调整预算的95.73%,同比减少3.5%;

(5)社会保障和就业支出25579万元,完成调整预算的94.86%,同比减少6.87%;

(6)卫生健康支出18291万元,完成调整预算的90.41%,同比增长26.49%;

(7)节能环保支出11329万元,完成调整预算的72.22%,同比增长188.27%;

(8)城乡社区事务支出23255万元,完成调整预算的78.87%,同比增长46.23%;

(9)农林水事务支出36825万元,完成调整预算的75.88%,同比增长20.85%;

(10)交通运输支出9207万元,完成调整预算的85.47%,同比增长354.89%。

3、收支平衡情况

当年实现了收支预算平衡。结余资金31798万元,结转下年按原用途继续使用。

(二)政府性基金预算执行情况

政府性基金收入完成31126万元,其中:本级收入完成402万元,上级补助收入1750万元,上年结转使用9895万元,调入资金2179万元,债务转贷收入16900万元;政府性基金支出执行24324万元,调出资金549万元,债务还本支出5500万元;结转下年使用753万元。

(三)社会保险基金预算执行情况

社会保险基金收入15008万元,其中:城乡居民基本养老保险基金收入3805万元,机关事业单位基本养老保险基金收入11203万元。

社会保险基金支出17614万元,其中:城乡居民基本养老保险基金支出2998万元、机关事业单位基本养老保险基金支出14616万元。

社会保险基金当年收支结余-2606万元,年末滚存结余17688万元。

(四)国有资本经营收支预算执行情况

国有资本经营预算收入4万元,上年结余8万元,全部为上级补助收入,国有资本经营预算支出4万元,年终结余8万元。

(五)债务情况

省财政厅转贷我县地方政府债券25089万元,其中:新增债券19589万元,再融资债券5500万元。新增债券主要用于殡仪馆、医疗综合服务能力提升、“三大板块”旅游公路、棚户区改造等重点领域的基础性、公益性项目建设;再融资债券全部用于置换到期政府债券本金。

债务还本付息支出11533万元,其中:专项债务还本支出5500万元,全部用再融资债券偿还;一般债务付息支出2377万元,专项债务付息支出3656万元。

全县政府债务限额190427万元,债务余额190427万元,未突破政府债务限额。

(六)预备费使用情况

安排预备费1059万元,在预算执行中全部安排用于自然灾害等突发事件及年初预算时难以预见的开支等。

（七）落实县人大预算决议情况

1、聚焦收支管理，护稳经济大盘。全县一般公共预算收入完成 31999 万元，同比增长 0.5%；争取债券资金 19589 万元（一般债券 8189 万元，专项债券 11400 万元），争取转移支付资金 16441 万元；衔接资金规模 27022 万元，其中县级衔接资金 8200 万元。一般公共预算支出达到 20.04 亿元，同比增长 34.36%，有力保障了“防疫情、稳经济、保安全”等各项重点领域支出需求。

2、聚焦风险防控，守牢安全底线。树牢底线意识，防范化解财政风险，严格政府投资项目审批把关，科学合理分配政府债务限额，全县地方性债务余额 190427 万元，政府债务率控制在 87.11%，未超 120%警戒线，政府未因违法违规举债被问责。消化存量暂付款 1500 万元，新增暂付款占全县一般预算支出和基金支出之和的 4.92%，未超 5%的警戒线，全县财政风险水平总体可控。

3、聚焦民生福祉，办好惠民实事。全面落实惠民政策，教育支出达到 28963 万元，同比增长 42.1%，圆满完成“两个只增不减”目标；卫生健康支出达到 18292 万元，同比增长 26.4%，公共卫生应急管理能力、应急储备能力明显提升；农林水支出达到 36825 万元，同比增长 20.9%，促进了农民增收、农业增效和乡村振兴；文化旅游体育与传媒支出达到 1766 万元，同比增长 17.4%，丰富了群众文化生活，提升了社会文明程度；社会保障和就业支出 25579.06 万元，为上年同期的 93.1%，完善了社会保障体系，拓宽了群众就业渠道，切实增强人民群众幸福感、获得感、安全感；城乡社区事务支出 20955 万元，同比增长 31.8%，改善县城形象，提升县城品味，营造了干净整洁、文明有序的生活环境。

4、聚焦治理效能，深化财政改革。加强预算绩效管理，实现项目支出绩效目标全覆盖，全面实施绩效运行跟踪监控管理，拓展财政重点绩效评价范围，涉及项目 627 个，执行金额 8.63 亿元，有效提升财政资源配置效率和财政资金使用效益。全部减免了投标和履约保证金，限时退还违规收取政府采购保证金 25.96 万元；上线政府采购电子卖场，设立中小企业线上服务专区，开通“政采智贷”线上融资服务，提出“两减免、两加快、一提高、一试行”等优惠政策，提高中小企业参与政府采购积极性。

总的来看，2022 年财政工作克服困难、稳步推进，取得了新的进展。这是县委、县政府统揽全局、坚强领导的结果，是县人大、县政协监督指导、大力支持的结果，是各级各部门和全县人民齐心协力、共同奋斗的结果。在此，我谨代表县财政局党组，对多年来一直关心、支持财政工作的各级领导表示衷心的感谢！在肯定成绩的同时，我们也清醒地认识到全县财政工作还存在一些突出矛盾和问题，主要表现在：财政收入持续稳定增长面临较大压力，仍然是典型的“吃饭财政”；预算编制有待进一步细化，一些领域资金沉淀和使用碎片化问题仍需解决；全县债务风险特别是隐性债务风险不可小视，有效管控政府债务任重道远，防范财政运行风险压力骤增；深化财税体制改革还面临诸多困难，等等。对于这些问题，我们必须认真思考研究，积极采取有力措施予以解决，请各位代表、委员一如既往地给予指导和支持。

二、2023 年全县预算草案

2023 年,综合考虑全县经济发展的各种因素,预算安排总的指导思想是:坚持以习近平新时代中国特色社会主义思想为指导,全面贯彻党的二十大精神,认真落实全国、全省、全市财政工作会议精神,紧紧围绕县委十一届七次全会暨县委经济工作会议精神,坚持稳中求进工作总基调,按照“一二四四”发展思路,牢固树立“以政领财、以财辅政”工作理念,全面提高科学理财、依法管财、为民用财水平,为“宜居宜游宜养宜业”四宜方山建设提供坚强的财政保障。

(一)一般公共预算

1、收入预算

根据县委十一届七次全体会议暨县委经济工作会议精神,综合考虑 2023 年经开区收入分成及政策性因素,县本级一般公共预算收入安排 33600 万元,同比增长 5%。其中:税收收入 28000 万元,较 2022 年完成数增长 8.75%;非税收入 5600 万元,较 2022 年完成数减少 10.44%。

全县一般公共预算收入 218896 万元,其中:县本级一般公共预算收入安排 33600 万元,返还性收入-3050 万元,一般性转移支付收入 96890 万元(其中:县本级统筹使用一般性转移支付收入 64220 万元、特定用途一般性转移支付收入 32670 万元),专项转移支付收入 615 万元,上年结余 31798 万元,调入预算稳定调节基金 4072 万元,一般债券转贷收入 8700 万元,经开区上解收入 46271 万元。

2、支出预算

(1)按收支平衡原则,剔除特定用途一般性转移支付收入 32670 万元,专项转移支付收入 615 万元,上年结余 31798 万元,一般债券转贷收入 8700 万元后,安排县本级一般公共预算支出 142624 万元,上解支出 2489 万元。重点支出项目如下:

一般公共服务支出 21068 万元,同比增长 19.21%;

公共安全支出 4241 万元,同比增长 13.94%;

教育支出 21943 万元,同比增长 12.14%;

文化体育与传媒支出 1233 万元,同比增长 16.43%;

社会保障和就业支出 20937 万元,同比减少 1.99%;

卫生健康支出 10423 万元,同比增长 18.72%;

农林水支出 14376 万元,同比增长 62.9%。

(2)特定用途一般性转移支付收入 32670 万元,专项转移支付收入 615 万元,上年结余 31798 万元,按文件规定用途使用。

(3)一般债券转贷收入 8700 万元,拟用于安排 11 个项目,具体为:文化艺术馆项目 1500 万元,低级别文物保护修缮工程 600 万元,瓦窑河城区段生态修复综合治理工程 1400 万元,北武当镇污水治理工程 1300 万元,生活垃圾处理场工程相关建设项目 489 万元,职教中心建设项目 300 万元,高中新校区建设一期工程 300 万元,棚户区改造东三区 1000 万元,民欣苑公租房项目 500 万元,一中(初中)及高级中学综合楼建设项目 1000 万元,污水处理二期工程 311 万元。

(二)政府性基金预算

1、收入预算:根据基金项目收入情况和实际支出需要编制2023年政府性基金预算,以收定支。全县政府性基金收入15525万元。其中:县级收入895万元(国有土地使用权出让收入800万元,国有土地收益基金收入80万元,城市基础设施配套费收入15万元),上级补助收入4230万元,专项债券转贷收入10400万元。

2、支出预算:政府性基金预算支出安排15525万元,其中:用于国有土地使用权出让等方面的支出880万元,用于城市基础设施配套费安排的支出15万元,上级补助收入4230万元按文件规定用途安排使用,专项债券转贷收入10400万元安排用于县域医疗综合服务能力提升项目。

(三)国有资本经营预算

国有资本经营预算收入安排4万元,全部为上级补助收入,上年结余8万元;2023年国有资本经营预算支出12万元,用于解决历史遗留问题及改革成本支出。

(四)社会保险基金预算

社会保险基金预算收入安排19717万元,支出安排20712万元,本年预算收支结余-995万元,滚存结余17817万元。

三、完成2023年预算任务的主要措施

2023年是全面贯彻落实党的二十大精神的开局之年,是实施"十四五"规划承上启下的关键之年,县财政将坚持以习近平新时代中国特色社会主义思想为指导,立足新发展阶段,贯彻新发展理念,强化财政政策措施,优化财政资金安排,积极发挥财政职能,高质量推动中央、省、市、县各项决策部署落地生效。

(一)强化收支管理,确保财政持续平稳运行

一是依法组织财政收入。按照"依法征收、应收尽收"的原则,完善财税、金融、国土、统计等职能部门联动机制,依法依规加强税收征管,挖掘非税收入潜力,严格落实各项减税降费政策,严防"跑冒滴漏",足额征收应征的预算收入,提高收入质量。

二是精打细算过"紧日子"。坚持勤俭节约、量入为出,积极运用零基预算理念,打破支出固化僵化格局,合理安排支出预算规模,严控一般性支出和"三公"经费,稳步推进预算支出标准体系建设,提升财政资金效益,确保财政可持续。

三是优化财政支出结构。坚持有保有压原则,突出"三保"优先地位,紧紧围绕县委、县政府决策部署,集中资金支持重点领域重点项目。清理收回长期沉淀资金,盘活财政存量资金,完善结余资金收回使用机制,加快财政支出进度。

四是防范化解财政风险。健全"三保"事前审核、事中监控、事后处置工作机制,推动"三保"相关转移支付纳入直达资金范围,加强库款调度管理,坚决兜住"三保"底线。严格落实隐性债务化债方案,大力化解隐性债务存量,坚决遏制新增隐性债务,积极清理消化暂付款,积极配合防范化解重要领域风险,牢牢守住不发生系统性风险底线。

(二)发挥财政职能,服务保障全县高质量发展

一是构建现代产业体系。支持养殖产业、中药材产业、蔬菜产业集群发展,设立300万元中小企业发展专项资金,扶持农产品加工企业做大做强。加快传统产业升级改造,支持老传统和良泉酒业改进工艺、提升品牌、扩展市场,做大做强白酒产业。推动文旅产业提档升级,支持"阳湾—骨脊山"、梅洞沟、鸦儿崖等循环旅游公路建设,打通县内循环、县外连接旅游线。支持乡村e镇项目,建设"一套数字景区系统、一座数字科技展馆、一套溯源系统、一座VR体验馆、一条供应链系统"五个一工程,形成"康养+产业+电商+配套"产业生态,持续打响"一方粮川"区域公共品牌。

二是强力推进项目建设。紧紧围绕县委、县政府谋划的总投资77亿元的94个重大项目,紧跟上级政策、紧盯产业前沿,精准对接国家、省、市政策投资导向,争取更多中央预算内资金和政府专项债券支持,充分释放有效投资对经济增长的拉动作用。规范推进政府和社会资本合作项目,充分发挥财政资金"四两拨千斤"作用,吸引民间资本参与重大工程和补短板项目建设。

三是持续优化营商环境。按照中央部署,不折不扣落实各项减税降费政策,做到该减的税减到位,该降的费降到位。实行常态化涉企收费目录清单管理,认真落实涉企收费清单制度,加大力度清理整治第三方截留减税降费红利等行为,畅通减税降费政策传导机制。合力监督政策落实,严肃查处政策执行不力、增加企业负担、损害群众利益等行为,充分发挥好减税降费政策效应。

(三)强化财政保障,推动民生福祉持续改善

一是全面推进乡村振兴。保证财政衔接推进乡村振兴补助资金规模总体稳定,持续巩固拓展脱贫攻坚成果,提升"三保障"和饮水安全保障水平,守牢不发生规模性返贫底线。大力支持乡村建设,确保6个镇77个行政村垃圾清扫、清运规范运营,支持完成1个建制镇、启动6个行政村污水治理项目,全面提升乡村整体面貌和群众生活质量。

二是优先发展教育事业。坚定教育"四个优先"发展战略,着力补齐教育短板,全力推进我县教育高质量发展。支持办学条件改善,年内完成新建一中及高级中学综合楼建设项目。支持和深化与江阴、华阳教育团队合作办学,运用省内外高校、优质中小学教育帮扶有利契机,拓宽办学思路,增强办学活力。

三是推动健康方山建设。支持"智慧医疗+5G协同诊疗""行走的医院"通信主干网络部署等智慧健康项目建设,实现远程医疗服务信息化全覆盖,最大限度方便群众就近就医。支持医疗条件改善,加快县人民医院迁址,推进县疾控中心建设项目,做好紧缺人才和骨干人才招聘培养,切实解决人才短缺问题。

四是提升社会保障能力。落实就业优先政策,确保城镇调查失业率控制在5.5%以内。支持高校毕业生、农村劳动力、城镇就业困难人员、退伍军人、脱贫人口等重点群体就业体系建设,加大职业技能培训,组织专场招聘活动,落实创业优惠政策,实现群众就业扩容提质。支持社会救助兜底保障,完善农村特困供养人员、城乡低保、残疾人等社会救助制度。支持县殡仪馆、社

会福利院养护楼建设，确保早日投入运营。支持办好“10件民生实事”，让更多改革红利惠及人民群众。

五是持续推进生态保护。支持吕梁山生态保护与修复、黄河及黄河流域防护林屏障建设、退化林修复、核桃经济林高接换优等项目建设，巩固提升国土绿化质量效益。支持峪口沟河道治理、三川河(城区段)生态修复综合治理，争取横泉水库应急防护工程项目，巩固水环境质量提升成效，持续打好蓝天、碧水、净土保卫战。

六是提升城市形象品质。持续推进国家卫生城市、森林城市和省级园林城市创建，支持城北医疗教育园区雨污管道及道路建设项目，支持老旧小区改造、便民农贸市场、特色农产品批发交易市场、经贸广场等项目尽早开工。支持大武新区安置区、木瓜沟改线、举人头沟“两山”防洪、市政基础设施等项目建设，合理调控现有建设项目，优化城市空间格局，美化城市形象。

(四)深化财政改革，健全完善现代财政制度

一是统筹四本预算管理。完善政府预算体系，加强一般公共预算、政府性基金预算、国有资本经营预算、社会保险基金预算四本预算统筹，加快建立标准科学、规范透明、约束有力的预算制度。

二是强化预算刚性约束。严格落实《预算法》，牢固树立“先有预算后有支出”的意识，强化预算约束。完善预算执行进度考核机制，切实加快预算执行进度。科学分类编制预算，进一步完善跨年度预算平衡机制，增强国家重大战略和省、市、县转型发展任务财力保障，增强中期财政规划对年度预算编制的指导性和约束性。

三是深化财政体制改革。按照中央、省、市财税体制改革要求，完善县财政体制和转移支付制度，进一步厘清一般性转移支付、共同财政事权转移支付和专项转移支付功能边界，规范项目设置，强化协调配合，增强基层公共服务保障能力。推进国防等分领域财政事权和支出责任划分改革，促进政府更好履职尽责、更加有效提供基本公共服务。

各位代表，2023年财政工作任务艰巨，责任重大。让我们坚持以习近平新时代中国特色社会主义思想为指导，深入学习贯彻党的二十大精神，认真贯彻落实县委、县政府的决策部署，自觉接受县人大的监督，虚心听取县政协的意见建议，坚定信心，奋勇前行，扎实做好财政预算各项工作，以实际行动为全县经济高质量发展贡献更大力量！

方山县人民检察院工作报告

——在方山县第十一届人民代表大会第四次会议上

(2023 年 4 月 13 日)

方山县人民检察院检察长　史永明

各位代表:

现在,我代表方山县人民检察院向大会报告工作,请予审议,并请各位政协委员和其他列席同志提出意见。

2022 年工作回顾

2022 年,在县委和市检察院的坚强领导下,县人民检察院坚持以习近平新时代中国特色社会主义思想为指导,以护航党的二十大胜利召开和学习贯彻党的二十大精神为首要政治任务,深入贯彻《中共中央关于加强新时代检察机关法律监督工作的意见》和省委《实施意见》,认真落实县委各项决策部署和县十一届人大三次会议决议,忠实履行法律监督职责,为大局服务,为人民司法,各项工作取得新的发展和进步。一年来,共办理各类案件 700 余件,检察业务高质量发展指标位居全市第四位。

一年来,我们突出检察担当,在服务高质量发展中贡献检察力量。

深入推进平安方山建设。以护航党的二十大胜利召开为主线,抓好检察环节防风险、保安全、护稳定各项工作。受理审查逮捕案件 43 件 60 人,批准逮捕 35 件 48 人。受理审查起诉案件 85 件 119 人。严厉打击电信网络诈骗犯罪,协同推进"断卡"行动,批捕 17 件 26 人,起诉 16 件 25 人。常态化开展扫黑除恶斗争,广泛宣传《反有组织犯罪法》,努力营造和谐稳定社会环境。

全力参与县域中心工作。巩固拓展脱贫攻坚成果同乡村振兴有效衔接,帮助协调村民活动广场改造项目落地,落实项目资金 8.5 万元。对因案致生活陷入困境的受害方加大司法救助力度,全年共向 14 名受害人发放司法救助金 10 万元。主动坚守战"疫"一线,组织党员干警 68 人次开展志愿服务,保质高效完成了各项抗疫任务。积极服务"清化收"重点工作,院领导包片分组机制经验做法在全县推广,我现场办公解决一起时隔 13 年的资产清收纠纷,多次受到县委、县政府主要领导肯定。县检察院获评吕梁市农村集体资产"清化收"专项工作先进集体。

助力优化法治化营商环境。坚决打击侵害企业合法权益犯罪,起诉破坏市场经济秩序犯罪案件12件12人,追赃挽损124万元。在办理农商行信贷员赵某违法发放贷款案中,四大检察协同发力,促进防范化解金融风险。依法追诉1人,坚决维护法律权威和法治尊严。针对农商行管理漏洞,安排2名检察官开展以案释法警示教育,发出1份检察建议,帮助建章立制。在县农商行组织召开"检察监督促金融稳定"座谈会,提请抗诉和发出再审检察建议3件,支持起诉27件,为农商行良性发展提供检察力量。针对涉案村民法律意识不强的问题,安排2名检察官深入马坊镇、积翠镇、峪口镇开展普法教育,发出3份检察建议,进一步深化诉源治理。

主动融入县域社会治理现代化。全市率先出台《轻微刑事案件赔偿保证金提存暂行规定》,推动"少捕慎诉慎押"司法政策落实,不捕12人、不起诉24人。围绕生态环境保护、食品生产安全、水资源保护等领域,发出社会治理类检察建议37份,回复率与采纳率均为100%,确保依法治理成效。深化认罪认罚从宽制度落实,严格执行听取意见同步录音录像制度,全年共适用93人,确定刑量刑建议提出率98.51%,采纳率95.45%,一审服判率97.11%,全力促进社会内生稳定。

一年来,我们突出司法为民,以止于至善的理念诠释检察情怀。

用心用情办好民生案件。依法惩治侵害民生民利犯罪,从严从重打击强奸、故意伤害、敲诈勒索等严重暴力犯罪5件6人,切实增强群众安全感。起诉盗窃、诈骗等多发性侵财犯罪16人,积极开展预防养老诈骗知识宣传,受众2000余人次,用心守好群众"钱袋子"。起诉"黄赌毒"、寻衅滋事等扰乱社会治安犯罪8件15人,有效净化社会风气。开展根治欠薪专项行动,支持农民工等弱势群体提起民事诉讼17件,帮助讨回23万余元"血汗钱"。

主动回应群众关切期盼。做实群众信访"件件有回复",共受理群众来信来访90人次,全部在7日内告知"已收到、谁在办",3个月内办理情况答复率100%。深化运用"案-件比"质效评价标准,刑事案件"案-件比"为1.07,同比下降63%,有效减轻检察环节当事人诉累。常态化开展公开听证,全年听证57件,实现"四大检察"听证全覆盖。对争议大、有影响的案件,邀请人大代表、政协委员、人民监督员参与评议,让当事人把事说清,听证员把理辩明,检察官把法讲透,是非曲直大家听,"法结""心结"一起解。

倾力守护未成年人成长。常态化做好法治副校长工作,"订单制""点餐式"普法和"一对一"精准帮教,大力宣传《家庭教育促进法》《强制报告意见》等制度,督促家长"依法带娃",受众学生及家长3000余人次,推动强制报告制度落地落实。牵头会签《关于司法救助与社会化救助衔接机制的实施意见》,打造未成年人救助"一站式"服务。跨省办理1件监护缺失类监督案。该案被市院评为典型案例,央广网、山西日报等媒体相继转载报道。在今年全国"两会"期间,央视社会与法治频道《一线》栏目播出该案,"方山"露脸央视,传播了方山好声音,塑造了方山法治新形象。

一年来,我们突出监督效能,深耕法律监督主业,践行检察使命。

推进刑事检察质效全面提升。会同县公安局设立侦查监督与协作配合办公室,共监督立案

2件,撤案4件,纠正漏捕1人,追诉漏犯4人。强化刑事审判监督,对确有错误的刑事裁判提出抗诉3件,提出抗诉率、抗诉采纳率均为全市前列。既监督“高墙内”监管执法,又监督“高墙外”刑罚执行。加强看守所监管活动监督,纠正违法违规行为16件。全覆盖开展社区矫正专项检察,共发出各类纠正违法通知书47份,核查纠正脱管11人、漏管10人,办理财产刑执行监督案9件,收监执行监督案件2件,有力维护刑罚执行权威。在反腐败斗争中充分发挥检察作用。监检配合有力、制约有效,起诉5件5人,其中县处级以上干部2件2人。

推进民事行政检察精准发力。坚持在贯彻实施民法典中全面履职尽责,共办理各类民事监督案件60件,其中民事支持起诉案件47件、再审检察建议1件、提请抗诉2件、综合类检察建议10件,均已回复采纳。全面深化行政检察监督。发挥行政检察“一手托两家”的专业优势,积极探索、主动作为,先后与临县检察院、县自然资源局签订协作机制,并在自然资源局挂牌检察监督联络室,有效解决案源缺乏问题。全年共办理行政非诉执行监督案件1件,行政争议实质性化解案件15件。

推进公益诉讼检察有序拓展。以“双赢多赢共赢”理念践行公益使命。全市首家推行“互联网+公益诉讼”观察员制度。办理的“督促瓦窑河水体污染行政公益诉讼案”入选最高检公益诉讼五周年“千案展示”案例,办理的道路交通安全领域公益诉讼案件被省院确定为民主法治建设典型案例报送最高检。办理的河北籍赵某等2人在峪口镇新庄村非法炼铝污染环境案,提起附带民事公益诉讼,要求支付240余万元生态修复补偿费用,全力守护方山碧水、蓝天、净土。

一年来,我们突出强基固本,着力打造新时代高素质检察队伍。

抓牢政治引领,把稳前进方向。坚持用习近平新时代中国特色社会主义思想凝心铸魂,深入学习党的十九大、二十大精神。坚持党组中心组理论学习、党支部学习、专题研讨制度。要求班子成员、检察官结合各自工作,利用“十大业务教材”全部登台为全院干警授课。严格执行《中国共产党政法工作条例》,主动向县委、县委政法委请示、报告7件次,把党的绝对领导贯穿到检察工作全过程和各方面。深入落实“质量建设年”要求,多层面开展流程监控,梳理26个常见问题清单,动态保障办案规范。

抓实纪律作风,筑牢廉洁防线。强化主体责任和“一岗双责”履行,推动“清廉机关”建设走深走实。召开党风廉政建设专题会议2次,层层签订《党风廉政建设责任书》,严格执行中央八项规定及其实施细则精神,严格落实《新时代政法干警“十个严禁”》,常态化开展警示教育、政治谈话、廉政谈话。狠抓“三个规定”贯彻执行,全院干警填报过问案件8件次,“逢问必录”成为常态。

抓紧队伍建设,聚焦能力提升。切实发挥“头雁作用”,班子成员带头办案318件。组织年轻干警列席检察官联席会、检委会,搭建常态化研究工作、分析讨论案件的平台,推动工作落实。积极落实和改进检察人员考核制度,加强内部考评管理,激励干警担当作为争先创优。2人分别入选省检察院民事检察人才库和普通犯罪检察案例宣讲人才库。培育省级能手1人,市级能手2人,市、县级演讲比赛获奖2人。

各位代表,检察权来自人民,对人民负责、受人民监督是检察机关的政治责任。我们始终把检察工作置于监督之下,主动接受人大及其常委会监督、政协民主监督和社会各界监督,专题向县人大常委会作《关于对全县未成年人检察工作的报告》,并认真落实审议意见。面向社会公开聘任21名听证员,邀请人大代表、政协委员、人民监督员参与检察听证90人次。主动发声回应社会关切,及时向社会公开程序性信息160条,全年接待律师20人次,线上办理律师远程阅卷10件。认真听取律师意见建议,依法保障律师执业权利。“检律协作办理李某某诈骗案”获评省院优秀案例。

检察工作一年来的发展进步,离不开县委和上级检察院的坚强领导,离不开县人大及其常委会的有力监督,离不开县政府、县政协、社会各界和全县人民的关心支持。在此,我谨代表方山县人民检察院表示衷心的感谢和崇高的敬意!

在看到成绩的同时,我们也清醒地认识到,县检察院的工作还存在一些问题和不足。一是新时代司法理念还存在不适应和跟不上的问题,服务大局的办法和举措还不多、不实。二是检察业务工作发展还不平衡,一定程度上制约了方山检察工作的高质量发展。三是办案质效还有待进一步提升,人民群众对检察工作的获得感还有一定的差距。四是检察队伍的政治素质和业务素质有待持续加强,规范司法、优质答卷的意识还需强化提升。这些问题,我们将紧盯不放,全力解决。

2023年工作安排

今年是全面贯彻落实党的二十大精神开局之年,也是实施“十四五”规划承上启下的关键一年。方山检察工作的总体思路是:坚持以习近平新时代中国特色社会主义思想为指导,深入学习贯彻党的二十大精神,深入贯彻习近平法治思想,紧紧围绕“检察工作现代化”目标,坚决扛起为大局服务、为人民司法的检察责任,推动县委、上级院重大决策部署落地见效,为“四宜”方山建设贡献检察力量。

一是找准切入点,以更高站位服务发展大局,提供检察保障。我们将紧密结合检察履职实践,大兴调查研究之风,把调查研究成果转化为新时代检察工作的强大动力,更加自觉主动地与县委重大部署同拍合步、同频共振、同向发力。围绕平安方山建设,坚持总体国家安全观,常态化推进扫黑除恶斗争,服务防范化解金融风险,依法惩防电信诈骗、洗钱等经济金融领域犯罪。围绕保障经济高质量发展,优化服务民营经济司法保障措施,积极推进涉案企业合规等工作,把平等保护企业合法权益做得更实。围绕推动绿色发展,牢固树立和践行绿水青山就是金山银山的理念,积极发挥检察职能作用,持续巩固生态文明建设成果。

二是擎稳发力点,以更深情怀践行司法为民,增添检察温度。我们将始终坚持“人民至上,检察为民”,切实做到群众有所呼,检察必有所应。竭力办好民生案件,切实守护老百姓“舌尖上”“钱袋子”和生命健康安全,全面加强特殊人群合法权益保护。做深做细未成年人保护,加强与公安、法院、民政、共青团、妇联等相关单位密切配合,不断推动和加强未成年人保护社会治理体系建设。着力解决人民群众急难愁盼,践行新时代“枫桥经验”,认真落实检察听证、司法救助、群众信访件件有回复等工作制度,把保障和改善民生落到实处。

三是紧盯增长点,以更强动力提升监督质效,凝聚检察智慧。我们将聚焦党的二十大报告中关于“加强检察机关法律监督工作”的部署,推动建设更高水平法治方山。加强刑事诉讼融入式监督,提升刑事诉讼监督规模质效,加强行刑衔接工作,完善与市场监管、应急管理等行政机关协作配合机制,做好不起诉的“后半篇”文章。加强民事行政检察精准监督,推进虚假诉讼深层次违法行为监督深入开展,推行“终结本次执行”专项监督活动,助力解决“执行难”问题。加大公共利益协同保护力度,积极拓展公益诉讼新领域,加快推进行政机关专业人员兼任检察官助理工作,形成共治共享公益司法保护新模式。

四是立好支撑点,以更严要求强化队伍建设,锻造检察铁军。我们将持之以恒推进从严管党治检,坚持不懈用习近平新时代中国特色社会主义思想凝心铸魂。紧抓廉政建设不放松,严格执行防止干预司法“三个规定”、新时代政法干警“十个严禁”等铁规禁令,以零容忍态度严惩司法腐败。紧抓内部管理不打折,扎实开展学习贯彻习近平新时代中国特色社会主义思想主题教育,持续深化巩固政法队伍教育整顿成果。紧抓队伍建设提素能,深化三类人员“融合式”培养,加快推进队伍革命化、正规化、专业化、职业化建设,全面提升队伍素能。

各位代表,为者常成,行者常至。我们将在县委和市检察院的坚强领导下,认真落实本次会议决议,牢记初心使命,砥砺奋进担当,以检察工作现代化助力谱写中国式现代化方山篇章!

方山县人民法院工作报告

——在方山县第十一届人民代表大会第四次会议上

（2023 年 4 月 13 日）

方山县人民法院院长　张彦平

各位代表：

现在，我代表县人民法院向大会作工作报告，请予审议，并请各位政协委员和列席会议的同志提出宝贵意见。

2022 年工作回顾

2022 年，方山法院在县委的坚强领导、县人大及其常委会的有力监督和上级法院的悉心指导下，在县政府、政协及社会各界的关心支持下，坚持以习近平新时代中国特色社会主义思想为指导，深入贯彻落实习近平法治思想和习近平总书记考察调研山西重要讲话重要指示精神，全面贯彻落实党的二十大精神，切实履行维护国家安全、社会安定、人民安宁的重大责任，为加快建设“四宜”方山提供了有力的司法服务和保障。一年来，方山法院共受理各类案件 1430 件，审执结 1359 件，结案率 95.04%，案件同期下降 12.47%，2 个集体、5 名个人受到市级以上表彰。

一、坚持以执法办案为责，高标准深化公正司法

依法惩治刑事犯罪，维护社会平安稳定。坚持国家总体安全观，全年共受理刑事案件 62 件，审结 55 件，结案率 88.71%，判处罪犯 98 人。其中审结帮助网络信息犯罪 17 件、盗窃罪 11 件、诈骗罪 7 件、受贿罪 6 件，其余类型案件 21 件，判处十年以上有期徒刑 3 人，五年以上十年以下有期徒刑 17 人，三年以上五年以下有期徒刑 14 人，三年以下有期徒刑 36 人，拘役 4 人，适用缓刑 24 人，并处罚金 269.75 万元，有力地打击了犯罪分子的嚣张气焰。对犯罪情节较轻、有悔罪表现的被告人，依法从轻从宽处理。按照省、市法院安排部署，进村入场进行《反有组织犯罪法》、防养老诈骗宣传，并现场答疑解惑，提醒群众要树立防范意识，为维护社会稳定提供了有力的司法保障。

以服务大局为目标，护航经济社会发展。贯彻新发展理念，全年共受理各类民商事案件 792 件，审结 729 件，结案率 92.05%。在民商事审判中，一是妥善审结各类金融纠纷案件 274 件，标的总金额1.62余亿元,维护了全县金融秩序的稳定和有序发展;二是积极开展以案释法式家事审判方式改革,为增强妇女群众的法律意识和防范意识,倡导健康向上的婚姻文明,我院协同县妇联由审判委员会专职委员为全县三级妇干讲授《法律保护下的婚姻》民法典讲座,着重从《民法典》、家庭生活中遇到的婚姻纠纷、赡养继承、家庭暴力等方面进行重点阐释,进一步增强了广大妇女依法维护自身权益的意识和能力。通过集中普法、诉前调解等方式,婚姻家庭和继承纠纷案件大幅度下降,2022年,共受理婚姻家庭和继承纠纷案件91件,同期下降122.62%;三是注重综合治理诉源化解工作,2022年,共开展送法进乡镇4期,培训普法人员180余人,全年会同乡镇矛调中心、村委进行诉前多元解纷一共293件,占全年民事案件的37.11%,大大缓解案件上升势头,从根源上减少了信访苗头,减轻了百姓诉累,降低了诉讼成本;四是做好司法救助工作,发放司法救助金救助11案37人次40万元,发挥了司法救助帮危济困的作用。

精准发力执行攻坚,兑现群众胜诉权益。全年共受理执行案件576件,执结575件,未结1件,执结率99.82%。申请标的为2.88亿元,执行到位金额为9389万元,按拒执罪移送2案,拘留13人,纳入失信人数为375人次,限制高消费145人次,涉执信访案件已全部核销。一是由省高院统一部署,集中开展"三晋执行利剑"专项执行活动,执行完毕案件累计96件,执行到位金额4624.9万元,冻结案款金额240余万元,案款发放累计4619.4万元,微信公众号发布悬赏公告15人次,强制腾房1次。二是本县所涉村居两委的案件10件,涉党政机关的案件5件,农民工工资案件1件,均按要求全部执结完毕。三是做好司法查控工作,持续深化网络"点对点"查控执行机制,对被执行人银行存款、车辆、房地产等信息查询1443余次,反馈信息1977余条,查封房产13套、车辆14辆,网络查控、冻结金额582余万元,切实维护胜诉当事人的合法权益,提升人民群众的满意度和获得感。

二、坚持以践行宗旨为基,高品质强化民生保障

坚持以人民为中心,走好新时代群众路线,丰富便民利民举措,让群众有更多司法获得感。

切实维护群众利益。一是巩固拓展"一站式"诉讼服务建设成效,全面上线移动微法院、跨域立案、互联网远程庭审、电子送达等多种网络诉讼模式,为人民群众参与司法诉讼提供多种选择和全方位便利,诉服指标在"最高人民法院诉讼服务指导中心信息平台"建设得分排名位居全省前十、全市第一。二是强化落实立案登记制,加强"互联网+"线上线下立案一体化运用,深入推进音视频远程调解工作,实现"指尖办案",让网络多跑路、群众少跑腿,2022年在线调解案件116件、在线审理案件356件、跨域立案39件、电子送达911次。三是开通"律师一码通"绿色通道,律师持"一码通"可在配置该系统的全省任意一家法院快速通行,实现"一次核检、全省通用",切实提升诉讼服务平台为民服务质量和水平。

积极回应群众关切。聚焦年底立案需求,有案必立、有诉必理,2022年12月份至2023年1月1日立案156件,占全年收案数10.9%。聚焦执行立案需求,改进工作流程,新受理的64件执行案件均未要求当事人开具生效证明,大大缩短立案时间。聚焦诉讼费退费需求,全年退费98.64万元,做到应退尽退。全力优化诉讼服务。落实"一站通办",集约化提供分调裁审等9

项服务,实现纠纷“一站式接收、一揽子调处、全链条解决”。

落实审判权制约监督机制改革。强化事前监管,完善审判权责清单,落实随机分案,确保源头公正。强化事中监管,落实均衡结案,院庭长随机列席案件合议,加强重点案件监督。强化事后监管,开展司法巡查、审务督察、案件评查,倒逼司法公正。完善综合配套改革。一体建立“简案速裁+大要案精审”工作机制,实现案件繁简分流、轻重分离、快慢分道。本院速裁团队案均用时 21.4 天,全面推行网络公告送达,案均节省 12 天,累计为当事人节约诉讼成本 36.7 万元,进一步宣示了以人民为中心的发展思想,牢固树立了“始终要把人民放在心中最高的位置”的服务理念。

三、坚持以政治引领为纲,高站位淬化法院队伍

坚持认真贯彻新时代党的建设总要求,按照“五个过硬”建强法院队伍,做到国之大者,法之必兴。

坚持党的绝对领导,确保正确政治方向。坚持以理论学习为基础,深入贯彻习近平法治思想及习近平视察山西考察调研山西重要指示精神。以迎接党的二十大、学习宣传党的二十大精神、“喜迎二十大、奋进新征程”等活动,推动“两个确立”主题教育走深走实,切实增强干警“四个意识”,坚定“四个自信”,做到“两个维护”。全年召开党组中心组理论学习 12 次,班子成员讲专题党课 6 次,“七一”红色教育 70 余人次,在参观、学习过程中让全体党员干警做到学思践悟、知行合一,坚定不移走中国特色社会主义法治道路,把讲政治与讲法律统一起来,把不折不扣执行党中央决策部署与依法独立公正行使审判权统一起来,以司法为民、公正司法的实际行动和工作成效诠释忠诚、彰显担当。

强化党风廉政建设,筑牢纪律规矩底线。深刻认识政治纪律、政治规矩的重要性,严格落实《中共中央关于加强党的政治建设的意见》《关于新形势下党内政治生活的若干准则》,严格执行重大事项向县委和上级法院请示报告制度,深入学习贯彻习近平新时代中国特色社会主义思想和党的二十大会议精神,牢固树立“法律红线不能触碰、制度底线不可逾越”的观念,教育干警自觉遵守国家法律和人民法院的各项纪律规定,坚决守住做人、处事、用权、交友的底线。认真整改落实市中院“政治督察、司法巡查”反馈意见、县委巡察办移交县纪委监委督促法院整改的问题,做到件件有反馈、事事有落实。通过在全县范围内聘请 12 名廉政监督员、随案向当事人发放廉政监督卡等方式,强化对案件审判、执行等重点工作环节中承办人、承办部门的监督,以更有效的措施保护当事人的权益不受损害,进一步助推“清廉法院”建设;常态化开展干预司法“三个规定”“司法作风巡查”填报检查工作,落实新时代政法干警“十个严禁”,做实违纪违法案件警示教育和以案促改“后半篇文章”,弘扬清正廉洁新风尚。过去一年,方山法院无一起违纪违法案件发生,政治生态得到进一步优化。

强化党建引领作用,增强履职尽职能力。一是以抓党建促基层治理能力提升专项活动、创建为群众办实事示范法院为契机,通过一个月的时间,班子成员走访我县每个乡镇,并与镇党委、村委、矛调中心在关于诉源治理方面进行座谈,实地了解情况后,集体研究作出部署,由派出法庭员额法官对所辖区镇、村两级矛调中心进行诉源治理普法宣讲,大力提升一线人民调解员、矛调员的法律素养,切实把矛盾纠纷解决在源头、解决在诉前。二是积极响应省委、市县政法委和省高院、市中院开展联企服务专项活动的安排部署,开展联企服务,通过实地走访、与企业负责人座谈交流等方式,深入了解企业现阶段发展的问题和困难,并对企业在经营过程中更好防范法律风险提出可行性的司法建议,进一步优化方山法治化营商环境。三是为扎实做好乡村振兴工作,我院抽调老中青结合的干部下沉结对村"两委"开展工作,全力助推乡村文明进步。通过走访,对村内的"三类户"捐赠"米面油、爱心煤"等物资,切实解决在乡村振兴过程中个别特殊群体的实际困难。积极响应县委部署,推动疫情防控工作,协同村委鼓励60岁以上村民接种疫苗,进一步巩固乡村老年群众人群免疫屏障。四是充分发挥人民法院职能,积极助力全县有序开展"清化收"工作。成立以党组书记、院长为组长的工作专班,制定《方山县人民法院服务保障"清化收"行动方案》,并于3月28日开始进入县法院包联乡镇积极配合开展工作,先后3次组织29人次院内资深法官进入所包联乡镇进行指导,就当前"清化收"工作中面临的法律问题、常见的矛盾纠纷提供法律指导,就相关问题进行一对一对接,对各村合同履行过程中存在的难点问题进行现场解答,重点从土地承包合同、债务债权、物权权属等方面提供有力的法律支持。马坊法庭全员进驻镇政府配合开展"清化收"工作,切实保障老百姓的合法权益。

四、坚持党委领导、人大监督,不断夯实法院工作

一年来,方山法院始终把坚持党委领导、自觉接受人大对法院监督作为公正司法的重要保障。重要部署、重点工作及时向县委、人大汇报,确保法院工作的正确方向。一年来,方山法院始终围绕公平正义新要求,虚心听取意见,回应社会关切,激发发展新动能,不断加强和改进法院工作。一年来,方山法院认真贯彻县十一届三次会议决议,开展"法院开放日"活动,邀请人大代表、政协委员等社会各界代表走进法院、零距离感受法院文化;开展"无袍法官"人民陪审员专题培训活动,切实提高人民陪审员政治素质、履职能力和业务水平。通过接受监督制度化、规范化、常态化,畅通监督渠道,争取理解支持,推动方山法院工作提质增效,争创一流。

各位代表,一年来方山法院所取得的成绩,是习近平新时代中国特色社会主义思想指引的结果,是县委的坚强领导,县人大及其常委会和代表有力监督,县政府、县政协及社会各界大力支持的结果。在此,我代表全院干警向各位人大代表、政协委员,向所有关心、支持法院工作的各界人士,表示衷心的感谢和崇高的敬意!

回顾一年来的工作,我们也清醒地认识到,法院工作还存在一些问题和困难:一是创新服务保障高质量发展的思路不够开阔,应对风险挑战的能力储备不足;二是解决群众"急难愁盼"问题的水平还有所不足,便民利民举措还需进一步完善;三是少数案件质量效率不高,办案效果还需进一步提升;四是多元解纷和诉讼服务机制实际运行效果还有差距,基层调解组织和诉调对接机构、人员不健全,还有待与其他部门配合解决。对此,我们将高度重视,在代表委员监督支持下,采取有效措施,努力加以解决。

2023年工作安排

2023年是全面贯彻落实党的二十大精神的开局之年,是实施“十四五”规划承上启下的关键之年。方山法院将坚持以习近平新时代中国特色社会主义思想为指导,深入贯彻落实习近平总书记对政法工作的重要指示批示精神,全面贯彻党的二十大精神和二十届二中全会精神,全面落实县委十一届七次全体会议暨县委经济工作会议精神和本次大会决议,坚持政治引领、稳中求进,坚持围绕中心、服务大局,坚持司法为民、公正司法,坚持开拓创新、自我革命,不断提高审判执行、司法改革、队伍建设等各项工作,努力为全方位推动高质量发展、建设“四宜”方山提供更加有力的司法服务和保障。

一是坚持以强化政治引领为根本,凝聚向心力。深入学习习近平新时代中国特色社会主义思想和习近平法治思想,按照中央、省市县委决策部署深入学习、大力宣传、强力贯彻党的二十大精神,衷心拥护“两个确立”,不断增强“四个意识”,忠诚践行“两个维护”,把党的领导贯彻落实到法院工作的全过程。严格落实意识形态工作责任制,坚决维护司法领域意识形态安全,自觉主动接受人大及各方面监督,忠实履行宪法和法律赋予的责任。

二是坚持以服务大局发展为重点,提升战斗力。全面贯彻总体国家安全观,依法惩治各类犯罪,常态化开展扫黑除恶,全面贯彻实施《反有组织犯罪法》,加大对养老、电信网络诈骗等犯罪打击力度,完整准确全面贯彻新发展理念,围绕县域大局,持续改善社会法治环境,优化法制化营商环境,服务乡村振兴战略,筑牢生态安全司法屏障,确保县域更安宁、群众更安乐。

三是坚持以践行司法为民为支撑,提高公信力。坚持以人民为中心的发展思想,真心听取人民群众意见,做到每一个司法裁判、每一项司法措施有利于维护人民群众的根本利益。深化司法公开,扩大司法民主,保障人民群众对司法工作的知情权、参与权、监督权。深化“为群众办实事示范法院”创建活动,推出更多更实更接地气的惠民便民利民举措。公正高效审理涉民生案件,依法妥善处理群众性争议,维护人民群众切身利益。加大信访化解力度,及时处理群众诉求。用心探索构建司法协助和便民诉讼网络,以高质量的司法服务保障民生,及时兑现当事人胜诉权益。

四是坚持以全面从严治党为基础,锻造原动力。强化党建引领,建立检视问题找差距的长效机制。严格执行防止干预司法“三个规定”、新时代政法干警“十个严禁”等铁规禁令,保持纠正“四风”力度不减、节奏不变,大力整治形式主义、官僚主义,重点检查案件久拖不决、久拖不执以及“冷硬横推”“吃拿卡要”“庸懒散拖”等不良作风问题。加大对审判执行领域违纪违法行为的查处力度,切实强化不敢腐的震慑,扎牢不能腐的笼子,增强不想腐的自觉,全力营造新时代法官清正、队伍清廉、司法清明的良好形象。

初心如磐、使命在肩。新的一年,方山法院将牢记“三个务必”,在县委的坚强领导下,在县人大及其常委会的有力监督下,认真贯彻落实大会决议,以“功成不必在我”的境界和“功成必定有我”的担当,全面提升法院工作,为建设“四宜”方山提供更加有力的司法服务和保障。

大事记

1月

1日,方山县委副书记、县长高鹏到县卫生健康和体育局、县林业局、县应急管理局、峪口镇、大武高速口等地,慰问坚守一线的工作人员,督导检查节日期间疫情防控、安全生产、森林防火工作。

4日,方山县安全生产领域风险隐患“大排查、大整治”百日攻坚集中行动暨严厉打击盗采矿产资源专项行动汇报会召开。

5日,方山县关工委成员会议召开,传达学习中共中央办公厅、国务院办公厅《关于加强新时代关心下一代工作委员会工作的意见》的通知。

6日,方山县组织全县各行业健康管理员开展全员核酸采样点规范化、新冠疫情消毒技术培训。

7日,方山县公安局召开庆祝中国人民警察节“警民携手 共建平安”主题座谈会暨警营开放日活动。邀请部分人大代表、党代表、媒体代表、企业代表、群众代表、学校代表等10人参加活动。会后受邀代表到指挥中心、网安大队、扫黑办、办案中心等地实地参观,了解方山公安近年来在数据强警、改革创新、打击犯罪、规范执法等方面取得的重大成果。

同日,方山县农村(社区)宣传员(意识形态网格员)业务能力提升培训会召开,各镇分管宣传工作的副职和全县农村(社区)宣传员(意识形态网格员)参加培训。

同日,方山县爱心公益协会携浙江安福利生慈善基金会到马坊镇寄宿学校捐赠图书,共捐图书506本,图书架、标识牌各6个。

8日,县爱心公益协会携手北京青檬志愿者联盟到圪洞镇东旺坪村、积翠镇石湾村和代居村、马坊镇周家沟村开展“冬日送温暖”公益活动。为困难群众送上大米、白面、食用油、对联等物资,为孩子们带去学习用品等慰问品。北京青檬志愿者联盟副理事长高星亮、方山县爱心公益协会执行会长任倩倩参加活动。

同日,北京理工大学、方山县高级中学携手共建“优质生源基地”、同心共筑“教育梦”座谈会召开。政府副县长周明宇出席并主持座谈会。北京理工大学山西招生组副组长和化学与化工学院党委副书记、副院长张锋及其组员,县高级中学师生代表参加会议。会议还观看《北京理工大学宣传片》,张锋介绍北理工办学历史、师资力量、人才培养特色、学科专业及招生政策。

10日,方山县公安局举行庆祝2022年中国人民警察节“迎警旗、奏警歌、宣警誓”活动。县委副书记、县长高鹏,政府副县长、公安局局长高建军参加活动。高鹏向长期奋战在基层一线的公安干警致以节日的慰问和衷心的感谢。高鹏还到公安局指挥中心、网安大队、扫黑办等地,了解方山公安在数据强警、改革创新、打击犯罪、规范执法等方面取得的重大成果。

同日，方山县公安局民警到山西省贺龙中学、大武高速口和吕梁一中开展以“人民至上110，勇毅护航新征程”为主题的集中宣传活动，进一步增进人民群众对公安工作的理解和支持。

上旬，方山县医疗保障局在落实落细各项疫情防控措施的前提下，推进信息平台突出问题清零、“两定”机构结算清零和参保人员医保费用手工结算报销工作清零“三清零”工作，解决群众的医保报销问题，提升群众的满意度。

12日，方山县第四季度意识形态分析研判会暨移风易俗工作推进会召开。会议领学《关于印发〈吕梁市网络意识形态领域形势研判机制〉的通知》和《关于印发〈涉吕网络舆情联合应对处置工作细则〉的通知》；总结2021年第四季度全县意识形态和移风易俗工作，并安排部署2022年的意识形态及移风易俗工作；各重点部门汇报移风易俗推进情况。

同日，方山县举行2021年度“红领巾奖章”二星章颁发仪式，为获得“红领巾奖章”二星章的集体15个和个人40人授予奖章。团县委、县教育科技局相关负责人及受表彰师生代表等参加颁发仪式。

14日，方山县科学技术协会、方山文学艺术界联合会到建军庄安置小区安居苑举办“我为群众办实事——送春联、送科技、送温暖”移风易俗下乡活动。

17日，全国安全生产电视电话会议召开后，省委、省政府召开安委会第一次全体会议。会后县委副书记、县长高鹏就方山县安全生产工作进行安排部署。副县长呼鹏燕还就疫情防控工作进行安排部署。

18日，吕梁市侨联党组书记胡平一行到方山县为“侨胞之家”授牌，并走访慰问侨眷。县委常委、统战部部长刘荣杰参加授牌仪式并一同慰问。

同日，吕梁市政府安委会第一次全体会议暨疫情防控工作电视电话会议召开。县委副书记、县长高鹏，县委常委、副县长高文祥，副县长秦鑫、任海涛、李玉春，县政府党组成员崔凯，县直单位负责人、各镇镇长及相关企业人员在方山县分会场参加会议。

19日至20日，广西罗城仫佬族自治县考察组到方山县学习考察于成龙廉政文化。考察组一行到于成龙故居、于成龙廉政文化园和于成龙茔园实地查看、听取介绍，了解方山县于成龙廉政文化资源挖掘、开发建设等情况。考察组认为，方山县充分挖掘于成龙廉政文化资源，加大于成龙廉政文化品牌宣传力度，探索出一条于成龙廉政文化建设和旅游产业融合发展的新路子，值得借鉴学习。接下来将进一步用好廉政文化资源，深化廉政文化研究，充分挖掘中华传统文化中廉政思想的价值。

20日，方山县开展“你为祖国守岁，我陪亲人过年”新春拥军优属活动。县人民武装部联合退役军人事务局到津良庄村、建军庄村、高家庄村、胡堡村走访慰问坚守在边海防一线的现役军人康冬冬、雒涛的家属及立功现役军人樊明宇、渠雪斌的家属，并送上米、面、粮、油、春联和慰问金等，向他们致以节日的问候和美好的祝福。

同日，方山县党史学习教育总结会议召开。县委书记周小云出席会议并讲话，县委副书记、县长高鹏主持会议,市党史学习教育第四巡回指导组副组长、市政协经济与人口资源环境委员会副主任郝志斌到会指导,县四大班子领导,县法、检两长,县委、政府组成部门负责人,各镇党委书记,县委党史学习教育宣讲团成员参加会议。

同日,方山县召开2022年征兵工作会议。各镇相关负责人、县征兵工作领导小组成员单位主要负责人参加会议。

中旬,县公安局交警大队深入辖区积翠镇麻地会寄宿制小学,开展寒假前交通安全宣传进校园主题活动。萌警"吕吕""梁梁"与同学们进行交通安全常识有奖抢答互动。

中旬,北京理工大学4名同学到方山县开展寒假社会实践活动。活动期间到方山县宏康牧业有限责任公司、积翠镇后则沟村和赵庄村、峪口镇张家塔村、北武当镇韩庄村和来堡村、圪洞镇前东旺坪村和庄上村及积翠社区等地,了解肉牛养殖、村集体产业、乡村旅游产业及方山县脱贫攻坚与乡村振兴情况。

21日,方山县委常委班子党史学习教育专题民主生活会召开。县委书记周小云主持会议并作总结讲话。市委党史学习教育第四巡回指导组副组长郝志斌到会指导并作点评讲话。

同日,方山县召开党(工)委书记抓基层党建工作述职评议会议。县委书记周小云主持会议,县委常委、县党建工作领导小组成员、各镇党委书记以及部分"两代表一委员"参加评议会,市委组织部组织三科科长崔志军到会指导。

22日,方山县新时代文明实践中心、方山县爱心公益协会携手吕梁市离石区青年志愿者协会、北京青檬志愿者联盟、北京字节跳动公益基金会到积翠镇麻地会寄宿制小学开展"壹家人温暖方山"2022年"壹基金"温暖包爱心捐赠仪式。发放壹基金温暖包共40份,包括暖冬衣物、学习用品、儿童安全、温情陪伴四大类共12件,总价值14.6万元。

24日,方山县工商业联合会(总商会)第六次会员代表大会召开。会议听取审议方山县工商联第五届执委会工作报告,选举产生方山县工商联(总商会)第六届执委(理事)和领导班子。

25日,县委书记周小云,县委副书记、县长高鹏到县人武部走访慰问全体官兵,高鹏代表县委、县政府为全体官兵送上价值1万元的春节慰问品,并送上市、县两级春节慰问信及新春对联。周小云、高鹏一行还参观县人武部办公场所并与全体官兵进行亲切交谈。

同日,方山县法治宣传教育工作会议召开。县直普法责任单位主要负责人参加会议。

同日,方山县召开2021年度国家机关"谁执法谁普法"履职报告评议会。县市场监督管理局、县教育科技局、县应急管理局、县卫生健康和体育局、县自然资源管理局作"谁执法谁普法"履职报告,全体参会人员根据评议标准对5家单位履职情况进行现场打分。

同日,吕梁市残疾人联合会到方山县开展"迎新春、送温暖"走访慰问困难残疾人活动。慰问组一行到大武镇新庄村、安置一区、峪口镇花家坡村、积翠镇赵庄村为困难残疾人送上慰问金以及新春的祝福和节日的问候,并了解残疾人生产生活、身体状况及惠残政策知晓情况和当前存在的困难,并鼓励他们保持乐观向上的生活态度,树立信心,自强自立,勇敢面对困境,以积极乐观的态度面对生活。

同日,县委副书记、县长高鹏带队到城区检查食品安全、疫情防控、安全生产工作,确保群众度过一个欢乐祥和的新春佳节。

26日,县委书记周小云到积翠高速口、县人民医院看望慰问疫情防控一线工作人员。

同日,县委副书记、县长高鹏带队督导检查冬季供暖、安全生产等工作,副县长李玉春一同检查。

同日,吕梁市委宣传部常务副部长郭月秀、市委宣传部二级调研员陈丁照一行到结对帮扶点马坊镇,开展春节前走访慰问活动。在马坊镇向困难户代表发放172份价值3.5万元的大米、白面、食用油等生活物资。在开府村捐赠大米200袋,挂面200箱,食用油100桶,羽绒服、手套、围巾100套。郭月秀到困难老党员刘二儿、困难户高合平家中进行慰问,为他们送去慰问品和慰问金。郭月秀一行还参观市委宣传部为马坊镇捐赠的多功能文化活动室——圆梦书屋,并为圆梦书屋揭牌。

27日,中共方山县委十一届五次全体(扩大)会议暨县委经济工作会议在政府五楼会议室召开。

同日,方山县疫情防控工作安排部署会议召开。

同日,方山县召开安全生产工作安排部署会。各镇党政主要负责人及部分村党支部书记,省、市党代表,县直单位主要负责人(包括垂管单位),部分重点企业负责人出席会议。

同日,县委书记周小云走访慰问方山县三晋英才、建国前老党员、退职农村主干困难党员,为他们送上党和政府的关爱,并致以亲切的问候和新春的祝福。

同日,县委统战部、工商联、圪洞商会联合北京联慈健康扶贫基金会走访慰问部分困难群众,为他们送上价值1800元的慰问品,并了解他们的生活、工作情况,鼓励他们树立信心,战胜困难。

28日,方山县召开精神文明建设指导委员会全体人员会议。县委常委、宣传部部长薛利民主持会议,县政协副主席李海林出席会议,县精神文明建设指导委员会全体成员参加会议。会议宣读并通过2020—2021年度群众性精神文明创建活动先进典型评选和“方山榜样”评选情况及入围名单,与会人员就评选工作提出意见和建议。

同日,由县委宣传部和县融媒体中心联合主办的“北川闹春向未来——方山县2022年新春文艺晚会”在县影剧院完成录制。

同日,方山县市场监督管理局联合县公安局、融媒体中心开展餐饮行业疫情防控专项检查。检查组重点就各餐饮场所营业执照、食品经营许可证及从业人员、顾客体温测量和健康码查验、经营场所环境消毒消杀等疫情防控措施落实情况进行检查,传达《吕梁市市场监督管理局关于做好春节期间市场监管工作的通知》精神,签订疫情防控餐饮服务安全承诺书。

29日,县委常委、宣传部部长薛利民一行到各镇及社区为方山县首批吕梁市“移风易俗示范村(社区)”授牌。首批吕梁市移风易俗示范村(社区)分别为:积翠镇孔家庄村、圪洞镇前东旺坪村、圪洞镇武当社区、北武当镇来堡村。

同日,县委副书记、县长高鹏看望慰问坚守一线的环卫工人和疾控中心、卫生健康和体育局、隔离点疫情防控人员,向他们致以节日的问候与关怀,并送上慰问品。

同日,县委副书记、县长高鹏到县汽车站、峪口镇峪口村和新庄村开展春节前走访慰问活动。

30 日,县委副书记、县长高鹏到电力公司、方正街、中石化方山分公司城关加油站、北武当镇真武山林场、吕梁山霍州煤电公司、吕梁山矿产品有限公司、209 国道大武交警执勤点等地,重点就电力保障、道路交通安全、加油站安全、森林防火、煤矿安全生产以及电熔改性料项目就安全生产工作进行专题调研。

同日,方山县春节期间森林草原防灭火工作部署会召开。县森林防灭火指挥部成员单位负责人、各镇镇长、各林场负责人参加会议。会议通报春节期间天气情况,传达省总林长令,安排春节期间全县森林防灭火工作。

31 日,农历除夕,县委副书记、县长高鹏带队到大武高速卡口,看望值守在卡口的疫情防控工作人员。

2 月

7 日,方山县环境保护工作会议召开。

7 日至 9 日,方山县第十一届人民代表大会第二次会议召开。

10 日,“2022 青春志愿行,温暖回家路”疫情防控之助力社区志愿者表彰大会在武当社区举行。大会表彰优秀大学生志愿者 12 人。

同日,方山县交警大队到峪口镇、北武当村开展“美丽乡村行”交通安全劝导暨交通安全巡回宣传活动。

11 日,圪洞镇积翠社区新址启用揭牌仪式暨 2022 在职党员进社区服务活动举行。县委常委、组织部部长孙森焱,县委常委、宣传部部长薛利民,县人民法院院长张彦平参加揭牌仪式。

同日,方山县人民武装部开展廉洁征兵宣传教育暨优秀老兵谈心活动。

12 日,人民日报社山西分社采编中心主任刘鑫焱到方山县圪洞镇庄上村就脱贫攻坚与乡村振兴有效衔接进行采访调研。

14 日,大武镇杨家塔村首次开展“吃汤圆 迎元宵 送温暖”活动。全村 70 岁以上的孤寡老人及未满 12 周岁的孩童参加活动。

15 日,县委副书记、县长高鹏一行到气象局空气自动监测站查看空气站运行情况,与环保局人员共同讨论春季以来各项监测数据的变化趋势,分析 PM2.5、NO_2 偏高的成因及对策,并提出整改意见和建议。

17 日,中国共产党方山县第十一届纪律检查委员会第二次全体会议在政府五楼会议室召开。

18 日,县委书记周小云主持召开全县重点项目建设专题会议。重点项目建设领导小组成员、重点项目建设成员单位负责人,各镇党委书记、镇长参加会议。

同日,方山县农村工作领导小组会议召开。

同日,县人民武装部、退役军人事务局到圪洞镇津良庄村,向荣立三等功的现役军人李安安的家属送上喜报和慰问品。

同日，方山县各中小学校正式开学，各学校严格落实疫情防控各项措施，高质量上好“开学第一课”，把好“防疫”第一关。

同日，方山县公安局交警大队到城内小学开展“开学第一课，交通安全进校园”宣传活动，向全体师生宣讲安全出行知识。

同日，方山县市场监督管理局联合吕梁市人民医院到帮扶点杨家塔村开展“送医进村义诊”活动。义诊团队由吕梁市人民医院儿科、内科、外科、中医科、风湿科等7个科室15名专家组成。

中旬，积翠社区党群服务中心正式启用，标志着方山县社区党群工作迈上新台阶，党群服务工作的覆盖面进一步扩大、影响力进一步提升，党群工作“触角”进一步延伸。

21日，方山县城内第二小学举办“踔厉奋发，一起向未来”主题开学典礼。

22日，县委书记周小云主持召开全县2022年度“三个一批”现场会筹备会。县领导高鹏、任志勇、辛建文、张庆斌、薛利民、呼鹏燕、秦鑫、任海涛、李玉春、周明宇，县直相关部门负责人，相关企业负责人及各镇镇长参加会议。生态文化旅游示范区管委会副主任刘亮勤汇报《方山县2022年度“三个一批”现场会筹备方案》。

同日，县委副书记、县长高鹏主持召开招商引资专题研讨会。

同日，县疾控中心联合市场监督管理局对恒鑫超市、顺达超市、电商物流配送中心、汽车站、医院核酸采样点进行核酸检测样本采集排查，重点采集在售冷链产品外包装、内包装、食品外表面、生鲜蔬菜、电子秤、收银台、操作键盘按钮台面、门把手、运输车辆轮胎、传输带等。

23日，县委书记周小云到方山县高级中学就教育教学工作进行调研并召开座谈会，听取高中教育工作情况汇报和学校各个层面的真实心声。县委常委、副县长高文祥，副县长周明宇，教科局班子成员、相关股室长、学校各个层面代表，共计40人参加座谈会。

同日，方山县方利混凝土有限公司一行3人通过方山县教育基金会为方山县高级中学和初级中学捐赠电动车10辆。

29日，吕梁市委巡察五组对方山县应急系统安全生产领域专项巡察动员部署会议召开。

3月

1日，吕梁市委常委、宣传部部长高奇英到方山县马坊镇开府村开展入企进村服务，高奇英先后到方山县圣帝中药材有限公司、开府村党群服务中心、老党员樊乃旺家以及方山县圆梦农副产品深加工公司等地宣讲党中央和省委、市委政策，面对面听取意见建议，与基层干部共同研究解决问题。

同日，县委4个巡察组分别对县总工会党组、县民政局党组、县乡村振兴局党组、县融媒体中心党组等8个被巡察单位召开巡察工作情况反馈会。

2日，县委书记周小云到圪洞镇庄上村、前东旺坪村就美丽乡村旅游发展建设进行调研，实地查看游玩项目、民宿项目等，并与镇、村干部就发展乡村旅游、农业产业进行交流，并提出指导性意见。

同日，方山县召开疫情防控暨森林防火紧急会议。

同日，县委书记周小云主持召开全省开

发区“三个一批”活动筹备工作会。会前到峪口沟河道生态修复综合治理工程、农旅特色产业园项目等地实地调研。

3日,吕梁市政府副市长任磊到方山县积翠镇水沟湾村、积翠高速疫情防控卡口、县疾控中心、积翠社区、备用集中隔离点鼎恒酒店开展入企进村服务和疫情防控调研,并提出指导性意见。

5日,国家税务总局方山县税务局开展以“落实减税降费,创建文明城市”为主题的志愿服务活动,志愿者到重点税源企业、车站、沿街商店等地,向市民发放宣传手册共计1000份,并向企业宣传最新税收优惠政策以及个人所得税申报流程和预约方式。

7日,县委书记周小云在山西焦煤霍州煤电木瓜煤矿、店坪煤矿开展入企进村服务,实时观看井下智能化综采工作面运行情况,了解企业安全生产、产业升级、疫情防控等情况及存在的问题和下一步工作计划,实地考察运煤专线。

同日,县委副书记、县长高鹏到包联村峪口镇峪口村、包联企业山西庞泉重型机械制造有限公司等地,通过座谈、实地调研等方式,开展入企进村服务。

同日,老传统酒业有限公司工作人员到温家庄疫情防控卡口,慰问持续奋战在疫情防控一线的工作人员,并送上方便面、矿泉水、火腿等爱心物资,并向他们致以崇高的敬意和真挚的感谢。

8日,吕梁市总工会党组书记、副主任任建荣,市公安局政治部主任王颢一行到方山县慰问因公受伤民警并召开座谈会。

同日,县市场监督管理局按照有关规定将疫情防控不到位的6家经营单位予以查封,并责令停业整顿。

10日,方山县委农村工作会议暨农村集体资产“清化收”专项工作动员会议召开。

同日,方山县举办“方山大讲堂——大健康专题讲座”,特邀世界中医药学会联合会PPP专业委员会常务理事、中国生殖健康产业协会专家委员刘燕翌教授作大健康专题讲座。

8日至11日,中国人民政治协商会议第十届方山县委员会第一次会议召开。

9日至11日,方山县十一届人民代表大会第三次会议召开。

14日,县委书记周小云到高速卡口,实地督导检查疫情防控工作。在大武高速卡口、积翠高速卡口听取疫情防控工作的相关汇报,查验过往车辆人员“两码”,并对发现的问题现场交办,要求相关部门立即整改。

同日,县委副书记、县长高鹏带队到县看守所、方山二中、金谷园宾馆、如宸宾馆、湖南人家饭店督导检查,对防疫工作不到位的场所提出整改意见和建议。

15日,县委书记周小云到县政务服务中心、方山二中、如宸宾馆和圪洞镇横沟村、庄上村、西山村督导检查基层疫情防控工作,并对发现问题进行督促整改。

同日,以“强国复兴有我”为主题的女性优秀事迹、家庭故事分享会暨民法典讲座在方山生态文化旅游示范区管委会六楼会议室举行。县委副书记、政法委书记吴月贵,政府副县长呼鹏燕、政协副主席任恩亮出席活动,并为山西省“五好”家庭、山西省维护妇女儿童先进个人、山西省绿色家庭、山西省美丽庭院颁奖。

16日,忻州师范学院50名学前教育专

业学生到方山县顶岗支教实习。此次顶岗支教从2022年的第一学期至2024年的第二学期结束,每年选派50名本、专科学前教育高年级学生承担方山县所属幼儿教师岗位的教学任务。

同日,县委副书记、县长高鹏主持召开疫情防控工作会议。

17日,吕梁市知识产权局知识产权转化运用基地在方山生态文化旅游示范区举行揭牌仪式。县委副书记、县长高鹏,吕梁市市场监督管理局副局长、市检验检测中心副主任许鹏共同为知识产权转化运用基地揭牌。

18日,太平洋建设第六集团董事局主席管怀金一行到北武当山景区、于成龙故居、于成龙廉政文化园进行实地考察,随后在县武当宾馆三楼会议室召开战略合作座谈会。

同日,方山县农商行、建行、农行、移动公司、联通公司、电信公司、电力公司、石油公司等八大企业联合深入全县各中小学校捐赠防疫物资,并进行疫情防控知识宣讲。活动共捐赠口罩23500个,消毒液、消毒酒精、免洗洗手液若干。

同日,县委副书记、县长高鹏主持召开疫情防控工作会议。

23日,县林业局在国旗广场举办森林草原防火宣传活动启动仪式。

同日,方山县医疗集团开府分院在马坊镇开府寄宿制小学举行“促进全民健康素养”启动仪式。

同日,圪洞镇卫生院对县域内幼儿园、中小学全体师生进行全员核酸检测。

24日,吕梁市非营利性服务业样本单位专项督查组在方山县督查。督查组详细查看样本单位人员财务报表、劳动工资报表、台账等资料,并就落实好非营利性服务业增质提效工作给予指导性意见。

同日,县融媒体中心在国旗广场开展政府购买有线电视免费进家庭文化惠民服务宣传活动。

同日,方山县交警大队联合县红十字会、垚鑫驾校到马坊寄宿制学校开展“青春暖流情暖学子”爱心助学活动,助力山区学生健康快乐成长,助推乡村教育振兴,并送上羽绒服、学习用品、运动器材等爱心物资。

25日,方山县召开2022年宣传思想文化重点工作安排部署会。会议还表彰“学习强国”先进个人和先进集体。

同日,“方山县人民检察院、方山县公安局侦查监督与协作配合办公室”在县公安局正式挂牌成立。副县长、公安局局长高建军、县人民检察院检察长史永明出席揭牌仪式,并为“方山县人民检察院、方山县公安局侦查监督与协作配合办公室”揭牌。

28日,吕梁市委常委、宣传部部长高奇英到方山县大武镇大武高速口、山西焦煤霍州煤电吕梁山煤电有限公司、贺龙中学等地就疫情防控工作进行督导。

同日,吕梁市人大常委会副主任刘继隆一行到方山县积翠镇后则沟村、北武当镇来堡村于成龙廉政文化园就《吕梁市古树名木保护条例》和农业保险推动特色产业高质量发展情况进行执法监督检查并召开座谈会。

同日,吕梁市委政策研究室副主任王富贵一行到方山县就规范民办教育事业发展情况进行调研,并召开座谈会。

同日,方山县抓党建促基层治理能力提升动员部署暨培训会议召开。会议以视频的方式召开,市委第六督导组组长、市农业农村局二级巡视员史兴唐以及督导组成员,县四大班子领导,县委党建领导小组成员单位主要负责人,县抓党建促基层治理能力提升专项工作办公室成员,各镇党委书记、镇长在主会场参加会议。各镇设分会场。

同日,方山县举行结对帮扶暨顶岗实习支教签约仪式。山西省教育厅党组成员、总督学王东,忻州师范学院党委副书记乔永生,吕梁学院党委副书记刘自强,省教育厅教师工作处处长王天,县委副书记、县长高鹏出席签约仪式,县委常委、副县长高文祥主持签约仪式。高鹏代表县委、县政府与忻州师范学院、吕梁学院分别签订顶岗实习支教协议,省内7所名校与方山县7所小学签订结对帮扶协议。签约单位代表乔永生、贾嵘、冯林丽分别代表顶岗实习支教团队、帮扶单位、受援学校发言。

同日,山西省教育厅党组成员、总督学王东一行到方山县马坊镇中心校吴家沟村教学点开展"振兴乡村、助学助教"捐赠活动。山西省人民教育基金会向马坊镇中心校吴家沟教学点捐赠人民币5万元。

29日至30日,方山县委宣传部、县新时代文明实践中心组织学雷锋志愿服务中队、卫生健康志愿服务中队、劳模志愿服务中队、青年志愿服务中队和巾帼志愿服务中队的志愿者队伍共计100人,开展以"疫情防控,方山县新时代文明实践中心志愿者在行动"为主题的疫情防控志愿服务活动,并于30日进行集体宣誓。

30日,方山县森林草原防灭火工作会议召开。

同日,参加全市开发区项目建设现场观摩推进活动的全体成员到方山生态文化旅游示范区基础设施建设项目——方山县瓦窑河生态修复综合治理工程项目、方山县圪洞镇至梅洞沟风景区旅游产业公路项目和方山示范区梅洞沟风景区旅游基础设施建设项目实地观摩。

同日,方山县特邀山西财经大学国际贸易学院副院长,山西财经大学平台经济产业学院院长、副教授,经济学博士朱丽萍教授做一二三产业融合发展专题讲座。

同日,方山县召开三项重点工作审计进点会。市审计组组长杨陆海及审计组其他组员出席会议。副县长任海涛、县直各相关单位负责人、各镇镇长和两家培训机构负责人参加会议。

同日,山西省经贸学校、方山县职业中学对口帮扶推进会召开。省教育厅党组成员、总督学王东,山西省经贸学校党委书记赵志刚、政府副县长周明宇参加会议。

31日,方山县十一届县委第二轮巡察工作动员部署会议召开。

同日,方山县"万企兴万村"行动动员会召开。

同日,县委统战部、工商联招商引资工作推进会召开。县委常委、统战部部长刘荣杰出席会议,并为新一届工商联执委常委单位授牌。良泉酒业有限公司、庞泉工贸有限公司等27家民营企业代表参加会议。

同日,方山县退役军人事务局到荣立三等功的现役军人刘凯家中走访慰问并送喜报。

4月

1日,方山县召开2022年生态环境保护工作会议。

同日，方山县2022年市场主体倍增工程动员部署会召开。会议解读《方山县2022年市场主体倍增工程行动方案》，发改局、市场监管局、中小企业局、财政局、大武镇、圪洞镇分别作表态发言。各相关部门、各镇、金融机构主要负责人参加会议。

同日，县融媒体中心面向城区居民免费开通有线电视，共70套节目。

同日，城内第二小学开展“书香浸润童年 阅读滋养人生”课内外阅读一体化观摩活动。观摩组一行参观各年级晨诵展示，包括《古诗词》《三字经》《千字文》《笠翁对韵》《幼学琼林》及古诗花样吟；主题阅读成果展，包括绘本故事、童话故事、神话故事、民间故事和走进鲁迅。全县各中心校校长、书记、语言文字工作负责人及幼儿园园长、教师共计80人参加观摩活动。

2日，县委统战部、工商联举行招商专员特邀仪式。县委常委、统战部部长刘荣杰出席会议并为特邀人员授牌。特邀的10名招商专员系方山县离职退休干部或行政村主干，在行业领域、对外交流、沟通协商等方面有着较大的影响。

同日，全县幼儿教师到机关第一幼儿园、第三幼儿园观摩学习。

3日晚，县消防救援大队联合交警大队在城区开展清明节消防安全专项夜查行动。执法人员到东一区、东二区安置小区夜查，东一区门口有私家车占用消防通道，执法人员当即给司机开出警告通知单并对其进行批评教育。

5日，市委副书记、市长张广勇到吕梁环城高速公路大武收费站调研指导疫情防控工作。

同日，副市长郭红波到方山县大武镇就疫情防控督导检查。

4日至5日，县委副书记、县长高鹏到部分村、大武高速口、积翠高速口以及县卫生健康和体育局进行督导检查，了解防火防疫工作责任落实情况。

6日，方山县2022年春季国土绿化暨全民义务植树启动仪式在峪口镇安上村举行。县委副书记、县长高鹏出席活动，县四大班子领导参加启动仪式。

同日，县委副书记、县长高鹏到峪口镇华森农业开发有限公司羊肚菌试验示范基地查看羊肚菌育种培育和种植生长情况，并与技术人员交流探讨，了解羊肚菌生长环境、种植规模、种植技术、管护方式、市场销售等情况。

7日，县公安局党委在马坊镇温家庄、积翠高速口、大武高速口疫情防控卡点成立临时党支部。全体执勤党员在各卡点显著位置悬挂党旗，树起党员先锋岗标识牌，在党旗下重温入党誓词。

同日，县委常委、副县长高文祥，县委常委、纪委书记、监委主任辛建文，副县长呼鹏燕一行深入全县中小学校抽查疫情防控工作。

2日至8日，县委巡察组进驻县工业和信息化局、大武镇郭家沟村、马坊镇温家庄村等8个单位党组织召开动员会。县委副书记、马坊镇党委书记李贝，县委常委、纪委书记、监委主任、县巡察工作领导小组组长辛建文，县委常委、组织部部长、县巡察领导小组副组长孙淼焱出席会议。会上，各被巡察党组织负责人分别进行表态发言。

11日，方山县召开疫情防控志愿服务安排部署工作会暨集中授旗仪式。

12日,方山县召开实施乡村振兴战略领导小组市委督导组督导安排会议。市乡村振兴督导组组长王文立,县委副书记、政法委书记吴月贵,政府副县长任海涛,县政协副主席郭小平出席会议。市督导组其他成员以及县乡村振兴领导小组有关单位负责人、各镇党委书记参加会议。

13日,县委副书记、县长高鹏到峪口镇养殖厂、北武当镇原粮站、北武当镇河庄村田园综合体项目实地调研。

同日,县委组织部联合县新时代文明实践中心开展"党旗引领志愿红,同心协力抗疫情"志愿服务活动。

15日,县委副书记、县长高鹏到积翠社区、行政审批大厅、城内第二小学、恒鑫购物中心、同仁康方正药房、养老院、物流园区、远东酒店隔离点督导检查疫情防控工作。

同日,方山县启动免费核酸采样点15个。

同日,"五老"志愿服务中队到国旗广场开展疫情防控志愿服务活动,与医护人员并肩作战,助力全县免费核酸检测。

18日,大武镇组织30名志愿者在大武镇木楼广场开展疫情防控志愿服务活动。

19日,市委常委、宣传部部长高奇英到方山县大武高速口就疫情防控工作进行督导检查,看望慰问疫情防控一线工作人员。并授予大武高速口"流动爱心驿站"牌匾,同时向一线工作人员捐赠价值10万元慰问物资。

同日,县委副书记、县长高鹏到方山二中、县教育科技局、圪洞明德小学操场、方山一中、方山高中和峪口小学,就办学过程中存在的困难问题进行实地调研、现场办公。

同日,县委副书记、县长高鹏到大武镇、峪口镇各核酸检测点实地了解检测点的整体布局、人员配备及采样流程、转运方式等相关工作情况,并就检测点所存在的问题提出整改意见和建议。

同日,方山县召开全员核酸检测工作推进会。

同日,方山县市级乡村振兴示范村创建工作安排部署会议召开。2022年方山县创建市级乡村振兴示范村马坊镇开府村、西沟村,积翠镇水沟湾村、大西沟村,峪口镇花家坡村5个。

同日,方山县召开消费帮扶产销对接"百日攻坚"专项行动动员会议。

同日,方山县开展为期3天的全民免费核酸检测工作。

20日,吕梁市人大常委会副主任张耀峰到方山县积翠高速卡口,督导检查疫情防控工作,并看望慰问在疫情防控一线的交警、医护人员及志愿者等,送上价值5万元的慰问物资。

同日,方山县农商行志愿者与曹状元烧饼店组成爱心志愿服务队,为县城核酸检测点的工作人员送上爱心早餐。

21日,县委统战部、县工商联携手爱心民营企业到县融媒体中心、国旗广场、疫情防控办、积翠高速口等地,为奋战在一线的新闻工作者和坚守疫情防控一线的工作人员送上消毒液、方便面、口罩等价值10万元的防疫物资。

同日,由县委统战部、县工商联携手爱心企业"同心抗疫·情暖北川"捐赠仪式在政府四楼会议室举行。13家民营企业共捐赠价值110万元防控物资。

同日,方山县开展"健康网购 安全拆件"倡议活动。

同日，方山县检察院开展“疫情防控、法治同行”专题法治宣传教育活动。

22日，方山县图书馆开展以“书籍 春风 还有你”为主题的4·23世界读书日宣传活动。

同日，吕梁市政府召开全市个体工商户倍增工程抓落实推进视频会。副县长秦鑫在方山县分会场参加会议，并围绕服务个体工商户倍增作经验交流发言。

23日，“4·23”世界读书日之际，方山县人民武装部联合方山县总工会开展“书香浸润军营 阅读点亮人生”读书学习活动。

25日，吕梁市政协副主席、九三学社吕梁支社主委薛爱平带队就方山县乡村种养殖业高质量发展进行考察学习。

同日，方山县组织收听收看国务院第五次廉政工作电视电话会议。县委副书记、县长高鹏，县领导高文祥、呼鹏燕、秦鑫、李玉春、高建军在方山县分会场收听收看会议。

26日，由11名医护人员组成的方山县首批援沪护理队集结出发，奔赴上海抗疫一线，投身战“疫”最前沿。此次援沪护理队的11名医务人员分别由县人民医院的1名医生7名护士、县中医院3名护士组成，援沪工作为期1个月。

同日，县委书记周小云到大武高速口听取大武高速卡口负责人就疫情防控卡点防控流程、信息记录、通道设置、查验码、体温检测及来方返方人员排查及核酸检测等情况的汇报，并对值守在疫情防控一线的防疫工作人员表示慰问。

同日，方山县召开2022年干部驻村帮扶工作培训会，抓党建促基层治理能力提升培训班同步开班。各镇组织委员、选调生村官、到村任职大学生、县驻村办工作人员、驻镇工作队长（员）、驻村第一书记和工作队员以“1+6”的视频培训方式，在1个主会场、6个分会场共同学习贯彻党的十九届六中全会精神，中央、省、市、县三农工作系列文件精神，省、市、县抓党建促基层治理能力提升有关精神。

同日，吕梁市政府安委会第二季度全体（扩大）会议暨全市安全生产大检查大整治大提升行动工作动员部署会召开。县领导高鹏、高文祥、呼鹏燕、秦鑫、任海涛、李玉春、高建军在方山分会场参加会议。

27日，吕梁市市长张广勇主持召开县（市、区）长例会暨一季度全市经济形势分析会议，全面总结一季度经济工作，分析研判当前经济形势，研究部署下一步工作举措。县委副书记、政府县长高鹏，县领导高文祥、呼鹏燕、秦鑫、任海涛、李玉春、崔凯、刘亮勤及相关部门负责人、各镇镇长在方山县分会场收听收看会议实况。

29日，方山县人民政府与山西世纪鑫源科技有限公司举行合作签约仪式。县委副书记、政府县长高鹏，副县长李玉春，世纪鑫源总经理张宇等领导出席签约仪式。

同日，由县农业农村局、现代农业发展服务中心、马坊镇党委、马坊镇人民政府联合在马坊镇开府村举办2022年农业生产托管助春播农机具展示现场会暨撂荒地托管启动仪式。各镇农经站长、承担农业生产托管的服务组织及当地农民参加。与会人员观摩新型农机具实地演示。

同日，在全国“交通安全反思日”到来之际，县公安局交警大队到圪洞镇小太阳幼儿园开展交通安全宣传进校园及“警营开放日”等系列活动。

同日,方山县高级中学举办首届春季运动会。

同日,县机关第三幼儿园开展为期1天的结对帮扶观摩研讨活动。受帮扶的峪口中心幼儿园、大武中心幼儿园、绿苗幼儿园等53位教师参加观摩活动。

30日,县委副书记、马坊镇党委书记李贝,县政协副主席郭小平到温家庄村防疫检查点慰问坚守在防疫一线的公安、交警、医护人员和其他工作人员,同时为检查点“工会流动爱心驿站”授牌,并送上生活保障物资、防疫物资和“五一”节日祝福。

5月

1日至3日,方山县医疗集团圪洞分院工作人员到圪洞镇为60岁以上老年人以及行动不便的居民提供新冠疫苗上门接种服务。

4日,全省疫情防控工作调度会议召开,对全省疫情防控政策调整优化进行解读和培训。县委副书记、县长高鹏在方山县分会场收听收看。

5日,在全县范围内开展常态化免费核酸检测。全县共设立常态化核酸检测采样点13个,方山县居民均按个人意愿进行免费核酸检测。境外,疫情中高风险地区返方人员、重点行业等重点人群以及其他“应检尽检”人群,仍按原渠道由相关镇、部门统筹组织采样。

6日,汾酒百亩酿酒高粱试验田播种仪式在马坊镇马坊村举行。汾酒集团驻村工作队及镇、村干部和种植农户参加播种仪式。试验种植“晋早5564”酿酒高粱100亩,并免费提供种子和肥料。

同日,方山县乡村振兴领导小组暨反馈问题排查整改动员部署会召开。县直相关单位负责人及各镇党委书记、镇长参加会议。

7日,方山县自建房安全专项整治会议召开。

9日,县委副书记、县长高鹏与太原晋阳发展实业有限公司董事长、总经理、党支部书记丁晓嵘签订合作协议,并召开座谈会。副县长呼鹏燕,山西农业大学农学院教授、硕士生导师、山西省中医药协会理事长王玉庆参加座谈。

10日,方山县范围内各市际、县际班线及网约车恢复运营。

11日,省派干部驻村工作驻县大队长交接座谈会召开。会议宣读《关于张科等36名同志担任干部驻村工作驻县大队长的通知》、6个省直机关单位包村工作队队长就2021年工作作总结发言。

同日,方山县巩固拓展脱贫攻坚成果同乡村振兴有效衔接专题培训班正式开班。培训为期3天,采取“1+5”的视频方式。各镇党政正职、镇包村干部、村(社区)“两委”主干、新任村党组织委员共320人参加培训。

11日,山西省政府召开廉政工作电视电话会议,强调深化“三不”一体推进,全面建设清廉政府,以党风廉政建设新作为推动高质量发展。县委副书记、县长高鹏,县委常委、政府副县长高文祥,县委常委、纪委书记、监委主任辛建文,副县长呼鹏燕、秦鑫、李玉春,副县长、县公安局局长高建军,县政府党组成员崔凯,方山生态文化旅游示范区管委会副主任刘亮勤、杨乃平等在方山县分会场收听收看。

同日，在第14个“防灾减灾日”来临之际，县交警大队到辖区企业，开展以“事故预防”为主的防灾减灾安全知识宣传活动。

12日，吕梁市委常委、宣传部部长高奇英到方山县北川河（方山段）巡河，并就信访案件处理、新时代文明实践中心建设以及基层宣传文化和意识形态工作进行调研。

同日，吕梁市人大常委会副主任张耀峰到方山县调研中央、省委人大工作会议精神贯彻落实情况。

13日，方山县科学技术协会开展“减轻灾害风险守护美好家园”5·12防震减灾科普宣传活动，进一步强化全民防灾减灾意识，筑牢防灾减灾防线。

17日，县信访局联合公安、司法、人社、退役军人事务局等单位在国旗广场举行《信访工作条例》宣传活动。

同日，全面建设清廉方山工作专班第一次会议召开。

同日，城内第二小学举办主题为“创新环保、变废为宝”的美术嘉年华作品展览活动。

18日，方山县抓党建促基层治理能力提升专项行动暨“清化收”专项工作推进会召开。

19日，方山县举行“青春心向党·建功新时代”优秀青年座谈会。各群团部门负责人、团县委班子成员和各镇、各口团委书记，来自各条战线的优秀青年代表20人参加座谈会。

20日，方山县2022年招委联席会议召开，招委会成员单位负责人参加会议。会议汇报2022年高考、中考、学考准备工作，安排部署国家教育招生考试人员选聘工作，宣布县委招考委员会成员单位职责。县公安局、卫生健康和体育局、保密局、网信办、市场管理局分别作工作安排。

23日，方山县市场主体倍增工作推进会议召开。

24日，方山县2022年关心下一代工作会议召开。

同日，县妇联、县教育科技局、县人民检察院联合到方山县城内第二小学开展主题为“送法进万家，家教伴成长”的《中华人民共和国家庭教育促进法》宣讲活动，县城各小学师生和家长共计80人参加活动。

24日，城内小学开展以“双减促推艺体发展 画笔绘就精彩未来”为主题的第六届校园文化艺术节活动，献礼党的二十大。

25日，方山县推进市场主体倍增，培育壮大中小微企业研讨会召开，会议解读最新企业扶持政策。7个单位负责人、企业代表2名、政协委员2名汇报工作。

同日，县委副书记、县长高鹏主持召开疫苗接种工作集体约谈会。

26日，吕梁北武当山道地药材有限公司在方山县积翠镇后则沟村举行揭牌仪式。县委常委、统战部部长刘荣杰与太原晋阳发展实业有限公司董事长丁晓嵘为公司揭牌。

同日，县政协2022年党外知识分子座谈会召开。全县各界相关党外知识分子及政协、统战部有关人员参加会议。

同日，吕梁市生态环境局方山分局联合教科局、城内第二小学举行2022年“6·5”世界环境日宣传活动，活动以“共建清洁美丽新方山，争做绿色环保小主人”为主题。

同日，吕梁市人民医院组织专家团队到

北武当镇来堡村开展“关注百姓健康 助力乡村振兴”主题党日暨志愿服务活动。

同日,“方山大讲堂”第二期特邀吕梁市委宣传部二级调研员刘照兴作《吕梁精神是我们党宝贵的精神财富》专题讲座。

27日,方山县农村商业银行联合县肉牛发展服务中心开展市场主体倍增暨“活体牛抵押”贷款集中授信活动。县人民银行、县肉牛发展服务中心等相关部门负责人及养牛户130户参加活动。“活体牛抵押”贷款集中授信,共发放贷款28户,金额729万元。

同日,县城内小学举行第六届校园文化艺术节个人才艺展演。展演活动以“‘双减’促推艺体发展,舞台演绎多元风采”为主题,艺术节节目涵盖舞蹈、声乐、语言、乐器演奏等56个。

29日,方山县公安局交警大队到积翠镇积翠示范小学开展以“一盔一带”为主题的交通安全进校园宣传活动。

30日,山西省稳经济工作部署电视电话会议召开。县委副书记、县长高鹏,县委常委、副县长高文祥,副县长呼鹏燕、秦鑫、任海涛、李玉春、周明宇,副县长、公安局局长高建军,县政府党组成员崔凯在方山县分会场收听收看会议。

同日,峪口镇花家坡村开展“抓党建促基层治理能力提升”主题党日活动暨“弘扬民俗文化 助力乡村振兴”迎端午趣味运动会。运动会主要设置剥玉米、跳绳、夹板跳、滚铁环、踢毽子、投玉米棒、包粽子、包饺子等游戏。

同日,县科学技术协会、县中医院、积翠社区联合开展健康知识讲座和义诊活动。

同日,县科学技术协会到县医疗集团马坊分院为“逆行而上”的医务科技工作者送上慰问品。

31日,县知联会举行“话端午 忆屈原 传美德”包粽子活动。

同日,县消防救援大队举行六一系列“亲民爱民”活动,邀请50名小朋友及家长走进消防救援站,零距离体验消防,学习消防知识,接受消防安全教育。

30日至31日,山西省文化和旅游厅副厅长赵曙光一行到方山生态文化旅游示范区调研。

月底,县应急管理局到马坊寄宿制学校开展防震减灾应急演练。本次演练包括应急避震和疏散,让同学们掌握应急避震的正确方法。

6月

1日,副省长张复明到峪口镇张家塔村调研乡村振兴、乡村旅游工作。

同日,马坊镇举行汾酒集团捐建马坊村“汾缘桥”、赤街村“兴农桥”开工仪式暨“六一”儿童节校服捐赠仪式。汾酒集团为马坊镇中心校捐赠春秋、夏、冬季校服各360套,字典360册,马坊镇中心校校长向汾酒集团回赠“驻村帮扶办实事、捐资助学献爱心”牌匾。

同日,县新时代文明实践中心联合县法院举办“我们的节日·端午节”文明实践活动。

2日,县委书记周小云在县高级中学、二中调研指导中高考备考工作,看望慰问中高考一线教师和学子。

同日,方山县举行“打击整治养老诈骗

专项行动”主题宣传活动启动仪式。本次活动共发放各类宣传资料1000份，接受群众法律咨询100人次。

同日，县妇联联合县纪委监委、县委组织部、县委宣传部在积翠社区举办“巾帼力量‘粽’情端午，妇女联盟共话清廉”主题活动。活动观看《一代廉吏于成龙》纪录片；学习《习近平关于注重家庭家教家风建设的部分重要论述》；朗诵《浓情话端午，传承好家风》；缝制香囊、包粽子，向留守儿童和老妇干赠送礼品；宣读《树清廉家风 创廉洁家庭》倡议书，共话清正廉洁、弘扬传统文化、传承优良家风。

同日，县法院工作人员到马坊镇参加集体资产“清化收”工作镇级自查会议，助力马坊镇“清化收”工作持续推进。

3日，县纪委监委驻积翠镇赤红村工作队与村“两委”联合开展“迎端午 包粽子”比赛暨现场缴纳赡养费系列活动，传承弘扬中华民族优秀传统文化。

4日，寿阳县政协主席赵弘一行到方山县于成龙廉政文化园和于成龙故居参观学习。

6日，方山县援沪医疗队医护人员11人，经历35天援沪抗疫、7天集中医学隔离观察，圆满完成任务，平安返回方山。副县长呼鹏燕以及家属代表迎接医疗队队员回家。

7日，县委副书记、县长高鹏到方山县高级中学高考考点巡视高考情况，检查考务工作。

同日，共青团方山县委联合农商行、农业银行、爱心公益协会、天龙救援队等16家企业和社会组织联合成立高考爱心服务站，开展爱心助考活动，为考生保驾护航。

同日，山西省投资促进局党组成员、副局长武亮带队到方山县实地考察并召开座谈会。

同日，县委副书记、县长高鹏主持召开全县稳经济工作暨财政增收专题会。

同日，山西省2022年“六五环境日”吕梁方山诗书画采风创作活动在北武当山景区举行，活动主题为“敬畏生态、尊重自然、美丽山西、全民行动”。

同日，县行政审批局驻村工作队特邀方山县医疗集团为大武镇西相王村日间照料中心35位老人进行健康体检。

8日，县爱心公益协会开展“爱在高考志愿护航”志愿服务。

同日，方山县召开抓党建促基层治理能力提升专项行动暨“清化收”专项工作第三次调度会。

同日，县应急管理局、县消防队联合到积翠示范小学开展“防震减灾、消防安全”进校园宣传活动。

9日，吕梁市副市长、市公安局局长李建文到方山县公安局就110指挥中心、网安大队、执法办案中心、机关餐厅调研指导卡口疫情防控、打击防范、案件办理流程、基础设施建设等情况进行调研。

同日，方山县召开全面建设清廉方山工作专班第二次会议。会议宣读《关于全面建设清廉山西工作中规范使用相关用语的通知》和清廉山西建设相关典型案例，讨论通过全面建设清廉方山示范点推荐名单，通报方山县当前工作进展情况。

上旬，方山县第一中学劳动教育实践“行知农耕园”正式揭牌。

11日，方山县职业中学举行2020级学

生岗位实习欢送仪式,校领导及部分教师和家长代表参加欢送会。

14日,方山县举行“接英雄烈士回家”纪念活动,迎接6月9日在杭州互动冰雪文化旅游发展有限公司火灾救援中英勇牺牲的方山籍烈士刘泽军回家。

同日,方山生态文化旅游示范区管委会召开招商引资工作洽谈会,大龙网集团投资发展高级总监宋鹏翔、投资发展经理周哲、运营经理刘妍岑一行到方山生态文化旅游示范区洽谈对接,方山示范区管委会副主任杨乃平参加会议。

15日,县金融办组织开展“守住钱袋子,护好幸福家”防范非法集资集中宣传活动。

16日,方山县举行2022年“安全生产月”启动仪式暨“宣传咨询日”活动。

同日,民革山西省委会副主委、太原科技大学副校长谢刚一行到方山县就校地合作、助推高质量发展进行调研并举行座谈会。

15日至17日,健康中国方山行动推进委员会、县卫生健康和体育局到城内二小、马坊镇开府寄宿制小学、积翠示范小学开展健康素养促进和健康教育知识讲座。

17日,文水县政府副县长贺向亮带队到方山县就“活体牛抵押贷”进行交流座谈。

同日,机关第二幼儿园开展结对帮扶观摩研讨活动,北武当、积翠、马坊中心幼儿园教师共20人参加观摩活动。

同日,山西金融职业学院招生就业处处长张立功一行到方山县职业中学,就计算机应用专业建设进行指导并召开座谈会。

同日,吕梁宾馆党总支全体党员干部和下乡点积翠镇大西沟村的党员干部到积翠镇韩家沟村李来平红色文化庭院开展“喜迎二十大 做合格共产党员”主题党日活动。

同日,方山县举行“廉吏故里 · 晋情消费”政府消费券发放启动仪式。本次活动县政府拨款100万元,县建行配套10万元,历时5个月的消费活动。消费券在方山县范围内重点围绕餐饮住宿、零售通用、百货家居、家电、成品油、汽车等领域投放,由“建行生活”平台承办。

20日,县委统战部全体成员及新联会成员赴石楼县开展红色主题教育活动。

同日,共青团吕梁市委、共青团方山县委联合刘泽军烈士家乡学校——峪口小学,共同组织开展“学泽军烈士的先进事迹、做吕梁精神的时代先锋”主题团队日活动。共青团吕梁市委向峪口小学捐赠价值2万元的学习、体育等物资及1.5万元的教育激励金。

中旬,吕梁北武当山道地药材有限公司组织人员赴长治市就药材产业进行考察。考察团到长治市沁源县沁源党参科技小院、山西中药材集团(郭道)交易点、交口乡侯壁村中医药文化馆、壶关县山西邦仕德中药材开发有限公司、振东中药材集团进行考察。

中旬,北武当镇“倡导移风易俗 助力乡村振兴”文艺展演活动在北武当山游客中心举行,县四大班子领导出席会议。

21日,市委常委、宣传部部长高奇英带队的观摩组到方山县孔家庄村,实地观摩村规民约、爱心超市、红白理事厅、便民服务中心、老年人日间照料中心,听取工作人员汇报移风易俗工作推进情况、做法,了解孔家庄村推进移风易俗工作落实情况。

同日,方山县2022年度重点项目第一次观摩推进会召开。与会人员实地观摩消防救援大队站项目、人民医院附属工程及传染楼、三川河生态修复综合治理工程、山西昕广欣20000头生猪养殖建设项目、核桃经济林高级换优项目、张家塔民居保护与旅游开发项目、农旅特色产业园项目、峪口沟河道生态修复综合治理工程、污水厂二期工程项目、县城提升改造周转房建设项目、城区棚户区改造安置东三区项目、民欣苑公租房建设工程项目、圪洞至梅洞沟旅游产业公路项目,现场听取各项目进展情况汇报。

同日,吕梁市推进移风易俗工作现场会观摩会走进方山县。

同日,山西广播电视台副总编辑陶亿笑带领山西卫视节目中心党总支部全体党员干部到于成龙廉政文化园开展“弘扬廉洁文化、锤炼过硬作风”主题党日活动。

22日,县人大常委会就全县职业技能提升工作开展专题调研。

同日,县政协在县图书馆举行首届委员读书会。

同日,县人民法院通过视频方式参加“三晋执行利剑”集中发放案款周活动。现场集中发放执行案款总计270万元,涉及执行案件9件。

23日,市委常委、军分区司令员周昌盛带领工作组到方山县检查指导武装部规范化建设暨民兵整组点验工作并出席现场会。

同日,由县纪委监委组织的全县村(社区)“三员合一”人员基层监督专题培训会开班。县委常委、纪委书记、监委主任辛建文出席开班仪式并讲话。培训为期一天半,内容包含《深入学习习近平总书记关于加强和改进人民信访工作重要指示精神 全方位推动〈信访工作条例〉在吕梁落地生根开花结果》《“三员合一”人员如何加强村级纪检监督》等。通过1个主会场和5个分会场集中培训、专题授课、观看视频、分组讨论、结业考试、交流发言等。全县90个行政村、4个社区“三员合一”人员参加培训学习。

同日,方山县委常委、宣传部部长薛利民带领宣传系统广大党员干部深入石楼、柳林、离石开展以“传承红色基因,激发奋进力量”为主题的党日活动。

24日,方山县召开吕梁市安委办安全生产专项整治三年行动和大检查、大整治、大提升督导检查反馈会。

同日,县委统战部、工商联与太原市十堰商会党支部、太原市乐清商会党支部、太原市福建福鼎商会党支部联合开展“学习廉吏精神 创建清廉商会”主题党日活动。

25日9时,通过中国建设银行股份有限公司“建行生活”APP发放首批“廉吏故里晋情消费”消费券。消费券将分批次面向全体在方人员发放。6月25日至10月28日期间的每周六上午9点开始抢券,票券有效期7天。票券发放按照先到先得、发完为止的原则进行。“建行生活”APP不限定建行银行卡绑定支付,支持中行、工商、农行、招商等多家银行卡绑卡消费。

27日,方山县高级中学举行2022年高三“弘志助学奖”颁发仪式,为品学兼优的64名高三学子发放助学奖金14.2万元。

28日,山西省审计厅副厅长焦斌龙,省审计厅党组成员、副厅长、机关党委书记南春林,省纪委监委驻省审计厅纪检监察组组长、省审计厅党组成员芮辰文带领山西省审计厅党总支部全体党员干部到于成龙廉政文化园开展“打造清廉审计建设”主题党日活动。

同日,山西省副省长贺天才深入方山县

就肉牛产业发展情况进行调研。

29日,北京理工大学定点帮扶工作座谈会在方山县召开。

29日至30日,方山县公安局组织党员到长治市开展庆祝建党101周年暨“学创”上党行爱国主义教育“七一”主题党日活动。

30日,吕梁市委常委、宣传部部长高奇英到方山县慰问老党员,并在其党支部工作联系点——县融媒体中心进行调研,市人大常委会副主任张耀峰一同慰问调研。

月底,安基金乡村少年阅读工程捐赠仪式在峪口中心校举行。爱心公益协会代表浙江安基金为峪口中心校捐赠500套文化书籍及班级图书角标志牌、书架等物资,总价值2万元。

7月

1日,吕梁市政府副市长任磊到方山县调研民生工作。

同日,方山县纪委监委机关开展庆祝中国共产党成立101周年主题党日活动,县委常委、纪委书记、监委主任辛建文以《坚决扛起全面从严治党的使命担当》为题,给机关全体人员上党课。

同日,积翠镇、北武当镇在北武当山景区游客中心联合开展“喜迎二十大、奋进新征程”主题党日活动。

2日,汾酒集团、山西中华文化促进会、山西省总工会、新华书店吕梁公司在马坊镇联合举行“庆七一·喜迎二十大”助力方山乡村文化振兴捐赠活动暨“文化下乡”慰问演出。

同日,县图书馆到武警吕梁支队方山中队开展“喜迎二十大、书香润军营”活动。为武警官兵送上政治、军事、历史、哲学、语言文学等类优秀图书200册及文艺演出。

5日,全县安全生产例会暨迎峰度夏能源保供工作会议召开。

7日,方山县召开产业工人队伍建设改革工作推进会。

同日,方山县老促会举行《方山县革命老区发展史》新书首发式暨2022年工作会议。《方山县革命老区发展史》全书分为新民主主义革命时期、社会主义革命和建设时期、改革开放时期3编,记录老区的光荣历史和辉煌成就。

同日,县政协召开社情民意信息培训会议。全体政协委员、政协机关干部参加培训。培训会特邀市政协调研室社情民意信息中心主任雒小利、干事刘雪红作专题授课。

同日,方山县《新冠病毒肺炎防控方案(第九版)》政策培训会召开。培训会解读防控方案第九版和第八版的五大政策变化及《新型冠状病毒肺炎防控方案(第九版)》高、中、低风险区的判定与相关管控措施及更新的要点,安排方山县优化调整措施。

同日,“科普志愿者暖人心”眼健康科普及义诊活动在武当社区正式启动。

7日至9日,国家文化科技创新服务联盟的专家团队一行9人到方山县中华传统古村落张家塔村、美丽宜居示范村庄上村、前东旺坪村、省级湿地公园梅洞沟、国保单位左国城遗址、于成龙故居、国家4A级风景名胜区北武当山、农旅融合(田园综合体建设)项目等景区、景点考察调研文旅产业发展情况。

9日,方山县与山西农业大学动物科学学院举行合作对接座谈会暨签约仪式。高鹏与张元庆签订共建“方山县肉牛产业发展研究院”合作协议。

11日，方山县夏季公路易肇事易肇祸违法行为专项整治暨夏季酒驾醉驾集中整治百日行动启动仪式举行。

12日，方山县2022年学习贯彻习近平新时代中国特色社会主义思想暨党史学习教育专题读书班举行开班仪式。参加读书班的学员为近三年未参加市、县党校长期脱产培训的科级领导干部，共计49人，读书班学习为期1月。

同日，太原科技大学暑期社会实践活动座谈会暨太原科技大学大学生社会实践基地揭牌仪式在方山县举行。太原科技大学团委书记彭英，县委常委、组织部部长孙森焱出席座谈会，太原科技大学艺术与设计学院“绘声绘色”暑期“三下乡”社会实践队全体学生参加座谈会。

13日，以“喜迎二十大 奋进新征程”为主题的2022年山西省“免费送戏下乡一万场”活动在方山县北武当镇来堡村演出，剧目有《徐策跑城》《嫁衣案》《三娘教子》等。

14日，方山县举行三川河(方山城区段)生态修复综合治理PPP项目防汛应急演练。演练分险情信息报告、堤防塌方抢险加固、受伤人员转移等科目。

同日，国家税务总局方山税务局邀请部分人大代表、政协委员及相关部门代表开展“走流程、听建议”主题活动，零距离座谈交流，征求意见建议，并向代表、委员颁发“税务体验师”聘书。

15日，方山县举行抓党建促基层治理能力提升“培育文明新风 助推乡村振兴”知识竞赛，来自全县6个镇的代表队参加竞赛。北武当镇代表队获一等奖，积翠镇、马坊镇代表队获二等奖，峪口镇、大武镇、圪洞镇获三等奖。获优秀个人奖6人。县委书记周小云，县委常委、组织部部长孙森焱，县委常委、宣传部部长薛利民，县委常委、统战部部长刘荣杰，副县长呼鹏燕、任海涛、周明宇出席活动，并为获奖团队和个人颁奖。

同日，县委书记周小云到山西焦煤霍州煤电店坪煤矿就安全生产工作在工业广场、物资供应超市、职工工装超市及生活污水处理站、智能化采煤调度室实地查看，并听取汇报。

16日，县委副书记、县长高鹏到明德小学就西墙区域坍塌情况进行现场勘察并召开临时会议。

18日，北京理工大学大学生方山县实习实践活动暨暑期学校开班仪式举行。北京理工大学化学与化工学院党委副书记、副院长张锋，北京理工大学校团委副书记甘振坤，县领导孙森焱、刘亮勤、周明宇参加开班仪式。

19日，全面建设清廉方山暨清廉单元创建动员会召开。

同日，县委书记周小云主持召开方山县2022年县委审计委员会议。

同日，县委副书记、县长高鹏到代坡村了解乡村振兴推进情况，指导该村理清发展思路，明确发展重点，全力推动乡村全面振兴，并走访慰问困难群众和脱贫致富带头人。

同日，汾酒羽毛球队和方山县羽协举办“喜迎二十大 助力乡村振兴”羽毛球友谊赛。汾酒集团副总经理、方山县农村工作领导组副组长、省直驻方山工作队大队长常建伟，汾酒集团总经济师张春生，县人大常委会主任贺新众，县政协主席任志勇，县委常委、积翠镇党委书记张庆斌,县人大常委会副主任、总工会主席出席活动。

同日,方山县召开邮政快递专班疫情防控工作再培训再落实专题会议。

中旬,2022年首届“北武当之光”摄影大赛摄影师采风创作活动在北武当山启动。来自全国各地的摄影爱好者到北武当山,圪洞镇前东旺坪村、庄上村,梅洞沟湿地公园,峪口镇张家塔村等地进行为期3天的采风创作。

中旬,来自山西医科大学汾阳学院暑期实践活动吕梁队25名队员到北武当镇来堡村开展以“科学宣教助力振兴、乡村实践‘晋’彩青春”为主题的暑期社会实践活动,并召开座谈会。吕梁团市委副书记郭峥,团市委兼职副书记、吕梁市蓝天救援队队长王新彦出席座谈会。

中旬,共青团方山县委举行2022年“青春兴晋”大学生返家乡暑期社会实践活动。全县共有大学生志愿者100人报名参加。

21日,方山县疾控中心组织专业人员对全县物流行业、冷链食品、大型商场、超市进行环境、物品核酸样本采集。

22日,方山县大学生党、团员志愿者进社区报道暨“五点半课堂”在圪洞镇西山村正式启动。新时代文明实践中心为大学生志愿者代表授旗。

同日,方山县举办“青春兴晋”大学生返家乡社会实践活动座谈会暨学子归巢工作站揭牌仪式。

21日至22日,吕梁市农业外来入侵物种普查技术培训会在方山县于成龙廉政文化园召开。省农业生态保护和资源区划中心副主任白锐峥、市农业农村局二级调研员李万强出席开班仪式。各县、市(区)农业农村局分管领导、环保站站长、植保站站长、水产科科长及相关普查技术骨干共计120人参加培训。

26日,全县抓党建促基层治理能力提升暨巩固拓展脱贫攻坚成果同乡村振兴有效衔接工作推进会召开。

同日,由市政协副主席郝金光带队的白酒产业调研组到方山县开展专题调研。

同日,方山县应急管理局组织举行全县安全监管人员和村(社区)预警员安全知识培训。

27日,北京理工大学与方山县共同为生源基地共建中学进行揭牌,并为方山县高级中学捐赠价值100万元的图书。

同日,方山县举行鸦儿崖红色景区旅游公路开工仪式。方山县鸦儿崖红色景区旅游公路于2022年立项,全长17.018千米,起点位于北武当镇环线公路北线工程K17+977处相交,终点位于北武当镇下昔桥,途经阳湾村、新民村、庙底村、下昔村。总投资为10319万元,其中建安费7980万元。

同日,方山县部分县直单位向县政协提案委通报2022年上半年工作并接受县政协委员民主评议会议在政府四楼会议室召开。

同日,峪口镇举办“学政策、促振兴、比赶超、树新风”主题知识竞赛活动。参加比赛的18支代表队分别为17个行政村代表队和镇机关代表队,经过三轮严格初赛选出6支代表队进入决赛。花家坡村代表队获得一等奖,安上村代表队、张家塔村代表队分别获得二等奖,峪口村代表队、兴隆湾村代表队、土福则村代表队分别获得三等奖。

26日至27日,北京理工大学党委书记、

中国工程院院士张军深入方山县调研推进定点帮扶工作。

28日，积翠镇召开2022年“八一”建军节座谈会。会后组织退役军人参观孔家庄村美丽乡村建设。

同日，马坊镇举办抓党建促基层治理能力提升“抓党建、促振兴、树新风”知识竞赛，县委副书记、马坊镇党委书记李贝出席活动。参加比赛的6支代表队分别来自全镇6个行政村。比赛设必答题、共答题、抢答题3个环节。内容包括乡村振兴、移风易俗、抓党建促基层治理等。西沟村代表队荣获一等奖。

同日，方山县人社局会同山西省人社厅在县国旗广场举办乡村振兴专场招聘会。招聘会以“促进转移就业、助力乡村振兴”为主题，共有55家县内外企业参加，岗位涉及能源化工、旅游餐饮、商超零售、物流配送等行业，提供就业岗位2408个。

同日，由县妇联主办的主题为“巾帼有爱 双拥情浓”文艺活动到县人武部慰问演出。县委常委、人武部部长陈占停，副县长刘亮勤，县人武部政委刘远江出席活动并为优秀宣讲代表、县人武部官兵颁发纪念品。

同日，方山县产业工人队伍建设改革联络员会议召开。

同日，县人武部、县退役军人事务局为荣立三等功的现役军人家属送喜报、慰问金，同时送去党和政府的亲切关怀。

29日，方山县召开2022年食品安全工作会议。

同日，山西杏花村汾酒集团有限责任公司、马坊镇、吕梁市生态环境局方山分局联合举办“建设生态宜居乡村 助力乡村振兴”活动，汾酒集团副总经理、省派驻方山县乡村振兴省直大队长、驻方山县农村工作领导小组副组长常建伟，县委副书记、马坊镇党委书记李贝出席活动。

同日，县退役军人事务局与邮政储蓄银行方山县支行联合举办退役军人和其他优抚对象优待证首发仪式。

同日，方山县召开援沪医疗队凯旋座谈会。

同日，方山县30兆瓦整县屋顶分布式光伏发电项目开工仪式在积翠镇方山村举行。县委常委、积翠镇党委书记张庆斌，县人大常委会副主任刘林梅，政府副县长秦鑫，县政协副主席郭小平出席开工仪式并剪彩。

31日，县消防救援大队联合康顺物业管理有限公司举办消防宣传主题消夏联欢会。

8月

1日，圪洞镇举办抓党建促基层治理能力提升“学政策、促振兴、比赶超、树新风”知识竞赛。活动共设5个环节，分别为必答题、共答题、抢答题、风险题及观众互动。建军庄村代表队获一等奖，西山村代表队、高家庄村代表队获二等奖，庄上村代表队、圪洞村代表队、横沟村代表队获三等奖。

同日，方山县退役军人事务局与邮储银行方山支行联合开展“八一”拥军优属走访慰问活动，走访慰问老复员军人14名和边海防官兵家属19名，并送上慰问品白面和大米各1袋，向他们致以节日的问候。

2日，积翠社区盛祥安居小区举行“八一”建军节座谈会。社区退役军人、现役军人家属、党员代表和志愿者共30人参加座谈会。会后圪洞镇卫生院医务人员为退伍军人及家属检查身体,爱心志愿者免费提供修脚服务。

3日,“弘扬吕梁精神 建设美丽幸福吕梁”“六进”基层宣讲报告会在大武镇郭家沟村举行。

同日,方山县农业农村局联合吕梁北武当山道地药材有限公司到峪口镇张家塔村和常家山村开展中药材种植培训。

4日,方山县召开产业工人队伍建设改革联络员会议。县直相关单位产业改革联络员参加会议。

同日,方山县举行村党组织书记抓党建促基层治理能力提升“擂台比武”活动。

5日,全省开发区2022年第三次“三个一批”活动吕梁分会场(方山县现场)筹备领导组会议召开。

同日,方山县举行村党组织抓党建促基层治理能力提升“培育文明新风 助推乡村振兴”知识竞赛。此次共有6个镇11支代表队进入决赛,峪口镇韩家山村代表队获一等奖,圪洞镇建军庄村代表队、积翠镇赤红村代表队获二等奖,北武当镇来堡村代表队、大武镇杨家塔村代表队、大武镇新洞上村代表队获三等奖。获最佳答题奖队员3名。

7日,在第14个全民健身日到来之际,方山县太极拳协会开展太极文化进校园活动,传承发扬太极文化。

8日,方山县召开信访工作联席会议。

9日,方山县2022年度党管武装述职会议召开。

同日,中交交旅投资控股有限公司投资总监陈聪一行到方山县北武当山、张家塔村古村落、农旅融合(田园综合体)项目、圪洞镇庄上村和前东旺坪村等地进行实地考察,了解自然、文化旅游等资源开发现状、经营管理、发展规划。

同日,方山县在国旗广场举行“喜迎二十大 奋进新征程”2022年全民健身日文艺展演活动。

同日,山西杏花村汾酒销售公司吕梁营销处携手方山县汾金酒业有限公司为大武高速口坚守在疫情防控一线岗位的工作人员送去快速制冰机、保温保冷壶、按摩仪、矿泉水等慰问品。

月初,县科技志愿服务联合会第一次会员代表大会召开。会议介绍联合会成立筹备情况;表决通过《方山县科技志愿服务联合会章程(草案)》;选举产生方山县科技志愿服务联合会会长、副会长、秘书长、副秘书长。

月初,方山县国红农林牧专业合作社负责人张国红收购当地农户1万斤西葫芦捐赠给全县部分社区和村,助力乡村振兴,彰显人间大爱。

月初,团县委联合县人民检察院到圪洞镇西山村党群服务中心开展保护未成年人法治宣传,20名大学生志愿者参加普法学习。

10日,全市防汛工作视频调度会议召开。县委副书记、县长高鹏,副县长秦鑫、任海涛在方山县分会场参加会议。

同日上午,受持续强降雨影响,209国道圪洞镇东沟村段被洪水冲击导致大面积塌陷,致使来往车辆和群众通行受阻。应急、公路、交警等多部门联合开展紧急救援。

同日早6:50,由于暴雨影响,北川河河水暴涨,冲毁积翠镇高速口至北川河加油站干路800米,方山至岚县一路由、二路由干路光缆中断,造成大范围通信网络故障。方山移动启动通信保障应急预案,成立通信保障小组、分配任务、沿路检测线路通信情况，排查故障区间，确定故障处理最终方案，有序开展应急光缆布放。当日，从高速口至加油站布放应急光缆2公里，麻地会至韩家沟布放光缆2.7公里。经过17个小时的抢修，恢复方山至岚县干路通信。

11日，县委书记周小云一行到峪口镇、北武当镇、圪洞镇等地实地查看、听取汇报，了解各镇防汛防御工作、安上村受灾情况、韩庄村峪松线路段受灾情况及圪洞村凤凰沟预防山体滑坡应对情况。

同日，“美丽山西我的家”主题晚会在方山县国旗广场举办。晚会以“敬畏生态 尊重自然 美丽山西 全民行动”为主线，用艺术的形式，勾勒出一个人杰地灵、风景秀丽的大美山西。

同日，产业工人队伍改革联络员会议召开。县产业工人队伍建设改革牵头单位和参与单位联络员参加会议。

同日，由山西省科协、山西省教育厅驻村工作队、山西省科学技术馆、县教育科技局、县科协携手开展“科普育人 快乐一夏”科技夏令营活动在山西省科技馆举行。

11日，马坊镇关工委联合县融媒体中心举办“喜迎二十大 传承好家风”文艺进乡村活动。

10日至11日，方山县突降暴雨，因短时强降雨，县域内河道河水暴涨，引发山洪暴发。

12日，县委副书记、县长高鹏主持召开防汛救灾暨恢复重建专题会。

13日至15日，北京建筑大学校长张大玉一行4人到方山县就传统村落及古建筑保护开展调研。

15日，方山县十一届县委“三个一批重点村社”监督治理专项巡察动员部署会召开。

同日，由方山县卫生健康和体育局主办的“喜迎二十大 一起向未来”篮球友谊赛正式开赛。来自县直九大口、各镇、各企事业单位及社会团体的19支队伍220人参加比赛，赛事共持续10天，每天进行8场比赛。

16日，方山县全面建设清廉方山工作专班第三次会议召开。

同日，方山县召开2022年度治超工作暨依法整治超限超载百日行动动员会。

15日至16日，“喜迎二十大 奋进新征程”“创新·创造·创业”乡土文化能人技艺大赛在吕梁市文化馆举行。全市共有68位乡土文化能人参加，动态项目有歌曲、秧歌、舞蹈、武术、曲艺、器乐、戏曲等7项25位选手的21个表演节目；静态项目有剪纸、面塑、雕刻、刻画烙画、编织、刺绣布艺等6项43位艺人的文创非遗作品参赛。评选出一等奖2名、二等奖4名，三等奖4名。方山县王侯牛唢呐《三对面》（动态）荣获一等奖，高小亮石头画《一代廉吏于成龙》（静态）荣获二等奖，木雕古建筑斗拱艺术系列《大武木楼》（静态）及钩编参赛选手贺翠平《牡丹亭》《虎头帽》（静态）荣获三等奖。

17日，吕梁市人民政府督查室第一督查组就方山县2022年新增专项债券支出情况开展专项督查。督查组一行到县殡仪馆及县人民医院附属配套工程、传染楼工程建设现场和县城内老旧小区改造施工现场实地查看项目进展情况。

同日，县政协第二期“书香政协悦读生活”委员读书活动在县政协二楼会议室开讲。

17日至18日,县委巡察组巡察圪洞镇横沟村、大武镇杨家塔村、峪口镇土福则村“三个一批重点村社”党组织进驻动员会召开。

19日,山西惠华悦民经贸有限责任公司向方山县捐赠净水器、空调机各500台,马坊镇、积翠镇、圪洞镇、峪口镇、大武镇各分配40台,北武当镇及九大口各分配30台。

20日,2022中国杏花村国际酒业博览会、吕梁市方山县招商引资“三个一批”专场推介会在汾阳市举行,路演推介北武当山、张家塔民居、胡氏荣茶项目3个。方山县分别与上海远景能源有限公司、山西粤电能源有限公司、山西一建集团有限公司进行签约,山西老传统酒业有限公司与山西胡氏荣茶产业有限公司签约。此次推介会共签约项目4个,总投资40亿元。

15日至22日,方山县举行“喜迎二十大 一起向未来”篮球友谊赛。来自县直九大口、各镇、各企业及社会团体等19支队伍220名队员参赛,赛事共8天,每天进行8场比赛。机关事业组教育口代表队、发改口代表队分别获冠、亚军,政府口和宣传口代表队获季军;乡镇组冠、亚、季军分别由大武镇代表队、积翠镇代表队、马坊镇代表队获得;企业社会组冠、亚、季军分别由启帆体育代表队、方山县农商银行代表队、金晖瑞隆代表队获得。比赛评选出优秀组织奖5个、道德风尚奖5个。

23日,县委书记周小云主持召开全县防汛救灾、疫情防控安排部署会。

同日,汾酒集团门球协会、方山县门球协会联合举办门球友好交流活动。

24日,县教育科技局、山西华阳教育科技有限公司、贺龙中学举行合作办学托管签约仪式,山西华阳教育科技有限公司董事长、总校长苏建庭,县委副书记、县长高鹏出席签约仪式,副县长刘亮勤主持签约仪式。

同日,县纪委监委、县委组织部、县委宣传部联合举办“弘扬吕梁精神 建设清廉方山”演讲比赛。来自县直九大口、6镇的31名选手参加比赛,评选出一等奖1名、二等奖2名、三等奖3名、优秀奖9名。

同日,汾酒集团党委委员、纪委书记韩向宇率队到方山县马坊镇调研乡村振兴工作,韩向宇一行到马坊村党群服务中心查看建设情况和工作队的生活、工作环境,并召开座谈会。

同日,方山县伞头秧歌协会举行第五届换届工作会议。会议任命赵云平担任县伞头秧歌协会会长。

同日,杏花村民营企业家代表到马坊镇开展助力乡村振兴活动,并到马坊镇磨地湾村集体合作社、开府村小杂粮加工厂实地查看生产厂房以及加工原料和成品,与马坊镇开府村小杂粮加工厂、方山县皇菇山农产品有限公司签订农产品购销合同,价值25.875万元,产品包括莜面、豆面和胡麻油等。

25日,汾酒集团为所驻村马坊、树林则、窑上、四皓和赤街村2022年考取二本B类以上院校的33位同学共发放助学金4万元,其中考取研究生的7人发放助学金每人2000元,考取本科的26人发放助学金每人1000元。中国一笔双钩书法协会副秘书长、山西一笔双钩协会副主席、北京书法院院士、著名书法家刘文科先生为受助学生捐赠励志书法作品。

同日，方山县公安局举行夏季治安打击整治“百日行动”公开退赃活动，现场向受害群众返还追回现金 28 万元。

26 日，方山县慈善总会举行 2022“圆梦助学”项目助学金发放仪式。2022“圆梦助学”项目资助 2022 年就读于方山县高级中学考入二本 B 类及以上大学的退役军人子女、低保户子女以及天灾人祸特困家庭子女 24 名和受吕梁市慈善总会委托资助考入二本 B 类及以上院校的学子 9 人，每人资助 5000 元。

29 日，市委巡察五组对方山县应急系统安全生产领域专项巡察动员部署会召开。

31 日，方山示范区 2022 年 8 月份项目调度会召开。

同日，方山县召开公安部、省政府挂账督办道路交通安全工作会议。会议传达《方山县关于公安部、省政府挂账督办道路交通安全工作整改方案的通知》，县挂账督办道路交通安全工作整改领导组组长高建军同各成员单位签订责任状。

9 月

1 日，方山县解决“无律师县”工作推进座谈会召开，并举行山西晋凯（方山）律师事务所揭牌、剪彩仪式。

2 日，方山县消防救援大队到圪洞镇明德小学开展消防安全进校园活动。

3 日，李来平红色文化庭院举办“喜迎二十大 再现方山抗战史”画展，共展览壁画 60 幅。方山县妇联、武装部分别代表山西省妇联、省拥军工作领导组、山西省军区政治工作局授予李来平家庭“最美军嫂”“最美拥军家庭”称号。

4 日，方山县城内第二小学举办“‘暑’你最行 未来可期”暑期优秀作业展。

5 日，全省开发区 2022 年第三次“三个一批”活动暨太忻一体化经济区建设推进会在大盂产业新城举行，各市和山西综改示范区“三个一批”活动同步举行。签约仪式结束后，市委书记孙大军，市委副书记、市长张广勇，省委优化营商环境和开发区重点工作督导三组组长周涛等观摩方山生态文化旅游示范区田园综合体项目。

同日，吕梁市开发区 2022 年第三次“三个一批”项目集中开工仪式在方山生态文化旅游示范区举行。市委书记孙大军出席仪式并宣布项目集中开工。市委常委、副市长刘晋萍主持开工仪式。市委副书记、市长张广勇，省委优化营商环境和开发区重点工作督导三组组长周涛、副组长李保川，市领导任忠、刘晋萍、田安平、李双会、刘世庆，县委书记周小云，县委副书记、县长高鹏，方山生态文化旅游示范区党工委书记、管委会主任高文祥出席开工仪式。“三个一批”活动吕梁市开发区开工项目 23 个、总投资 41.57 亿元。方山示范区项目 6 个，总投资 3.68 亿元。项目主要集中在新能源、新材料、节能环保、现代服务业、基础设施等领域。与会领导一同为北武当山景区客运索道建设项目开工培土奠基。

同日，吕梁市人大常委会副主任梁志峰带队到方山县开展“吕梁环保行”活动。梁志峰一行到横泉水库、方山县污水处理厂扩容提质工程、马坊镇农村污水治理工程等地了解情况。

6 日，张家塔村乡村旅游振兴示范村创

建项目开工仪式举行。项目包括婚俗馆建设、研学基地改造、演艺中心建设、精品酒店改造。

同日,县政协召开加强物业管理提升基层治理能力调研座谈会。

同日,方山县爱心公益协会携手益泉酒厂开展“月圆中秋 幸福夕阳”慰问活动,为孤寡老人送上食用油、大米、月饼、牛奶等爱心物资。

同日,方山县公安局网安大队到所辖区域城内第二小学开展“网络安全进校园 文明上网记心间”网络安全法律法规宣传活动,引导学生安全上网、文明上网、绿色上网,培养积极健康向上的校园网络文化。

7日,方山县抓党建促基层治理能力提升专项行动暨“清化收”专项工作第四次调度会议召开。

同日,方山县举行“移风易俗我先行”主题宣传月活动启动仪式。

同日,吕梁市工商联到方山县就助力乡村振兴举行座谈会。

8日,“喜迎二十大 奋进新征程”书法美术剪纸摄影展在方山县影剧院举行。

同日,在市委召开全市信访工作暨信访工作联席全体(扩大)会议之后,方山县召开党的二十大信访安全保障工作会议。

同日,“行走的医院”全科医生助诊包发放暨培训班开班仪式在县武当宾馆举行。

同日,方山县开展网络安全宣传活动,倡导全民共同关注网络安全,宣传普及网络安全知识。

9日,方山县2022年教育工作暨教师节表彰大会召开。

同日,由县委宣传部、县新时代文明实践中心、县文化和旅游局、县文学艺术界联合会主办,县书法协会、县美术协会、县剪纸协会协办的“喜迎二十大 奋进新征程”书画摄影展在县影剧院举行,县四大班子领导参观影展。展期3月,共有86位书画爱好者参加创作,选出作品130幅集中展览。

同日,圪洞镇组织开展抓党建促基层治理能力提升“擂台比武”观摩活动。

13日,方山县“大起底、大会战、大比拼”项目调度会召开。

14日,方山县举行吕梁市委人大工作会议精神宣讲报告会。

16日,朔城区委统战部一行20人到方山县于成龙故居、于成龙廉政文化园、庄上村、潘家坂村乡贤馆、庞泉工贸集团有限公司、野林丹沙棘食品有限公司、吕梁香食品调味有限公司开展“喜迎二十大 永远跟党走”学习考察。

19日,方山县人民法院举行“法院开放日”活动,邀请部分人大代表、政协委员、县直机关代表、乡镇代表以及关心支持法院工作的各界人士参观一站式诉讼服务大厅、科技法庭、标准化羁押室、党员活动中心等区域。

20日,2022年“全国科普日”暨第二十一届中国科协吕梁市科普月方山活动开展之际,县科协邀请吕梁市葫芦文化博物馆馆长、吕梁市非物质文化遗产刻绘葫芦技艺传承人刘振到峪口镇张家塔村进行葫芦种植技术培训。

同日,县慈善总会慰问全县222名90岁以上老人,为他们送上慰问品和节日祝福。

19日至20日,方山县妇联邀请国家首批认证家庭教育指导师、国家二级心理咨询师、艺博家庭教育一星级导师李耀卿到县城内小学、城内二小、圪洞镇明德寄宿制小学开展“送法进学校 普法护成长”——《家庭教育促进法》专题讲座。

21日，由汾酒集团搭建的“方山土味坊”电商公益平台在酒都汾阳市杏花村启动。“方山土味坊”电商平台主要销售沙棘饮料、辣椒酱、纯手工莜面、豆面、野生山蘑菇及土豆、西葫芦、西红柿、甜玉米等季节性农产品。现场，汾酒集团职工购买农特产品，线上、线下成交总额达1.5万元。

同日，县城内第二小学开展“‘五老’进校园　喜迎二十大”主题教育宣讲活动。

24日，太原市方山商会成立大会在山西万狮京华大酒店三楼会议室举行。太原市委统战部副部长、太原市工商联党组书记窦力奋，县委书记周小云，县委副书记、县长高鹏等领导出席成立大会。会议宣读《关于同意成立太原市方山商会的批复》，窦力奋、周小云为太原市方山商会揭牌，并为太原市方山商会会长高治龙授牌。原副省长杜五安、省工商局原局长刘增民为商会成立大会题贺词，山西省厦门商会、太原市乐清商会、太原市福鼎商会、太原市十堰商会、方山县电子商务协会发来贺信、贺函，祝贺太原市方山商会成立大会圆满成功。太原市静乐商会送上贺匾，恭贺太原市方山商会成立。

同日，方山县核酸检测系统再升级，上线核酸检测“个人码”服务。

27日，方山县安全生产委员会第一次全体(扩大)会议暨“两个行动”推进会召开。

同日，由吕梁市直机关工作委员会、吕梁市文化和旅游局主办，吕梁市青年晋剧院演出的新编历史剧《廉吏于成龙》在北武当镇来堡村上演。

同日，方山县公安局举行“喜迎二十大 忠诚保平安”一级加强勤务启动暨警务装备发放仪式。共发放警用巡逻车12辆、执法记录仪50台、单警装备20套、盾牌钢叉5套等，总价值300万元。县委副书记、政法委书记吴月贵出席启动仪式并宣布一级加强勤务响应机制启动。

28日，县政协委员大讲坛在政府五楼会议室开讲。县政协邀请樊登读书小读者学堂创始人、樊登读书主编肖宏文以“阅读可以帮孩子装一个发动机”为主题作专题讲座。县政协主席任志勇，副主席郭小平参加。

同日，吕梁市人大常委会副主任闫玉萍到方山县就全市监委专项工作和公共法律服务体系建设工作情况进行调研。

同日，方山县2022年公开招聘本科及以上学历毕业生到村(社区)工作选岗暨岗前培训会议召开。

同日，红色文化传承者李来平到城内小学开展“公民道德日”榜样人物事迹进校园宣讲活动。

23日至28日，2022年汾酒集团“助力乡村振兴”篮球表演赛暨方山县第十三届“TOP5杯”篮球友谊赛在县体育场举行。来自省内外参赛队伍10支、队员120名，为期7天，每天5场。山西汾酒集团青年队荣获“助力乡村振兴”篮球表演赛冠军，育才学校队荣获篮球友谊赛冠军。

28日，方山县妇联到育才小学开展“树清廉家风 创最美家庭”暨“我给祖国妈妈过生日”爱家国主题活动。巾帼志愿者为40名留守困境儿童修剪头发，孩子们表演手语操《我和我的祖国》，并在心愿卡上写下对祖国妈妈的祝福。

29日,县城内第二小学举行“喜迎二十大 红歌唱响校园”歌咏比赛。

30日,方山县举办新冠肺炎疫情防控知识竞赛。来自全县的参赛队伍10支参加竞赛,发改口获团体一等奖,农口、政府口获团体二等奖,县委口、教育口、峪口镇代表队获团体三等奖。

同日,县城内小学举行“童心喜迎二十大 筑梦健体庆华诞”校园体育节活动。活动设立定跳远、跳绳、仰卧起坐等5个个人项目及毛毛虫大接力、传球接力等4个集体项目,共28个队参赛。

同日,积翠镇赤红村举行主题为“九九重阳节 浓浓敬老心”重阳节活动,评选出“孝老敬亲”模范家庭,颁发荣誉证书与奖品,并为老年人集中缴纳赡养金、发放慰问品,为9月出生的老人集中庆祝生日。

同日,县消防救援大队消防救援人员20名到方山县散葬烈士墓园,缅怀消防烈士刘泽军,追思英烈事迹,弘扬英烈精神。

同日,方山县天龙救援队在方山县散葬烈士墓园举行“缅怀先烈,致敬英魂”活动。

10月

7日,方山县公安局交警大队到积翠镇东王村开展交通安全宣传教育活动。

8日,在全县范围内开展全员核酸检测。

9日,方山县城内第二小学举办“绘制移风易俗漫画”活动。

10日,山西昕广欣种猪育种有限公司引进北欧农庄(加拿大加裕公司)加系曾祖代种猪1210头,标志着方山县规模种猪场项目正式建成投产。

11日,县人大常委会主任贺新众带队到北武当镇韩庄村、峪口镇张家塔村等地就“三农”领域贯彻落实《中华人民共和国乡村振兴促进法》实施情况开展执法检查。执法检查组通过实地走访、听取汇报等,重点围绕《乡村振兴促进法》的学习宣传及产业振兴规划布局、全面推进乡村振兴战略方面存在的问题进行全方位检查。

同日,县城内小学师生为韩家沟村李来平红色文化庭院捐款9522.2元。

12日,吕梁市委常委、宣传部部长高奇英,市人大常委会副主任张耀峰到方山县大武高速口就疫情防控进行督导。

14日,县委副书记、县长高鹏到县城方正街、车道崖移民村路口、峪口镇镇政府路段等地就道路交通安全进行专题调研。

同日,县城内第二小学开展“党的光辉照我心 童心喜迎二十大”手工作品展主题活动。

16日上午,方山县广大干部群众收听收看中国共产党第二十次全国代表大会开幕盛况。

17日,吕梁市交警支队督导组到方山县方正运业有限公司、腾飞运业有限公司、宸鹏运输有限公司、同宇砼业有限公司等就“两客一危一货”中风险企业开展交通安全隐患排查。

19日,县人大常委会主任贺新众一行到县肉牛屠宰厂、垚鑫生态养殖有限责任公司等地实地调研县重点产业项目暨招商引资。参观屠宰冷却车间、分割冻结车间、食品研发及加工车间、蛋鸡养殖棚等,了解肉牛屠宰、分割、排酸、包装、冷藏等加工生产线和蛋鸡养殖技术，并提出意见和建议。

同日，县人大常委会召开国有自然资源管理情况调研座谈会。

20日，吕梁市委常委、组织部部长张欣宁就抓党建促基层治理能力提升在方山县进行专题调研。

同日，2022年全县加强秋收农忙时节农用车违法行为精准管理工作紧急部署会议召开。

同日，方山县第一中学校举行首届“秀我风采大舞台”活动，庆祝中国共产党第二十次全国代表大会胜利召开。

21日，县人民检察院召开“强制报告 温暖成长”主题宣讲会暨“司法与社会双向救助 守护因案致贫儿童权益”主题宣传活动。会议结束后，县人民检察院与各参会人员签订《落实强制报告承诺书》。

同日，吕梁市委常委、宣传部部长高奇英，市人大常委会副主任张耀峰带领城管、交通等部门负责人到方山县新星冶炼集团有限公司实地督导安全生产，并听取汇报。

同日，吕梁市副市长郭红波到方山县就疫情防控进行调研并召开座谈会。

25日，县人大常委会就退役军人事务管理工作进行专题调研。

26日，团市委联合市人民医院、市青年志愿者协会到包联村积翠镇刘家庄村开展“礼赞二十大 健康向未来”金晖助老志愿服务活动，免费为村民进行义诊义剪。

同日，县公安局交警大队到马坊镇吴家沟小学（教学点）开展以“美丽乡村行”文明交通进校园为主题的宣传活动。

27日，方山县召开第二阶段“三个一批重点村社”监督治理工作调度会。

29日，方山农村商业银行开展“红马甲助力疫情防控”志愿者活动。农商行60名员工组成红马甲小分队，在县域内17个核酸检测点进行维护秩序、核酸检测、测温扫码、值守执勤等，并分发口罩2万个，保障核酸检测工作顺利进行。

11月

1日，方山县召开巩固拓展脱贫攻坚成果同乡村振兴有效衔接领导小组会议。

3日，县检察院在马坊镇召开“信息共享、联合协作、助力控辍保学”座谈会。

4日，方山县丰茂农业有限公司向离石市区市民捐赠白菜、卷心菜共2万斤，保障疫情期间群众的生活物资供给，助力疫情防控，以实际行动践行社会责任与担当，为抗击疫情贡献力量。

6日，方山县召开核酸采样后备人员培训会，县政府设主会场，各镇设6个分会场，培训以“理论讲解+现场实操”方式进行。

9日，方山县秋冬季大气污染综合治理工作推进会议召开。

10日，吕梁市委常委、宣传部部长高奇英到方山县宣讲中国共产党第二十次全国代表大会精神。

同日，丰茂农业有限公司爱心捐赠活动在县高级中学举行。爱心企业向全县各学校捐赠爱心蔬菜共2万斤。

11日，方山县2022年公开招聘大学生到村（社区）工作选岗暨岗前培训会议召开。会议通过“青蓝结对”选定帮带对象，以老带新，让到村任职大学生尽快适应新的工作岗位，为新入职大学生代表赠送“入职工具包”,并对30名即将到岗的工作人员进行廉政思想教育。

12日,县爱心公益协会携手方正中期期货有限公司到圪洞镇建军庄村开展宣讲党的二十大精神和走访慰问老党员活动。

15日,县慈善总会开展疫情防控慰问活动,为一线工作人员提供防疫保障。慰问组到大武高速口、积翠高速口为一线工作人员送上特仑苏牛奶200箱和康师傅方便面200箱,价值共2万元。

同日,方山县召开学习贯彻党的二十大精神县委宣讲团动员部署会。

16日,县委书记周小云到圪洞镇西山村宣讲党的二十大精神。

同日,吕梁市11月份安全生产例会暨全市煤矿安全生产会议召开,县委副书记、县长高鹏,副县长秦鑫、任海涛、刘亮勤、李玉春、周明宇,副县长、公安局局长高建军在方山县分会场收听收看会议。

17日,县委宣传部开展“学习贯彻二十大精神 携手同行文明城创建”主题党日志愿服务活动,圪洞镇志愿者参与志愿服务活动。

22日,国家税务总局方山县税务局机关党支部与积翠社区党支部开展“集中联学党的二十大精神”主题党日活动。

同日,县爱心公益协会到圪洞镇明德小学开展“爱心助学 温暖童心”主题回访活动,并召开座谈会。

26日19时起,方山县全体市民实行“三日三检”。检测时,携带身份证,主动出示“个人码”,采集过程中全程佩戴口罩,与他人保持2米以上间隔距离,不交谈、不聚集。

28日,方山县“无疫社区(村)”创建工作动员会召开。

30日,县委副书记、县长高鹏到鼎恒大酒店集中隔离点、峪口镇东湾村重点区域就疫情防控落实情况进行督导检查。

同日,县委书记周小云到碧秀小区、城区棚户区改造安置东一区、圪洞镇、峪口镇兴隆湾村、大武镇等地,实地督导调研疫情防控,并就下一步工作提出意见建议。

12月

3日至4日,县委副书记、县长高鹏到县公租房隔离点、大武卫生院隔离点调研督导隔离场所建设情况,就相关工作和问题现场办公。

8日,汾酒集团助力乡村振兴“消费帮扶”购销签约仪式在方山县举行。签约金额达509.6万元。

9日,全省老龄工作会议召开。县委副书记、县长高鹏在方山县分会场收听收看会议。

同日,方山县召开迎接三类城市语言文字工作评估验收安排部署会。

14日,方山县举办方山大讲堂——宪法宣传讲座,特邀山西省人大常委会常委刘本旺作宪法宣传专题讲座。

同日,全面建设清廉方山工作专班第四次会议召开。

15日,方山县残疾人联合会第八次代表大会召开。会议听取并审议方山县残联工作报告,选举产生方山县残联第八届主席团主席、副主席、执行理事会组成人员和各专门协会主席、副主席及出席吕梁市残联主席团委员候选人。

同日,省教育厅党组书记、厅长马骏带领

相关处室负责人到积翠镇孔家庄村就乡村振兴进行调研并召开座谈会。

16 日，县委书记周小云主持召开全县抓党建促基层治理能力提升专项行动暨“清化收”专项工作“清零行动”调度会。

同日，中传建信文旅产业发展有限公司执行总经理、中传华夏文旅研究院院长宫贤一行到方山县就加强旅游合作开发、推进文旅项目建设进行考察洽谈。宫贤一行到方山县梅洞沟湿地公园进行实地考察，了解梅洞沟湿地公园文化旅游资源、项目运营、旅游市场以及开发规划，对梅洞沟湿地公园文旅项目背景、资源禀赋、开发条件、市场潜力等方面进行考察，并就梅洞沟湿地公园下一步文化旅游发展思路、文化内涵挖掘等进行探讨交流。

31 日，方山县巩固拓展脱贫攻坚成果同乡村振兴有效衔接领导小组会议召开。

县情概览

人　口

【常住人口】 2022年末,方山县常住人口111724人,比2021年常住人口112189人减少465人,下降0.41%。其中,城镇常住人口46660人,占常住人口比重为41.76%,比上年末提高7.6‰;乡村常住人口65064人,占常住人口比重为58.24%,比上年末下降7.6‰。全县出生人口545人,出生率4.87‰;死亡人口1193人,死亡率10.66‰;自然增长人口-648人,自然增长率-5.79‰,比2021年下降1.75‰。

【人口分布】 2022年末,方山县常住人口111724人,男性人口59814人,占总人口的53.54%;女性人口51910人,占总人口的46.46%。

气　候

【气温】 2022年,方山县年平均气温为8.7℃,比历年平均气温8.0℃高0.7℃。年极端最高气温为34.5℃,出现在2022年6月16日;年极端最低气温为-19.9℃,出现在2022年12月17日。

【降水】 2022年,方山县降水量为913.9毫米,与历年平均值544.7毫米相比偏多369.2毫米。一日最大降水量为82.0毫米,出现在2022年8月22日。5至9月总降水量为761.5毫米,占全年降水量的83%。

【日照】 2022年,方山县日照时数为2594.9小时,比历年平均值2574.9小时多20.0小时,年日照百分率59%。

【气象灾害】 2022年,方山县主要的气象灾害有寒潮、霜冻、暴雨、大风等。春季温度回升较慢,对作物播种有一定影响;夏季降雨偏多,7、8月降水集中,出现暴雨洪涝,造成农业以及其他行业不同程度受灾。

经济社会发展

【综合】 初步核算,2022年,方山县全县地区生产总值(GDP)完成859147万元,按不变价格计算,同比下降3.3%。其中,第一产业增加值52116万元,比上年下降0.7%,占生产总值的6.1%;第二产业增加值667464万元,比上年下降5.9%,占生产总值的77.7%;第三产业增加值139567万元,比上年增长3.7%,占生产总值的16.2%。

图1　2017-2022年全县地区生产总值及增速

【农业】 2022年,方山县全县农作物种植面积15099.73公顷,比上年减少313.75公顷。

其中,粮食作物种植面积12777.2公顷,比上年减少19.3公顷;油料作物种植面积215.99公顷,比上年增长3.69公顷。在粮食作物种植面积中,玉米种植面积7570.12公顷,比上年增加530.82公顷。全年粮食产量5.11万吨,比上年增长1%。

2022年末,方山县全县猪、牛、羊肉总产量3868.13吨,比上年增长11.02%。其中,猪肉产量2242.78吨,比上年增长1.8%;牛肉产量1341.76吨,比上年增长33.3%;羊肉产量283.59吨,比上年增长3.5%。禽肉产量1383.97吨,比上年下降1.3%;禽蛋产量10306.24吨,比上年增长23.4%。牛奶产量822.76吨,比上年下降19.7%。

2022年末,方山县生猪存栏26282头,比上年增长8.8%;生猪出栏29009头,比上年增长2.6%。羊存栏33240只,比上年增长5.2%;羊出栏20012只,比上年增长0.4%。牛存栏32178头,比上年增长5.6%;牛出栏8528头,比上年增长34.6%。

2022年方山县主要农林产品产量及其增长速度统计表

产品名称	产量(吨)	比上年增长(%)
粮 食	51110.33	0.97
其中:玉米	40693.95	2.29
谷子	1162.02	8.9
高粱	1563.44	-17.03
秋杂谷物	349.78	-0.06
豆类	1543.90	5.96
薯类(折粮)	5794.41	-4.66
油料	322.5	8.11
中草药材	990.56	-26.15
蔬菜及食用菌	17454.8	-4.68

续表

产品名称	产量(吨)	比上年增长(%)
园林水果	246.7	-2.72
食用坚果	6046.2	22.29
其中:核桃	6017.9	22.44

【工业】 2022年末,方山县规模以上工业企业23家,比上年增加5家。规模以上工业增加值比上年下降5.66%。其中,轻工业比上年下降29.99%;重工业比上年下降5.65%。

2022年方山县工业总产值比上年增长16.64%。其中,轻工业比上年下降27.75%;重工业比上年增长16.71%。

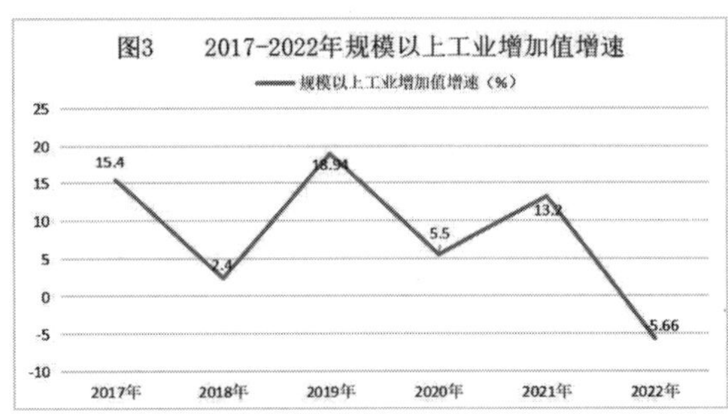

从主导行业看,2022年,全县煤炭开采和洗选业增加值比上年下降6.99%;电力、热力生产和供应业比上年下降18.29%;非金属矿物制品业比上年增长294.55%;食品制造业增加值比上年下降29.99%;金属制品业增加值比上年增长21.14%。

从产品产量看,2022年,全县规模以上工业企业原煤产量673.64万吨,比上年下降

7.92%;炼焦用洗精煤 696.81 万吨,比上年下降 10.14%;其他洗煤 201.21 万吨,比上年下降 15.99%;发电量 49331.64 万千瓦小时,比上年下降 9.86%。

从三大门类看,全县采矿业增加值比上年下降 6.99%;制造业比上年增长 158.92%;电力、热力、燃气及水生产和供应业比上年下降 18.29%。

【能源】 2022 年,方山县全县重点工业企业综合能源消费量 224536.94 吨标准煤,比上年下降 15.69%。

2022 年方山县重点工业企业累计能源消费统计表

	1-12 月	增长速度(%)
全部工业企业	224536.94	-15.69
采矿业	194908.95	-19.15
煤炭开采和洗选业	194908.95	-19.15
有色金属矿采选业		
制造业	20118.54	25.69
食品制造业	12.22	52.75
非金属矿物制品业	19759.74	26.32
黑色金属冶炼和压延加工业		
金属制品业	346.58	-2.92
电力、热力、燃气及水生产和供应业	874.81	-16.68
电力、热力生产和供应业	874.81	-16.68

【服务业】 2022 年,方山县全县服务业增加值 139567 万元,按不变价格计算,比上年增长 3.7%。其中,批发和零售业增加值 7008 万元,比上年增长 1.0%;交通运输、仓储和邮政业增加值 13965 万元,比上年下降 7.0%;住宿和餐饮业增加值 2127 万元,比上年下降 3.3%;金融业增加值 14745 万元,比上年增长 5.7%;房地产业增加值 21351 万元,比上年增长 0.2%;其他服务业增加值 78362 万元,比上年增长 7.0%。

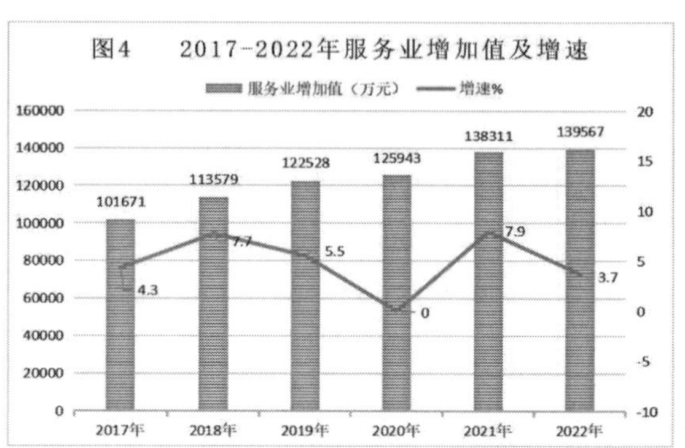

图4 2017-2022年服务业增加值及增速

【固定资产投资】 2022 年,方山县全县固定资产投资完成 200100 万元,比上年增长 14.9%。其中,房地产开发投资 1365 万元,比上年下降 57.4%;基础设施投资 33941 万元,比上年增长 227.7%;民间投资 18604 万元,比上年下降 20.3%。

分产业看,2022 年,全县第一产业完成投资 26106 万元,比上年增长 12.9%;第二产业完成投资 11146 万元,比上年增长 55.7%;第三产业完成投资 162848 万元,比上年增长 13.2%。

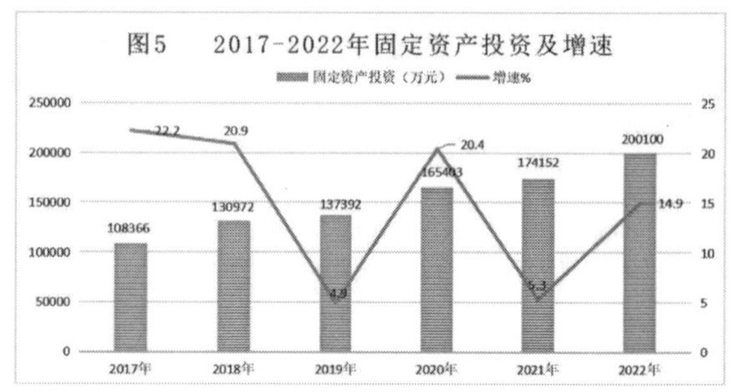

图5 2017-2022年固定资产投资及增速

【国内贸易】 2022 年,方山县全县社会消费品零售总额完成 107527.7 万元,比上年增长 0.2%。

按经营地统计，全县城镇消费品零售额76315.5万元，比上年下降1.2%；乡村消费品零售额31212.2万元，比上年增长3.8%。

按消费形态统计，全县商品零售额100493.1万元，比上年增长0.2%；餐饮收入7034.6万元，比上年增长0.2%。

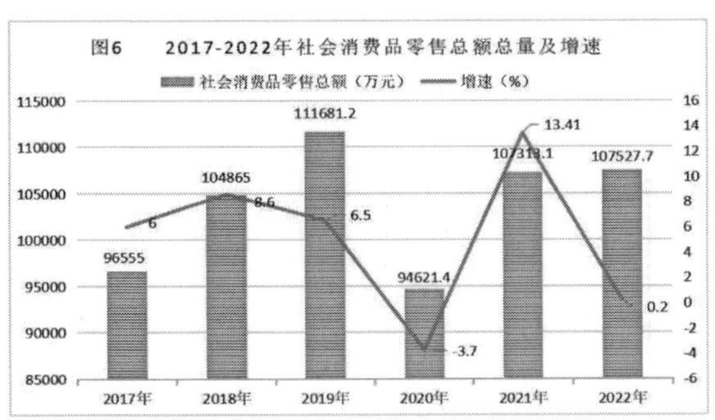

图6　2017-2022年社会消费品零售总额总量及增速

【财政金融】　2022年，方山县全县一般公共预算收入31999.35万元，剔除经济开发区划转因素，同口径增长0.5%。其中，税收收入25747万元，比上年增长28.92%。

图7　2017-2022年一般公共预算收入及增速

全年全县一般预算支出201945.43万元，比上年增长34.36%。其中：一般公共服务支出22966.64万元，比上年增长31.31%；教育支出28963.58万元，比上年增长42.27%；社会保障和就业支出25579.06万元，比上年下降6.87%；卫生健康支出18291.47万元，比上年增长26.48%；城乡社区支出20954.79万元，比上年增长31.76%。

2022年末，方山县金融机构本外币各项存款余额68.31亿元，较年初增加4.82亿元，增长7.6%；各项贷款余额22.82亿元，比年初增加3.68亿元，增速19.21%。

【人民生活】　2022年，方山县居民人均可支配收入13707元，比上年增长7.6%。按常住地分，全县城镇居民人均可支配收入27430元，比上年增长6%；农村居民人均可支配收入7330元，比上年增长8.8%。

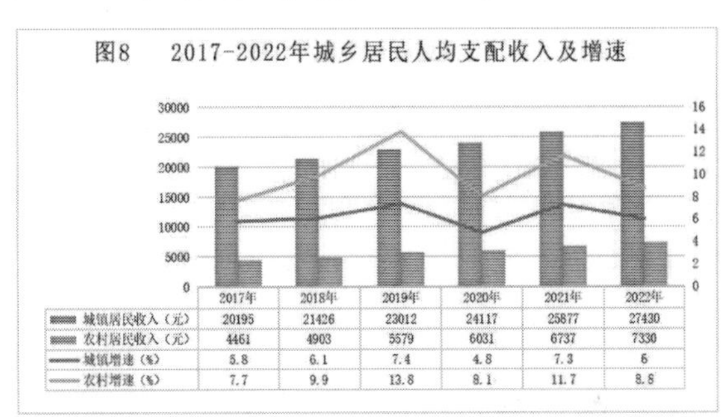

	2017年	2018年	2019年	2020年	2021年	2022年
城镇居民收入（元）	20195	21426	23012	24117	25877	27430
农村居民收入（元）	4461	4903	5579	6031	6737	7330
城镇增速（%）	5.8	6.1	7.4	4.8	7.3	6
农村增速（%）	7.7	9.9	13.8	8.1	11.7	8.8

图8　2017-2022年城乡居民人均支配收入及增速

【交通】　2022年，方山县有国道2条，其中209国道全长69.493公里，339国道全长28.9公里；省道2条，其中218省道全长7.172公里，320省道全长20.3公里；县道8条，全长131.718公里；乡道25条，全长197.151公里；村道268条，全长351.483公里。城区道路10.4公里，建成区面积4.4平方公里；城市快速路1条，全长3.5公里。

党政机构设置和领导人名录

中国共产党方山县第十一届委员会

书　　记　周小云（女）

副 书 记　高　鹏　吴月贵　李　贝（女）

县委常委　高文祥（—2022.05）　辛建文　孙淼焱（女）　张庆斌　薛利民　刘荣杰　陈占停

县委委员　（按姓氏笔画为序）

王　强　王志明　史永明　白　玉（女）　任志勇　任海涛　刘建平　刘荣杰　刘亮勤（2022.06—）

孙淼焱(女)　李　贝(女)
李玉春　吴月贵　陈占停
辛建文　宋小平　张庆斌
张彦平　周小云(女)
郝玉平　郝建平　贺新众
秦　鑫　高　鹏
高文祥(—2022.05)　高保平
高建军　崔军军　崔志刚
薛利民　薛贵锋

县委候补委员　(按姓氏笔画为序)
刘　进(女)　李建军　陈　冲
高云云　韩凤娇(女)　雒完全
霍秉良

方山县第十一届人大常委会

主　任　贺新众
副主任　刘林梅(女)　常云录　李文铭
委　员　(按姓氏笔画为序)
王爱玲(女)　成永明
刘　霞(女)　杜谈贵
李星宇　李保平　李禹稷
李海龙　杨龙龙　何永才
张玲珍(女)　张　敏(女)
屈文忠　姚建伟　秦永平
高建红(女)　高锡利(女)
郭艳丽(女)　韩进华(女)
韩海斌　薛志君　薛丽军
薛　慧(女)　薛　军

人大常委会工作机构
(二室五委一中心二专委)

办公室
主　任　高越勇

信访室
主　任　王爱玲(女)
财政经济工作委员会
主　任　成永明
农村工作委员会
副主任　韩海斌
法制工作委员会
主　任　张玲珍(女)
教科文卫工作委员会
主　任　薛　慧(女)
人事代表工作委员会
主　任　刘　霞(女)
人大代表服务中心
负责人　薛志君
人大财经专门委员会
专职副主任委员　张　敏(女)

方山县人民政府

县　长　高　鹏
副县长　高文祥(—2022.07)
秦　鑫　呼鹏燕(女)　任海涛
刘亮勤(2022.07—)　李玉春
高建军
副县长　周明宇(挂职)

政协第十届方山县委员会

主　席　任志勇
副主席　任恩亮　李海林　郭小平
王海清
秘书长　高兰生(—2022.03)
任丽军(2022.03—)
常务委员　(按姓氏笔画为序)
王汾梅(女)　王雨宾

王国钰(女)　王建中
王润仙(女)　史利军
付飞燕(女)　任凤娥(女)
刘卫斌　刘勤梅(女)
纪秀红(女)　李昉珍(女)
李金坤(女)　李春平(女)
杨云琴(女)　肖庆平
张保英(女)　贺永顺
贾淑林(女)　高　伟　高　忠
郭永红(女)　曹雪婷(女)
韩　丹(女)　韩　平　薛向辉
薛建勤　薛　燕(女)

县政协工作机构

办公室
主　任　任丽军
提案工作委员会(教科卫体委员会)
主　任　刘勤梅(女)
学习和文史资料委员会
主　任　李春平(女)
经济工作委员会
主　任　贾淑林(女)
农村工作委员会
主　任　侯海峰(女)
社情民意信息中心
主　任　纪秀红(女)

中国共产党方山县第十一届纪律检查委员会

书　记　辛建文
主持日常工作的副书记　王建中
副书记　崔彦龙
常　委　殷海龙　张缠平　赵志理　刘　江
委　员　(按姓氏笔画为序)
王建中　王建华(女)　任星星
刘　江　刘文平　闫小花(女)
严晔明　苏伟忠　辛建文　张缠平
赵志理　殷海龙　崔彦龙

方山县监察委员会

主　任　辛建文
副主任　王建中　崔彦龙
委　员　张缠平　赵志理　高吉平
崔海英(女)

方山县人民法院

院　长　张彦平
主持日常工作的副院长　乔耀斌
副院长　刘　杰　贺旭杉(女)

方山县人民检察院

检 察 长　史永明
主持日常工作的副检察长　周治羌
副检察长　刘文平
薛永霞(女)

县委工作机构

县委办公室
主　任　郝玉平
副主任　李娥英(女)　薛勤卫

组织部
部　长　孙森焱(女)
主持日常工作的副部长
王国锋(—2022.07)

薛向辉(2022.07—)
副部长 刘爱忠 王建华(女)

宣传部
部 长 薛利民
主持日常工作的副部长 赵晶晶(女)
副部长 闫小花(女)

统一战线工作部
部 长 刘荣杰
主持日常工作的副部长 秦芝锋
副部长 刘志刚 李志刚

政法委
书 记 吴月贵
常务副书记 霍秉良
副书记 车卫明

编制委员会办公室
主 任 吴祥锋
副主任 侯海瑞

巡察办
主 任 殷海龙
副主任 韩晓燕(女)

老干部局
局 长 刘爱忠
副局长 吕霞宇(女)

县政府组成部门

政府办公室
主 任 王 强
副主任 任 勇 张晓春

发展和改革局
局 长 郝建平(—2022.07)
王国锋(2022.07—)
副局长 王卫忠(—2022.07)
李昉珍(女)

教育科技局
局 长 高文祥(—2022.07)
任星星(2022.07—)
副局长 王继平 李 翔

工业和信息化局
局 长 薛贵锋
副局长 王智文 雒新红(女)

公安局
局 长 高建军
副局长 秦宏伟 赵 锋 闫文平

民政局
局 长 王满顺
副局长 许学慧(女)

司法局
局 长 高海龙
副局长 肖艳云 贺 芸(女)

财政局
局 长 陈 冲
副局长 王斌斌 吕海燕

人力资源和社会保障局
局 长 郭有杰
副局长 张伶俐 贾 飞

自然资源局

局　长　刘福胜

副局长　赵根平(2022.04—)

　　　　　李小鹏(2022.04—)

住房和城乡建设管理局

局　长　李　军

副局长　胡荣珍　秦旭飞

交通运输局

局　长　韩建忠

副局长　赵　江

水利局

局　长　高保平

副局长　高峪胜　李闯平

农业农村局

局　长　宋小平

副局长　续海龙　高小清(女)

林业局

局　长　薛卫华

副局长　赵根平(—2022.04)

文化和旅游局

局　长　郭建文

副局长　冯少娟(女)

　　　　　赵晓东(—2022.03)

卫生健康和体育局

局　长　李建军

副局长　曹富军　王志云(2022.01—)

退役军人事务局

局　长　张旭亮

副局长　曹玉生

应急管理局

局　长　薛晋军

副局长　孙中锋　薛建勤

审计局

局　长　苏伟忠

副局长　崔海兵　王三平

市场监督管理局

局　长　刘月亮

副局长　秦福平　张瑞琴(女)

统计局

局　长　闫建龙(—2022.07)

　　　　　王卫忠(2022.07—)

副局长　李月青(女)

医疗保障局

局　长　王晶晶(女)

副局长　李小康　王彦婷(女)

行政审批服务管理局

局　长　任星星(—2022.07)

　　　　　闫建龙(2022.07—)

副局长　李海斌　郝建华(女)

信访局

局　长　张晓春

副局长　李锋伟　段淑林(女)

乡村振兴局

局　长　崔志刚
副局长　秦雪峰　郭　伟

镇

马坊镇

党委书记　李　贝(女)
党委副书记、镇长　张少为
党委委员、人大主席　李星宇
党委副书记　赵志强
党委委员、纪委书记　张忠平
党委委员、组织委员　严丽君
宣传委员　严丽君(2022.07—)
党委委员、专武部长　郝芃钫
党委委员、副镇长　薛文军
党委委员　吕　婧(女)
统战委员　吕　婧(女,2022.07—)
副镇长　张彩霞(女)　李亚平

积翠镇

党委书记　张庆斌
党委副书记、镇长　王鑫辉
党委委员、人大主席　高建红(女)
党委副书记　曹永刚
党委委员、纪委书记　陈　栋
党委委员、组织委员　赵　阳
宣传委员　赵　阳(2022.07—)
党委委员、专武部长　王　建
党委委员、副镇长　刘仰宇
党委委员　冯海虎
统战委员　冯海虎(2022.07—)
副镇长　薛明辉　曹雪婷(女)

圪洞镇

党委书记　王志明
党委副书记、镇长　薛　颖(女)
党委委员、人大主席　高锡利(女)
党委副书记　张煦轩
党委委员、纪委书记　赵勇勇
党委委员、组织委员　薛宇鹏
宣传委员　薛宇鹏(2022.07—)
党委委员、专武部长　郝福海
党委委员、副镇长　梁　燕(女)
党委委员　张　薇(女)
统战委员　张　薇(女,2022.07—)
副镇长　安兵兵　吕晋平

峪口镇

党委书记　刘建平
党委副书记、镇长　赵志伟
党委委员、人大主席　韩进华(女)
党委副书记　吕鹏飞
党委委员、纪委书记　雒建红
党委委员、组织委员　于　锋
宣传委员　于　锋(2022.07—)
党委委员、专武部长　薛瑜江
党委委员、副镇长　樊丑小
党委委员　高金平
统战委员　高金平(2022.07—)
副镇长　李军军　任亚楠(女)

北武当镇

党委书记　白　玉(女)
党委副书记、镇长　刘文娟(女)
党委委员、人大主席　李禹稷
党委副书记　王瑞红(女)
党委委员、纪委书记　李建彪
党委委员、组织委员　刘　丽(女)

宣传委员 刘　丽（女，2022.07—）
党委委员、专武部长 冯利东
统战委员 冯利东（2022.07—）
副镇长 薛津津　侯海燕

大武镇
党委书记 崔军军
党委副书记、镇长 吴小卫
党委委员、人大主席 何永才
党委副书记 王月耀
党委委员、纪委书记 王彦文
党委委员、组织委员 吴　楠
宣传委员 吴　楠（2022.07—）
党委委员、专武部长 王瑞军
党委委员、副镇长 李福平
党委委员 闫建兰（女）
统战委员 闫建兰（女，2022.07—）
副镇长 张雪瑞　冯　艳（女）

中国共产党方山县委员会

综　述

优化产业结构

【农业产业优质高效】　2022年,方山县制定出台农业生产托管行动方案等10项政策,启动农业保险全覆盖,县财政列支240万元保障粮食生产,全县粮食播种面积达19.21万亩以上。实施总投资2亿元、总面积2万亩的高标准农田建设项目,提高土地产出能力。开工建设5000吨粮食储备库项目。落实耕地保护制度,推广新型抗旱配方肥、生物全降解地膜等。落实防病、抗旱、防灾等各环节指导服务,遏制耕地“非农化”、防止“非粮化”,排查并整治各类撂荒耕地1.5万亩,完成农业生产托管面积7万亩以上。

【工业产业转型升级】　2022年,方山县总投资8.3亿元的吕梁北煤炭专用线和铁路装车系统项目,开工建设隧道工程,完成投资2000万元。30兆瓦国家屋顶式光伏发电项目纳入国家试点,开工建设;100兆瓦国网综合能源农光互补项目,办理前期手续;中广核、国华、广东粤电等新能源项目有序推进;吕梁山矿产品20万吨电熔改性料项目实现“能耗替代”。深化与高校、科研院所产学研合作,方山生态文化旅游示范区与山西大学合作建立吕梁市知识产权转化运用基地。

【文旅产业深度融合】　2022年,方山县坚持以方山生态文化旅游示范区创建为牵引,谋划培育特色农业园区、种养循环园区、种养加综合园区、种养加游融合发展园区,打造一批乡村旅游产品,提升带农富农效益。至年底,农旅特色产业园(田园综合体)一期项目,完成1300亩的辣椒种植和游客中心、观景平台、循环交通系统、游步道、景观广场、景观桥、索桥、辣椒加工厂等配套设施建设及森林穿越、玻璃迷宫等游乐项目建设,成为游客休闲游玩新的“打卡地”。总投资1亿元的北武当山生态旅游木屋康养山庄项目办理前期手续。谋划启动总投资近亿元的新星集团闲置水泥厂立面改造,集涂鸦艺术创作、建设创意展示、旅游观光于一体的彩绘艺术街区。示范区新建产业项目完成投资3.67亿元,占全年计划完成投资4.7亿元的78.09%;固定资产投资完成5.43亿元,比上年增长57.89%;森林覆盖率达52.66%;旅客过夜人次65万人次,比上年增长15%;年景区接待人次204万人次,比上年增长13%。

【培育壮大市场主体】　2022年,方山县落实山西省市场主体倍增“1+N”支持政策和吕梁市“1234”战略,制定出台市场主体倍增工程行动方案,实行“18889”计划,推动43项具体措施落地。全年全县实有各类市场主体11752户,比2021年年底的8563户净增3189户,增幅37.24%。建立县级领导包联帮扶企业机制,由县四大班子领导挂点包联重点企业,因企施策、因企帮扶,累计解决问题300个,帮助企业尽快恢复正常生产。搭建平台推动政银企对接,银行机构拟签约企业(项目)7个,授信额度达0.42亿元。成立招商引资队伍3支,完成签约项目14个,签约总金额67.4亿元;签约项目开工12个,开工率85.7%。

【稳步推进重大项目】 2022年,方山县谋划储备各类重点项目108个,计划实施总投资45亿元的项目51个,共完成投资19.03亿元。健全完善"五个一"和"周例会、月通报、季观摩、年考核"等机制,成立领导组,设立项目储备、招商引资、手续办理、建设推进、督查检查工作专班5个,累计召开项目调度会议30次、观摩推进会议1次,加快重点项目建设。谋划储备2023年重点项目109个,总投资145.56亿元。

乡村振兴

【巩固脱贫攻坚成果】 2022年,方山县统筹整合资金2.1亿元,用于脱贫攻坚巩固提升和乡村振兴。全年光伏电站累计发电收益4326.39万元,分配到村4162.5565万元,分配到户3490.0452万元,惠及脱贫户、监测户10365人。完成脱贫攻坚省考反馈和自查问题整改4个方面11类175条。

落实教育、医疗等民生保障政策。全年新优化调整"四个不摘"105项政策,延续政策71项,优化政策18项,调整、新增政策16项。

落实防贫返贫措施。全年常态化监测三类户1400户2799人,解除风险877户1649人。按照"5321"金融扶贫模式,全年发放扶贫小额贴息贷款1.15亿元。全年建立创业就业服务站5个、就业服务工作站6个。成立"送岗位送政策服务"小分队,举办"春风行动""乡村振兴"等专场招聘会,引进第三方培训机构定期开展订单式、菜单式、项目制培训;利用光伏资金整合设置10类公益性岗位,新开发养老护理员、护林员、环境卫生员等公益性岗位,全县脱贫劳动力实现务工17106人。截至12月底,全县小额消费帮扶产销对接行动累计助销113.77万元,惠及脱贫人口7916人;通过"五进九销"等形式,全年销售数量突破8.5万吨,销售额达2.55亿元,带动脱贫户11000户,户均增收500元。全年为3635名特困对象和易返贫人员发放"爱心消费券"454.75万元。出台支持脱贫人口增收措施32条,全县脱贫人口人均纯收入增幅达23%以上。

【产业扶持】 2022年,方山县做大做强养殖、中药材、蔬菜三大主导产业,依托农业龙头企业,构建循环产业链条,完善利益联结机制,建立特色产业集群。

养殖产业集群。全年全县规划设计吕梁市肉牛产业文化园项目,成立牛犇肉牛改良服务中心,建立肉牛改良点15个,改良能繁母牛5000头;建立100头规模以上能繁母牛示范场、50头规模以上育肥牛示范场各10个,全县牛存栏达5.3万头,带动农户3143户,涉及脱贫户2693户;与山西农业大学合作共建方山肉牛产业研究院,新建吕梁市肉牛产业研发中心;扩大饲草种植规模,全年种植饲草2.5万亩,带动农户1927户,涉及脱贫户1401户。昕广欣2万头等6个生猪养殖项目完工,全年全县生猪存栏达7.5万头,带动农户275户,涉及脱贫户260户。

中药材产业集群。全年全县依托山西振东医药、山西晋阳实业,重点发展黄芪、黄芩、党参、柴胡等为主的道地中药材,同步开展药食同源食品开发。与山西晋阳实业有限公司签订战略合作协议,成立吕梁北武当山道地药材开发有限公司,开展药食同源食品开发;引进山西岚达农业科技有限公司,提升改建鼎峰种养专业合作社中药材加工项目,带动全县11个合作社、农户1375户,涉及脱贫户964户。全年全县中药材种植面积达5万亩。

蔬菜产业集群。全年全县发展日光节能温室、覆被式全钢架大棚,新建温室大棚40个,改造老旧闲置日光温室48个,全县蔬菜温室大棚达400个。依托方山县丰茂农业有限公司、山西省天玉粮油食品有限公司、山西山外香食品有限公司等农业龙头企业和专业合作社30个,全年累计发展旱地西红柿、西葫芦、豆角等季节差蔬菜0.9万亩,芦笋1000亩,辣椒1926亩,甜糯玉米3万亩,带动农户14632户,涉及脱贫户12160户。依托惠仁菌业、永盛食用菌、万泽食用菌等5个专业合作社,重点围绕香菇、平菇种植加工,培植食用菌300万棒,带动脱贫户183户。

【有效衔接乡村振兴】 2022年,方山县新建、续建美丽宜居示范村13个,高标准创建省级乡村旅游振兴示范村、数字乡村建设示范村、乡村振兴示范村3个,市级乡村振兴示范村5个。全年完成“四好”农村路55.48公里,改造农村户厕400座,维修、巩固农村供水工程8处,新建村级污水处理站10个;培训乡村干部、高素质农民、乡村振兴致富带头人27期2462人次;完成惠民文艺汇演943场,农村公益电影放映2028场;组织驻村第一书记和工作队员开展全覆盖培训3次,累计培训驻村干部1127人次;326名驻村(驻点)帮扶干部“五天四夜”全脱产驻村开展工作,直接投入帮扶资金1701.718万元;持续巩固“六乱”整治成果,推动移风易俗,开展星级文明户、新时代文明实践站所(点)的评比选树活动,形成文明乡风、良好家风、淳朴民风。

基础设施建设

【全面完善基础设施】 2022年,方山县全面完善基础设施,交通方面:全年总投资1.1亿元、全长11.094公里的圪洞至梅洞沟旅游公路完工;总投资1亿元、全长17公里的鸦儿崖红色景区旅游公路完成总投资的45%;总投资5.55亿元、全长45.018公里的3条旅游公路支线项目进行可研评审。

水利方面:全年总投资3855万元的峪口沟河道生态修复综合治理工程完成总工程量的80%;三川河方山段流域面积在50平方公里以上的7大支流“一河一策”编制工作通过专家评审;2021年农村饮水安全巩固提升遗留问题所涉工程和2022年度2个安全饮水管网改造、4个农村饮水安全维修养护工程完工。

公共事业方面:全年完成供水管网改造20千米,新建换热站5个;投资472万元,更换11个村庄724盏路灯;城区规划设置停车位479个,改造新建停车场3个,设置停车位269个。

【改善人居环境】 2022年,方山县按照“多规合一”的思路,编制90个行政村村庄规划。出台《农村人居环境整治提升五年行动方案(2021—2025)》,开展农村“六乱”整治,美丽宜居示范村项目6个及省级3个、市级5个、县级2个乡村振兴示范村扫尾,改造农村户厕400座,完成“四好”农村路25公里。编制完成《县域农村生活污水治理专项规划》《县域建制镇生活污水处理设施建设专项规划》，马坊、北武当、积翠建制镇污水治理工程完成总工程量的80%，开府村、桥沟村、新民村、张家塔村4个污水处理站完工。

民生事业

【教育】 2022年，方山县持续加大教育资金投入力度，全年总投资3.59亿元的新建方山第一中学、方山高级中学综合楼建设项目办理前期手续；总投资1911万元，维修改造中小学校、幼儿园22所，配套相关设施设备。引进山西华阳教育团队全面托管贺龙中学，深化与江阴教育集团合作办学，教育教学质量显著提高。2022年高考二本B类以上达线人数115人，打破全县历史最高纪录；中考530分以上人数达32人。加大教师培训力度，分批次选派37名中小学教师赴江阴跟岗学习，通过国培、省培计划及继续教育、县级"送教下乡"等累计培训中小学、幼儿园教师和校(园)长3000人次，引进研究生学历的教师38名，招聘特岗教师80名。健全教师工资待遇保障机制，全县义务教育阶段教师工资待遇水平不低于公务员平均工资收入水平，中小学(含中职)、幼儿园教师绩效工资总量增加20%，高中2.5倍绩效工资和班主任津贴列入财政预算。方山县兴方教育基金会筹集资金3000万元，划拨1300万元用于保障教师增量绩效，激发教师工作的积极性和主动性。分别与省内7所优质小学、忻州师范学院、吕梁学院签订对口帮扶协议、顶岗实习协议，进一步焕发教育办学活力。

【文明新风】 2022年，方山县"回头看"《移风易俗村规民约》《移风易俗居民公约》(范本)，确保程序符合要求、内容符合标准。树立典型示范引领，吕梁市推进移风易俗工作现场观摩会在积翠镇孔家庄村召开，积翠镇馨心孝善理事会和北武当"廉洁小镇"入选市移风易俗典型案例。方山县3村1社区被命名为全市首批移风易俗示范村。加大宣传力度，县融媒体中心开设《移风易俗树新风》专栏，"方山融媒"APP开通"追思小屋"，免费提供网上祭扫服务。开展"推进移风易俗助力乡村振兴"等送戏下乡、惠民演出活动和公益电影放映活动，编创群众喜闻乐见的节目进企业、进农村、进学校宣传。举办以"方山榜样 奋进力量"为主题的首届方山榜样颁奖典礼，选树"方山榜样"人物8个和特别致敬团队2个，在全县掀起人人学榜样的热潮。推进文明城市创建，开展市场交通秩序、环境卫生整治和文明城市宣传等各类专题行动。开展"星级文明户"创评活动，全县评选出"星级文明户"4.3万户，文明新风在全县落地生根。

【加强民生保障】 健全动态调整机制，全面摸排特殊困难群众，避免脱保漏保现象发生。全年共计发放农村低保金3111.06万元，农村特困供养金972.55万元；城市低保金1179.65万元，城市特困供养金23.34万元；认定孤儿50人，发放保障资金70.412万元；临时救助3167人次213.01万元；发放残疾人两项补贴332.56万元，高龄、失能和百岁群众生活补贴55.93万元；发放困难群众电价补贴61.76万元。全年总投资5052.68万元的养护楼项目竣工验收；总投资3151.86万元的殡仪馆项目主体工程完工。

【健全医疗保障】 2022年，方山县全县城乡居民医疗保险参保人数12.94万人。全年总投资1.5亿元的新县人民医院项目门诊医技综合楼完工,附属配套工程及传染楼项目主体完工,内部装饰完成95%。投资899.7万元的“行走的医院”项目落地方山,省市专家通过门诊、手术示教等模式,提升县人民医院诊疗水平,复杂疑难病种可通过远程会诊享受北京的优质医疗资源。推进价值8679万元的脊柱微创暨疼痛康复技术中心项目建设,最大限度满足人民群众大病就近诊疗需求。选派中级以上职称医务人员29名对口帮扶9个镇级卫生院,服务群众5600人次。严格落实常态化疫情防控措施,严密开展信息核查、流调、管控、核酸检测等工作,全面遏制疫情传播。全年累计排查信息24.5万条,集中隔离1782人次、居家隔离5467人次、居家健康观察60234人次;累计完成核酸检测1778277人次,接种新冠疫苗268332剂次。

【改善生态环境】 2022年,方山县践行“两山”理论,综合施策、标本兼治,生态文明建设成效显著。全年全县空气质量综合指数3.63,优良天数264天,PM2.5浓度24微克/立方米,生态环境质量持续改善。三川河(方山段)生态修复综合治理项目推进顺利,县城污水处理厂扩容工程建成投运,县城污水集中收集处理率达95%以上。加大城区道路清扫、洒水频次,强化餐饮业油烟管控,总面积4万平方米的既有建筑节能改造项目全部完工。强化土壤和面源污染防治,持续巩固工业固废整治成果,严厉打击各种非法破坏森林和水资源行为,北川河大武出境省考断面和马坊国考断面水质均值均达地表水Ⅱ类水质,达到并优于上级要求的Ⅲ类水体。全年完成水土流失综合治理3.48万亩,占年度目标任务的80%。持续实施“三个100万亩”生态工程,推进黄河重点生态区生态保护和修复、经济林提质增效、森林质量提升等项目,完成各类营林造林工程17.73万亩以上。

改革创新

【深化人才体制机制改革】 2022年,方山县实施“教育兴市”专项引才行动、基层治理专项招聘、健康吕梁专项行动、青年人才储备计划等,充实教师118名,本科及以上学历毕业生64名到村(社区)工作,招聘卫生专业技术人才22名、公务员23名、选调生5名,其他事业单位招聘硕士研究生及以上学历的高校毕业生25人。发挥省教育厅对口帮扶资源优势,携手忻州师范学院、吕梁学院、省内7所知名小学共建大学生实习实训基地和大学生联合培养基地。人才公寓建设纳入县政府重点项目推进,加大财政支持力度,成立工作专班及时跟进,公共服务区域装修完成。落实2020年、2021年引进高层次人才1.5万元/人的住房补贴,纳入各单位预算,按月与工资同步发放。

【深化国企国资改革】 2022年,方山县按照国企改革管企业向管资本转变的指导思想,成立方山县国有资本投资运营有限公司,完成工商登记,重组资本,吸纳国有企业资产、人员,完善国资监管,消化历史负担。全年全县35户国有企业按照一企一策、系统平衡、循序推进、统筹考虑、先易后难、逐步改革、财政支持的思路,完成公司制改革32户,注销退出“僵尸企业”12户,列入违法失信企业2户,根据诉讼结果予以处置。

【深化能源革命改革】 2022年,方山县坚持以煤矿图纸交换、块段管理为手段,规范煤矿依法依规生产。全年全县原煤产量256.7万吨,发电量43592.96万千瓦时。推进煤矿智能化建设,金晖凯川煤业、新星煤矿智能化改造完成并投入运行。煤炭洗选企业标准化建设严格按照山西省地方标企业开展自评申报,严格组织检查初审、定级公示,全县洗选煤企业标准评定完成。

社会治理

【安全生产】 2022年,方山县开展打击非法盗采矿产资源和安全生产大排查大整治等活动,全年全县累计开展安全检查3651次,发现各类生产安全隐患和问题6808条,全部完成整改。打击取缔非法企业18家,行政处罚996万元,移送公安机关1起,行政拘留2人,追究刑事责任6人。全力推进自建房安全隐患排查整治,全年累计排查1868户,对鉴定为C级的22户因户施策进行处置。全年全县未发生重大安全生产事故,全县安全生产形势持续稳定。受极端气候影响,全年累计遭受洪涝灾害4次,受灾人口达7.28万人、经济损失达2.58亿元。

【信访维稳】 2022年,方山县开展集中治理重复信访、化解信访积案专项活动,中央、省联席办交办方山县信访事项142件全部办结。全年全县排查信访矛盾纠纷425件,化解率100%,全县信访形势平稳可控。全力做好重大会议活动和敏感节点期间的信访维稳,确保国家、省、市重大活动期间“三个决不发生”和赴省进京“零上访、零登记、零滞留”的目标。开展全县进京越级走访专项治理活动,通过联席会议协调、信访部门推动、各部门上下联动,重点人员的信访事项全部化解,依法打击违法信访重点人员,有效维护良好信访秩序。

【加强社会治安管理】 常态化推进扫黑除恶斗争和打击整治涉枪涉爆、电信网络诈骗、养老诈骗、盗采矿产资源和“盗抢骗”“黄赌毒”“食药环”等突出违法犯罪,全年累计受理各类行政案件618起,行政处罚444人;立各类刑事案件221起,侦查终结108起。开展反邪教和打击非法宗教活动攻坚战,邪教人员纳入动态管控平台,严格落实“包保转”措施,全年打击处理8人。推进“雪亮工程”建设,县乡村三级综治中心建设完成,6个镇视频会议系统联通,重点部位新安装摄像头1074个,实现治安防控“全覆盖、无死角”。“一站式”矛盾纠纷调解中心累计调解矛盾纠纷649件。全面优化网格设置,划分一级网格236个、二级网格96个、三级网格2878个。选优配强网格员队伍,同步推进党建引领全科网格建设,构建“县—镇—村(社区)—小组(网格)—户”五级网格管理体系。

重要会议

【县委常委班子党史学习教育专题民主生活会】 2022年1月21日,方山县委常委班子党史学习教育专题民主生活会召开,周小云主持会议并讲话。市委党史学习教育第四巡回指导组副组长郝志斌到会指导并作点评讲话,市纪委监委有关领导到会指导。会议深入学习贯彻习近平新时代中国特色社会主义思想和党的十九届六中全会精神,以弘扬伟大建党精神,坚持和发展党的百年奋斗历史经验,坚定历史自信,践行时代使命,厚植为民情怀,勇于担当作为,团结带领人民群众走好新的赶考之路为主题,按照学史明理、学史增信、学史崇德、学史力行和学党史、悟思想、办实事、开新局的目标要求,紧密联系县委常委班子工作、个人思想和工作实际,查摆问题、交流思想、剖析根源,严肃开展批评与自我批评,提出改进措施和努力方向。

会议通报县委常委班子2020年度民主生活会整改措施落实情况和本次民主生活会征求意见情况。周小云代表县委常委班子重点从5个方面查找差距和不足,深刻剖析原因,明确下一步努力方向,并带头作个人对照检查、开展自我批评,接受各位常委的批评。其他常委逐一进行对照检查和自我批评,并开展相互批评。

郝志斌指出,这次民主生活会,是在深入学习贯彻党的十九届六中全会和省市党代会精神之时开展的一次重要的党内政治生活会,也是党史学习教育的规定动作。方山县委常委班子专题民主生活会,按照中央和省委、市委的要求,作了大量充分准备工作,主题鲜明突出,查摆剖析深刻,开展批评认真,进一步明确努力方向。希望会后,方山县委常委班子成员扛起整改责任,制定整改清单,完善整改措施,强力推动整改,自觉接受党员、群众监督,确保取得扎实成效。

周小云表示,县委常委班子要坚定不移拥护"两个确立",做到"两个维护",有力筑牢绝对忠诚的思想根基,确保方山各项事业始终沿着习近平总书记指引的方向坚定前行。要坚定不移贯彻新发展理念,推动高质量发展,奋力营造平稳健康的经济环境,不断开创方山各项事业新局面。要坚定不移坚持人民至上,不断为民造福,努力满足人民群众的美好生活需要,认真谋划一批新的民生实事项目,牵头领办一批解民忧、暖民心的揪心事、烦心事,以良好的工作成效向党和人民交出合格答卷。要坚定不移发扬斗争精神,勇于攻坚克难,全面营造安全稳定的社会环境。坚决守住不发生重特大事故的底线,为党的二十大胜利召开创造安全稳定的社会环境。要坚定不移弘扬伟大建党精神、吕梁精神,从严管党治党,全力营造风清气正的政治环境。要始终保持敬畏之心,带头落实中央八项规定及其实施细则,深刻领悟和弘扬伟大建党精神,从党的百年奋斗历程中汲取智慧、凝聚力量,时刻以党和人民事业为重,奋力走好新时代赶考之路,为加快建设"四宜"方山、全方位推动高质量发展提供坚强政治保证。

【中共方山县委十一届五次全体(扩大)会议暨县委经济工作会议】 2022年1月27日,中共方山县委十一届五次全体(扩大)会议暨县委经济工作会议召开。会议审议《中国共产党方山县第十一届委员会第五次全体会议决议(草案)》。会议的主要任务是:以习近平新时代中国特色社会主义思想为指导,深入学习贯彻党的十九届六中全会和中央经济工作会议精神,认真贯彻落实省第十二次党代会和省委十二届二次全会暨省委经济工作会议精神、市第五次党代会和市委五届二次全会暨市委经济工作会议精神,全面落实县第十一次党代会精神,听取县委常委会工作报告,全面总结2021年工作,安排部署2022年工作,动员全县上下真抓实干、合力前行,加快建设"四宜"方山步伐,奋力开创全方位推动高质量发展的方山新局面,以优异成绩迎接党的二十大胜利召开。

会议指出,2022年经济工作的总体要求是:坚持以习近平新时代中国特色社会主义思想为指导,深入贯彻落实习近平总书记视察山西重要讲话重要指示精神,全面贯彻落实中央和省委、市委系列会议精神和决策部署，坚持稳中求进工作总基调，立足新发展阶段，完整准确全面贯彻新发展理念，抢抓构建新发展格局战略机遇，按照“一二四四”发展思路，咬定目标不松劲，一张蓝图绘到底，真抓实干、久久为功，加快宜居宜游宜养宜业“四宜”方山建设步伐，以优异成绩迎接党的二十大胜利召开。

会议要求，2022 年全县要抓好七个方面的重点工作。一是传统产业要优化升级，二是文旅产业要深度融合，三是新兴产业要加快发展，四是农业产业要特优高效，五是乡村振兴要全面推进，六是市场主体要提质增量，七是示范区作用要充分发挥。办好方山的事情，关键在党，关键在全县各级党组织和广大党员干部，全县上下要以党的政治建设为统领，不断提高政治站位，提升能力水平，振奋精神面貌，凝心聚力推动经济高质量发展。要继续强化理论武装，加强思想政治引领，始终保持高度警醒，提升干部能力水平。坚定坚持奖惩并重，推动干部担当作为，切实狠抓工作落实，确保工作取得实效。

会议安排全年经济工作，一要加快产业转型，增强高质量发展动能。二要坚持项目为王，培育高质量发展支撑。三要大力培植市场主体，增加高质量发展后劲。四要深化重点领域改革，激发高质量发展活力。五要坚持城乡统筹，夯实高质量发展基础。六要树牢绿色理念，厚植高质量发展底色。七要聚力抓好民生事业，共建共享高质量发展成果。八要加快平安方山建设，营造高质量发展良好环境。九要完善工作推进机制，确保经济高质量发展各项部署落地落实。

会议强调，春节将近，各镇、各单位要按照会议安排部署，统筹做好各项工作，坚持赶前抓早，清单化分解落实，确保“首季开门红”。要切实保障市场供应和食品安全，保障安全生产和社会稳定，妥善解决好困难群众的基本生活，领导干部要坚守工作岗位，加强值班值守、应急处突。要严格执行廉洁纪律，坚决抵制“四风”，真正过一个文明、廉洁、祥和的春节。

【全县重点项目建设专题会议】 2022 年 2 月 18 日，县委书记周小云主持召开全县重点项目建设专题会议。会议汇报 2022 年重点项目建设情况，2022 年全县共谋划储备项目 109 个，计划完成投资 287674 万元。

会议指出，项目是经济发展的第一支撑，各包联领导要抓好分管项目，加快项目建设步伐。各相关部门要认真落实此次会议精神，进一步明确、细化责任，坚持实行“周例会月汇报季观摩”工作推进机制，制定工作方案，列出责任清单，千方百计加快推进项目建设，确保项目早日建成，发挥效益。

会议要求，一是每个项目由包联项目领导牵头组建工作专班，项目推进中心收集专班情况并报组织部备案；二是每月召开一次常委会听取重点项目建设情况汇报；三是要落实好按季观摩评比机制，通过现场评比推动项目建设；四是要抓好落实，明确责任、细化到人，全力以赴确保方山县重点项目高质高效顺利推进。

【全县农村工作领导小组会议】 2022 年 2 月 18 日，县委书记周小云主持召开全县农村工作领导小组会议。会议深入贯彻中央、省、市系列会议精神，安排部署 2022 年全县农业农村工作，推进全县农村工作高质量发展。

会议讨论乡村振兴示范村建设工作专班、2022 年光伏收益分配初步计划、2022 年第一批衔接资金使用计划、2022年巩固拓展脱贫攻坚成果有效衔接乡村振兴工作要点、《中共方山县委 方山县人民政府关于2022年全面推进乡村振兴重点工作实施意见》。会议传达学习《中共中央 国务院关于做好2022年全面推进乡村振兴重点工作的意见》及林武、蓝佛安在省委农村工作会议暨全省种植业振兴大会上的讲话、2月15日全省乡村振兴系统工作会上张玉宏的讲话。

会议要求,一要抓政策落实。认真贯彻中央一号文件精神,切实加大强农惠农政策宣传力度,让惠农政策家喻户晓,深入人心。二要抓春耕备耕。要组织开展干部和科技人员下乡保春耕活动,确保农用物资保质保量,不误农时。三要抓统筹谋划。各镇、涉农部门、各驻村工作队要根据全县实施意见、工作要点及本次会议精神,细化量化目标,逐层分解任务,排出时间进度,明确工作要求,制定年度工作计划。四要抓脱贫攻坚巩固提升。县乡村振兴局及各镇开展动态监测,确保监测对象应纳尽纳、该退则退。开展好脱贫劳动力技能培训和务工就业工作。五要抓好安全稳定。强化森林防火、动物疫病防控和农作物病虫害防治。要加大农村矛盾隐患排查力度,尽量把问题解决在萌芽状态,切实维护广大人民群众的合法利益。

会议强调,一要持续巩固拓展脱贫攻坚成果。严格落实"四个不摘"要求,巩固"两不愁三保障"成果,持续完善各类帮扶政策。优化工作体制机制,构建符合乡村振兴要求的工作体系。二要全面推进乡村振兴。聚焦肉牛、生猪、中药材、设施蔬菜等特色优势产业,培育引进优质市场经营主体,进一步延链补链强链,贯通产加销、融合农文旅,构建县域农业产业全循环链条。完善人才服务保障体系,创新人才聚集平台,聚焦重点领域精准引育人才。践行社会主义核心价值观,大力培育选树"文明家庭""道德模范"等典型,落实落细村规民约,持续推进移风易俗。持续改善农村生态环境,把乡村建设行动与美丽乡村建设结合起来,打造一批宜居、宜业、宜游的乡村振兴特色亮点。加强农村基层党员干部队伍建设,提高农村基层党组织凝聚力、战斗力。三要充分发挥农村工作领导小组和乡村振兴领导小组统筹协调作用。强化要素保障,建立健全党政领导班子和领导干部推进乡村振兴战略的实绩考核制度。强化督查指导,持续落实县级领导督查指导机制,对脱贫攻坚成果巩固提升、人居环境整治、乡村振兴等重点工作任务开展定期督查和专题调研,及时通报工作进展和存在的问题并跟踪督办,对进度慢、效果差的要严肃追责问责,确保农业农村工作高质量发展。

【方山县委农村工作会议暨农村集体资产"清化收"专项工作动员会议】 2022年3月10日,方山县委农村工作会议暨农村集体资产"清化收"专项工作动员会议召开。会上,各镇镇长向县政府递交粮食生产和耕地保护目标责任状。会议传达省市农村集体资产"清化收"调度会议精神,宣读《方山县农村集体资产"清化收"专项工作实施方案》。

会议指出,2021年县委县政府坚持以习近平新时代中国特色社会主义思想为指导,认真贯彻中央、省委、市委决策部署,团结带领全县党员干部,持续巩固拓展脱贫攻坚成果,全力推进乡村振兴,"十四五"时期"三农"工作实现良好开局。

会议要求,各级各部门一要扛起稳粮保

供政治责任，坚持党政同责，坚守耕地红线，稳定粮食面积，提升粮食产量，保障农产品供给；二要全力推进种业振兴行动，做好科学规划，摸清资源家底，搭建创新平台；三要加快农业产业特优发展，构建产业全循环链条，做强区域公共品牌，加快农村一二三产业融合发展；四要巩固拓展脱贫攻坚成果，健全动态监测预警机制、常态化帮扶机制、政策兜底保障机制、搬迁后续扶持机制；五要稳妥推进乡村建设行动，健全乡村建设机制，完善基础设施建设，持续整治人居环境，提升公共服务水平；六要深化农村重点领域改革，深化“三支队伍”改革、村集体产权制度改革，加强农村宅基地管理，大力发展农业生产托管；七要开展农村集体资产“清化收”专项工作，深化思想认识，强化组织领导，加强业务培训，依法依规推进；八要着力提升乡村治理效能，发挥党建引领作用，扎实推进移风易俗，抓好平安乡村建设；九要加强党对“三农”工作领导，构建责任体系，提升落实能力，强化要素保障，严格督查指导，确保农业农村工作高质量发展。

会议指出，各级各部门要严格按照目标责任状和实施方案要求，认真研究、压实责任，抓好贯彻落实，提高政治站位。要全面贯彻会议精神，聚焦目标任务，强化举措，抓好落实，坚持对标一流，推动工作争先创优。要精心打造一批“三农”亮点工作，推动全县“三农”事业争先创优、创造佳绩。

【方山县抓党建促基层治理能力提升动员部署暨培训会议】 2022年3月29日，方山县召开抓党建促基层治理能力提升动员部署暨培训会议。会议以视频的方式召开，市委第六督导组组长、市农业农村局二级巡视员史兴唐以及督导组成员，县委副书记、县长高鹏等县四大班子领导，县委党建领导小组成员单位主要负责人，县抓党建促基层治理能力提升专项工作办公室成员，各镇党委书记、镇长在主会场参加会议，各镇设分会场。会议深入学习贯彻习近平总书记关于基层治理重要论述、习近平总书记考察调研山西重要指示精神和省委、市委关于抓党建促基层治理能力提升动员暨培训会议精神，全面启动抓党建促基层治理能力提升专项行动。会上，积翠镇党委副书记、镇长王鑫辉，马坊镇红崖湾村党总支书记、村委会主任高云云，峪口镇张家塔村党总支书记、村委会主任王军峰作交流发言。

史兴唐指出，方山县各级党组织要深刻领会省委、市委动员会议精神，准确把握专项行动的方法步骤和工作要求，精准把握专项行动工作特点规律，充分认识专项行动的现实意义与长远影响。以政策举措为纲，明确各级党组织具体任务要求，共同构成抓党建促基层治理能力提升的目标、标准、任务；以县情实际准确把握专项行动的主要矛盾和矛盾的主要方面，达到纲举目张、掌控全局，以点带面、事半功倍的效果；以目标导向为要，明确时间表、路线图，确保工作落到实处、取得实效。

会议强调，县、镇、村要从建强乡镇领导班子、充实乡镇工作力量、加强乡镇综合行政执法队伍建设、加强村（社区）干部队伍建设、壮大农村党员队伍、强化农村（社区）网格治理、加强社区规范化建设、推进镇村阵地提升、集中整顿软弱涣散村党组织、大力发展壮大村级集体经济、推进县乡党校建设、健全村级民主议事和监督机制、逐步提高村（社区)干部报酬待遇、严格村(社区)干部的绩效考核、加强驻村干部管理、持续推进移风易俗这16个方面全面贯彻落实省委、市委的安排部署。

会议强调,各级各部门要提高政治站位,不折不扣贯彻会议精神、突出工作重点,落实落细各项工作任务、加强组织领导,压紧压实基层治理责任,确保方山县基层治理能力和治理水平明显提升,努力打造共建、共治、共享的基层治理新格局,不断夯实全方位推动高质量发展的基层基础。

会议要求,全县各级党组织要进一步提高政治站位,统一思想认识,从加强组织领导、严格督导考核、加大宣传力度三个方面推动抓党建促基层治理能力提升专项行动,确保抓党建促基层治理能力提升取得实效。

【北京理工大学定点帮扶工作座谈会】 2022年6月29日,北京理工大学定点帮扶工作座谈会在方山县举行。北京理工大学校长龙腾,市委书记孙大军讲话,北京理工大学党委常委、副校长汪本聪,市委常委、秘书长田安平,市委常委、宣传部部长高奇英,县领导周小云、高鹏、吴月贵、孙淼焱、薛利民、张庆斌、呼鹏燕、周明宇参加座谈会或陪同考察调研。

座谈会上,县委书记周小云介绍方山县乡村振兴工作情况。孙大军代表吕梁市委向北京理工大学多年来对吕梁脱贫攻坚和经济社会发展给予的大力帮助表示衷心感谢。

孙大军指出,北理工2015年定点帮扶方山县以来,始终坚守如一、久久为功,在教育扶贫、干部培训、产业帮扶等方面,为助力老区打赢脱贫攻坚战作出重要贡献。6年多来,北理工秉持全员帮扶的工作理念,学校党政领导带队先后40多次来方山指导工作,师生员工累计2000多人次深入扶贫一线,为老区脱贫攻坚事业倾注大量心血和汗水;6年多来,北理工充分发挥人才、技术、资源优势,累计投入引进资金近亿元,既支教又助技,既扶贫又兴业,先后派出支教志愿者1000余人次,帮助方山培训干部、教师、技术人员等1万多人次,累计助销农产品7000多万元,帮助建成县医院与协和医院远程会诊中心、全省第一个县级医院疼痛科、电商服务中心、“双创”扶贫产业园、服装加工扶贫车间等一系列扶贫项目,有力有效助推方山的脱贫攻坚。方山县脱贫攻坚能够取得全面胜利,离不开北理工真心实意、真金白银的大力支持和无私帮助,离不开北理工各级帮扶干部的努力和辛勤付出。

孙大军对校地合作前景充满期待。他说,北理工是从延安烽火中走出的新中国第一所国防工业院校,吕梁曾经是晋绥边区首府所在地、革命圣地延安的东部屏障,革命战争年代,吕梁人民用鲜血和生命铸就伟大的吕梁精神,共同的红色基因让我们血脉相通,共同的扶贫使命让我们结成近亲。希望北理工充分发挥自身优势,一如既往地关心支持方山经济社会发展,在教育、科技、产业、医疗等方面继续给予方山全方位支持,积极帮助方山建好做强生态文化旅游示范区;希望北理工以方山为中心,辐射吕梁,在大数据产业发展、人才培养引进、教育水平提升等方面为吕梁把脉问诊、献计献策、牵线搭桥;希望北理工能够带领更多的校友企业来吕梁“走亲戚”,引导更多高科技企业、高技术人才、高精尖成果在吕梁革命老区落地转化,为吕梁高质量发展注入新动能。

龙腾代表北京理工大学感谢吕梁市和方

山县对学校的支持、对学校派驻方山挂职干部的关怀。他表示，北理工将牢记习近平总书记嘱托，将定点帮扶作为重要的政治任务，明确思路、找准方法、精准施策，坚持高质量推进落实。将加强学校资源统筹，以人才振兴、文化振兴、科技振兴为抓手，全力以赴帮助方山县拓展农产品的北京市场，发展农村电商，加大教育培训力度，助推方山乡村振兴。将进一步完善上下联动、统筹协同的定点帮扶领导决策体系和责任落实体系，以抓铁有痕的干劲，确保各项帮扶举措落地见效，打造可复制、可推广、可延续的高校定点帮扶案例，为方山县乃至吕梁市全面推进乡村振兴、实现高质量发展作出实实在在的贡献。

座谈会前，龙腾一行参观于成龙故居、于成龙廉政文化园、张家塔民俗文化村，参加县中医院医疗器械捐赠仪式，调研指导方山电子商务、北理工科技帮扶以及数字乡村、美丽乡村建设等。

【方山县委审计委员会议】 2022 年 7 月 19 日，县委书记周小云主持召开 2022 年方山县委审计委员会议。会议传达全国审计工作会议精神、十二届山西省委审计委员会第一次会议精神、市委审计委员会第八次会议精神；听取 2021 年度全县审计情况工作汇报。会议审议《方山县 2022 年度统一组织项目计划（草案）》。

会议要求，一要正确把握审计工作的政治方向。要把审计工作融入方山经济社会发展大局，努力提高全县审计工作质量和水平。二要全面拓展审计监督的广度和深度。强化对财政、金融等重点领域审计，及时反映影响经济安全的普遍性问题，加强风险预警，防止发生区域性系统性风险。三要从严从实抓好审计发现问题整改。对审计发现的问题及相关线索，要加强督办检查，跟踪问效，该整改的立即整改、该规范的迅速规范、该移送的坚决移送、该问责的严厉问责，形成强有力震慑。

会议强调，一要增强政治意识，发挥审计作用。审计是党和国家监督的重要组成部分，审计监督服务必须体现政治意图，确保政治和业务融为一体、高度统一。二要加强整改，提升审计实效。要聚焦问题整改实效，推动工作提质增效，动真碰硬抓好问题整改，强化成果运用，推进“治已病”与“防未病”取得双重实效。三要创建“五型机关”，夯实审计保障。要坚持正心正行，打造廉洁型机关。严格教育、管理和监督审计干部，营造风清气正的审计工作环境。秉持职业道德和职业操守，依法审计、文明审计、廉洁审计，树立审计机关良好形象，以高质量审计助力方山县高质量发展。

【方山县全面建设清廉方山暨清廉单元创建动员会议】 2022 年 7 月 19 日，方山县全面建设清廉方山暨清廉单元创建动员会议召开。县委书记周小云出席会议并讲话，县委副书记、县长高鹏主持会议，县四大班子领导参加会议。会议宣读《中共方山县委办公室关于组建全面建设清廉方山领导组的通知》《全面建设清廉方山 2022 年工作要点》。县人民检察院、县高级中学、庞泉工贸公司、县中医院作为示范试点代表发言。

会议要求，一要提高政治站位，准确把握全面建设清廉方山的重大意义。要通过清廉方山建设凝聚起全县广大干部群众谋发展、促发展的强大合力，有力助推全县经济社会高质量发展。二要坚持精准发力，全面推动清廉方山建设任务落实。各责任单位要加强对本系统、本部门、本领域的督导督办,及时发现问题、纠正偏差,实行考核问责机制,将清廉建设纳入目标考核评价体系,纳入各级党委(党组)书记述职述廉内容,作为评判各级党组织履行管党治党责任的重要依据。三要凝聚工作合力,确保全面建设清廉方山取得实效。全面建设清廉方山是一项系统工程,要坚持组织领导牵动、压实责任联动、宣传引导带动、监督问责推动“四轮驱动”形成强大合力,推动清廉方山建设真正落地见效。

会议强调,一要深化认识,提高站位。全县各级党组织、各部门要深刻认识建设清廉方山的重大意义,主动对标对表清廉建设的最新部署要求,迅速制定本单位、本部门推进清廉建设的具体工作方案。二要突出重点,统筹推进。要强化清廉单位建设和重点领域清廉建设,进一步把清廉建设与社会稳定、改革发展、民生改善、从严治党等工作紧密结合,统筹推动清廉方山建设全线推进。三要明确分工,压实责任。各级、各部门要坚持协同贯通、加强协作,共同发力织密清廉网格,确保清廉方山建设各项工作落地见效,不断推动全面从严治党向纵深发展,向基层延伸。

【方山县信访工作联席会议】 2022 年 8 月 8 日,方山县信访工作联席会议召开。县委书记周小云出席会议并讲话,县委副书记、县长高鹏主持会议,县委副书记、政法委书记吴月贵,县委副书记、马坊镇党委书记李贝等县委、县政府领导参加会议。会议宣读《关于对全市近期进京访情况的通报》《全县越级走访专项治理工作方案(讨论稿)》,安排部署近期信访工作;会议通报 2022 年越级走访情况。与会人员就讨论稿进行表决。

会议强调,一要全面压实责任。各包案领导、各镇、各部门必须提高认识,认清当前形势,对自己分管领域存在的问题要定期研判,做到心中有数,确保不出现越级上访行为。二要严格落实属地责任。各镇、各村要按照属地管理、分级负责原则,充分发挥贴近群众的优势,第一时间了解群众诉求,及时化解初信初访和矛盾纠纷,夯实基层基础,有效化解信访问题。三要强化工作责任调度。县联席会议办公室要充分发挥综合协调、组织推动、督导落实等职能作用,对重点人群再进行一次大排查,确保信访问题早发现、早预判、早处理;要建立全方位的工作调度机制,有效促进信访问题及时、就地化解,推动联席办高标准、高效率运作。四要严格追责问责。要建立约谈机制,公检法三部门要形成合力,敢于亮剑,要加大对煽动、组织和参与非法上访人员的依法打击力度。各级各部门要从全局和政治的高度,充分认识当前信访工作的重要性、敏感性,为党的二十大胜利召开营造良好的信访环境。

会议要求,一要迅速传达、统一思想。各镇、各部门要及时传达贯彻此次会议精神,进一步加强领导,强化责任,细化举措,迅速把思想和认识统一到县委、县政府对当前信访工作的重要要求上。二要认真排查、落实措施。各镇、县直有关单位要结合实际,认真开展一次矛盾纠纷排查活动,对排查出的不安定因素要迅速落实包案和化解责任,严格落实稳控措施。三要全力调处、化解矛盾。要对所有不安定因素和未办结信访案件集中精力办理、抓紧时间化解,迅速遏制全县非访反弹,全力以赴为党的二十大胜利召开营造和谐稳定的社会环境。

【方山县防汛救灾、疫情防控安排部署会】

2022年8月23日，县委书记周小云主持召开全县防汛救灾、疫情防控安排部署会。县委副书记、县长高鹏，县委副书记、政法委书记吴月贵，县委副书记、马坊镇党委书记李贝等县领导参加会议。会议通报方山县未来一周天气情况，安排部署疫情防控、防汛救灾工作。

会议要求，一要坚持外防输入的总策略。对来方返方人员严格落实核酸检测证明、行程码查验，做到严查严控，以快制快；要督促法人单位和社区履行好主体责任和属地责任，抓好本地本单位入方返方以及有疫情地区旅居史人员的居家隔离和健康监测。二要全面落实疫情防控措施的精准化、常态化。举办聚集性活动要坚持“谁主办、谁负责”原则，最大限度减少聚集性活动。重点人群、重点场所、重点景区的出入要落实好场所码的登记和核酸检测证明的查看。三要强化“五个”能力。各级各部门要根据全县疫情防控应急预案，细化和完善各自职责，全方位提升指挥调度能力、应急响应能力、核酸检测能力、流调能力、隔离管控能力。四要做好防汛预警监测、地质灾害隐患排查及抢险救灾等工作，确保全县安全度汛。

会议强调，方山县防汛、疫情防控工作形势严峻、任务艰巨。全县各级各部门要充分认识疫情防控、防汛工作的复杂性和艰巨性，坚决克服麻痹思想、松劲心态，切实保障人民群众生命财产安全和身体健康。要责任到位，进一步提升核酸检测技术水平，做到当日检当日完，确保卡口管控严格、核酸检测迅速，坚决防止疫情隐匿传播。县委办、政府办要将各方面工作调度起来，对不服从工作安排、落实不到位的单位及时通报，严肃问责。要措施到位，疫情防控、防汛救灾工作要做到排查到位，充分发挥村、社区党组织作用，对来方返方人员按照相关政策及时管控，有风险隐患的地质灾害点要及时做好人员转运。要严格落实值班值守制度，带班领导和值班人员必须24小时在岗在位，保持通讯畅通，确保遇紧急突发情况时能够“拉得出、打得赢”。

【方山县教育工作暨教师节表彰大会】

2022年9月9日，方山县召开教育工作暨教师节表彰大会。会上霍州煤电吕梁山煤电有限公司、山西晋星投资集团有限公司、山西方山金晖凯川煤业有限公司、方山县金泽煤焦有限公司等19家企业向方山县兴方教育基金会捐赠2650万元，表彰奖励教育工作先进集体、师德标兵代表、优秀班主任代表、先进教育工作者代表、优秀教师代表、最美乡村教师、优秀校长。

会议指出，方山县委、县政府始终把教育摆在优先发展的战略地位，在财力紧张的情况下，不断加大教育投入、加大教师激励力度、加强教师队伍建设、深化合作办学模式，赢得全县学生家长和社会各界的高度认可。2022年引进山西华阳教育团队全面托管贺龙中学，先进的办学理念正在全方位融入方山教育。

会议要求，一要坚持再接再厉，持续巩固来之不易的良好态势。县委、县政府将继续把教育工作放在全县工作的重要战略地位上，全面坚持“四个优先”发展战略，努力形成全县上下、全社会各界支持教育的良好氛围；要谋篇布局，着力抓好学校布局、资源配置、校园建设、教学改革等重大问题；要健全机制，把握与江阴、华阳教育团队的合作机遇，全面吸收先进教学理念，建立健全科学的激励机制、评价机制、竞争机制和淘汰机制，形成用制度管人、靠制度管事的长效运行机制;要以锻造一支善抓管理的校长队伍、乐教善教的教师队伍为目标,充分发挥好与江阴、华阳教育团队合作办学的有利契机,让江阴、华阳先进的教育理念、一流的教育模式在方山落地生根。二要聚焦短板弱项,着力解决当前存在的突出问题。要坚持问题导向,直面教师人员不足、能力素质不能适应当前教育工作、纪律涣散的问题,逐步加以解决,推动全县教育工作整体发展。三要优质均衡发展,全面提升教育工作的整体水平。要科学合理调整学校布局,着力深化与江阴、华阳教育团队合作办学,继续推进城乡中小学的结对互助,加强农村教师培养,促进城乡教育一体发展;要进一步改善农村学校办学条件,通过帮扶结对、送教下乡,实现农村教育与城镇教育的零距离对接,让更多的农村孩子享受到城镇优质教育资源,加快补齐农村教育发展短板,促进义务教育均衡发展;要积极探索贫困学生、后进学生、单亲家庭学生、留守学生、残疾学生的教育和管理方法,协调社会教育、引导家庭教育,让教育发展的成果惠及农村贫困群体和外来务工人员子女,保障他们平等受教育的权利。四要凝聚各方力量,大力营造尊师重教的良好氛围。要动员社会力量主动支持教育发展,使更多的人参与到教育事业中来,为方山的教育事业添砖加瓦;要用好兴方基金,通过奖励人才树立导向、坚定信心、提振精神、营造氛围,凝聚关心教育、重视人才、一心向学、共同向上的强大合力;要引导社会各界关心关爱教师、理解支持教师,在全社会努力营造重视人才、尊重知识、尊师重教的浓厚氛围。

会议强调,一要切实提高政治站位。全县上下要以对全县人民高度负责的态度,紧紧围绕振兴方山教育的总目标,牢固树立“质量立教”理念,进一步提高政治站位,坚定发展信心,凝心聚力,乘势而上,认真抓好教育各项工作落实,全力推进教育事业发展不断迈上新台阶、实现新跨越。二要持续深化教育改革。各级各部门要密切配合,坚持问题导向,综合施策,系统推进,全面落实办好人民满意教育的各项方案、计划,扎实抓好教育综合改革,持续推进集团化办学、合作办学、招生入学、县管校聘、校长职级制、平安校园建设等重要领域和关键环节改革,创新办学新模式,注入发展新动能,不断推动城乡义务教育一体化发展。三要全面提升教育水平。要紧紧抓住与省内外一流学校、教育机构合作办学的宝贵机遇,围绕合作规划,主动深入对接,逐项落实到位;要有针对性地组织开展教学教研教改活动,充分发挥骨干教师和学科带头人的示范带动作用,推动教学内容、教育方式和教学手段的改革创新、提质增效,不断提升综合办学水平。

【巩固拓展脱贫攻坚成果同乡村振兴有效衔接领导小组会议】 2022年11月1日,县委书记周小云主持召开巩固拓展脱贫攻坚成果同乡村振兴有效衔接领导小组会议。会议集中学习省扶贫办党组书记、主任张玉宏在“学习贯彻二十大 全力打赢翻身仗”会议上的讲话、《吕梁市实施乡村振兴战略实绩考核办法》,并对巩固拓展脱贫攻坚成果同乡村振兴有效衔接考核的相关工作进行安排部署。

会议要求,全县上下要认真贯彻落实张玉宏在“学习贯彻二十大 全力打赢翻身仗”会议上的讲话精神,按照考核办法,制定任务清单,明确工作责任,高标准、高质量推进全县乡村振兴工作。要坚持问题导向,迅速把短板尽快补上,把工作迎头赶上。各部门、各镇、各村要把督查反馈的问题逐项对标、逐项梳理、逐项检点。要不断提高群众的认可度,在思想上尊重群众,感情上贴近群众,做到在入户走访中倾听群众心声,解决群众难题,靠苦干实干赢得群众的口碑和认可。要打通工作落实"最后一公里",立足全县制定的顶层设计、工作机制,加强各部门之间的统筹协调、督促和反馈,落实好人员下沉、工作下沉、督导下沉工作,确保好的政策举措到村到户到人。

会议强调,开展巩固脱贫攻坚成果后评估,是以习近平为核心的党中央从全局和战略高度作出的重大决策部署,是重要政治任务和重要民生工程,全县各级各部门要认真重视,以临战的状态、攻坚的状态、志在必得的状态全力以赴做好巩固拓展脱贫攻坚成果同乡村振兴有效衔接各项工作。要总结特色,挖掘和提炼全县基层治理、特色产业谋划、田园综合体项目、行走的医院等典型经验和特色亮点,确保在国家巩固拓展脱贫成果考核评估中交出优秀答卷。要查缺补漏,补短强弱,严格按照《巩固拓展脱贫攻坚成果同乡村振兴有效衔接工作手册》的工作要点及风险点,认真检点、逐项落实,实实在在地解难题、办实事,切实提高群众的认可度、满意度,努力让全县人民过上更加幸福美好的生活。

2022 年 12 月 31 日,巩固拓展脱贫攻坚成果同乡村振兴有效衔接领导小组会议召开。会议通报国务院综合核查组相关要求,安排部署脱贫攻坚各项工作。

会议强调,一要认清形势、高度重视。各工作小组、各镇、各单位必须要充分认识做好 2022 年考核评估准备工作的重要意义,紧盯各个方面,抓好各项指标"回头看",完善工作资料,补齐短板弱项,确保"国考"不失分、拿高分。二要举全县之力全力以赴做好"国考"各项工作。全体县级领导要深入包联镇,带头蹲点驻村,召开调度会议,现场解决存在问题,督促指导补齐短板。各镇、各部门要针对每项指标任务,迅速组织自查,做到内容完整、印证充分、全面规范。在统筹推进疫情防控和经济社会发展的同时,继续保持昂扬奋进的精神状态,对照考评标准,扎实做好考核评估准备工作。三要统一思想、联动发力。要深刻认识做好"国考"工作的重大意义,自觉把迎接国家后评估工作作为当前一项重要政治任务来抓,坚决树牢"一盘棋"思想,进一步明确"一荣俱荣、一损俱损"的大局意识,齐抓共管形成合力,以优异成绩向县委、县政府和全县人民交上一份优异答卷。

会议要求,各工作小组、各有关单位、各镇要下沉一线,不折不扣抓好落实。要高度重视、各负其责、通力协作、密切配合,全力以赴做好各项筹备工作;要按照任务分工,制定好具体的工作方案,明确工作任务及完成时限,确保各项筹备任务落到实处、取得实效;要充分发挥主观能动性,齐心协力把考评筹备工作做好,决不允许出现推诿扯皮现象。各镇、各单位要集中精力认真研究,提早准备、提早开展工作,确保国考工作取得圆满成功。

【方山县抓党建促基层治理能力提升专项行动暨"清化收"专项工作"清零行动"调度会议】 2022 年 12 月 16 日,县委书记周小云主持召开全县抓党建促基层治理能力提升专项行动暨"清化收"专项工作"清零行动"调度会。会议传达吕梁市《关于开展农村集体资产“清化收”专项工作“清零行动”的指导意见(试行)》文件精神;县现代农业发展服务中心就目前工作进展进行通报;县纪委监委、公安局、法院分别汇报提级办理案件完成情况。

会议分析全县抓党建促基层治理能力提升专项行动暨“清化收”专项工作“清零行动”的完成情况,并就下一阶段重点工作任务提出具体要求。一要提高政治站位。各镇、各单位要迅速学习传达贯彻落实会议精神,切实把思想和行动统一到县委的决策部署上来,按照会议确定的目标任务,对号入座,主动认领,加快工作进度,高质高效推动“清零行动”取得实效。二要压实工作责任。要统筹安排、倒排工期、聚焦重点,加强沟通协调,全力攻坚各项工作存在的难点堵点,确保程序合法、结果公正,推动“清化收”专项工作高质量“清零”,提升群众满意度。三要加强落实能力。要以目标结果为导向,在行政村清零率、合同提级和移送职能部门办结率、清收债权率、化解债务率上下功夫,确保“不落一份合同、不少一块土地、不丢一点资产”,推动方山县“清化收”所涉合同全部清理规范。

调研活动

【刘鑫焱到方山县采访调研】 2022年2月12日,人民日报社山西分社采编中心主任刘鑫焱深入方山县圪洞镇庄上村就脱贫攻坚与乡村振兴有效衔接工作进行采访调研并召开座谈会。市委宣传部副部长张建明,县委常委、宣传部部长薛利民陪同。座谈会上,刘鑫焱详细听取乡村振兴局、圪洞镇村干部关于脱贫攻坚与乡村振兴有效衔接工作情况的汇报,并就如何进一步推动脱贫攻坚与乡村振兴有效衔接工作同与会人员进行深入探讨。

会后,刘鑫焱进农家、入大棚进行实地采访。每到一处,他都认真听、仔细看、耐心问、详细记,深入了解方山县脱贫攻坚与乡村振兴有效衔接工作具体做法和取得的成绩。

【高奇英到方山县督导检查疫情防控工作】 2022年4月19日,市委常委、宣传部部长高奇英到方山县大武高速口就疫情防控工作进行督导检查,并看望慰问疫情防控一线人员。市总工会党组书记、常务副主席任建荣,县领导高鹏、薛利民、呼鹏燕、高建军一同参加。高奇英一行实地查看大武高速卡口疫情防控和保供保畅具体措施落实情况,并授予大武高速口“流动爱心驿站”牌匾,向一线工作人员捐赠价值10万元的慰问物资。

高奇英代表市委、市政府对大武高速卡口一线疫情防控工作人员表示亲切慰问。她强调,要继续发扬优良作风,持续严把交通卡口,坚决守住外防输入防线;要科学设置通道,优化检测流程,实现有效精准防控,确保货运物流安全畅通;要统筹疫情防控和经济社会发展,做好民生各项工作,确保经济运行平稳有序、社会大局和谐稳定。

【高奇英到方山县调研】 2022年5月12日,市委常委、宣传部长高奇英深入方山县北川河(方山段)进行巡河,并就信访案件处理、新时代文明实践中心建设以及基层宣传文化和意识形态工作进行调研。县委书记周小云,县委常委、宣传部部长薛利民,县委常委、统战部部长刘荣杰,副县长秦鑫、任海涛陪同调研。

在瓦窑河生态治理修复项目现场,高奇

英要求，要强化源头治理，做好河道截污、引流、清淤等工作，不断巩固提升水环境治理成效；要强化责任落实，严格落实河长制各项要求，采取统筹协调、部门联动、各司其职、各负其责等举措，坚决打好打赢碧水攻坚战。

就所包信访案件化解进展情况，高奇英听取汇报后指出，要始终站在群众立场想问题，以为民办实事解难题的态度解决信访问题，努力办好群众关心、关切的事情，不断增强群众的获得感、幸福感、安全感，营造安全稳定的社会环境；要坚持问题导向、举一反三抓好信访事项落地落实，推动信访工作不断取得新成效。

在新时代文明实践中心，高奇英一边走一边看一边听，详细了解新时代文明实践工作开展情况、存在困难和问题以及下一步工作计划，高奇英对方山县常态化开展新时代文明实践活动给予充分肯定。她指出，新时代文明实践中心是新形势下宣传群众、教育群众、引领群众、服务群众的重要抓手，要按照资源整合到位、项目策划到位、活动开展到位、服务群众到位的要求，积极探索接地气、有活力、可持续的工作路径模式，推动新时代文明实践中心建设不断提质扩面、提档升级、常态长效。

随后高奇英一行参观积翠社区党群服务中心宣传文化阵地建设和活动开展情况，并主持召开意识形态工作座谈会，听取方山县委落实意识形态工作责任制情况汇报。

高奇英强调，意识形态工作是一项极端重要的工作，2022 年将召开党的二十大，守好意识形态阵地责任重大，要按照“稳字当头、守正创新”的思路，建强守稳各类意识形态阵地，防范化解各类风险隐患，确保意识形态领域管控有力、向上向好。要提高政治站位，切实加强党对意识形态工作的领导，层层压实意识形态工作责任，牢牢掌握意识形态工作的主导权；要唱响主旋律，弘扬正能量，加强各类宣传内容的审核把关，凝聚“奋进新征程、建功新时代”的强大力量。要深化网络治理，强化监测管控，促进新媒体行业健康发展，不断净化网络政治生态。要加强协同联动，增强宣传工作的政治性、时代性、敏感性，为全方位推动高质量发展营造良好的舆论环境。

周小云就信访案件化解提出明确要求。要拧紧责任链条，认真履行为民解难，切实抓好信访案件化解工作；要依法依规做好信访工作，带着感情解决好群众合理诉求，切实维护人民群众合法权益；要强化源头治理，加强跟踪督办，做到化解一件、稳控一件、终结一件，确保圆满完成信访案件化解工作。

周小云指出，要提高思想认识，创新方式方法，推动全县各项工作取得新突破；要保障民生，压实责任传导，切实提高群众的参与度、增加群众的体验感；要增强意识形态工作对群众的引领作用，进一步抓研判、抓落实，激发内生动力；要提升基层治理能力，进一步传导责任压力，将责任传导到镇、村两级，全面健全工作制度，压实意识形态工作责任制，真正把意识形态工作落实到具体行动上。

【太原科技大学博士团到方山县调研】 2022 年 6 月 16 日，民革山西省委会副主委、太原科技大学副校长谢刚一行到方山县就校地合作，助推高质量发展进行调研并举行座谈会。民革山西省委会副主委、民革吕梁市委会主委、吕梁市人大常委会副主任刘继隆，县人大常委会主任贺新众出席座谈会，县委常委、宣传部部长薛利民陪同调研并主持座谈会。

谢刚一行先后到圪洞镇前东旺坪村、庄上村、新星冶炼集团等地,就美丽乡村建设、发展乡村旅游、科技助能企业运行等情况进行专题调研。每到一处,博士团成员认真听取负责人介绍,就调研中存在的突出问题提出针对性意见和建议。

座谈会上,圪洞镇、峪口镇、新星冶炼集团主要负责人与太原科技大学博士团成员就美丽乡村建设、旅游、工业发展等方面存在的突出问题进行深入探讨和交流。

贺新众指出,方山县将进一步加强与本省高校的沟通协调,建立长效机制,搭建产学研合作平台,不断优化创新创业环境,在专业技术领域开展更深层次合作。希望太原科技大学把优秀科研成果、创新理念和专家团队优先落户方山,为企业解难题、促发展,为方山县转型升级、创新发展出谋划策,为方山经济社会发展注入新活力、增添新动力。

谢刚表示,太原科技大学将充分发挥科研和学科上的优势,从着力解决方山县实际问题出发,深入调查研究,结合当地资源优势,找到适合发展的新路子。

刘继隆强调,太原科技大学和方山县要结合县域经济实际,探索适合方山发展的治理模式,形成可复制、可推广、可持续的发展经验;要积极主动对接,加强沟通协调,寻找合作项目,掌握科技创新创业环境和配套扶持政策,搭建产学研合作平台,不断优化创新创业环境。

薛利民希望,太原科技大学的专家团队能够对方山的人文历史、资源禀赋、乡村旅游、经济发展等方面给予持续的关注和深入地了解,发挥高校人才科技优势,对接地方薄弱短板潜质,拿出更接地气、可具操作的顶层设计和实施方案,最大限度地支持方山发展,纵深推进校地合作,促进县域经济高质量发展。

调研期间,谢刚一行参加峪口小学智林创客教室揭牌仪式,并向学校捐赠配套的电脑书籍。

【吕梁市推进移风易俗工作现场观摩会走进方山县】 2022年6月21日,吕梁市推进移风易俗工作现场观摩会走进方山县孔家庄村。市委常委、宣传部部长高奇英带队的观摩组一行在县委书记周小云,县委常委、积翠镇党委书记张庆斌,县委常委、宣传部部长薛利民陪同下,通过实地观摩村规民约、爱心超市、红白理事厅、便民服务中心、老年人日间照料中心,听取工作人员汇报移风易俗工作的推进情况、做法,详细了解孔家庄村推进移风易俗工作落实情况。

高奇英对孔家庄村推进移风易俗工作取得的经验、成效给予充分肯定。指出推进移风易俗、树立文明乡风是加强农村精神文明建设的一项重大任务。要突出重点,压实责任,多措并举,深入开展推进移风易俗工作,建立健全长效机制,有效遏制红白喜事大操大办、奢侈浪费、盲目攀比等奢靡之风;要强化宣传引导,营造浓厚氛围,大力倡导勤俭节约、向上向善的新风尚,广泛发动群众参与到文明实践活动中,切实把推进移风易俗工作抓紧抓实、抓出成效。

高奇英强调,各级各部门要明确责任、强化担当,切实增强移风易俗工作的使命感和责任感,大力倡导健康向上的生活方式;要充分发挥基层党组织领导作用,加强部门间协同协作,形成移风易俗强大合力;要强化督促落实，积极探索移风易俗社会治理的地方性法规或条例，加强工作指导，严格执行奖惩，形成各级各部门奋进争先的工作局面。

【国家文化科技创新服务联盟团一行到方山县考察调研】 2022年7月7日至7月9日，国家文化科技创新服务联盟的专家团队一行9人先后深入方山县中华传统古村落张家塔村、美丽宜居示范村庄上村和前东旺坪村，省级湿地公园梅洞沟，国保单位左国城遗址、于成龙故居，国家4A级风景名胜区北武当山，农旅融合（田园综合体建设）项目等景区景点实地参观、详细了解、切身体验，对方山县文旅资源、景区景点和在建文旅项目进行全方位多角度的感知。县委书记周小云，县委副书记、县长高鹏，县人大常委会主任贺新众，县政协主席任志勇，方山生态文化旅游示范区党工委书记、管委会主任高文祥，县委常委、统战部部长刘荣杰陪同参观考察并出席商洽座谈会。

联盟专家团认为，文化朝圣和自然风光是北武当山景区拉量级的显著优势，景区需要在登山的过程中、具体的节点上赋能新的内容，增设更多体验。张家塔民居的保护开发应围绕洞天福地做深文化文章，努力实现四个转变，即旅游景区到旅行目的地的转变、民居到民宿的转变、村民到演员的转变、文化到文创的转变。梅洞沟湿地公园要在充分尊重保护规划的基础上，打造以场景为核心逃离都市的“瑞士大风光”，成为2小时城市人生活圈的露营打卡地和高端接待的养生宝地。

联盟专家团队建议，方山整体文旅产业要实现高质量发展必须强化顶层设计，精准主题定位，理顺机制体制，政企同向发力。要坚持生态、文化、旅游、产业、媒体“五位一体”的理念，形成文态、业态、形态、生态“四态合一”和谋划、策划、计划、规划“四划合一”的新业势，创新驱动、多位推动，构建政、产、学、研、经、户为一体的新型文旅产业新格局，实现吃住行游购娱传统旅游要素向商养学闲情奇现代旅游需求的转变，以品牌化的概念来提升示范区的综合发展水平，不断推进方山文旅产业高质量发展。

县领导任海涛、刘亮勤、李玉春及县文旅局、北武当镇、峪口镇的主要负责人，示范区各部门的负责人等参加商洽座谈。

【张军到方山县帮扶点调研】 2022年7月26日至27日，北京理工大学党委书记、中国工程院院士张军到方山县调研推进定点帮扶工作。张军到峪口镇张家塔村、圪洞镇庄上村、前东旺坪村等地，就张家塔民宿文化村建设、美丽乡村建设情况进行专题调研。围绕巩固拓展脱贫攻坚成果、全面推进乡村振兴进行座谈研讨。市委书记孙大军出席座谈会并讲话，市委常委、秘书长、统战部部长田安平，市委常委、宣传部部长高奇英，县委书记周小云，县委副书记、县长高鹏，县领导孙森焱、张庆斌、任海涛、刘亮勤、周明宇参加调研及座谈。

27日，北京理工大学与方山县共同为生源基地共建中学揭牌，并为方山县高级中学捐赠价值100万元的图书。孙大军代表吕梁市委向北京理工大学对方山县的大力支持和无私帮助表示感谢。希望北京理工大学继续在产业上把脉问诊，在人才引进上牵线搭桥，在教育、医疗等方面深化合作。推动科研成果在吕梁落地转化，以科技创新赋能吕梁全方位高质量发展。

张军对吕梁市委、市政府和方山县委、县政府对北京理工大学定点帮扶工作给予支持和帮助表示感谢,对北京理工大学下一步定点帮扶工作作出强调。一要强化政治责任的高站位,时刻将定点扶贫工作作为一项重要的政治任务,在大局上思考,高质量落实,确保扶贫政策不变、力度不减;二要坚决保障帮扶举措的高标准,深入挖掘各类优势资源,围绕方山人民基本文化素质提高、劳动者基本技术培训、企业转型升级建立长效化机制,以数字化、智能化为引领打造一批典型示范点;三要常抓不懈作风建设的高要求,充分吸取广大农民的智慧,创造新的数字化指尖艺术,推动打造属于当地的特色品牌。同时,也要发挥好桥梁纽带作用,争取更多优质资源更好地支持方山县乡村振兴。

张军要求,北理工支教学子要学会把身上的书生意气转化为躬耕桑梓的土里土气,坚持从实践中来到实践中去,既要多读有字书,更要多学无字书,到实践中学,在实践中找到真知,通过实践,真正解决家乡的实际问题;要勇担时代重任,不忘强国使命;要扎根基层,在祖国人民最需要的时候挺身而出、奋勇向前,展现新时代北理工青年学子的时代感。

【张大玉一行到方山县调研】 2022年8月13日至15日,北京建筑大学校长张大玉一行4人到方山县就传统村落及古建筑保护开展调研并召开座谈会。县委书记周小云,县委副书记、县长高鹏,县委常委、组织部部长孙森焱,政府副县长李玉春、周明宇,县政协副主席李海林参加活动。

张大玉一行先后到峪口镇张家塔村、于成龙陵园、北武当山、于成龙故居、北武当镇来堡村、大武木楼、贺龙中学、圪洞镇前东旺坪村和庄上村,通过实地考察和座谈交流的方式对方山县传统村落及古建筑进行调研。

座谈会上,李玉春介绍方山县传统村落的保护情况,北京建筑大学建筑与城市规划学院副院长李春青介绍传统村落的调研情况,与会人员就此次调研进行交流发言。

张大玉就方山县传统村落保护提出建议。在文旅发展方面,方山县要有清晰的定位,凝炼当地特色打出响亮品牌;要提高群众对文旅发展的认识,让群众参与到发展的方方面面。在传统村落及古建筑保护方面,要嵌入倡导共谋、共建、共治、共评、共享的共同缔造理念,政府要加大资金投入共同缔造试点,强化基层党组织,发挥基层党组织的作用。同时,希望通过这次调研考察,奠定与方山县下一步合作的基础,为方山县的发展做出贡献。

周小云对专家们的到来表示诚挚的感谢。她指出,通过座谈交流,专家们指出方山县在传统村落和古建筑保护和开发上的痛点,深受启发,希望专家们为保护开发方山县传统村落和古建筑献计献策。并就方山县下一步如何抓传统村落、古建筑保护和文旅产业发展提出要求,政府各分管领导、各级各部门要进一步提高思想认识,加强相关方面的学习,武装头脑,为下一步工作的开展做好准备;要解放思想,接收先进、科学、专业的思想理念;要善于利用针对基层的相关政策和行动动员基层力量,让群众参与方山县的建设与发展;要加大招商引资力度,发挥市场作用。

【张欣宁到方山县调研】 2022年10月20日,吕梁市委常委、组织部部长张欣宁就抓党建促基层治理能力提升在方山县进行专题调研。张欣宁到大武镇、峪口镇、圪洞镇等地实地查看、听取汇报,了解各镇集体经济“清化收”、乡镇综合行政执法改革、党建引领全科网格建设以及人才公寓建设等重点工作。县委书记周小云，县委副书记、县长高鹏，县委常委、组织部部长孙森焱，副县长呼鹏燕一同调研。

张欣宁到大武镇综合行政执法办公室了解执法改革办公场所、人员配备、执法装备配备等情况，针对吕梁新区方山片区所处地面临的人员复杂、风险点密集等突出矛盾，提出针对性建议。他指出，一要改善和提升乡镇综合行政执法“软装备”，提升能力素质，规范执法行为；二要着力推进镇政府与职能部门行政执法一体化共建“硬实力”，改进方式方法，突出执法成效；三要坚持把镇党校作为全面打通农村基层党员教育培训的主阵地，为基层党员干部的知识储备量“充电”、工作执行力“赋能”，为农村党员开启“送学上门”新模式。

张欣宁到峪口镇“清化收”专项工作领导小组办公室询问“清化收”工作进展情况，查看合同清理公示栏、台账，分析研判“清化收”工作中遇到的热点、难点问题。他指出，下一步要加大“清化收”工作的科学分析研判，坚持实事求是、客观公正、公开透明、依法依规，给老百姓一本明白账。要持续发挥镇党委的统筹引领作用，压实镇党委书记第一责任人职责，打好村集体资源组合拳，做好“清化收”后半篇文章，让治理成效最终体现在群众的获得感、幸福感上。

张欣宁到圪洞镇积翠社区听取网格化组织架构、微网格力量配备、社区党员全要素参与网格联户、疫情防控等情况介绍。他强调，推动网格化管理对于第一时间发现问题、第一时间处理矛盾、第一时间服务群众，全面提升县域治理精细化管理水平具有十分重要的意义。要以党建为引领，以人民满意为目标，坚持注重实效的原则，加强领导、加大力度、加紧推进，着力在网格化组织体系、管理服务形式、网格员队伍建设等方面下功夫，不断提升网格管理服务效能，推动乡村有效治理。

张欣宁到人才公寓建设工地查看建设进度、工期以及公寓内部配套设施、功能区域划分等情况。他指出，人才公寓建设是方山县引才聚才留才、增强自身发展后劲的关键举措，是人才来方的第一印象，一定要注重质量和细节，建好一套有文化、有品位、绿色宜居的人才公寓。同时要在服务管理上体现关怀，让高层次人才居住得安心、生活得舒心，全力营造方山重视人才、关爱人才的浓厚氛围，让更多的优秀人才在方拥有一个家、融入一座城。

【马骏到方山县调研乡村振兴】 2022 年 12 月 15 日，省教育厅党组书记、厅长马骏带领相关处室负责人到积翠镇孔家庄村就乡村振兴进行调研。县委书记周小云，县委副书记、县长高鹏，县委常委、积翠镇党委书记张庆斌，副县长刘亮勤及相关人员陪同调研并召开座谈会。

马骏到孔家庄村爱心超市详细了解超市的运营情况，察看超市陈列。他表示：“爱心超市”运营方式贴近农村实际、紧跟群众需求，将爱心超市作用发挥好，持续完善运行机制，努力为群众带来实实在在的幸福感、满足感、获得感。到孔家庄村美丽乡村建设彩绘墙前，指出：彩绘墙的创作丰富了群众精神文化生活的同时，也培育了主流价值，为构建树立文明新风、助力乡村振兴提供宣传引导，推动孔家庄村文化振兴。马骏一行还走访慰问村部分脱贫户、监测户，并送上慰问金。要求驻村第一书记和工作队要主动关心他们的生活,及时帮助他们解决实际困难。

随后在召开的驻村帮扶座谈会上,驻村工作队长就乡村振兴、产业发展及面临的困难进行汇报。马骏要求,驻方山帮扶干部要与县委、县政府多沟通、多协调,完善相关帮扶机制,积极整合乡村发展资源,针对帮扶项目实际情况具体问题具体分析,用实事求是的态度做好每一件实事好事。他表示,省教育厅今后将会在孔家庄村发展特色产业和改善人居环境等方面投入更多精力,进一步为方山乡村振兴工作提供帮助和支持;要把乡村振兴工作摆上重要位置,帮扶工作要抓细、抓实、抓具体,以强烈的使命感、责任感推动工作落实;要坚持产业振兴和文化振兴两手抓,结合本地特色产业,增强"造血"功能,促进当地经济发展;要充分发挥教育厅的工作优势,积极推进教育文化帮助村民提升文化知识和职业技能。

周小云指出,多年来,省教育厅从各个方面给予方山大力支持和帮助,方山县教育事业蓬勃发展,发展态势健康良好,也让孔家庄村在乡村振兴的道路上阔步前行。对此,方山县委、县政府以及全县老百姓表示衷心的感谢,未来希望能与省教育厅一道接续奋进在乡村振兴的道路上。

高鹏指出,方山教育沉寂多年,在省教育厅的帮助和扶持下,方山县的教育发展有了一定提高,希望在未来教育发展上可以继续得到省教育厅的悉心指导,为进一步提高教育事业发展提供方向和目标。

【袁清茂带队到方山县马坊镇调研】 2022年12月15日,汾酒集团党委书记、董事长袁清茂,汾酒集团党委副书记、副董事长、总经理谭忠豹,汾酒集团党委委员、副总经理刘卫华,汾酒集团副总经理、2022年度省派干部驻村工作驻方山县大队长常建伟,山西广播电视台党组成员、副总编辑陶亿笑一行到方山县马坊镇进行调研,并慰问帮扶村困难农户。县委书记周小云,县委副书记、县长高鹏,县委副书记、马坊镇党委书记李贝,县领导孙淼焱、任海涛、刘亮勤陪同调研并座谈。

袁清茂一行到困难农户家中,送上新春祝福,并与他们亲切交谈,询问他们的家庭、身体、收入情况,鼓励他们保持积极乐观的心态,树立战胜困难的信心和勇气,创造更好的生活;在汾酒集团"爱心超市",袁清茂详细了解超市的运营情况,查看超市中陈列的日常用品,对超市的建设予以指导和建议,希望驻村工作人员在挑选超市中的日常用品时注重实用性和质量;袁清茂一行到马坊镇沙棘厂,实地查看沙棘厂的生产工艺和包装流程。

在召开的座谈会上,高鹏、孙淼焱、任海涛、刘亮勤分别进行发言;汾酒集团驻村工作队相关负责人汇报工作。

袁清茂指出,在乡村振兴工作中,汾酒集团与方山县、马坊镇相关部门密切配合,工作亮点频出。成绩的取得,得益于党中央的正确决策,得益于省委省政府、吕梁市委市政府的正确指导,得益于方山县委县政府的高度重视,得益于汾酒集团驻村第一书记和驻村队员的不懈努力。在未来,汾酒集团将会进一步提升帮扶力度,在践行复兴纲领、全方位推动高质量发展的实践中,继续全力支持方山县各项事业的发展,奋力谱写国企助力乡村振兴的新篇章。

谭忠豹表示,汾酒集团在今后的工作中,将继续担当起国有企业应有的政治责任、经济责任、社会责任，充分发挥自身优势，立足乡镇实际，进一步开拓思路、因地制宜，认真研究探索适合各村发展的好模式、新路径，全力做细做实各项工作，在巩固现有成果的基础上全力以赴助力乡村振兴，为马坊镇人民创造美好生活贡献汾酒力量。

刘卫华表示，在下一步乡村振兴工作中，汾酒集团将突出优势、提升服务，一如既往地支持方山县定点帮扶工作，特别是科技赋能、数字赋能，以创新的思维、务实的举措助力乡村振兴。

常建伟就近一年的乡村振兴工作进行了总结，他表示，希望汾酒集团、方山县、马坊镇相关部门能够持续关注并全力支持马坊镇乡村振兴工作，带领村民们共创美好未来。

周小云表示，汾酒集团在脱贫攻坚、乡村振兴、农特产品销售方面给予方山县大力的支持和帮助，对此，方山县委、县政府以及全县老百姓表示衷心的感谢，未来希望能与汾酒集团一道接续奋进在乡村振兴的道路上。

日常工作

【简实办文】 2022 年，方山县委办公室本着严谨、准确、精炼的要求，集体研讨、广泛听取各方建议，提高综合文稿服务质量水平，发挥以谋资政、以文辅政的参谋助手作用。全年累计撰写报告、讲话、汇报、总结等各类文稿 310 篇，总字数达 190 万字。严格规范公文起草、批办、分发程序，提高文件制定质量。全年起草发文 94 份，传办各级来文 2063 份。加大规范性文件备案审查力度，全年向市委办公室备案规范性文件 18 份。

【高效办会】 2022 年，方山县委办公室组织各类会议 160 次，完成全县疫情防控工作部署会、服务保障巩固脱贫攻坚成果同乡村振兴有效衔接国家考核组评估方山县工作对接会、县委第十一届六次全会等重要会议和活动的会务组织，完成上级领导调研、督导检查、考察观摩等各类公务接待任务 20 次。

【专题调研】 2022 年，方山县委办公室围绕县委中心工作、经济社会热点、县委领导关注点，深入乡村、机关、企业，开展调查研究，形成各类专题调研报告 10 篇，为县委科学决策提供第一手资料。在准确把握上级需求、深刻掌握群众诉求中，抓住重点、关注热点、剖析难点，提升信息服务的敏锐性、精准度，及时有效为领导决策提供依据。全年筛选上报普刊信息 82 条、调研信息 11 篇。

【督查工作】 2022 年，方山县委办公室开展对省委巡视整改专项检查反馈意见整改及十九大以来破坏农田、毁坏青苗等问题自查；书面督查调研推进开发区高质量发展的若干措施、各种“长制”规范管理情况；跟踪督办民办义务教育学校重新核发办学许可证；专项督导省、市重大项目建设情况，形成书面报告 30 份。

【机要保密】 2022 年，方山县委办公室严格落实机要保密第一责任，执行各项保密制度，严把环节流程管控，确保万无一失。全年接收办理涉密电报 1053 份，向上级发送电报 48 件，党务内网发送邮件 42 件。强化保密培训，组织新入职公务员、选调生 50 人参加岗前保密培训，增强全县干部的红线意识和安全意识。

【安全工作】 召开 2022 年度国家安全教育日暨“七进”活动部署会议，研究制定《县委国安委 2022 年工作要点》《中共方山县委国家安全委员会工作(试行)》《全县重点领域国家安全协调机制暨危机管控分工方案》,细化责任分工,明确具体举措。全年在OA系统中收发办理电子公文15件,办理视频会议30次。在“保密观”APP线上培训学习考取《保密教育培训证书》230份,完成《中华人民共和国密码法》知识答卷。

【疫情防控】 2022年,方山县委办公室坚持依法防控、科学防控、精准防控,外防输入、内防反弹,协助疫情防控办、疾控中心进行流调溯源、起草防控工作文件,协调调动各方力量投入抗疫。联合县政府、县纪委对方山县疫情防控工作进行专项督导,印发综合督查专报9期。督导和排查县委系统疫情防控30次。开展全县疫情防控问题整改“回头看”,专项督查基层疫情防控政策落实执行情况,整治疫情防控“层层加码”问题。

【深化改革】 2022年,方山县委办公室组织召开涉改会议30次,出台《中共方山县委全面深化改革委员会2022年重大改革项目及责任分工》等文件。20项重点改革任务以责任清单的形式,分解到县级分管领导和职能单位。全年共择优推荐上报改革信息18篇,吕梁改革信息采纳1篇。

组　织

干部工作

【干部任用】 2022年,方山县委组织部坚持把政治标准作为选任干部的首要标尺,紧紧围绕全市组织部长会议精神,以建设忠诚、干净、担当的高素质干部队伍为目标,打造干事创业的干部队伍。

强化分析研判,提升班子效能。制定《方山县领导班子及领导干部综合分析研判工作办法》,通过谈心谈话、查阅资料、实地走访等方式,深入各单位开展分析研判,全面掌握班子建设情况、领导干部履职情况等,对苗头性、倾向性问题早发现、早提醒、早教育、早纠正。全年研判6个镇、13个县直单位发现问题47个,提出整改意见51条,提交县委常委会议重新调整3个党组的党组成员。

坚持人岗相适,严格选任干部。进一步树立重实干、重实绩的鲜明用人导向,充分运用一线调研掌握情况,大胆使用敢于担当、善于作为的干部。全年调整干部21名,其中平级调整8人,提拔7人,免职6人。结合抓党建促基层治理工作,清理规范乡镇借调人员18人,调整同一关键岗位任职满10年干部29人。

规范股级干部任用。针对各单位普遍存在股级干部选拔任用不规范的问题,出台《方山县股级干部选拔任用办法(试行)》,制作《股级干部选拔任用工作指导手册》,召开股级干部选拔任用工作业务培训会,为科级干部选拔储备优秀后备力量。

【干部管理】 2022年,方山县委组织部突出精准化管理,下活队伍建设“整盘棋”,全方位保持年轻干部储备充足。制定《关于选派年轻干部轮岗锻炼的实施方案》,重点选派年轻干部到重点项目、信访维稳、民生保障或上级业务部门等关键岗位墩苗淬火,长才干、壮筋骨,提升履职尽责能力。全年共抽调10名干部到市场主体倍增工作专班锻炼,23名干部参与疫情防控“点对点”闭环管理。建立疫情防控核酸采样人员库,专门培训采样人员,全县80名干部参与到核酸采样点志愿服务。建立巡察人员库,有计划、分批次抽调优秀干部参加巡察。

双通道晋升,激励干部担当作为。县委组织部根据工作需要、德才兼备、职责轻重、工作实绩、考核结果及资历等因素综合考虑公务员在职级职数限额内逐级晋升,建立健全公务员各类职级职数使用备案、日常管理等工作机制,并严格按照晋升工作方案,共计晋升职级公务员30名。印发《方山县事业单位管理岗位职员等级晋升制度工作实施方案》,联合县人社局对事业单位工作人员进行摸底,逐一核实年龄、工龄、岗位、等级、任职年限、考核、奖惩等情况,建立台帐,实行干部人事档案前置审查,共晋升六级职员16名、七级职员14名、八级职员21名、九级职员3名。

多渠道培养赋能干部综合能力提升。县委组织部组织广大党员干部学习宣传贯彻党的二十大精神,开展习近平新时代中国特色社会主义思想暨党史学习教育专题读书班,分级分类举行抓党建促基层治理能力提升专题培训班、方山县巩固拓展脱贫攻坚成果同乡村振兴有效衔接专题培训班等五项专题培训,把典型经验交流和现场观摩教学融入到各类培训中。按照“一点一主题”工作思路,选树积翠镇孔家庄村、圪洞镇庄上村等特色鲜明的实训基地,进一步充实典型案例库。用好线上资源,发挥云端优势,组织干部参加“三晋先锋”APP、山西干部在线学院开设的各类培训,采取线下组班或个人自学等方式开展学习培训,弥补知识漏项、能力短板和经验盲区,形成全县干部干事创业的氛围。

【干部监督】 2022年,县委组织部突出常态化监管,用好监督管理“探照灯”。管好关键人、管到关键处、管住关键事,推动形成“能者上、优者奖、庸者下、劣者汰”的正确用人导向。

筑牢干部监督立体网络。县委组织部专题培训与跟踪服务相结合,精准、规范、全面做好个人有关事项报告和因私出国(境)登记备案管理及新任科级干部登记备案,集中管理护照、港澳通行证、往来台湾通行证100本。受到党纪政务处分的领导干部纳入受处分干部台帐,防止“带病提拔”。

化解信访举报矛盾隐患。县委组织部畅通渠道促监督,建立电话、信访、网络、短信“四位一体”12380举报受理平台,确定专人值守,及时受理和查办举报件。

目标责任考核。县委组织部印发《2022年度市委市政府考核方山县指标任务分解表》,提出各项指标分管的县级领导、责任单位、责任人及相应具体要求。调整出台《推动方山县高质量发展综合绩效指标及市级重点工作指标考核“争先进位”预警督办办法》,加强每月工作调度,综合运用表扬、预警、批评、警告、约谈等,考核日常管理、严格结果应用。统筹制定全县考核奖金发放办法,规范县直单位、乡镇年度考核奖发放,进一步激发全县各级干部干事创业的热情。

基层治理

【能力提升】 2022年,方山县委组织部全年召开抓党建促基层治理能力提升专项工作调度会、推进会10次,下发《任务分解方案》,理顺工作体系,明确工作职责、任务清单,推动专项行动各项工作落实落细。

【推进“清化收”工作】 2022年,方山县委组织部成立由公、检、法“三长”分别任组长的建设用地、林地、四荒地合同清理专项工作组,统一聘请专业律师团队深入镇、村两级点对点开展政策指导和法律服务。制定出台《关于围绕“清化收”开展政治监督专项检查的通知》,成立涉法涉纪处理组和巡回督导组,深入镇、村开展政治监督专项检查,依纪依法打击合同清理过程中的腐败问题和犯罪行为,对各镇未规范的合同,逐村逐份疏通难点堵点。制定出台《关于强化干部担当作为全力冲刺“清化收”工作取得实效的通知》,对各个环节不担当、不作为、不胜任岗位要求、不担当履职或失职渎职造成严重后果的予以追责问责。全年共查找不规范合同7510份,至年底完成“清零”;清理规范合同涉及土地面积10.05万亩,清理后总收入4866.88万元(其中实际入账收入1992.68万元、光伏收入2874.2万元)。

【推进乡镇综合执法体制改革】 2022年,方山县委组织部印发《关于推进乡镇综合行政执法体制改革的行动措施》,6个镇全部组建综合行政执法队并完成挂牌,同步配备执法人员57人、执法皮卡车6辆、配套执法工作经费42万元,配备办公室、询问室、案件室、调解室等办公场所和照相机、对讲机、执法仪等执法设备。制定执法公示、排查报告、执法记录、集体审核与法制审核管理、举报等内控制度11项,印发《乡镇综合行政执法指导手册》,举办乡镇综合行政执法“大培训、大排查、大演练、大比武”活动,提升综合执法能力。

【健全完善网格治理体系】 2022年,方山县委组织部按照“规模适度、界限清晰、无缝覆盖”的原则,全面优化网格设置,全县90个行政村、4个社区共划分一级网格236个、二级网格96个、三级网格2878个。选优配强网格员队伍,同步推进党建引领全科网格建设,把党组织建在网格上,构建起“县—镇—村(社区)—小组(网格)—户”五级网格管理体系。同步搭建五级微信矩阵,充分运用各级微信群做好信息收集和处置工作,以“线上+线下”工作模式,实现社区人员、信息传导、网格治理全覆盖。

【“无疫社区(村)”创建】 2022年,方山县委组织部成立“无疫社区(村)”创建工作专班,细化工作职责,明确工作任务,召开“无疫社区(村)”创建工作动员会,县、镇、社区(村)三级成立“无疫社区(村)”创建执行领导小组,6个镇第一组长均由熟悉镇情、村情的县级领导干部担任,并全部下沉乡镇一线,统筹调度指挥。镇、社区(村)两级干部全部包联到94个村(社区)、6个移民安置点及所有网格,形成上下贯通的疫情防控责任体系。建立完善三级网格员队伍台账和“8+2”信息台账,推动“无疫社区(村)”创建工作走深走实。

基层组织建设

【推进各领域党建工作融合发展】 2022年,方山县委组织部选树11个县直单位、国有企业、学校、医院作为“党建示范点”创建单位,确定3个单位为清廉机关示范点创建单位,以点带面,整体推进,推动机关党建与清廉机关建设深度融合、相互促进、统筹发展。集中力量开展“两新”组织党建情况摸底排查,同步选派党建指导员帮助开展党建工作,提高全县“两新”组织党建工作质量。同步推进在职党员进社区报到志愿服务,引导在职党员认领“微心愿”。全年共85个单位党组织和1155名在职党员参与疫情防控、社区治理。

【村(社区)党组织书记星级化管理】 2022年,方山县委组织部根据省委组织部《村党组织书记星级化管理办法》《社区党组织书记星级化管理办法》要求,对任职满1年的村(社区)党组织书记,根据上年度考核结果、任职年限、奖励情况等,确定基础星级。星级评定全县94个村(社区)党组织书记共67名,其中四星级1名、三星级3名、二星级15名、一星级48名;任职未满1年,没有确定星级的党组织书记27名。

【改造提升村(社区)党组织活动阵地】 2022年,方山县委组织部选择条件较好、有较为成熟的发展思路和一定规模产业的村党组织作为农村党建示范点,投入资金180万元。全年打造北武当镇河庄村、峪口镇土福则村、马坊镇红崖湾村党群服务中心发挥示范引领作用,进一步提升村党组织活动阵地标准。纳入财政预算300万元专项用于武当社区党群服务中心提档升级,至年底已确定新址,面积800平方米。

【农村发展党员违规违纪问题排查整顿】 2022年,方山县委组织部印发《方山县开展排查整顿发展党员违规违纪问题工作实施方案》,成立县委书记任组长的排查整顿工作领导小组和巡回督导组6个。扎实开展清查整治突出问题规范党务工作,印发《方山县清查整治突出问题规范党务工作的通知》,各级党组织针对自查摸排的问题,分析原因、找准症结,有针对性地制定整改措施,明确整改责任、要求和时限,逐一整改到位。全年接转党员组织关系1300人次,转接党员档案80册,接收各党(工)委转正党员档案317册。

【推进乡镇党委主导发展党员】 2022年,方山县委组织部制定出台《关于进一步加强农村优秀青年人才信息库建设的实施意见》《方山县农村入党积极分子积分动态管理办法(试行)》等文件,选择峪口镇作为试点镇先行先试,采取访、推、审、考、议、谈“六字六步法”,压实乡镇党委主导发展党员初始提名权。着力在疫情防控、志愿服务等急难险重任务中发现“后备军”“潜力股”“好苗子”,丰富农村优秀青年人才信息库,切实改善党员队伍结构。全年吸收优秀青年人才268名,接收农村中共预备党员14名,积分动态管理入党积极分子98名。

【党员发展和党费管理】 2022年,方山县委组织部制定印发《2022年全县发展党员指导性计划》,对全县重点领域和群体入党积极分子基本情况进行摸底并建立台帐,加大重点群体和薄弱领域发展党员力度。全年发展党员165名,培养入党积极分子718名。同时做好党费收缴管理和使用,全年共收缴党费107.19万元,慰问党员407人,划拨慰问金20.95万元。

驻村帮扶

【落实帮扶责任】 2022年,方山县委组织部结合入户大走访、政策大宣传等要求,驻镇、驻村工作队采取会议领学、入户宣讲、大喇叭宣传、开展主题党日活动等教育引导党员干部切实把思想和行动统一到党的二十大精神及省委十二届五次全会的新部署、新要求上来,聚焦“三保障”成果有关政策,特别是脱贫人口和防返贫监测对象直接相关的兜底救助类、民生保障类、船业发展类、就业创业类和要素支撑类政策宣传到位、落实到位,以责任落实全面提升驻村帮扶工作成效。

【提高帮扶水平】 2022年,方山县委组织部组织驻村第一书记和工作队员开展全覆盖培训3次,累计培训驻村干部1127人次。通过专家教授讲授、职能部门讲解、交流研讨提升等方式,帮助驻村帮扶干部进一步明确重点任务、熟悉各类惠民政策、掌握工作技巧和方法。

【提升帮扶能力】 2022年,方山县委组织部随机开展“大点名”活动,采取视频查岗、电话抽查、实地督导、飞行检查、知识测试等,确保326名驻村(驻点)帮扶干部“五天四夜”全脱产驻村开展工作,完成驻村帮扶任务。按季开展驻村工作队星级评定和驻村干部积分制考核,建立走访台账。各级驻村帮扶干部走访实现全覆盖。全年直接投入帮扶资金1701.718万元,助消帮扶村农产品金额610.2万元。

【落实保障措施】 2022年,方山县委组织部保障经费到位,解除驻村帮扶干部后顾之忧。保障驻村安全,乡镇党委履行好属地管理责任,派出单位与第一书记和工作队所在村实行责任捆绑,共同抓好驻村干部冬季取暖和出行安全管理。开展走访慰问,通过座谈交流、实地走访等深入了解驻村干部工作生活情况,听取意见建议,帮助解决实际困难和问题。

人才工作

【党管人才】 2022年,方山县委调整县委人才工作领导组,由县委书记任组长,县委常委、组织部部长任副组长。全年共召开领导组会议5次,研究人才相关工作,实现党管人才工作常态化。加大财政投入,年初纳入财政预算人才工作经费200万元,并对人才工作经费使用作详细划分。

【省校合作】 2022年,方山县省校合作工作一是发挥省教育厅对口帮扶和资源优势,携手忻州师范学院、吕梁学院和省内7所知名小学与方山县中小学开展顶岗支教、结对帮扶,共建大学生实习实训基地和大学生联合培养基地。二是与北京理工大学开展全面合作,共建各类基地14个,连续7年举办“暑期学校”。确定方山县高级中学为北京理工大学生源基地共建中学,建立高校干部人才培养基地。三是与山西农业大学动物科学学院签订共建“方山县肉牛产业发展研究院”合作协议,挂牌建立“研究生实习实训基地”2个,引领带动全县肉牛产业高质量发展。与北京建筑大学就传统村落和古建筑保护与开发利用开展深度合作,方山县北武当镇来堡村被列入第六批中国传统村落名录。四是方山生态文化旅游示范区与山西大学合作建立吕梁市知识产权转化运用基地,持续助力方山文旅产业高质量发展。

【人才引进】 2022年,方山县实施“教育兴市”专项引才,招聘特岗教师80名,硕士研究生学历的教师38名;实施乡村振兴万人计划,分两批招聘64名本科及以上学历毕业生到村(社区)工作,担任村(社区)“两委”办公室主任(报账员),全县94个村(社区)全覆盖。实施青年人才储备计划,招聘公务员23名,选调生5名,具有研究生学历的事业单位专业技术人员25名,医疗系统专业人才2名,为全县各项事业持续发展注入新活力。

【人才培育】 2022年,方山县开展乡村振兴培训班,培训乡村振兴致富带头人70名。实施“法律明白人”培养工程,培养“法律明白人”650人,农村学法用法示范户34户。统筹开展各类招聘活动,累计组织企业129家,开展线下巡回招聘21场,线上招聘5次,提供就业岗位3178个,达成就业意向524人。持续开展职业技能提升工程,完成护工护理培训1019人,13人参加吕梁市第三届职业技能大赛。

【创优人才发展环境】 2022年,方山县创优人才发展环境。建设人才公寓。加大财政支持力度,公共服务区域完成装修,建成集聚休闲、运动、会议、办公等功能为一体的人才公共服务体,其中12套住房已入住19名引进的江阴教师,为引进的高层次人才解决过渡性住房问题。

落实人才补贴。落实2020年、2021年引进的高层次人才住房补贴每人每年1.5万元,按月与工资同步发放。

走访慰问人才。深入“三晋英才”拔尖骨干人才、方山县高级中学教师家中走访慰问。

选树人才典型。以“方山榜样 奋进力量”为主题的首届方山榜样评选,8名优秀人才被评为“方山榜样”。引进的北理工支教团队和江阴教师管理团队被评为“特别致敬团队”。

宣 传

理论宣传

【理论学习】 2022年,方山县委宣传部制定理论学习中心组学习“两计划一方案”,落实学习备案制度、“一学一报”制度。全年县委中心组集中学习12次,列席旁听党委14个、党组33个,全县评为市级示范点中心组6个。开展“新思想在方山”宣讲226场,受众2.18万人次。开办“方山大讲堂”,以理论之光照亮高质量发展之路。举办“吕梁精神”专题辅导报告会,组织“弘扬吕梁精神 建设清廉方山”主题演讲比赛,持续引深“吕梁精神七进基层”活动。用活用好“学习强国”学习平台,每周通报,加大供稿,激发党员干部学习能量。开展“我家的人世间”故事主题征文活动,吕梁“学习强国”学习平台采用16篇。组织开展“我的吕梁我的城”征文、摄影、短视频互动活动,征文10篇(《吕梁日报》采编2篇)、摄影作品5个、短视频3个。举办“做新时代好少年 强国有我”征文大赛;举办“北川儿女心向党 倾情礼赞新时代”征文、摄影、短视频征集活动;举办“亲子共沐书香 强国复兴有我”家庭亲子诵读短视频征集活动,参与家庭200个,展播38期。征订《习近平谈治国理政》第四卷和党的二十大精神学习资料,党员全覆盖,党组织全覆盖。

【党的二十大精神宣讲】 2022年,方山县委宣传部印发《关于学习贯彻党的二十大精神县委宣讲团具体宣讲安排的通知》《方山县学习贯彻党的二十大精神宣讲工作方案》,组织编写《党的二十大精神方山县宣讲提纲》。组建县委宣讲团,开展县级领导宣讲调研,其他宣讲团成员到镇、县直有关单位开展集中宣讲。文艺宣讲小分队把党的二十大精神编成“四人快板书”到学校、企业、农村、社区开展宣讲。组织开展网上知识竞赛活动,参与者1400人。用好各类宣传平台,打造广覆盖、多维度、立体化的社会宣传矩阵,利用快板书、基层宣讲等多种形式向群众传达党的二十大精神,把党的二十大精神送到广大干部、群众身边。

舆论宣传

【主流阵地】 2022年,方山县委主流阵地宣传工作,一是对内优化宣传方式,守稳舆论阵地。先后开设《聚焦两会》《政府工作报告解读》《慎终如始 精准防控》《“时代楷模”主题作品展播》《喜迎二十大》《二十大精神在方山》等20个新闻栏目,共播发电视新闻1050

条。二是对外唱响方山强音,构筑舆论高地。全年向省广播电视台发稿38条居全市第二,吕梁电视台发稿390条居全市第二,央广网发稿63条,新华网发稿39条,人民网发稿32条,《山西日报》发稿54条,《吕梁日报》发稿160条,发稿量居全市前列。

【舆论引导】 2022年,方山县10件民生实事之首免费收看有线电视,进一步扩大有线电视覆盖面,不断提高主流思想舆论传播力、引导力、影响力。至年底,有线用户增加到1500户。疫情防控期间,各平台主动发声,第一时间报道防控动态信息、发布权威消息,第一时间推出短视频等融媒作品,宣传疫情防控相关政策,为打赢疫情防控歼灭战营造舆论氛围。

【平台建设】 2022年,方山县充分利用"方山融媒"APP、方山县融媒体中心微信公众号、"方山融媒"人民号、抖音号、央视频号、快手号等融媒矩阵平台,开辟《生态旅游》《时代楷模》《移风易俗树新风》《众志成城防疫情》《普法在线》等专栏,全年在"方山融媒"人民号、央视频号、抖音号、快手号等媒体平台发布视频3713条。制作《于氏家风传古今》《方山榜样》《遇见方山》等专题片,摄制《北川闹春向未来——方山县2022年迎新春文艺晚会》《三弦说唱——移风易俗树新风》,开展《红色经典诵读》30期。

政治建设

【主体责任】 2022年,方山县委宣传部年初与各镇、县直九大口签订意识形态责任状,督促各单位成立意识形态领导组和分析研判组,按季度召开意识形态分析研判会。印发《方山县网络意识形态领域形势研判机制》《涉方山县网络舆情联合应对处置工作细则》《方山县加强网络文明建设实施方案》。县委常委会每季度研究意识形态工作,压实政治责任,分析研判形势,强化预警处置。加强农村宣传文化员(意识形态网格员)培训,打通宣传教育和意识形态管控"最后一公里"。开展意识形态专项巡查统计局、招商引资中心等8个单位,提出问题并及时整改。

【网络管控】 2022年,方山县委宣传部共监测网上敏感舆情107条。发现舆情后第一时间以印发《舆情通报》的形式向所涉及单位通报,每周汇总、每月分析研判,分别以《舆情周报》《舆情月报》《舆情专报》向县委、县政府报告。开展线上有害信息监测,报送网络有害信息4338条。舆论引导网民关注热点新闻、热点话题,完成评论、转发、点赞2050条,撰写网评文章55篇,保持线上线下势态总体平稳。开展属地敏感账号摸排,申请协调关停微信公众号"李明山的紧箍咒""百姓尘事""快嘴纪实"和新浪微博"金眼全球官方微博""华夏广角镜"等账号5个。

【"扫黄打非"工作】 2022年,方山县委宣传部组织开展"扫黄打非"、护航党的二十大等行动。印发《2022年方山县"扫黄打非"重点工作任务分解》,分发到相关涉及单位,责任到分管领导。年检全县书店5家,排查《2022年第一、二、三批政治性有害出版物查堵目录》。完成市场监督管理局和行政审批局"双随机一公开"上传网络任务。加强出版发行、文艺创作、图书销售等行业的建设管理,开展网络直播和短视频专项整治。

精神文明建设

【推进移风易俗】 2022年,方山县推进移风易俗工作，一是组建督导组，“回头看”《移风易俗村规民约》《移风易俗居民公约》（范本），确保程序符合要求、内容符合标准。明确村（社区）党组织书记为履行移风易俗工作的第一责任人，结合换届工作建立健全“一约四会”。二是6月21日吕梁市推进移风易俗现场观摩会在方山县积翠镇孔家庄村召开，推荐积翠镇馨心孝善理事会和北武当镇“廉洁小镇”入选市移风易俗典型案例，全县3村1社区被命名为全市首批移风易俗示范村。三是加大宣传力度，9月开展“移风易俗宣传月”活动，提升干部群众自觉度。县融媒体中心微信公众号开设“移风易俗树新风”专栏，制作推出新媒体产品，形成褒扬新风良俗、摒弃陈规陋习的浓厚氛围。“方山融媒”APP开通“追思小屋”，免费提供网上祭扫服务。农村大喇叭开展常态化、高频度宣传。制作大型宣传展版，推动移风易俗家喻户晓。开展以“推进移风易俗助力乡村振兴”等为主题的送戏下乡、惠民演出和公益电影放映活动；编创群众喜闻乐见的节目进企业、进农村、进学校宣传。

【选树先进典型】 2022年，方山县选树先进典型工作，一是举办以“方山榜样 奋进力量”为主题的首届方山榜样颁奖典礼，选树敬业奉献、见义勇为、血脉军魂、孝老爱亲、赤子初心、家国情怀、情系家乡、胸怀宏志等“方山榜样”人物8个和特别致敬团队2个，在全县上下掀起人人学榜样的热潮。二是追授刘泽军烈士为“方山榜样”，并推荐到2022年第三季度“中国好人榜”，获评“敬业奉献”中国好人。三是为2022年度之前获得的市级、县级和镇级文明户全部挂牌，开展“星级文明户”创评活动，至年底，全县共评选文明户4.3万户，文明户占总户数的70%以上。

【文明城市创建工作】 2022年，方山县按照2022年省级文明城市测评体系，开展文明城市创建工作。一是加强组织领导和制度建设，全县创建省级文明县城启动大会后，成立文明城市创建领导小组，出台《方山县创建文明城市工作实施方案》《方山县创建山西省文明县城指挥部行动方案》《方山县创建山西省文明县城宣传方案》等，形成督查组检查、考核等一系列制度。领导小组多次召开创城工作会议，协调相关部门开展市场、交通秩序、环境卫生整治等专项行动。二是加强问卷调查和广泛宣传，提高群众知晓率和参与率。县融媒体微信公众号开辟“创城进行时”专栏，并设计创建文明城市调查问卷。制作大型喷绘广告12块，印制、发放各类宣传设计资料8000份，在主要街道、村（社区）悬挂、张贴社会主义核心价值观宣传标语等。三是加强专项整治，确保创建工作取得实效。针对督查发现的问题，下达督办通知，加大重点问题、重点地段整治力度。

【推进新时代文明实践志愿服务】 2022年，方山县推进新时代文明实践志愿服务，一是健全队伍。9大口、6镇组建志愿服务大队15支，县直各单位、重点企业、各村建立志愿服务分队，结合部门职能成立新时代文明实践特色志愿服务中队15支，志愿服务队伍在中国志愿服务网注册登记。二是阵地建设。依托县影剧院新建方山县新时代文明实践中心，面积400平方米，各大功能室建设完成。依托镇、村文化站及党建中心、办事大厅等开展阵地建设，6镇设立新时代文明实践所，94个村（社区）设立新时代文明实践站，并全部挂牌，完善各项制度。根据易地移民搬迁政策要求，在全县7个易地移民搬迁小区设立新时代文明实践点7个,并配备相关设施。在方山县天龙救援队、方山县爱心公益协会、县图书馆等处设立实践点10个。三是积极服务。充分发挥新时代文明实践中心所、站和志愿服务组织的作用,开展以“厉行勤俭节约、反对餐饮浪费”“减轻灾害风险 守护美好家园”为主题的志愿服务活动。新型冠状病毒肺炎疫情期间参加疫情防控志愿服务累计3800人,志愿服务时长达2.2万小时。新时代文明实践中心为部分志愿者颁发疫情防控志愿服务证书。

基层组织建设

【充实基层力量】 2022年,方山县委宣传部贯彻落实《中国共产党宣传工作条例》,把基层单位作为宣传工作和意识形态工作的着力点,各镇明确1名党委委员管宣传(意识形态工作)、县直单位明确1名党组成员管宣传(意识形态工作)。建立宣传员、新闻通讯员、网络评论员、新闻发言人“四员合一”的工作机制,确保工作不漏人、人员不漏责,推动意识形态工作打牢基础、补齐短板。

【提升履职能力】 2022年,方山县委宣传部以提高政治能力为根本,以增强专业本领为关键,通过以练促训、以训促学、以学促干,全方位提升宣传干部素质能力。邀请市委宣传部副部长刘照兴专题讲座,培训全县分管意识形态工作的党员干部、培训农村(社区)宣传员(意识形态网格员),解决“是什么”“干什么”“怎么干”的问题。制定《方山县农村宣传文化员考核方案》。

【健全联动机制】 2022年,方山县委宣传部健全应急处置工作体系,围绕重要时间节点、重要敏感领域,科学制定风险处置预案,积极稳妥处置突发性风险。密切关注信访维稳、社会保障、国土资源、生态环保以及妇女儿童权益保护等重点领域,紧盯长期积累的各类矛盾纠纷和深层次问题,针对性疏导化解,严防叠加升级。

统　战

【乡贤工作】 2022年3月,方山县委出台乡贤工作方案,成立乡贤工作领导小组。至年底建成南村乡贤馆、潘家坂村乡贤馆2个,健全乡贤数据库,并召开乡贤联谊会第一次会员代表大会,明确联谊会职责,制定议事原则。

【民营经济发展】 2022年9月24日,太原市方山商会成立,加强省城太原方山籍企业家和乡贤之间的联系,推动太原、方山两地文化交流和经济合作。县委统战部与县工商联联合聘请招商专员10名,助推全县招商引资工作和市场主体倍增工程。至年底,太原晋阳发展实业有限公司中药材项目落户方山。制定出台《“万企兴万村”方山行动实施方案》,全县27家民营企业与帮扶村签订共商共建协议,履行社会责任,捐资捐物价值达11.12万元。

【少数民族工作】 2022年,方山县委统战部开展以“民族团结进步”为主题的座谈会,广泛听取少数民族群众代表的相关诉求,向各代表人士传达党和政府的一系列方针和政策。建立少数民族家庭基本情况台账,倾听少数民族诉求,共提供咨询服务30次,化解矛盾纠纷5件。走访慰问少数民族个体经营户,了解经营情况,讲解帮扶政策,进一步激发经营户致富的主动性和积极性。

【宗教工作】 2022年,方山县开展非法宗教专项整治，以统战（宗教）工作领导小组牵头，各成员单位协作，调动镇、村两级统战工作力量，形成县、镇、村三级网络格局。结合宪法宣传日、国家安全教育日开展集中宣传，发放宣传资料、现场解答群众关注的热点问题，重点对宪法、统战和民族宗教方针政策、乡村振兴、疫情防控等进行宣传，活动累计发放法治宣传资料1万份，解答群众问题100个。

【各领域代表人士工作】 2022年5月、10月，方山县委统战部与县政协联合组织召开党外知识分子与新的社会阶层代表人士座谈会、民族宗教界代表人士座谈会，就各自领域存在问题、民生事务等进行交流座谈。11月协助推荐考察方山县拟出席省人大代表的党外医护人员1人。党的二十大召开之际，组织党外知识分子和新的社会阶层人士开展“喜迎二十大 同心跟党走”“凝聚新力量 筑梦新时代”主题教育活动，知联会、新联会组织广大会员集中观看党的二十大召开，学习党的二十大精神。党外知识分子代表、新的社会阶层代表人士结合各自工作实际，制作喜迎二十大的微视频，新联会——钩编活动站以毛线、布匹制作喜迎二十大展品。

【海外统战工作】 2022年，方山县委统战部完善归侨侨眷及出国留学人员的摸底工作，打造侨眷阵地，健全侨眷机构，服务归侨侨眷。筹备慰问侨眷和归国留学人员工作，落实“暖侨行动”。

【清廉企业建设】 2022年，方山县统战部开展清廉企业示范点建设，成立工作领导小组，打造非公企业庞泉工贸公司为清廉民企示范点，签订清廉民企建设承诺书，制定清廉企业相关评价标准。以“一企一策”精准解决企业迫切需要解决的个性问题，正确引导企业家学习相关政策，提升竞争力、抗压力。

机构编制

【机构编制资源使用】 2022年，方山县委编办推进人才周转池编制动态使用，上编2021年方山县高级中学核定周转编制19名。进一步规范编制使用程序，一是从严控制用编申请，按照“有增有减、动态平衡、保证重点、服务发展”的原则，满编和超编单位一律不得进人，编制使用优先向民生保障重点领域、引进的高层次人才倾斜。二是坚持“量出为人”和“编制审批在先”的原则，遵循“严进宽出”管理，分期分批审核批准县直各部门用编需求，落实人员招录、选调用编保障，及时为县外调入、调出县外及县内流动、退休、辞职、辞退人员办理上下编手续。2022年，为新招录机关公务员和事业单位共217人办理落编手续，其中行政26名、事业191名。

【事业单位登记管理】 2022年，方山县委编办按照“四有四公开”建设和“一网通办、全程网办”要求，进一步改进优化事业单位登记管理工作，实现“最多跑一次”。全年共受理核准党政群机关、事业单位办理设立登记3家、变更登记12家、注销登记15家。全面实行事业单位法人年度报告全流程网络监测，严格把关年报时限、质量、内容，完成纳入登记的事业单位法人年度报告工作。

【乡镇执法体制改革】 2022年，方山县委配齐配强镇专职执法人员，打造统一的镇综合行政执法平台，建立健全镇综合行政执法队伍运行机制，调整完善镇行政执法事项清单，严格落实“一支队伍管执法”要求。全年全县6镇共配备乡镇执法人员57名,县镇组织执法人员培训1050人次。建立完善行政执法责任、行政执法公示、行政执法全过程记录、重大行政执法决定法制审核、行政执法评议考核、行政执法案卷评查、行政裁量权基准、行政执法错案纠正和过错责任追究、行政执法统计、行政执法尽职免责和容错纠错制度等。制定乡镇行政执法文书、行政执法流程图等行政执法指引,完善执法程序。围绕提升乡镇(街道)执法人员的法律素质、业务素质和应急处置能力,制定并落实年度培训计划。统筹配备必需的办公和执法记录仪等执法设备及与执法需求相适应的执法车辆,一线执法人员参加工伤保险。县政府门户网站公示乡镇权责清单162项、镇执法事项清单80项。组织开展镇综合行政执法“大培训、大排查、大演练、大比武”专项行动,提升执法能力。全年镇、街执法队伍开展综合执法53次,行政处罚0次。行政检查47次,行政强制6次。

巡　察

【十一届县委第一轮巡察】　2022年年初,方山县委推进十一届县委第一轮巡察,巡察县民政局、县乡村振兴局、县融媒体中心、县总工会、县科学技术协会、县妇女联合会、县工商业联合会、县文学艺术界联合会8个县管单位党组(含不设党组的单位领导班子,下同)采取“一拖二”的方式巡察。巡察期间,由县委组织部与县委宣传部分别派出专项检查组,开展选人用人、意识形态工作责任制落实情况专项检查,发现问题线索移交县纪委监委,并向被巡察党组织原汁原味反馈。

【村(社区)集体“三资”专项巡察】　按照县委及县委巡察工作领导小组的安排部署,县委巡察办组建3个巡察组对“三资”提级监督试点村开展专项巡察,巡察组主要围绕被巡察村(社区)在党的路线方针政策和党中央重大决策部署落实情况、村集体经济发展及“三资”监管情况、基层“小微权力”运行情况、村级党组织建设情况等方面的问题,召开座谈会、张贴巡察公告、设置举报箱、查阅资料、走访调查等,开展政治巡察,年底向县委进行专题汇报,并进行反馈和整改督察。

【十一届县委第二轮巡察】　2022年,方山县委根据党中央、省委、市委关于巡视巡察工作的部署,决定于2022年3月下旬开展第二轮巡察,本轮巡察规范巡察流程,把关巡察方向,掌握巡察进度,采取“常规+专项”巡察方式,派出巡察组4个,常规巡察县工信局等6个县管单位党组。开展“三个一批”专项巡察大武镇郭家沟村、马坊镇温家庄村2个行政村党组织。巡察期间,围绕“三个聚焦”形成巡察报告,问题线索及时移交县纪委,梳理分类共性问题,内外有别的向被巡察党组织反馈,严格按照整改时间节点督促其进行整改,确保整改到位。

【十一届县委第三轮巡察】　2022年,方山县委根据省纪委办公厅《关于开展第二阶段“三个一批重点村社”监督治理工作安排的通知》要求,县委决定于8月中旬开展十一届县委第三轮巡察。本轮巡察采取专项巡察方式,派出巡察组3个,共巡察6个村党组织,“三个一批重点村”3个(大武镇杨家塔村、峪口镇土福则村、圪洞镇横沟村)党组织,“三资”专项巡察村3个(大武镇二村、峪口镇花家坡村、圪洞镇庄上村)党组织。本次巡察,理清村“三资”糊涂账,对村集体的资产、资源、合同等逐一调查摸底、核实,增强“三资”透明度,理顺组织关系,改善干群关系。

【巡察整改落实】 2022年,方山县委巡察整改落实工作,一是总结十届巡察整改工作,发放整改告知书,对整改不力的,再移交,确保整改落到实处。二是巡察整改督察常态化。2022年巡察反馈问题按照整改要求、整改时限、整改成效督察和汇总,及时向书记专题会汇报整改情况。2022年汇报整改情况4次,提高巡察整改效率。

【修订完善巡察规划】 2022年,方山县委根据中央、省委、市委关于巡视巡察工作的新部署新要求,研究起草《十一届方山县委巡察工作规划(初稿)》(以下简称《规划》)。根据中央、省委巡察工作的安排部署,对标对表市委要求,结合方山县中心工作、重要部署,多次调整修改《规划》,形成《规划》初稿。

老干部工作

【加强思想政治建设】 2022年,方山县委老干部局按照上级文件精神,组织离退休干部学习了解党中央、省委、市委、县委重大决策部署和重点工作,学懂弄通习近平新时代中国特色社会主义思想,抓好党的二十大精神学习工作。统一订购《习近平谈治国理政》第四卷594本,老干部党员人手1册,采取集中学习与自学相结合的方式进行学习。各党支部根据老干部身体状况每周定期组织集中学习并抄写读书笔记,对行动不便的老同志采取上门送学。

全年订阅《山西老年》1738份、《党史文汇》335份,号召老干部通过网站、微信公众号、新闻媒体等信息化手段学习。通过老干部微信群宣传政策方针、工作动态、党建工作、先进典型等,把老干部的思想统一到中央、省委、市委、县委的决策部署上来,加强离退休干部思想政治引领。

【推进“先行先试、尖兵推进”专项行动】 2022年,方山县委根据年初《关于在全市开展“先行先试、尖兵推进”专项行动的通知》的安排部署,调整方山县委老干部工作领导小组,制定实施《中共方山县委老干部工作领导小组实施细则》。建立老干部多部门联动管理机制,统一协调、相关部门通力配合、社会全面支持、老干局具体实施的管理体系。县委老干部局联合县委老干部工作领导小组成员单位,开展“银发生辉”志愿服务活动,在医疗服务、健康体检、困难救助、经费落实、后勤保障等方面,组团式开展“我为群众办实事”实践活动。

【助力疫情防控】 2022年疫情期间,县委老干部局全体在职党员干部响应县委、县政府号召,请愿上阵,与社区对接,成立抗疫“老干人”先锋队,深入社区开展“敲门行动”。在政策宣传、排查登记等工作中亮身份、做表率,充分发挥党员先锋模范作用,让党旗在疫情防控一线高高飘扬。组织70岁以下退休干部50名,组成“五老”志愿者服务中队,成立临时党支部,开展核酸检测秩序维持、“两码”查验,提醒住户戴好口罩和信息录入,维持秩序。

【完善数据库信息采集录入和“一人一策”精准服务离休干部新机制】 2022年,方山县委老干部局持续推进全县离退休干部数据库信息采集工作,至年底全县离退休干部信息录入数据库。

根据吕梁市委老干部局制定印发的《吕梁市“一人一策”精准服务离休干部实施方案(试行)》文件精神,老干局机关工作人员每人帮扶离休干部2名,帮扶服务全县16名离休干部。一是建立组织部门牵头、多部门协作的服务管理机制,出台《关于开展建立离休干部“服务档案”工作的通知》,全面调查摸底离休干部基础信息和个性需求,细化“一对一”联系服务、家庭医生签约服务、居家养老服务和工作要求,逐人建立服务档案,加强跟踪督查,落细落实“一人一档”“一人一策”精准服务措施。二是开展“一对一”联系服务。全面落实在职党员干部联系离休干部制度,细化离休干部主管单位服务管理责任。以送学上门、走访看望、电话短信等方式加强日常联系,掌握离休干部健康情况、护理情况、个性需求和政治生活待遇落实情况,协调有关部门妥善解决老同志反映的问题,切实提升服务管理成效。坚持重大节日必访、生病住院必访、特殊困难必访、家庭变故必访、高寿生日必访、寿终离世必访等“六必访”,及时将党和政府的温暖传递到老同志心上。三是开展家庭医生签约服务。组织协调市县定点医疗机构、乡镇卫生院,为离休干部提供家庭医生签约服务。医护人员上门服务,提供免费常规检查、健康状况评估、慢性病管理、健康咨询、年度体检等服务,同步完善离休干部健康信息台帐。进一步健全就医、报销“一站式”服务机制,为离休干部就医提供就诊优先挂号、优先化验、优先检查、优先付费、优先取药等六项优先服务。

【落实老干部生活待遇】 2022年春节前,方山县委、县政府领导走访慰问离休干部19名,送上白面1袋和慰问金500元。七一前夕,走访慰问建国前老党员10名,送上慰问金500元和绞肉机1台。重阳节前夕,为离退休老干部发放慰问品。

2022年,方山县按省委、省政府办公厅文件精神一次性划入离休干部社会保障卡每人每年3000元,支付门诊就医、购药发生的符合规定的医疗费用。足额发放老干部离退休费,增加离休干部护理费。不定期督促检查离休干部遗孀生活费落实情况,保证其生活费按政策标准按月足额发放,并协调解决离休干部遗孀反映的其他问题。

【丰富老干部精神文化生活】 2022年,方山县委老干部局深化拓展党史学习教育,进一步教育引导离退休干部发扬党的优良传统和作风,以良好的精神状态和优异成绩迎接党的二十大胜利召开。开展红色经典线上诵读会活动,向市老干局报送红色经典诵读音频7个。围绕中国共产党一百年的光辉历程和伟大成就,吕梁经济社会各领域发生的巨大变化和取得的辉煌成就,组织全县离退休干部开展书法、美术、摄影、剪纸展活动等,展示老干部风采。向市老干局报送作品20幅,其中摄影作品10幅、书法作品6幅、剪纸作品3幅、绘画作品1幅。

根据《关于开展“我家的‘人世间’故事”主题征文活动的通知》精神,按“学习强国”山西学习平台和“学习强国”吕梁学习平台通知,组织全县离退休干部参与征文活动,向县委宣传部报送征文11篇。

开展“老干部喜迎二十大暨庆国庆度重阳”书画展,展出书法、绘画作品30幅。联合夕阳红歌舞健身协会开展“喜迎二十大 奋进新征程”活动。

【干部荣誉退休暨助力基层治理“银发网格员”聘任】 2022年6月29日，方山县委组织部、方山县委老干部局在方山县积翠社区党员活动室举行方山县干部荣誉退休暨助力基层治理“银发网格员”聘任仪式座谈会。县委副书记吴月贵、县委组织部部长孙森焱为参会的荣誉退休干部颁发退休证、退休纪念册、服务手册和退休纪念品。积翠社区党支部书记樊海忠为“银发网格员”5人颁发聘书，配发网格员工作包。

【离退休干部示范党支部考评验收】 2022年，方山县委老干局准确把握《关于加强新时代离退休干部党的建设工作的实施意见》明确的重点任务，按照“组织部门牵头抓总、统筹协调，老干部门宏观指导、具体组织协调，所属单位直接领导、具体组织落实”的工作要求，以党建引领推动老干部工作高质量发展。11月22日吕梁市委老干部局考评验收方山县2022年申报创建的离退休干部示范党支部，实地走访离退休干部第二党支部、第三党支部、峪口党支部、大武党支部、离石党支部，验收组认为方山县离退休干部党支部在党建资料、党支部班子建设、党员教育管理、党费收缴、党内组织生活方面有明显提升和改善。

党校教育

【干部培训】 2022年，方山县委党校发挥党校教育培训主阵地优势，提高全县各级党政干部的执政能力和执政水平。全年累计完成各类培训6场次，培训各类学员1200人次。3月29日、4月26日，分别举办抓党建促基层治理能力提升专题培训班、方山县抓党建促基层治理能力提升暨2022年驻村帮扶工作培训班，以党的十九届六中全会精神、“三农”工作系列文件精神、省市县抓党建促基层治理能力提升等，集中培训全县镇、村干部，提升基层干部能力，稳步推进抓党建促基层治理、促乡村振兴、促产业发展。5月11日，对各镇党政正职、乡村振兴分管领导等基层干部开展为期3天的方山县巩固拓展脱贫攻坚成果同乡村振兴有效衔接专题培训，进一步提升基层干部理论水平和履职能力。7月举办全县科级干部学习贯彻习近平新时代中国特色社会主义思想暨党史学习教育专题读书班，为期1个月。11月中旬，举办2022年全省新录用公务员初任培训班，为期8天。12月中旬，举办2022年方山县高层次人才国情研修培训班，为期5天。

【科研资政】 2022年，方山县委党校贯彻县委“全面建设清廉方山”目标，坚持以从严治校、从严治教、从严治学为抓手，持续深入推进清廉党校建设。组织成立工作专班，研究制定《中共方山县委党校(方山县行政学校)关于创建清廉党校实施方案》，明确责任目标，细化任务举措，以党的政治建设为统领，推进红色学府建设。全年完成党校期刊《党校园地》4期，为全县党员干部提供加强理论学习、提高政治站位、提升自身修养的学习读本。

【阵地建设】 2022年，方山县委党校坚持落实党校主体责任，打造学习研究宣传党的思想理论的重要阵地。一是坚持党校姓党，着力提升党校教师队伍素质，始终把政治标准放在首位，不断强化政治理论学习，组织开展各类学习活动。坚持每周二学习制度，系统学习党的思想理论，进一步夯实马克思主义理论功底。继续创造条件，充分利用网上党校等学习平台，组织教师定期开展专题培训，提升教师队伍的党性修养和理论素养。二是引进名校优质资源,实现全面深度合作。同北京理工大学马克思主义学院签订合作意向书,聘请马克思主义学院书记担任县委党校名誉校长,设立北京理工大学方山县委党校实践基地。马克思主义学院在培训教学、课程开发、教学研究、优质资源共享等方面给予县委党校全面支持,助力办学水平再上新台阶,加快党校规范化建设,推动干部培训工作快速发展。

党史(方志)编研

【党史编撰】 2022年,方山县委党史研究室编纂完成《中国共产党方山县历史》正本送审稿,进入终审阶段。

【年鉴编纂】 2022年,方山县委党史研究室年鉴编纂始终坚持质量第一的要求,注重资料收集的全面真实,注重框架结构的稳定与创新,在提升年鉴编纂质量上下功夫。在资料收集过程中,建立"方山年鉴编纂群",对有关稿件及时进行沟通修改。至年底《方山年鉴(2022)》初稿完成。《方山年鉴(2021)》付印出版,总字数45.4万字,为第7部出版的《方山年鉴》。《方山年鉴(2021)》全面、客观、系统地记述方山县2021年1月1日至2021年12月31日关于自然、地理、政治、经济、文化等各个领域的基本情况,反映年度重要事项和发展变化。

【志书摸底排查】 2022年,方山县委党史研究室根据省市要求,完成全国、省、市、县综合年鉴出版情况统计。整理分类、统计所藏建国前后的资料档案,完成全国档案事业统计年报。调查摸底方山县内的中国非物质文化遗产、传统村落、中国名镇名村。搜集填报方山县党史和文献系统中华版本普查信息。

档案管理

【档案接收】 2022年,方山县档案馆指导县委巡察工作办公室、县委机构编制委员会办公室、县工商业联合会、县人力资源和社会保障局、县消防大队等单位的文书和业务档案整理,并跟踪指导方山县精准扶贫、疫情与防控档案的收集、整理、归档工作。接收方山县科学技术协会文书档案281卷,扫描16345幅;方山县人大常委会办公室文书档案222卷;方山县人民政府办公室文书档案116卷;方山县农业经济中心文书、业务档案323卷;方山县民政局会计档案735卷;教育科技局文书、业务、会计档案1460卷。全年共接收单位6家,文书档案3137卷。至年底,全县共馆藏档案77181卷,4261件。

2022年,将社会各界人士捐赠的《风雨白金路》《王俊仁人生足迹》《足迹》《三晋石刻大全》等各类书籍纳入本馆收藏。

【档案利用】 2022年,方山县档案馆接待查阅档案者286人次,查阅档案312卷,出具知青下乡、工作参考、房屋清零、撰写组织史、退休待遇等档案证明,为查档者解决实际问题,产生良好的社会效益和经济效益。

2022年7月5日,接待"青春兴晋"青年服务志愿者50名,方便其近距离接触珍贵的档案资料,接受党史学习教育和爱国主义教育。

【档案安全】 档案安全检查。2022年,由方山县档案局牵头,分别到县市场监督管理局、卫生健康和体育局、应急管理局、水利局、交通运输局、人力资源和社会保障局、大武镇督察，查看档案室实体情况，有无配备安全方面的设施设备，档案安全制度是否完善。就档案整理情况，督察小组指出存在问题，责令整改，切实保证档案安全。

档案安全管理。2022 年，方山县档案馆档案库房按照防盗、防光、防高温、防火、防潮、防虫、防鼠等“八防”规定，要求档案工作人员每天针对档案库房安全要点进行巡视、集中检查及温湿度登记。并对工作人员开展经常性的安全教育，强化安全意识和责任意识。

【依法治档】 2022 年 6 月 9 日国际档案日，方山县档案馆开展“喜迎二十大 档案送辉煌”主题宣传活动。通过悬挂宣传横幅，发放宣传画册、宣传单等方式引导和规范机关、团体、企事业单位依法开展档案工作，增强档案法制意识，优化档案发展环境。

方山县人民代表大会

综　述

【职责履行】 2022年,方山县人大常委会紧紧围绕全县工作大局,在县委的坚强领导、县政府的支持配合下,围绕中心,服务大局,全年召开人代会2次、人大常委会议8次、人大常委会党组会议10次、人大常委会主任会议16次。听取和审议专项工作报告8个,组织执法检查和专题调研5次,作出决定决议1项。推进全县民主法治进程和促进经济社会发展。

【重大事项决定】 2022年3月7日,方山县第十一届人大常委会第十一次会议,在调查研究的基础上经过认真审议,审查批准方山县人民政府《关于在全县开展法制宣传教育的第八个五年规划(2021年—2025年)》。

2022年8月30日,方山县第十一届人大常委会第十五次会议表决通过《方山县人大常委会关于批准方山县2021年县财政决算的决议(草案)》和《方山县人大常委会关于批准方山县2022年县财政预算第一次调整方案的决议(草案)》。

【人事任免】 2022年,方山县人大常委会在人事任免方面,坚持党管干部原则与人大依法任免相统一,增强任命干部的责任感、使命感。全年依法任免国家机关工作人员19人(次),其中任免县政府组成部门负责人9名,县人民法院法官8名,县人民检察院委员2名。按照法定程序把县委意图转化为全县人民的共同行动,合力营造风清气正、干事创业的发展环境。

重要会议

【方山县十一届人大二次会议】 2022年2月7日至9日,方山县第十一届人民代表大会第二次会议在县委政府五楼会议室召开。会议应出席代表167名,实到148名,符合法定人数。会议通过举手表决的方式,通过方山县第十一届人民代表大会第二次会议选举办法草案。会议表决通过方山县第十一届人民代表大会第二次会议总监票人、监票人、总计票人名单(草案);选举方山县出席吕梁市第四届人民代表大会代表和方山县第十一届人民代表大会常务委员会委员。选举方山县出席吕梁市第四届人民代表大会代表19名。

【方山县十一届人大三次会议】 2022年3月9日至11日,方山县第十一届人民代表大会第三次会议在县影剧院召开。大会应出席代表167名,实到143名,符合法定人数。根据会议议程,方山县人民政府县长高鹏向大会作《政府工作报告》,报告提出2022年方山县政府集中力量办好10件民生实事。一是免除城区居民有线电视网络收视费。二是城区公交车全民免费乘坐。三是农村寄递物流服务全覆盖。四是免费为全县天然气用户安装安全保护装置。五是新建便民农贸市场2

个。六是实现持证残疾人人身意外伤害保险全覆盖。七是开展免费婚前医学检查。八是为全县教师免费体检1次。九是实施城区小学生“放心午餐”工程。十是建成投运县城棚改三区和大武棚改八区幼儿园2所。

会议听取方山县第十一届人民代表大会第三次会议计划和预算审查委员会关于方山县2021年国民经济和社会发展计划执行情况的报告及2022年国民经济和社会发展计划(草案)的审查结果报告。

会议表决通过《关于方山县人民政府工作报告的决议》《关于方山县人民政府2021年国民经济和社会发展计划执行情况及2022年国民经济和社会发展计划的决议》《关于方山县人民政府2021年财政预算执行情况和2022年财政预算的决议》《关于方山县人民代表大会常务委员会工作报告的决议》《关于方山县人民法院工作报告的决议》《关于方山县人民检察院工作报告的决议》。

【方山县十一届人大常委会】 2022年1月30日,方山县第十一届人大常委会第十次会议召开。会议听取和审议《关于召开方山县第十一届人民代表大会第二次会议的议案》;会议表决通过《关于召开方山县第十一届人民代表大会第二次会议的决定(草案)》。

2022年3月7日,方山县第十一届人大常委会第十一次会议召开。会议听取和审议方山县人大常委会代表资格审查委员会《关于代表出缺情况的报告》;听取和审议方山县人民政府《关于在全县开展法治宣传教育的第八个五年规划(2021-2025年)》的议案、《关于方山县2021年财政预算执行情况和2022年财政预算草案的报告》;审议通过方山县十一届人大三次会议有关事宜,《方山县人大常委会工作报告(草案)》。会议安排方山县第十一届人大三次会议各项工作。

2022年4月28日,方山县第十一届人大常委会第十二次会议召开。会议听取和审议方山县人民政府《关于2021年度全县环境状况和环境保护目标完成情况的报告》《关于行政事业性国有资产管理情况报告审议意见研究处理的报告》;审议通过《方山县人大常委会2022年工作要点(草案)》,会议依法进行人事任免。

2022年6月30日,方山县第十一届人大常委会第十三次会议召开。会议听取和审议《关于全县检察机关未成年人检察工作情况的报告》《关于全县职业技能提升工程情况的报告》《关于全县医疗卫生人才队伍建设工作情况的报告》。

2022年7月19日,方山县第十一届人大常委会第十四次会议召开。会议传达学习市委人大工作会议精神,并依法进行人事任免。

2022年8月30日,方山县第十一届人大常委会第十五次会议召开。会议听取和审议方山县人民法院关于落实县人大常委会对县法院干部队伍教育整顿情况报告审议意见的情况报告,并进行满意度测评;听取和审议县人民政府《关于2022年上半年国民经济和社会发展计划执行情况的报告》《关于2021年财政决算和2022年上半年财政预算执行情况的报告》《关于2022年县财政预算第一次调整方案的报告》和《关于2021年财政预算执行和其他财政收支审计情况的报告》;会议表决通过《方山县人大常委会关于批准方山县2021年县财政决算的决议(草案)》和《方山县人大常委会关于批准方山县2022年县财政预算第一次调整方案的决议(草案)》。会议依法进行人事任免。

2022年11月2日,方山县十一届人大常委会第十六次会议召开。会议听取和审议方山县人民政府《关于全县国有自然资源管理情况的报告》《关于全县招商引资工作情况的报告》《关于全县退役军人事务工作情况的报告》,审议通过县人大关于贯彻实施《中华人民共和国乡村振兴促进法》执法检查情况的报告。

2022年12月30日,方山县十一届人大常委会第十七次会议召开。会议听取和审议方山县人民政府《关于2022年财政预算第二次调整方案(草案)的报告》;听取《方山县人大常委会关于规范性文件备案审查工作情况的报告》;审议通过《关于提请王芳等同志任职的议案及说明》。会议依法进行人事任免。

调研活动

【刘继隆一行到方山县调研】 2022年3月28日,吕梁市人大常委会副主任刘继隆一行到方山县就《吕梁市古树名木保护条例》和农业保险推动特色产业高质量发展情况进行执法监督检查并召开座谈会。县人大常委会主任贺新众,县委常委、宣传部部长薛利民,县人大常委会副主任刘林梅,政府副县长任海涛一同检查或参加座谈会。刘继隆一行到积翠镇后则沟村、北武当镇来堡村于成龙廉政文化园等地实地查看古树名木生长情况。

座谈会上,任海涛汇报方山县贯彻落实《吕梁市古树名木保护条例》和农业保险推动特色产业高质量发展情况;市、县参会人员就方山县古树名木保护工作及面临的主要问题交流发言。

刘继隆对方山县古树名木保护及农业保险推进情况表示肯定,就农业保险方面问题,刘继隆要求,一要切实发挥政府主导作用。领导组要有规律地去推动、督促老百姓参加农业保险。二要切实履行部门职责。要研究上级政策,深入一线研究老百姓真正有需要的诉求。三要切实坚持目标导向。引导、宣传相关政策,让农民逐步接受农业保险政策。四要切实明确各级责任,按照各自职责开展后续工作。五要切实补短板、强基础。研究切实可行的具体理赔流程,进一步提高保险公司的专业服务水平。

就古树名木保护工作,刘继隆指出,古树名木保护工作意义重大、任务繁重,各级各部门必须高度认识古树名木保护工作的重要性和迫切性,增强使命感和责任感,共同把这项工作抓紧抓实。要认真分析古树名木保护中存在的问题,并制定切实可行的解决方案,进一步强化保护管理。县人大要发挥作用,依法监督、依法推动,为推动方山县农业保险以及古树名木保护提供坚强保障。

贺新众就方山县古树名木保护工作及农业保险工作进行总结发言,并就下一步工作进行安排部署。

【张耀峰到方山县督导检查】 2022年4月20日,吕梁市人大常委会副主任张耀峰到方山县积翠高速卡口督导检查疫情防控工作,并看望慰问疫情防控一线工作人员,送上慰问物资,价值5万元。市总工会党组书记、常务副主席任建荣,县领导周小云、吴月贵、贺新众、呼鹏燕、秦鑫、高建军一同参加。任建荣授予积翠高速卡口“工会流动爱心驿站”牌匾。

张耀峰对疫情防控一线工作人员不畏艰险，勇挑重担，积极投身疫情防控工作，牢牢守住疫情防控“第一防线”表示感谢。叮嘱在做好个人防护的前提下，以良好的状态、饱满的精神风貌，继续做好疫情防控工作，坚定守好吕梁阵地，抓好“外防输入、内防反弹”的各项工作，为全市人民的生命安全和身体健康做出新的更大贡献。

2022年5月12日，吕梁市人大常委会副主任张耀峰到方山县调研中央、省委人大工作会议精神贯彻落实情况。县人大常委会主任贺新众，县人大常委会副主任刘林梅、常云录、李文铭一同调研。在积翠镇孔家庄村党群服务中心，张耀峰通过实地查看，详细了解孔家庄村的基层党建及人大代表联络站（点）运行情况。

张耀峰要求，要依法履行人大职权、加强监督，提高审议水平，不断增强人大常委会依法决策、依法履职的能力和水平。不断完善制度，强化工作指导，引导代表开展各项活动，确保镇级人大工作顺利开展。

贺新众表示，县人大将以市人大调研为契机，及时向县委汇报，继续细化任务，强化措施，切实把中央、省委人大工作会议精神贯彻好、实施好、落实好，把全县人大工作不断推向新水平。

【梁志峰带队到方山县开展“吕梁环保行”活动】 2022年9月5日，吕梁市人大常委会副主任梁志峰带队到方山县开展“吕梁环保行”活动。梁志峰一行到横泉水库、县污水处理厂扩容提质工程、马坊镇农村污水治理工程实地查看，并听取相关情况的介绍，了解环境污染治理特色亮点。县人大常委会主任贺新众、副主任刘林梅，县政府党组成员崔凯一同参加。

梁志峰要求，方山县要进一步增强开展环境保护工作的紧迫感、责任感和使命感，强化组织领导，压实工作责任，补短板、强弱项，着力整治环保突出问题，推动生态环境质量持续改善，不断增进人民群众生态福祉。要大力宣传、动员全社会以实际行动减少能源资源消耗和污染排放，为全市环境质量持续改善和年度环境保护目标的完成做出应有贡献，以优异成绩迎接党的二十大胜利召开。

【闫玉萍到方山县调研】 2022年9月28日，吕梁市人大常委会副主任闫玉萍一行到峪口镇监察室、县司法局公共法律服务中心、积翠镇积翠司法所、南虎滩村调解委员会、马坊镇温家庄村就全市监委专项工作和公共法律服务体系建设工作情况进行调研。市纪委副书记、监委副主任、二级巡视员李振华，县委副书记、马坊镇党委书记李贝，县人大常委会主任贺新众，县委常委、纪委书记、监委主任辛建文，县委常委、积翠镇党委书记张庆斌，县人大常委会副主任李文铭一同调研。

闫玉萍肯定了方山县公共法律服务取得的成绩，并就下一步改进工作提出意见和建议。她指出，公共法律服务体系建设工作要主动适应新形势、新规律、新特点，在体系建设上出真招，在资源整合上下功夫。希望方山县能进一步加大普法宣传力度，持续推进公共法律服务体系建设，持续做好矛盾纠纷排查化解，不断提升法律服务供给力，为人民群众提供高效便捷的法律服务。

日常工作

【提升综合素质】 2022年，方山县人大机关坚持从学习抓起,帮助广大党员、干部深入学习贯彻党的十九届六中全会精神,制定《中国共产党第十九届六中全会〈决议〉学习辅导百问》学习计划和中国共产党第二十次代表大会精神学习计划。不断增强党员干部的政治判断力、政治领悟力、政治执行力。加强干部职工党风廉政教育,狠抓精神文明创建活动,高度重视社会治安综合治理,各项考核均取得较好成绩。组织干部职工积极参加县委安排的各类学习活动、政治业务培训,形成良好的学习氛围,团结带领人大机关全体干部职工不断提高综合素养,并达到学以致用的目的。

【推进政务现代化】 2022年,方山县人大机关全面贯彻落实党的十九届四中全会精神,坚定不移地把完善行政体制向前推进,加快转变行政职能,创新行政方式,提高行政效能,建立健全人大机关的各项规章制度。如《方山县人大常委会公文制发制度》《方山县人大常委会机关考勤制度》《方山县人大常委会请销假备案审查制度》等。把全体干部职工的行为纳入制度约束的轨道,做到明确责任、量化标准、奖惩分明,实现用好的制度管理人、教育人、规范人,办公室和机关各项工作逐步走上规范化、现代化政务道路。同时加强社会治安综合治理,注重全体干部职工道德、法制宣传教育和民主法制建设。

【会议服务】 周密部署。2022年,方山县人大常委会办公室围绕为"三会"服务这个关键任务去思考、去定位,严格按照法定程序办事,在工作职责范围内充分发挥积极性、主动性和创造性,提高预见性、超前性和计划性。按照大会筹备领导小组和大会秘书处的工作安排,筹备、协调服务方山县十一届人大二次、三次人民代表大会,保证会议各项程序依法顺利进行。全年召开常委会会议8次、人大常委会主任(扩大)会议14次。

会前调研。2022年3月,配合市人大常委会教科文卫工委王泽峰主任一行就吕梁市方山县医疗卫生人才队伍建设工作情况开展专题调研1次。配合市人大常委会副主任刘继隆一行深入方山县就《吕梁市古树名木保护条例》和农业保险推动特色产业高质量发展情况进行执法监督检查1次。配合市人大常委会张耀峰副主任深入北武当村检查点、县电商中心、县汽车站、圪洞镇政府、晋湘府饭店等地就方山县疫情防控工作进行专项检查1次。4月配合县人大常委会主任贺新众、县长高鹏到峪口镇、北武当镇就重点项目开展专题调研1次。5月配合市人大常委会副主任张耀峰、人事代表工委主任刘润平、人事科科长田昊东一行到方山县就中央、省人大工作会议精神贯彻落实情况开展调研1次。6月配合部分人大代表到县人民检察院就未成年人检察工作开展专题调研1次。8月配合市人大调研组一行就农作物长势和管理情况调研1次。9月配合市人大调研组一行就2022年"吕梁环保行"开展专题调研1次,就监委专项工作和公共法律服务体系建设开展调研1次。10月配合县人大常委会主任贺新众和副县长呼鹏燕、李玉春一行就方山县招商引资工作情况开展调研1次;县人大常委会主任贺新众和副县长李玉春一行就全县国有自然资源管理情况调研1次;县人大常委会主任贺新众、副县长任海涛一行就方山县退役军人事务局工作情况调研1次。通过实地考察调研,撰写调研报告,掌握翔实的第一手资料,为常委会审议报告提供有力的依据。

服务工作。2022 年,方山县人大机关围绕常委会工作要点,充分发挥基层党组织战斗堡垒作用和党员先锋模范作用,推动发改系统工作人员深入理解习近平新时代中国特色社会主义思想的核心内容,县人大常委会办公室主任高越勇宣讲党的十九届六中全会精神;县人大常委会办公室配合方山县人大常委会班子成员参加方山县 2022 年春季国土绿化暨全民义务植树活动;县人大办公室配合市人大常委会副主任张耀峰在方山县积翠高速卡口督导检查疫情防控一线工作;县人大办公室配合县人大常委会班子成员针对所包乡镇、学校的疫情防控情况进行督查。结合全县的工作实际,安排调研、视察,建立调研档案,督促各职能单位做好调研后的回访工作,确保调研工作落到实处。服务方山县人大常委会会议听取、审议"一府两院"有关国民经济和社会发展计划执行情况、财政预算执行情况、代表意见办理等。

【协调工作】 2022 年,方山县人大机关协调工作,一是协调好会议作出的决议、决定和审议意见,及时准确地向"一府一委两院"通报,并跟踪了解督导办理情况,向常委会及时反馈。促进人大常委会与"一府一委两院"的关系。二是协调好机关各工委(室)、中心之间的关系。对常委会和主任会议决定的重大事项、安排部署的重要工作及时传达贯彻,分解落实到各内设机构。三是协调好办公室内部的关系。以服务为核心,以会务为重点,以事务为保障,在分工明确、各负其责的基础上,勤沟通、多协商,紧密衔接,步调一致,形成工作合力,确保常委会工作有序运转。

【文档管理】 2022 年,方山县人大机关文档工作做到按制度、规定程序传阅、收发、归档和移交。全年共收文 170 份,方山县人大常委会办公室发文 23 份,方山县人大常委会办公室发函 3 份。2003 至 2022 年 222 份档案移交县档案管理局,机密文件妥善保存(需要存入涉密文件夹,放入密码柜),机关印发文件及时打印、传送、领取登记,制作文件电子目录,便于迅速检索查询。

方山县人民政府

综　述

【概况】　2022年，方山县人民政府精准落实经济一揽子政策，出台“助企纾困”16条措施，全年“减免退缓”税费超1亿元，投放政府消费券550万元。创新“18889”举措，实施市场主体倍增工程，全县各类市场主体达11815户。全面落实“三无”“三可”要求，深化“承诺制+标准地+全代办”改革。全年实施项目79个，总投资67亿元，地区生产总值达85.91亿元，一般公共预算收入31999万元，乡村、城镇居民人均可支配收入分别为7330元、27430元，社会消费品零售总额107527.7万元，外贸出口1655万元，经济发展的质和量实现新的提升。

【产业发展】　2022年，山西方山汇丰新星下组煤层增批和煤下铝勘探取得实质性进展，传统工业潜能持续释放。30兆瓦整县屋顶分布式光伏项目进展顺利，争取到中广核方山80兆瓦风电项目指标，新能源产业发展势头显现。一批养殖示范场和年产600吨中药材饮片生产线建成投产，垚鑫生态养殖鸡蛋和鸡肉被农业农村部认定为名特优产品，养殖、中药材、蔬菜等三大特色产业主导作用持续加强。推进农旅特色产业园、张家塔古村落开发与保护等项目，与于成龙故居、北武当山景区等连点成线，农旅、文旅融合初见成效。

【乡村振兴】　2022年，方山县巩固拓展脱贫攻坚成果同乡村振兴有效衔接，统筹整合资金2.1亿元，实施巩固衔接项目108个。实施“三落实 一巩固”，确保监测不遗漏、帮扶不断档、力量不减弱。落实“两不愁 三保障”等普惠性政策，调整优化“四个不摘”相关政策，强化易地扶贫搬迁后续扶持工作，脱贫群众人均收入达11053元，比上年增长17.1%。建设美丽宜居示范村7个、乡村振兴示范村8个。“一村一名大学生”实现行政村全覆盖。推进“清化收”专项工作，深化污水、垃圾、厕所“三大革命”，乡村治理取得阶段性成效。

【人居环境治理】　2022年，方山县改造老旧小区11个、县城提升改造周转房、文化艺术馆主体、民欣苑公租房完工，棚户区改造东三区分房到户。大武新区安置区5个主体完工，“两山”防洪举人头沟东段项目竣工，大武新区建设全面提速。国道209改线(方山段)、梅洞沟旅游产业公路竣工通车，建成“四好农村路”35.7公里，峪口沟河道治理工程基本完工。县城新增供热面积17.82万平方米、停车位718个，规划打造便民经营点、特色街区各2个，城区公交进入免费时代，文明城市创建全面启动，群众生活便捷舒适。

【生态环境治理】　2022年，方山县完成国家储备林等各类营林造林工程17.73万亩,实施道路绿化66.6公里,“推窗见绿”成为老百姓生活新常态。完成城乡既有建筑节能改造4万平方米,全年优良空气天数达321天,PM2.5浓度下降22.6%,空气综合指数全市排名第一。县城污水处理厂二期扩容工程和马坊、北武当建制镇污水处理厂、村级污水处理站4个基本完工。马坊国考断面和大武省考断面水质均达地表水Ⅱ类标准,获得市级生态奖补资金3015万元,“一泓绿水伴方山”成为靓丽底色。

【民生事业】 2022年,方山县加快推进新建一中及高级中学综合楼建设项目,持续深化合作办学,高考二本以上达线人数创历史最好成绩,教育振兴势头强劲。新建人民医院基本完工,“行走的医院”落地运行。全年完成送戏下乡演出42场,数字文化馆平台建设工作全市排名第一,青年作家李春连荣获“赵树理文学奖”。社会福利院养护楼、殡仪馆主体完工。城乡低保标准分别提高600元、960元,农村特困人员集中、分散供养标准分别提高800元、1270元,城镇登记失业率下降到3.54%。全年未发生较大以上生产安全事故。办结民生实事10件,人民群众对美好生活的向往逐渐变为现实。

【政府自身建设】 2022年,方山县坚持“第一议题”抓学习、“第一遵循”抓贯彻、“第一政治要件”抓落实,拥护“两个确立”、做到“两个维护”。坚持不懈纠治“四风”,纵深推进清廉政府创建。主动接受人大、政协监督,代表建议56件、委员提案136件全部办结。全年督办重点事项213件,推动各项重点工作落地见效,对党忠诚、清廉守正、担当实干成为政府工作的鲜明导向。

重要会议

【安全生产领域风险隐患大排查大整治“百日攻坚”集中行动暨严厉打击盗采矿产资源专项行动汇报会】 2022年1月4日,方山县安全生产领域风险隐患大排查大整治“百日攻坚”集中行动暨严厉打击盗采矿产资源专项行动汇报会召开。检点全县当前安全生产工作排查整治情况,分析当前全县安全生产工作面临的形势,安排部署当前和今后一段时期全县安全生产工作,确保全县社会大局和谐稳定,无重大安全生产事故发生。会上,各相关部门、各镇汇报安全生产大排查大整治集中行动暨严厉打击私挖盗采矿产资源专项行动工作排查整治情况。

会议指出,安全生产领域风险隐患大排查大整治“百日攻坚”集中行动暨严厉打击盗采矿产资源专项行动事关人民群众生命财产安全,各级各部门要提高政治站位,细化工作方案,压实各级责任,善于发现问题,确保整改到位;要加强工作调度和督查,打通安全生产监管“最后一公里”;要全程留痕,加强宣传,坚持结果导向,持续巩固全县安全生产良好局面。

会议强调,各镇、有关部门要迅速传达会议精神,要靠实工作责任,要突出工作重点,要强化督查考核,确保全县安全生产形势持续稳步好转,为全县经济社会转型跨越发展做出新的更大贡献!

【方山县环境保护工作会议】 2022年2月7日,方山县环境保护工作会议召开。

会议强调,各级各部门要提高政治站位,扎实推进大气、水环境保护,坚决消除侥幸心理,按照"宁可十防九空,不可失防万一"的要求,思想上再绷紧,要求上再严格,措施上再细化,责任上再压实,进一步加强督查检查,以最严的标准、最实的作风及时消除盲区、堵塞漏洞,督促企业要严格落实环境保护主体责任,切实加强风险管控和隐患排查治理,以更加精准有效的措施推动全县大气、水环境质量稳中向好,全力推进生态环境综合治理各项工作落实,为"十四五"开好局、起好步奠定坚实基础。

【招商引资专题研讨会】 2022 年 2 月 22 日,县委副书记、县长高鹏主持召开招商引资专题研讨会。会议就方山县招商引资工作机制、办法、模式等相关事宜以及如何用好《方山示范区招商引资优惠政策》开展招商引资活动进行专题讨论和研究。县招商引资服务中心、生态文化旅游示范区就我县招商引资工作机制、示范区招商引资优惠政策分别作汇报。与会人员依次发表意见和建议。

会议指出,做好招商引资工作是方山县打好翻身战的必由之路,各单位、各部门要创新思路、多措并举,全力以赴抓好落实。一要进一步挖掘本地企业潜力,助力县域经济发展;二要进一步加强外部资源引进,突出解决好"谁去招、招什么、去哪招、怎么招"等问题,全面提升招商引资成效;三要进一步加强招商引资宣传力度,营造全民招商、人人招商的良好氛围;四要进一步建立工作机制,落实好考核、奖惩、跟踪落地等机制,高效推进招商引资工作;五要进一步做好全县国土空间总体规划,盘活现有文旅、土地等资源,提高招商引资精准度。

【疫情防控工作会议】 2022 年 3 月 16 日,县委副书记、县长高鹏主持召开疫情防控工作会议。会上,县公安局、市场局、教育局、圪洞镇、县医院、卫体局、督察组就疫情防控工作作汇报。高文祥、刘荣杰、呼鹏燕、高建军分别就近期疫情防控工作以及近期疫情防控工作督导检查存在的问题提出意见和建议。会议传达省委、市委疫情防控工作会议精神并部署当前方山县疫情防控重点工作。会议强调,各级各部门要强化防控措施,堵漏洞,补短板,织密织牢疫情防控网,着力做好汽车站、交通卡口、景区景点和公共场所等区域的管控,做好校园和医疗卫生机构的疫情防控,加强集中隔离点和临时隔离点的建设和管理;要妥善做好宣传引导工作,及时、准确发布涉疫信息,引导公众不信谣、不传谣;要强化督促检查,以强有力的监督推动各项疫情防控措施落实落细;对城区各重点场所要逐步进行检查,并认真实行好"黄牌"机制;要在思想上加强认识,动员全县人民始终在思想上保持高度警惕,时刻紧绷疫情防控这根弦,坚决克服麻痹思想、厌战情绪、侥幸心理和松劲心态,做到全员佩戴口罩,建立群体免疫屏障,真正从严从紧抓好疫情防控各项工作,打好打赢疫情防控这场硬仗,坚决守护好全县人民群众生命安全和身体健康。

2022 年 3 月 18 日,方山县疫情防控工作专题会议召开。

会议传达 3 月 17 日中央政治局疫情防控工作会议精神和省、市关于疫情防控工作相关会议精神。县公安局、市场局、教育局、圪洞镇、县医院、卫体局、督察组分别就 3 月 16 日疫情防控会安排工作进行汇报;疾控中心汇报疫苗接种情况。

会议强调,各级各部门要深入学习贯彻习近平总书记在中央政治局常委会上重要讲话精神，严格执行中央、省、市部署的常态化防控和应急处置措施，确保各项工作往实里抓、往细里做；督查组要以认真负责的态度加强疫情防控期间督查，确保抗疫工作推进到哪里，监督保障就跟进到哪里，为疫情防控工作提供坚强保障；宣传部门要用群众喜闻乐见的形式和通俗易懂的语言，通过全方位、立体式宣传，引导广大群众自觉遵守疫情防控规定，提升全民防疫意识，鼓励群众参与监督，构建群防群控的良好格局。

【森林草原防灭火工作会议】 2022年3月30日，方山县森林草原防灭火工作会议召开。会议传达市森林草原防灭火工作会议精神、张广勇市长“管好四类人、办好十件事”要求，并安排部署方山县近期工作。

会议强调，各镇各单位要压实责任，正视森林防火问题，建立督查专班，开展专项督查。一要严格落实责任追究制度，对发现的违规违法用火行为，公安机关要重拳出击、顶格处罚，做到见火就抓、见烟就罚、见灰就查。对因责任不落实、工作不到位导致发生火灾的，要从严追究相关人员的责任，一查到底、绝不手软。对护林员明确管护责任，建立奖罚机制，对不履职、不作为的行为，坚决予以解聘。二是要加大宣传，营造氛围。通过悬挂宣传标语、佩戴红袖章、插小彩旗、出动宣传车、大喇叭等进行广泛宣传，紧盯重点时段、重点人群、重点区域和重点内容，火源管控和隐患排查；对主要道路入口设置森林防火检查卡点，并设置禁火令、森林防火标识牌等；通过和疫情防控紧密结合，对过往车辆、人员进行排查检查，做好进山人员登记、宣传单发放等相关工作。三要管好“五类人”，抓好“十件事”。对智障人员及上坟、务农、返乡祭祖等人群，建立跟踪台账。全县上下务必提高政治站位，坚决贯彻省、市决策部署，增强做好森林防火灭火工作的紧迫感和责任感，牢牢守住森林草原防灭火安全底线。

【生态环境保护工作会议】 2022年4月1日，方山县召开2022年生态环境保护工作会议。县委副书记、县长高鹏主持会议并讲话，县政府党组成员崔凯及县直有关单位主要负责人、各镇镇长、重点企业负责人参加会议。会议通报2022年全县环境质量情况，安排部署2022年全县生态环境保护工作。县住建局、圪洞镇、大武镇以及霍州煤电吕梁山公司洗煤厂、山西方山汇丰新星煤业负责人分别发言，并签订目标责任书。

会议指出，一要认清形势、直面问题，切实增强做好生态环境工作的责任感、使命感和紧迫感。各镇、各有关部门要从思想认识、工作力度、责任落实、监督检查、严格执法、环保基础等方面引起高度重视，对各自承担的环保工作立即进行“回头看”，精准查找短板、弱项，细致分析问题原因，有效采取针对性举措，确保生态环境持续好转。二要聚集重点，靶向施策，努力推动全县生态环境持续好转。要抓好提高处理能力、开展排查整治、强化日常监管、加强生态修复、强化打击力量五项工作，坚决打好碧水保卫战；坚持“减煤”“控车”“抑尘”“治企”“禁燃”“增绿”六措并举，坚决打好蓝天保卫战；要治源头、强管控、重消化，坚决打好净土保卫战；要严格督查督办、严格考核奖惩、严格追责问责，坚决打好问题整改攻坚战。三要加强领导，落实责任，确保完成年度目标任务。要压实责任抓落实，要加大打击抓落实，要督导问责抓落实。

会议强调，各级各部门要进一步强化忧

患意识,坚持问题导向,严格对表对标,合力攻坚克难,以铁的担当尽责、铁的手腕治污、铁的心肠问责、铁的办法治本,营造良好的生态环境,全方位推进县域经济高质量发展。

【全县稳经济工作暨财政增收专题会议】 2022年6月7日,县委副书记、县长高鹏主持召开全县稳经济工作暨财政增收专题会议。会议传达市稳经济工作部署会议精神并就全县稳经济工作作安排部署。

会议强调,各部门要认真学习,狠抓工作落实。抢抓近期省、市政策密集出台的窗口期,结合方山县实际和发展需求,积极争取项目和资金;要围绕企业、群众关心关注的热点问题立即行动起来,拿出实打实举措,加强经济运行实时调控和精准调度;各分管领导要加强与上级部门沟通对接,最大力度争取优惠政策、项目资金,要转变作风、主动下沉、靠前服务,全力帮助企业解决实际问题,齐心协力稳住经济大盘。同时树立争先创优意识,全力优化营商环境,不折不扣将各项政策迅速落实到位;要树立敢打必胜的信心决心,鼓起昂扬奋进的朝气锐气,拿出攻坚克难的实招硬招,以实际行动和优异成绩迎接党的二十大胜利召开。

【安全生产例会暨迎峰度夏能源保供工作会议】 2022年7月5日方山县安全生产例会暨迎峰度夏能源保供工作会议召开。会议通报6月29日全市安全生产例会暨迎峰度夏能源保供工作电视电话会议会风会纪情况;应急局通报1至6月全县安全生产情况并部署下一步工作;发改局安排部署全县迎峰度夏煤炭保供工作;县交警队、电力公司、金辉凯川等单位和企业围绕各自工作进行表态发言。

会议强调,2022年是党的二十大召开之年,既是政治之年,更是安全之年,统筹发展和安全,全力保障国家能源安全和社会大局安定是重大政治责任。各级各部门一要吸取教训,坚持警钟长鸣,要以案为鉴,认真反思,深入贯彻和落实中央、省、市相关工作要求,坚决完成能源保供任务,坚决守牢安全发展底线,以实际行动践行方山责任,彰显方山担当。二要对照目标任务,扛牢保供责任,在保证安全生产的前提下,开足马力生产,确保现有产能全部释放,连续稳定供应,尽最大努力完成保供任务。三要聚焦重点领域,坚持重拳出击,突出抓好煤矿、非煤矿山、危化品、防汛、燃气等重点领域安全工作,坚决杜绝各类安全事故发生。四要压实工作责任,严肃督导问责,对督查过程中发现的违法行为和重大安全隐患要加大处罚力度,以严督实导、追责问责倒逼安全生产各项工作落到实处。五要持续深入开展安全生产大检查大整治大提升行动和安全生产专项整治三年行动,强化过程督查和问题整改,及时消除各类安全隐患,确保全县安全生产形势持续稳定好转,以优异成绩迎接党的二十大胜利召开。

【援沪医疗队凯旋座谈会】 2022年7月29日,方山县援沪医疗队凯旋座谈会召开。县委副书记、县长高鹏出席会议,政府副县长呼鹏燕主持会议,相关县直单位主要负责人,援沪医疗队全体人员参加会议。

会议宣读《方山县疫情防控领导组关于授予方山县援沪医疗队员“最美逆行者”的决定》;高鹏为援沪医疗队队员颁发证书、纪念品及慰问金;援沪医疗队代表薛小英与大家分享他们在上海抗疫一线工作的经历和感悟。

高鹏代表县委、县政府及全县人民，向医疗队全体队员的平安凯旋表示热烈欢迎，向援沪医疗队员的无畏逆行和无私奉献表示崇高的敬意和衷心的感谢。他希望，援沪医疗队员要继续发扬优良的工作作风和伟大的抗疫精神，以更加昂扬的斗志和务实的作风投入到本职工作中去，不断提高专业素养和专业能力，为全县医疗卫生健康事业的科学发展作出新贡献。

高鹏表示，县委、县政府将一如既往地秉持爱医、重医、厚医的理念，持续深化医疗卫生体制改革，不断优化医疗卫生各项政策，继续加大医疗卫生领域投入力度，着力强化医疗卫生领域人才引进和培训力度，积极推进县医院门诊医技楼等重点项目建设，尽最大努力提升全县医疗卫生服务能力和保障水平。他要求，各级、各部门要认真学习宣传援沪抗疫的生动事例、感人事迹、奉献精神，大力支持医疗卫生健康事业发展，继续关心爱护医护人员、一线防疫人员，全力以赴为医疗卫生事业和广大医务工作者保驾护航。特别是要把学习宣传援沪抗疫精神的成果成效转化为推动工作的强劲动力，奋力夺取疫情防控和经济社会发展“双胜利”，以优异的成绩迎接党的二十大胜利召开。

【防汛救灾暨恢复重建专题会】 2022 年 8 月 12 日，县委副书记、县长高鹏主持召开防汛救灾暨恢复重建专题会议。副县长秦鑫、呼鹏燕、任海涛、刘亮勤、李玉春、周明宇，政府党组成员崔凯出席专题会。会议提出救灾及恢复重建措施和建议，汇报防汛救灾工作，通报方山县未来一周的天气情况并预测可能因天气出现的影响，讨论拟订方山县救灾及恢复重建方案。

会议强调，一要加快推进灾后重建进度。要积极争取更多物资、资金、项目和政策支持，抓好基础设施修复。同时，要将各镇村灾情核实到位、留痕到位，避免出现其他方面的灾害，全面做好统筹工作。二要聚焦工作重点。要加大对农村房屋、基础设施、公共活动场所、河道、田间道路等方面的隐患排查和修缮重建力度，最大限度降低灾情给人民群众生产生活带来的损失，落实好困难群众基本生活救助和受灾人员救助政策。三要强化底线思维、增强忧患意识，压紧压实风险防控责任，统筹做好疫情防控和灾后卫生防疫工作。进一步健全防灾减灾体系，切实提升全县防灾减灾救灾能力，坚决守护好人民群众生命财产安全。

调研活动

【任磊到方山县调研】 2022 年 3 月 3 日，吕梁市政府副市长任磊到方山县开展入企进村服务和疫情防控调研，县委常委、积翠镇党委书记张庆斌，副县长呼鹏燕分别一同调研。

在水沟湾村，任磊实地察看村容村貌、美丽乡村建设、重点产业等情况。与镇村干部交流，了解水沟湾村发展现状和村民实际需求，为水沟湾村排忧解难。他指出，要因地制宜发展适合水沟湾村的主导产业，实打实帮助村民解决发展中面临的困难问题，带领农民增收致富；要进一步加强乡村治理，促进水沟湾村经济发展以及环境状况的改善；要充分利用好各类资金和政策，推动水沟湾村美丽乡村振兴。

在积翠高速疫情防控卡口，任磊实地察看卡口防控工作情况，仔细询问车流量、应急处置等方面的工作情况。他指出，高速卡口是“外防输入”最关键的防线,要规范执行各种防控措施,做到逢车必检、逢人必查,不漏一车、不漏一人,坚决守牢疫情防控第一道防线。

在县疾控中心,任磊了解返乡人员登记系统使用情况。他要求,要熟练掌握管理系统的各项功能,实现外来人员管理全覆盖,使返乡人员登记系统真正用到实处。

在积翠社区,任磊详细了解近期返方居家隔离人员管控落实情况。他要求,要进一步加强各地返方人员的排查管理工作,做到不漏一人、管控到位;要做好集中隔离人员的生活保障,加强日常保洁和消杀工作,妥善处置集中隔离点生活垃圾,坚决避免交叉感染。

在备用集中隔离点鼎恒酒店,任磊了解备用隔离点疫情防控措施落实、房间设置、设备设施、物资配备、后勤保障等情况。他强调,要严格落实各项安全防范措施,完善应急处置预案,规范操作流程,堵塞漏洞短板,加大人力物力投入,确保隔离点安全有序运行;要严格按照“三区两通道”标准,做到全流程闭环管理;要全力做到万无一失,切实保护好人民群众的身体健康和生命安全。

2022 年 7 月 1 日,吕梁市政府副市长任磊到方山县调研民生工作,政府副县长任海涛一同调研。任磊一行到圪洞镇积翠社区、县殡仪馆,通过实地查看、听取汇报,了解积翠社区基本服务功能情况和殡仪馆项目建设情况。到峪口镇横泉村实地查看日间照料中心运行情况。

任磊指出,社区是最基层的社会单元,是社会治理的基石,是党和政府联系、服务居民群众的“最后一公里”。各相关单位要抓好社区建设,以社区居民为服务核心,培养特色活动,用好用活活动阵地,为居民提供安全、高效、便捷的服务。殡仪馆的建设工程要严格按照时间节点,倒排工期,抢抓进度,各尽所能,各司其职,强化沟通协调,及时解决存在的问题。施工单位要抓好工程质量和安全管理,认真落实安全生产责任制,在保证质量的前提下,加快施工进度,争取早日竣工并投入使用。

【张广勇调研疫情防控】 2022 年 4 月 5 日,市委副书记、市长张广勇到吕梁环城高速公路大武收费站调研指导疫情防控工作。县委副书记、县长高鹏一同调研。

在大武高速口,张广勇详细询问疫情检查情况。了解到收费站出站方向 3 条车道查控岗位,交通执法人员、公安民警、卫生防疫人员混合编组、配合协作,24 小时“逢车必检”。他指出,高速口作为疫情防控的“前沿阵地”和重要防线,要落实好县级领导包联、科级干部带队、检查组正式民警不低于 70% 的人员保障措施,做好检测登记和消杀工作,周密制定检查流程,确保各项防控措施落到实处。大家要正确认识新型冠状肺炎疫情蔓延的形势,坚守岗位,文明执勤,在做好自身保护的同时,要集中精力,严密防范,严格细致地把好“关口”,守好“入口”。

【郭红波督导检查疫情防控】 2022 年 4 月 5 日,副市长郭红波到方山县大武镇就疫情防控督导检查。县委副书记、县长高鹏,副县长、公安局局长高建军一同督导检查。

郭红波一行到大武镇高速口实地查看、询问交流、听取汇报等,了解高速卡口对返方人员的管控流程和措施,并就疫情防控工作提出针对性意见。

郭红波指出,高速口是疫情防控的第一

道防线,各相关单位要保持高压态势,把好“关口”,守好“入口”。

郭红波强调,要充分认识当前疫情防控形势的复杂性和严峻性,时刻绷紧疫情防控这根弦,保持高度警惕,克服麻痹思想,抓紧抓实抓细常态化防控措施落实;要严格落实疫情防控最新要求,密切关注疫情防控动态,落实防控措施,做到不漏一车、不漏一人;要做实做细各项疫情防控措施,所有人员要始终保持高度警惕和清醒头脑,慎终如始抓好常态化疫情防控各项工作,确保方山人民群众生命安全和身体健康。

2022 年 10 月 21 日,吕梁市副市长郭红波到方山县就疫情防控工作召开调研座谈会。副县长呼鹏燕主持座谈会。会议就方山县近期疫情防控工作情况进行专题汇报。

郭红波对方山县疫情防控工作取得的成效表示肯定,他强调,各级各部门要进一步提高政治站位,时刻保持高度警惕。要培养全县医护人员的核酸检测能力,组织好常态化区域核酸检测,优化核酸检测采、送、检各环节流程,不断提高核酸检测能力;要做好协调配合,加强流调专班的统筹调度和工作衔接,发挥部门协同联动作用,合力做好有关风险人员的判定、落地管控等工作,确保疫情处置制度化、标准化、规范化;要尽快转变旧思路、研究新对策。用好科技手段,利用大数据,进一步发挥智慧防疫平台的优势,加强货车管理,精准落实外来人员的防控措施,坚决筑牢严密防线。同时,要确保方山县常驻人员全员核酸检测能够做到应查尽查、应检尽检,全面筑牢严密防线、守牢基层阵地。

【赵曙光一行到方山示范区调研】 2023 年 5 月 30 日至 31 日,山西省文化和旅游厅副厅长赵曙光一行深入方山生态文化旅游示范区调研。市文化和旅游局党组书记、局长吕文平,县委副书记、县长、方山示范区党工委书记、管委会主任高鹏,副县长呼鹏燕,示范区党工委委员、管委会副主任刘亮勤、杨乃平等一同调研并参加座谈会。县文旅局、住建局、农业农村局、圪洞镇、峪口镇、北武当镇及部分旅游景区、运营公司的负责人参加座谈会。

赵曙光一行先后深入梅洞沟湿地公园、前东旺坪村、张家塔村、农旅融合(田园综合体)项目、北武当山风景区、于成龙故居等地进行实地查看,听取相关负责人情况介绍,详细了解全县文化旅游工作基本情况、推进文旅产业发展的具体举措以及文旅资源开发利用方面存在的问题。

赵曙光对方山县近年来在推动文化旅游产业融合发展方面取得的成绩给予充分肯定,希望继续以示范区为牵引,发挥文化和旅游产业优势,加强对张家塔古村落、北武当山风景区等地历史文化资源的挖掘、整理和保护,持续加大投入力度,积极培育文旅融合新业态,切实推动方山文旅产业提档升级。31 日上午举行座谈会,呼鹏燕汇报方山生态文化旅游示范区工作情况。与会人员围绕文旅产业发展作交流发言。

赵曙光指出,方山县有着悠久的历史传统和深厚的文化底蕴,开发好、利用好、保护好这些得天独厚的历史文化资源,责任重大、使命光荣,功在当代、利在千秋。方山生态文化旅游示范区要进一步明确战略定位和意义,抓住当前难得的发展机遇,充分发挥示范区主引擎、主阵地、主战场的积极作用,深入挖掘地方特色文化资源,着力谋划更多文旅融合项目,把文化旅游产业培育成县域经济新的增长点和未来长远的支柱产业。要坚持把文化旅游产业发展摆在更加突出的重要位置,大力开展宣传推介活动,持续加大资金投入,将历史传承、文化交流等各项功能相互融合、统筹发展,持续做大做强文化旅游产业品牌。要紧跟全省全市文化旅游产业发展走向,在抓好文旅原有基础的同时,依托于成龙唯一资源,大打品牌效应,彰显地方特色,真正把方山县打造成农旅康养为一体的“四宜”方山。

高鹏表示,县委、县政府,方山示范区将继续把文化旅游产业发展作为一项非常重要和十分紧迫的任务紧紧抓在手上,进一步创新文旅产业发展思路,强化文旅公共服务基础设施建设,加大文旅精品工程建设力度,切实推动全县文旅产业高质量发展,打造真正意义上的省级一流生态示范园区。

【张复明到方山县调研】 2022年6月1日,副省长张复明深入峪口镇张家塔村调研乡村振兴、乡村旅游工作。张复明实地查看地下甬道,了解古村落及古甬道保护和修缮工作情况。市委副书记、市长张广勇,县委书记周小云,县委副书记、政府县长高鹏一同调研。

张复明指出,要深入挖掘传统古村落的历史文化资源,坚持保护为主、古为今用,做好古村落古甬道的修复开发,促进方山经济社会高质量发展。

张复明强调,要抓好古村落古甬道的全景规划,做到原汁原味保留历史风韵;要把传统古村落的保护与乡村旅游和乡村振兴结合起来,既要做好保护传承,又要不断提高村民的居住环境;要探索古村落古甬道发展的新路径,因地制宜科学合理规划,以乡村文化旅游带动经济发展。

【武亮带队到方山县实地考察调研】 2022年6月7日,山西省投资促进局党组成员、副局长武亮带队到方山县实地考察并召开座谈会。县委书记周小云,县委副书记、县长、示范区党工委书记、管委会主任高鹏,副县长呼鹏燕、周明宇,示范区管委会副主任刘亮勤一同调研并参加座谈。

考察组一行先后到梅洞沟景区、前东旺坪村乡村旅游、张家塔民居、田园综合体等地进行实地调研。

武亮指出,方山县立足当地实际,以示范区为牵引,围绕文化旅游、生态康养做了大量工作,正向着起步向好、初见雏形、形成品牌的正确方向稳步迈进。但通过考察调研不难看出,整体文化旅游资源开发力度不够,业态单一,整体宣传造势、品牌效应尚未形成。建议方山县要围绕康养,打好文旅牌,在集成化、整体化、统一化上下功夫,整合全县景区景点和各类文旅资源,整体打包、整体宣传、整体推进、整体发展;要引入国内顶尖的文旅大企、央企进行顶层设计和策划运营,快速推进方山文旅康养产业大发展。

参会人员就县域旅游合作项目、设施农业产业园项目、康养小镇项目分别作深入分析和沟通交流。表示将进一步深入对接,夯实合作基石,促进项目落地。

周小云强调,方山示范区要紧紧围绕高质量发展的目标要求,切实发挥主阵地、主引擎、主战场的积极作用,在整体推进示范区提档升级方面多下功夫,多动脑筋,多出实招,加快园区市场化进程。要切实树立整体意识,一体统筹推进全县文旅资源开发保护和宣传工作。要运用现代信息技术和网络资源,多管齐下,多点发力,多位推进,加大对全县文旅资源的宣传力度,特别要加大对洽谈项目、引资项目的宣传力度,最大限度地让全县、全市、全省的人都知道方山的文旅资源,方山的项目建设,方山的发展环境,从而促进项目建设、招商引资工作同频共振,同向发力,打造示范区转型升级的新样板。

【李建文到方山县公安局调研指导】 2022年6月9日,吕梁市副市长、市公安局局长李建文深入方山县公安局就110指挥中心、网安大队、执法办案中心、机关餐厅调研指导卡口疫情防控、打击防范、案件办理流程、基础设施建设等情况。市委副秘书长、市信访局局长张致滨,县委书记周小云,县委副书记、政法委书记吴月贵,县委常委、纪委书记、监委主任辛建文,政府副县长、公安局局长高建军一同调研。

李建文对方山公安在安保维稳、队伍建设、强基工程等方面工作给予充分肯定。强调做好党的二十大安保维稳工作,既是检验忠诚担当的大战大考,也是提升能力水平的有利契机。要求县公安局要紧紧围绕"七场战役",扎实做好公安主业,进一步做强基础,锤炼过硬队伍,继续发扬"逢旗必夺、逢位必争"的拼劲与干劲,强化责任担当,求真务实、真抓实干,以优异成绩迎接党的二十大胜利召开。

调研期间,李建文听取县公安局包联信访积案的情况汇报,研判问题产生的症结,现场研究解决办法。要求县公安局要认真学习贯彻《信访工作条例》,严格落实领导包案制度,推进公安信访件攻坚化解,发扬钉钉子精神,压实属地责任,强化源头治理,确保有效化解,切实把群众呼声反映好、信访事项处理好、合法权益维护好。

【贺天才到方山县调研】 2022年6月28日,副省长贺天才深入方山县就肉牛产业发展情况进行调研。市长张广勇,市政府秘书长王建强,县委书记周小云,县委副书记、县长高鹏,县委副书记、政法委书记吴月贵一同调研。

贺天才一行先后深入县宏康牧业有限公司、县肉牛屠宰厂等地,实地参观屠宰冷却车间、分割冻结车间、食品研发及加工车间,详细了解屠宰、分割、排酸、包装、冷藏等屠宰分割加工生产线,仔细询问屠宰厂生产流程、冷藏运输、发展效益、带动就业等情况,并就调研中所发现的问题提出意见和建议。

贺天才指出,方山肉牛养殖具有较好的自然资源、气候条件及广阔的市场前景,要积极探索建立适宜于本地农户的产业发展新模式,出台扶持政策,建立投入长效机制,促进肉牛产业健康发展。

贺天才强调,要强化部门之间的统筹协调,各相关职能部门要积极服务、支持好产业发展;养殖户、企业要进一步增强发展信心,在实践探索中不断积累经验,寻求更好的合作机制,持续提升养殖技术和经营效益;要以屠宰加工为核心,补齐产业发展短板,切实保障产品源头质量安全,实现屠宰标准化、加工精细化,做大做强做优肉牛屠宰加工产业;要着力打造特色品牌,加大宣传推介力度,尽快把品牌创起来发挥产业带动能力,把产品推出去让品质征服消费者,不断扩大方山县肉牛销售市场渠道和品牌影响力。

日常工作

【督查落实】 2022年,方山县人民政府办公室起草印发《方山县进一步提高行政效能和执行力切实抓好工作落实实施细则》,组建督查专班,台帐式管理、清单化销号。全年印发督查专报20期、督查通报23期、工作提示8期。《2022年政府工作报告》151项分解工作完成率90.06%,18项民生实事完成率94.4%。领导批示事项462项,销号414项。有效推动安全生产三年行动、县城占道电线杆移除、房屋产权登记确权颁证清零行动、自建房安全隐患排查整治、市场主体倍增等10方面重点督办工作。13710督办系统省、市下发事项52项,办结46件,办结率82.14%。督促192件人大代表意见建议和政协委员提案全部答复,代表委员满意率100%。

【政府三项考核指标】 2022年,方山县人民政府办公室承担政务公开、企业挂牌上市、小额信贷投放三项考核指标。

政务公开。政府门户网站新设栏目6个,公开政府信息5200条,编制《政府公报》4期;办结国家政务服务投诉与建议16件;市县长信箱来信答复112件,全部按期答复。

企业挂牌上市。建立上市挂牌后备企业库,入库企业6家,聘请第三方协助完成股改2户。其中方利混凝土有限公司于2022年12月14日在股权交易中心晋兴版挂牌。

小额信贷。小额信贷全年发放12782万元,完成率118.35%,逾期率控制在风险线以内。

【提升以文辅政水平】 2022年,方山县人民政府办公室坚持把发挥参谋助手作用作为首要职责,以“参在点子上、谋在关键处”为目标,努力提高以文辅政能力水平。一是高质效起草文稿。牢固树立精品意识和效率意识,起草文稿紧随上级政策、贴近领导思路、符合群众意愿。认真谋划,组织撰写总结汇报、调研报告522篇110万字,为领导科学决策提供参考。二是高效办理公文。严格规范行政公文审核流程,严控发文数量和发放范围,严守公文保密纪律,规范管理各类文档。全年共收办处理各类公文2365份、涉密文件79份。以县政府和办公室名义制发各类公文382份,推动工作落实。三是高效编报信息。落实全员办信息机制,采编上报政务信息150期,被省、市采用28期,前三季度全市排名第六。

【政务工作】 2022年,方山县人民政府办公室牢固树立“办公室工作无小事”的观念,严格按照客观公正、实事求是的办事原则,精心搞好协调联络、会议组织、后勤接待等工作,确保县政府各项工作规范高效运行。一是规范务实办会。全年承办县政府常务会议10次,政府党组会议93次,专题会议、省市县电视电话会议等各类会议332场次。严肃会风会纪,通报未按时到会单位9次,黄牌警告5个单位,红牌警告1个单位。二是周密协调,重大工作及时主动请示汇报。全年完成县人大安排重大调研活动9次,县政府领导调研活动28次,配合县政协开展专题议政活动4次,完成重大审计接待7次,其他公务接待118次。

【其他工作】 2022年,方山县人民政府办公室其他工作,一是较好地完成年初市外事办确定的外事工作目标任务。二是值班制度日趋完善,出台《方山县政府系统值班工作规范(试行)》,进一步规范全县政府系统值班工作,全年共报送值班信息29期、值班通报6期,未发生上级通报脱岗等情况。三是提升驻村帮扶工作水平,全年组织驻村走访525户,协助排查帮扶点问题2个,帮扶务工就业人数70人次。

劳动就业

【完善创业就业服务体系】 2022年,方山县6个镇设立创业就业服务站,固定工作场所,购置设施,配备人员,明确职责,确保就业创业工作有人管、有人干、有阵地。同时在太原、北京、青岛、常州与当地人力资源机构建立长期合作关系,设立创业就业服务站,促进两地人力资源中介组织互联共享、优势互补,共同实现更充分就业。全年全县城镇新增就业2210人,完成目标任务2000人的105%;失业人员再就业323人,完成目标任务300人的107.6%;就业困难人员就业115人,完成日标任务80人的143.7%;农村劳动力转移就业2617人,完成目标任务2300人的113.78%;城镇登记失业率3.80%,控制在4.5%以内;农民工就业完成26213人,占总任务26000人的100.82%,其中在乡就业创业人数7008人,省内转移就业16001人,省际转移就业输出3004人。

【就业政策宣传】 2022年,方山县人力资源和社会保障局与联通和移动公司合作,把用工信息和就业政策向全县劳动力进行"点对点"推送,共推送信息20万条,提高群众政策信息知晓度。紧盯"稳就业20条"等一系列省、市政策措施,全面检点,一体推进,让政策应享速享、应享尽享,顶格执行、精准直达。

【落实纾困助企政策】 2022年,方山县落实稳岗支持,实行失业保险稳岗返还"免申即享"。全年返还金额21.4万元,惠及企业45户、职工779人。发放失业保险金85.6万元,惠及100人;发放失业保险补助金33.88万元,惠及65人;发放留工补助1.35万元,惠及企业1户、职工27人;发放职业技能提升补贴0.2万元,惠及1户、1人。落实社保缓缴政策,餐饮、零售、旅游、运输等特困行业及经营困难的中小微企业、个体,实施阶段性缓缴社会保险费。全年缓缴失业保险费4.05万元,惠及企业16户、职工181人。

【设置公益性岗位】 2022年,方山县按照因人设岗、应设尽设的原则,经各镇摸底分析,全县确定将6350名脱贫劳动力中的弱劳力、半劳力安排到公益性岗位上。

【招聘工作】 2022年,方山县开展"春风行动"、民营招聘月、就业帮扶行动周、金秋招聘月、乡村振兴专场招聘会等公共就业服务专项活动,累计组织企业28家,开展线下巡回招聘21场,线上招聘5次,提供就业岗位3178个,达成就业意向524人。

事业单位公开招聘工作人员,全年共聘用事业人员128人,其中具有研究生学历的63人。

劳动监察

【社保基金监督管理】 2022年,方山县开展各险种核查、规范审核管理、规范资格认证、加强经办内控、健全系统功能、提升技防能力、落实基金监督约谈规定、举报奖励规定、开展警示教育等,有效确保社保基金安全。

【劳动保障监察】 2022年,方山县共检查用人单位32户,下达询问通知书12份、整改指令书15份。备案登记和合同签订6500人(不包括3至5年签订人数),合同签订率98%。

【劳动仲裁】 2022年,方山县共处理劳动人事争议案件44件,涉及劳动者44人,涉案金额412万元。劳动人事争议调解成功率88.6%,劳动人事争议仲裁结案率100%。受理群众来信来访案件48件,涉及群众52人,结案率100%。接待群众咨询84人次,现场接到投诉案件42起,部转平台案件135起(重复案件35起),省转案件12起,12345市长热线315起(重复案件85起),劳动保障检查举报投诉案件结案率100%。共接到投诉举报案件504起,涉及农民工1874人,共追讨拖欠工资4808万元,结案率100%。“黑名单”及失信平台案件1起,涉及34人,金额51.3万元。违反劳动保障法律法规处罚案件3起,罚款金额30万元。用人单位用工“全覆盖”60%,涉及用工单位127户,比2021年上升20%。

社会保障

社会保险

【企业职工养老保险】 2022年,方山县企业职工养老保险参保人数6528人,基本养老保险基金收入2549万元,基金支出6940万元。

【机关事业单位养老保险】 2022年,方山县机关事业单位养老保险参保人数4657人,基本养老保险基金收入5886万元,基金支出12154万元。

【城乡居民基本养老保险】 2022年,方山县城乡居民基本养老保险参保人数86278人,实际领取待遇人数17692人。全年基本养老保险基金收入679.67万元,基金支出2329.76万元。城乡居民补充养老保险基金收入267.59万元,基金支出259.73万元。

2022年,城乡居民困难群体代缴最低缴费档次基本养老保险费28642人,其中建档立卡脱贫户26355人、重度残疾人1241人、五保供养人员278人、低保对象768人。完成低保对象、特困人员、重度残疾人补充养老保险代缴3725人。

【失业、工伤保险】 2022年,方山县参加失业保险9664人,发放失业保险金93.8万元;参加工伤保险人数13900人,享受工伤保险待遇88人。

【被征地农民养老保险征收业务】 2022年,方山县共办理40批次42个项目被征地农民养老保障保费征收业务,共征收约132个村的集体土地10100.59亩,征收保费5060.39214万元,分别进入县财政被征地农民养老保险社保专户,按照规定予以记账。

社会救助

【完善救助政策】 2022年,方山县健全动态调整机制,符合条件的困难群众纳入保障范围,实现应保尽保、应救尽救。开展巩固社会救助兜底脱贫成果“回头看”,联合镇对脱贫不稳定人口、边缘易致贫人口、因病因灾因疫情因意外事故等刚性支出较大或收入大幅缩减导致基本生活出现严重困难及其他特殊困难群体进行全面摸排,发现符合救助条件的及时纳入保障范围,避免“脱保”“漏保”。在全面梳理排查2020年至2022年农村低保专项治理的基础上,再对违规办理低保、贪占挪用低保等救助资金、基层经办服务作风问题等进行集中整改,斩断伸向困难群众“救命钱”的“黑手”。

【调整救助标准】 2022年,方山县根据吕梁市民政局、吕梁市财政局下发《关于调整吕梁市困难群众社会救助标准的通知》《关于调整吕梁市农村最低生活保障标准的通知》文件精神，分别调整方山县城乡最低生活和特困人员保障标准，提标后农村低保保障标准为6024元/人/年，提高960元/人/年；农村分散特困供养人员保障标准为8170元/人/年，提高1270元/人/年。城市低保保障标准为630元/人/月，提高50元/人/月；城市特困人员供养基本生活标准、农村特困人员集中供养基本生活标准10100元/人/年，提高800元/人/年。特困人员集中供养照料护理标准全自理2300元/人/年，提高200元/人/年；半自理5700元/人/年，提高600元/人/年；全护理11400元/人/年，提高1200元/人/年。

【动态调整城乡低保、城乡特困人员】 2022年，方山县城乡低保人员每月进行动态调整，城乡特困人员每季动态调整，困难群众保障资金每月、每季均按时发放到位。至2022年底，全县享受农村低保4703户5985人，享受城市低保1166户1831人。2022年第四季度农村特困供养人员936户939人，城市特困供养人员17户17人。全年新增农村低保人员821人，新增城市低保人员89人；新增农村特困人员59人，新增城市特困人员7人。全年发放城乡低保金4290.7102万元，其中：农村低保金3111.0629万元，城市低保金1179.6473万元。全年发放特困保障金995.8856万元，其中：农村特困供养金972.5481万元，城市特困供养金23.3375万元。

【困难群众免费电量发放】 2022年，方山县落实城乡低保对象和城乡特困人员7.16元/月(15千瓦时)免费用电政策，全年发放电价补贴61.756442万元。

【临时救助】 灾害性救助。2022年，方山县因发生突发事件、意外伤害、重大疾病或其他原因引起的，相关救助措施无法覆盖或给予救助后基本生活仍然存在困难的个人或家庭给予一次性救助，帮助渡过眼前难关，建立健全镇临时救助备用金制度。全年共救助3167人次，救助金额213.01万元。

流浪乞讨人员救助。2022年，全年共救助流浪乞讨人员97人次，发放救助金额7万元。

困难群众生活补贴、价格临时补贴和爱心消费券发放。全年发放城乡低保和城乡特困人员生活补贴共8614人258.42万元，发放城乡低保和城乡特困人员价格临时补贴共34638人80.436万元。3月、6月2次发放城乡特困供养人员爱心消费券1000元、1500元，共2247人次281.1万元；11月发放城乡低保、城乡特困人员爱心消费券200元，共8753人次175.06万元；发放低收入人口爱心消费券100元，共731人7.31万元。

医疗保障

【职工医保】 职工医疗保险费收缴。2022年，方山县职工医疗保险参保人数10032人，缴费金额3967.43万元。其中：基本医疗收入3721.32万元、大病收入47.07万元、公务员医疗补助收入199.04万元。

职工医疗保险费支出。2022年，方山县职工医保待遇享受176455人次，费用总金额4997.6万元，基本医疗支出1933.76万元。全年职工普通住院1067人次，费用总金额636.58万元，基本医疗支出509.95

万元。转外诊治住院723人次,费用总金额1182.61万元,基本医疗支付816.74万元,大病赔付10037.14元,公务员补助49467.78元。生育住院79人次,费用总额40.58万元,基本医疗支付30.92万元。门诊慢特病9243人次,费用总额873.93万元,基本医疗支出505.18万元,大病赔付2.6万元,公务员补助64.39万元,个人账户支出123.59万元。特药购药138人次,费用总金额99.44万元,基本医疗支付64.59万元,个人账户支出2.98万元。定点药店购药138556人次,个人账户支出1676.12万元。

【居民医保】 居民养老保险费收缴。2022年,方山县城乡居民参加基本医疗保险127510人,其中特困人员1135人,低保对象9224人,易返贫致贫人口385人,脱贫人口50597人,参保率100%。全年个人缴费320元/人,征缴金额4080.32万元,各级财政补助610元/人,补助金额7778.11万元,全年预计总金额11858.43万元。其中,大病保险提取85元/人,共计1083.83万元,可用基金10774.6万元。

居民医疗保险费支出。2022年居民医保待遇享受40864人次,费用总金额13484.04万元,基本医疗支出6972.63万元。全年居民普通住院10656人次,费用总金额5617.99万元,基本医疗支出3478.5万元,大病赔付178.97万元。医保外伤住院372人次,费用总金额399.04万元,基本医疗支出164.03万,大病赔付36.37万元。转外诊治住院3359人次,费用总金额5812.35万元,基本医疗支出2585.13万元,大病赔付73.73万元。门诊慢特病8025人次(1893人),费用总金额545.27万元,基本医疗支出272.89万元,大病赔付54.87万元。门诊统筹10298人次(5580人),费用总金额85.59万元,基本医疗支出43.77万元,个人账户支出6.8万元。定点药店购药6643人次(5021人),费用总金额45.2万元,个人账户支出41.52万元。特药购药497人次(145人),费用总金额317.19万元,基本医疗支出176.5万元,大病赔付4.8万元。生育住院772人次,费用总金额324.56万元,基本医疗支出144.23万元。

社会事务

社会福利

【落实儿童福利保障政策】 2022年,方山县分散供养孤儿生活费、事实无人抚养儿童生活费保障标准为1145元/人/月,集中供养孤儿生活费保障标准为1720元/人/月。全年全县供养孤儿15人,其中集中供养3人、分散供养12人,事实无人抚养儿童35人。全年共发放保障资金70.4120万元。发放价格临时补贴30元/人/月,共5730元。发放"福彩圆梦·孤儿助学金"1万元/人/学年,共3.5万元。

【特殊对象生活补贴】 至2022年12月底,方山县享受残疾人护理补贴1784人,标准为94元/人/月。低保对象中享受残疾人生活补贴1659人,标准为71元/人/月。低保家庭中高龄老人870人,补助标准为50元/人/月;失能老人37人,补助标准为100元/人/月;百岁老人1人,补助标准为300元/人/月。全年共发放残疾人"两项"补贴

332.56 万元,高龄、失能和百岁老人生活补贴 55.93 万元。

【农村日间照料中心(幸福小院)建设】 2022 年新建、改建日间照料中心 25 个、幸福小院 6 个,共 31 个村、易地移民安置点建设老年人养老服务设施。至年底,方山县累计建成老年人日间照料中心 44 个,正常运行并可以就餐。按照县乡村振兴领导小组会议决定,利用光伏收益资金,对历年已配置日间照料中心的村、易地移民安置点均给予 8 万元补贴支持运行,以镇统筹,各镇人民政府督促运行,民政局定期检查各老年人日间照料中心。

【推进养护楼和殡仪馆项目实施】 养护楼项目建设竣工。2022 年,方山县社会福利院养护楼项目选址于圪洞镇津良庄村,项目初步设计总投资 5052.68 万元,占地面积 20 亩,总建筑面积 18554 平方米,建筑结构为地下 1 层地上 11 层的框架结构,建筑总高度 47.3 米,设计床位总数 398 张。

殡仪馆项目建设竣工。2022 年,方山县殡仪馆建设项目为五类,规划占地面积 9334.20 平方米(约 14 亩),总建筑面积 2903.68 平方米,项目总投资为 3151.86 万元。设有业务区、悼念区、遗体处理区、火化区、骨灰寄存区、祭扫区等 6 个区,建有殡仪馆主楼、骨灰堂、祭品焚烧处理用房、业务楼、门房 5 大建筑。项目建设内容包括土建工程、装饰装修工程、室内外给排水、绿化、安防、围墙、大门、深井、放坡面植草绿化以及火化机、遗物焚烧炉购置安装。

【婚姻登记】 2022 年,方山县婚姻登记工作,配合县计划生育办公室宣传婚前检查福利政策。全年结婚登记 807 对,离婚登记 176 对,补发结婚证 217 对,补发离婚证 53 对。

社会组织和基层治理

【社会组织年报、管理】 2022 年 5 月,方山县开展社会组织年报工作,通过网上填报资料、现场审核等方式,全年完成社会组织年报 33 家。加强行业协会监督管理,建立长效监管机制,杜绝行业协会乱收费情况,减轻企业负担,优化营商环境,保持平稳健康的经济环境。

【推进“互联网+监管”服务】 2022 年,方山县推进社会组织开展“双公示”工作,利用“互联网+监管”系统,对社会组织日常监管工作进行更加规范化、公开化管理。常态化开展婚姻登记、社会组织检查等互联网监管信息录入,全年共计录入信息 1096 条。

【易地扶贫搬迁安置点管理】 2022 年,方山县按照就近纳入村(社区)管理的原则,圪洞镇盛祥安置小区、安居苑安置小区分别就近纳入积翠社区、商贸社区管理;峪口镇峪安苑安置小区、兴盛苑安置小区就近纳入峪口村管理;大武镇新房安置小区、新洞上安置小区分别就近纳入郭家沟村、新洞上村管理。解决搬迁群众办理日常社会事务,确保群众办事只跑迁入村(社区)一头。

【社区精细化治理】 2022 年,方山县社区精细化治理,一是推动 1133 名在职党员进社区报到,承担疫情防控任务,442 个党员中心户全面参与社区疫情防控,建立微信工作群 158 个。二是解决社区工作人员历史遗留问题,落实专职社区工作人员配置任务要求。三是完成社区综合服务场所建设。2021 年完成东一区积翠社区改建,2022 年投资 300 万元,建筑面积 800 平方米的东三区武当社区服务场所完成选址。

【清廉村居建设】 2022年,方山县深入贯彻落实《关于全面建设清廉方山的行动方案》《全面建设清廉方山2022年工作要点》精神,充分发挥部门牵头协调作用,周密安排部署,强化调研指导,加强检查督促,全力推进清廉村居建设有序展开。全县2个示范点重点围绕基层党风廉政建设,打造"清廉村居"基层样板,形成心灵干净、干部干净、干事干净的政治生态,为乡村振兴提供持续强劲动力。

【完善基层治理体系】 2022年,方山县挂牌成立6个镇级社工站,相继落实办公场所、工作人员等,社工系统开始运行。开展村务监督培训和社区工作人员疫情防控培训,提高基层办事水平。与相关部门联合审核各村村规民约,推动全县各村完善村规民约,倡导文明新风,推进乡村振兴。全国基层政权建设和社区治理信息系统,全年共录入高校毕业生就业情况和社区防控专岗招录情况23条。督促镇村在基层政权系统按月、季、半年、年分别录入完善"两委"成员、村规民约、村务公开、村民会议等信息,确保完成上级下达的目标任务。

【区划地名工作】 2022年,方山县区划地名工作,一是配合交城县完成方山县、交城县地名联检,对三颗界桩检查、描红、清理杂物。二是根据省、市民政局要求,对地名工作进行数据质量系统录入。经过实地勘测、拍照,深入了解地名历史沿革等,进一步完善方山县地名信息。全县共录入地名信息2600条。

退役军人事务

拥军优抚

【拥军工作】 2022年,春节、"八一"期间,方山县财政投入资金69.55万元,普遍走访慰问户籍在本县行政区域内3000名退役军人、驻方部队和县消防救援大队官兵。县退役军人事务局联合县人民武装部投入6500元,走访慰问立功受奖现役军人11名的家属。

【优抚工作】 2022年,方山县严格按照优抚对象抚恤补助标准和自然增长机制及时调整抚恤补助标准,保障抚恤金和生活补助等资金及时、足额、准确发放。至2022年底,发放到位"两参"人员生活补助资金97.2万元,优抚对象人头经费945.36万元。资助重点优抚对象646名参加城乡居民医疗保险,资助金额18.94万元。为没有收入来源的1至6级伤残军人缴纳职工医疗保险费7.011456万元。发放2020年、2021年义务兵78人优待金217.76314万元。投入资金3.25万元,组织53名"8023"人员在吕梁市人民医院体检。推进退役军人及其他优抚对象建档立卡,及时发放优待证。全年完成退役军人建档立卡2630人,优待证申请发放总任务数2480人,发放2454人,发放率98.9%。

【核查确认伤残军人、优抚对象】 2022年,方山县严格按照伤残退役军人认定标准,依法依规开展核查。根据《关于开展残疾等级评定专项核查和换发(残疾军人证)等证件工作的通知》精神,核查方山县伤残退役军人档案,核查发放残疾军人证128人。优抚对象年度应确认数798人,实确认751人,完成率94%。

【抗日烈士塔修缮保护】 2022年,方山县退役军人事务局按照省、市、县关于推进烈士纪念设施整修工作的要求,对方山县烈士纪念塔内四周墙壁的彩画褪色、木质门窗年久失修、四周电线错综缠绕、塔基两侧与居民住房和方山一中围墙连接等问题，与电力公司、联通公司、移动公司等单位沟通，督促排查清理县烈士塔周围的电线、网线、光缆，消除周边用电安全隐患。组织文物保护专家实地勘查，编制申报修缮保护设计方案。共投入资金74万元。

权益维护

【退役士兵档案移交】 2022年，方山县在政务服务大厅设立退役士兵移交安置接收窗口，开展“一站式”服务。全年审核、接收自主就业15名退役士兵档案，协调落实党组织关系，建立养老、医保接续账户，退役士兵信息录入就业创业平台，开展适应性培训、党员活动。

【退役军人就业创业】 2022年，方山县自主就业15名退役士兵信息录入就业创业平台，实现信息共享。县退役军人事务局与县人社局联合开展“春风行动”网络招聘会，县内外有用工需求的28家企业累计为退役士兵及其他求职者提供就业岗位200个。推荐2021年自主就业退役士兵1名入职山西黄河防腐绝热工程有限公司，推荐2022年自主就业退役士兵2名入职方山县职业中学，动员自主就业退役士兵15名增驾B本职业技能培训。审查高职扩招报名资格退役士兵25名。

【关爱退役军人】 2022年，方山县坚持“政府主导、干部包联、社会参与、全面覆盖”原则，积极推行“12345”工作法。借助日常走访慰问和线上互动，按照“出现信访矛盾必访、家庭遭遇变故必访、创业就业受到挫折必访、遇到急难愁盼必访”的原则，在关爱中提高退役军人满意度。在省、市帮扶援助资金的基础上，按照《方山县困难退役军人帮扶援助实施办法（试行）》，给予困难退役军人和“三属”生活、医疗、突发事件、临时帮扶援助。

成立退役军人志愿服务队，开展疫情防控、乡村振兴一线志愿服务，发扬退役军人退役不褪色、转业不转志的优良本色。引导退役军人传承红色基因，投身经济社会建设，在全县营造尊崇退役军人的浓厚氛围。

行政审批服务管理

【保障项目建设】 2022年，方山县行政审批服务管理局建立重点项目审批服务台帐，用好项目审批一网通办平台，优化绿色通道、帮办代办、专人上门辅导、“一事一议”“一项目一流程”、专属材料制定等服务，全面推开“容缺后补、以函代证”“拿地即开工”“多证齐发”“区域化评审”等模式，全过程跟踪保障2022年度省、市重点项目审批手续办理。创造性实施开工前“零费用”改革。城市基础设施配套费等行政事业性收费与办理施工许可证脱钩，建设单位只需承诺缴费日期即可先行办证。

【构建新型综合监管机制】 全面强化事中事后监管。2022年，方山县健全完善以“双随机、一公开”监管为基本手段、以重点监管为补充、以信用监管为基础的新型监管机制，制定出台《行政审批事中事后监管办法》。至年底，全县行政执法单位29个全面完成“一单两库一细则”，共开展部门联合“双随机、一公开”抽查任务19项，抽取企业16家，抽取全县执法人员60人次，覆盖成员单位13个，实现企业群众“有求必应”、政府部门“无事不扰”。

推行“一条热线管便民”。2022年,方山县健全完善“12345”政务服务咨询投诉举报处置体系,设置二级工作站1个、三级工作站61个。全年共受理群众诉求5156件,按期办结4786件,按期办结率92.82%;逾期办结251件,逾期办结率4.87%,提交处理待审核81件。

【“一枚印章管审批”服务】 2022年,方山县按照省、市“一枚印章管审批”改革要求,进一步规范改革中行政审批事项划转,建立健全“一枚印章管审批”事项动态调整机制,规范审批事项管理。开展行政审批减事项、减环节、减材料、减时限、减证明“五减”标准化改造,逐项明确许可条件、申报材料、审批程序等,提升行政审批标准化、规范化水平。全年全县221项审批事项减少办理环节19个,办理时限由法定的5566个工作日缩减到2531个工作日,压缩54.5%;办理材料由1831份减少到1288份,减少29.7%。深化企业开办“一件事”改革,推行“一件事一次办”,开通审批“快车道”,助力企业高效便捷登记,降低企业开办成本。推行“一窗受理、合并审查、集约审批、一站办结”的工作模式,通过政府权力的“减法”换取市场活力的“加法”,让企业投资、群众办事更便捷,不断提升群众满意度和幸福感。

【企业开办“一件事”改革】 2022年,方山县营造高效便捷的政务环境,提高线上线下政务服务能级。建立健全政务服务全程网办、线上、线下全代办制度,助力企业群众网上办事从“能办”向“好办、快办、愿办、爱办”转变,使线上“进一网、能通办、一次不用跑”、线下“进一窗、全代办、最多跑一次”成为常态。实现合法合规事项马上办、一般事项网上办、复杂事项帮办代办“一次办”。全面推行帮办代办绿色通道服务,全年累计提供帮办代办400次。优化线上服务事项办理流程,完善线上咨询、申报、预审、核验、支付、递送的标准化服务流程,县级90%以上事项实现“一网通办”“最多跑一次”。依托全市一体化线上政务服务平台,出台企业开办“1110”改革工作方案,基本实现企业开办全流程“1张表单、1个环节、4小时办结、0成本”,新设企业“一网通办”率达100%。

【政务服务】 2022年,方山县深化“一窗受理”改革,逐项编制完善标准化工作流程和办事指南,完成市、县、镇、村四级政务服务事项目录核查,推进市域内政务服务协同化管理、无差别受理、同标准办理。持续优化县政务服务大厅功能布局,设置便民服务专区、不动产登记专区、税务服务专区、公安服务专区、惠企政策专区及涉企审批专区六大功能区域,推行“前台一窗受理、后台并联审批、内部流转代办、统一窗口出件”模式,打造“综合区域一窗式”更加便民的政务服务。全年政务服务大厅共受理各类事项(包括网办)659件,办结628件,办结率91%以上,群众满意率达99%以上。

【创新服务模式】 2022年,方山县政务服务大厅建立并严格落实首问负责制、限时办结制、服务承诺制、一次性告知制等服务制度,全面推行上门服务、代办服务和亲切服务。开通老年人、残疾人无障碍办事通道,为群众提供优质、高效、有温度、有速度的服务。在大厅显著位置设置“开放式”帮办代办窗口,推行“一帮到底”帮办代办工作机制。聘任政务服务社会监督员10名,建立政务服务好差评管理办法,全面推进好差评向乡镇服务领域延伸，确保服务过程可考核、有追踪、受监督，办事群众可以实时评价。开通帮办代办和“找茬”专窗，推行窗口无否决权机制，实现服务窗口只说“是”、不说“不”。

信　访

【重点考核指标提升】 2022年，方山县信访局认真贯彻国家、省、市要求，对标对表中共中央、国务院颁发的《信访工作条例》，国家信访局研究修订的《信访事项网上办理工作规程》《依法分类处理信访诉求工作规程》《国家信访局接待群众来访工作规程》等相关制度，全流程规范信访事项办理过程，强化信访基础业务规范化。2022年全县信访机构及时受理率100%，责任单位及时受理率99.76%，按期答复率100%，群众对责任单位参评率87.45%，群众对责任单位满意率99.13%。重复信访件数224件次，比上年755件下降70.3%，“三率”整体指标实现全新突破，排名全市第二。

【重复积案化解】 2022年，方山县开展“集中治理重复信访、化解信访积案”专项活动，统筹协调，细化工作要求，按照“三个清单”，对上级交办的重点案件全部落实县级包案领导，按照日常盯办、跟踪督查、定期研判、实地督导、回访调查、销账清零的工作机制，及时推动案件化解。中央联席办第一批交办信访事项102件，全部化解，化解率100%；省联席办交办5件，化解上报5件，化解率100%。中央联席办第二批交办35件，化解35件，化解率100%。越级走访专项治理活动交办重点走访事项8件，办结率100%。

【维护信访秩序】 2022年，方山县维护信访秩序，一是健全工作机制，制定越级走访专项治理工作方案，开展矛盾纠纷大排查、大起底、大化解和信访工作责任追究，推进初次访、越级访、重复访信访事项化解。二是落实责任，对化解信访案件、排查矛盾纠纷、稳控重点人员及接访劝返工作不主动、不作为、不负责的单位及时启动问责程序，全年约谈镇书记1名。三是坚持依法打击无理缠访、闹访、多次劝阻无效赴省进京越级走访违法信访人员。全年刑事拘留4人、行政拘留5人、警告2人。全年国家、省信访局登记走访29批32人次，批次、人次比上年分别下降64.2%、75.8%，未发生赴省进京非访事件。

【矛盾纠纷排查、化解】 2022年，方山县开展矛盾纠纷大排查、大起底、大化解，全方位、滚动式、拉网式排查起底各类矛盾纠纷，推进解决基层矛盾纠纷突出问题。全年排查信访矛盾纠纷525件，初次信访量472件，排查率为111.2%；矛盾纠纷化解525件，化解率100%。矛盾纠纷排查、化解率均稳居全市第三。全年通过群众走访、网上投诉、来信、领导信箱等方式信访487件次，比上年下降47.7%。

【信访安全】 2022年，方山县坚决贯彻中央、省、市全年信访工作主线，发挥县联席办“参谋部、作战部”的牵头协调、督查督办作用，加强房地产、劳动社保、征地拆迁、农业农村、交通运输等经济、民生领域重点信访问题的分析研判，加强涉军、涉医、涉教等重点群体的教育稳控，加强影响安全稳定的各类苗头隐患处置，确保大事不出、小事也不出，实现规模聚集上访、个人极端事件、因信访问题引发的负面炒作“三个决不发生”和赴省进京“零上访、零登记、零滞留”的目标，守牢方山信访安全保障防线,筑牢拱卫首都稳定安全的“护城河”。

重点项目推进

【完善项目推进机制】 2022年初,方山县制定重点项目推进工作机制,全县重点项目建设按照目标责任机制、调度推进机制、项目包联机制、组织领导机制运行,形成“周例会、月通报、季观摩、年考核”项目推进体制。成立重点项目建设领导组,设立项目储备、招商引资、手续办理、建设推进、督查五个工作专班,明确项目包联领导、项目包联主要任务。项目推进有关重大事项纳入督办,年终对项目建设完成情况进行考核。全年召开项目调度会议14次,形成项目推进情况通报并印发各单位。组织项目推进观摩会1次。依据项目数量、项目总投资、前期手续办理进度、开复工、完成投资额、项目日常管理等指标,排名考核全县项目建设,新城建设指挥部、住建局、水利局名列全县前三。

【项目建设】 项目储备。2022年,方山县按照各项目主管单位报送、县政府会议议定形成2022年固定资产项目清单,全县2022年计划实施项目108个,总投资84亿元,计划完成投资19亿元。根据调研论证,项目按成熟度与开复工情况,分为续建、确保开工、争取开工、谋划储备四大类别,按照项目所处阶段,分类管理,滚动推进。

督导推进。2022年,方山县以项目手续办理完成节点、开复工时间、投资完成、存在问题等,全方位指导各项目单位制定项目推进计划,形成项目推进计划清单、项目问题清单。每月依据项目推进计划清单,通报项目完成情况,督促项目按时按计划推进。依据项目问题清单,全年组织项目专题调度会11次,推动吕梁北煤炭专用线和铁路装车系统、屋顶光伏、鸦儿崖红色旅游公路等项目的开工建设。解决山西昕广欣2万头生猪养殖建设项目环评、大武100兆瓦光伏发电项目用地、北武当山景区客运架空索道建设项目立项延期等手续办理问题。全年督导项目建设20次,协助各项目主管单位合理预测当月投资完成额,预判全县投资完成情况,统筹调度各项目投资报送,保障固投任务完成。

【“百日攻坚”行动】 2022年,方山县出台“百日攻坚”行动方案,召开动员会,布置行动任务和时间节点。项目单位建立专班,至9月20日正式调度,各项目单位形成完工任务清单、手续办理任务清单、闲置土地清单及闲置要素清单等,推动方山县殡仪馆项目建设、山西昕广欣2万头生猪养殖建设项目、方山县老旧小区改造项目建设,32个单位报送2023年谋划项目139个,项目总投资达150亿元。

【项目建设“冬季行动”】 2022年,方山县及时开展“冬季行动”,开展政银企对接专项行动、项目用地保障专项行动、项目手续审批专项行动、重点项目入库专项行动、开发区全面提档升级专项行动、暖冬招引专项行动,明确责任单位。全年在建项目投资完成率、入统率、施工许可证办结率均达90%以上,2023年储备项目前期手续办结率达70%以上。

截至12月底,续建、确保开工、争取开工三大类项目立项办结率90%,环评办结率90%,施工许可办结率74%;开复工项目56个,开复工率70%;完成投资20亿元,超计划完成任务。

【省、市重点项目建设】 2022年,方山县按照上级确定的省、市重点项目标准,确定方山县省、市重点项目9个,总投资20.5亿元,全年计划完成投资6.7亿元。其中省重点项目吕梁北煤炭专用线和铁路装车系统项目1个,总投资8.2亿元,当年计划完成投资1亿元;市重点项目8个,总投资12.3亿元,当年计划完成投资5.7亿元。截至12月底,方山县省、市重点项目开复工率100%,除个别用地手续未办结外,前期手续基本办结,完成投资7.2亿元,超计划完成任务。

招商引资服务

【市级重点工作指标完成情况】 2022年,吕梁市政府下达方山县签约项目50亿元,目标开工率40%,新开工项目计划投资5亿元,固投目标到位资金3亿元,非固投到位资金0.1亿元。至年底,实际完成签约项目15个、68.59亿元,签约金额完成率137.2%;当年签约当年开工13个,开工率86.7%;新开工项目计划投资17.5亿元,计划投资完成率350.2%;固投到位资金4.4亿元,非固投到位资金0.2亿元。

【招商扶持】 2022年,方山县招商扶持工作按照县政府安排,结合方山县实际,出台《方山县2022年招商引资"三个一批"项目建设行动方案》,组建招商引资服务中心、生态文化旅游示范区、工商联3支招商小分队。构建职能明晰、分工明确、政策保障、落实有力的产业发展和招商引资工作新机制。

【产业招商】 2022年7月至10月,方山县围绕文旅产业,多次实地考察石家庄市、保定市、邯郸市等地,与中传建信文旅产业发展有限公司签订合作开发框架协议。

【打造高质量楼宇经济】 2022年,方山县按照十大平台建设工作方案要求,落成方山数字经济招商产业园,并进驻运营,全年注册公司和个体工商户300户。发布招商广告,对接相关企业入驻产业园,为打造高质量楼宇经济发挥积极作用,助力市场主体倍增,楼宇经济初见成效。

【打造产业链集聚平台】 2022年,方山县围绕煤炭、铝矾土、白酒、肉牛、中药材、生猪、食用菌等传统产业,策划包装项目,制定招商宣传推介册、宣传片。招商小分队与太原晋阳发展实业有限公司多次交流对接,至年底,签约并开展相关工作。打造中药材产业链,整合上游帮扶下游,惠及全县人民。

【对外招商活动】 2022年8月,方山县根据吕梁市政府安排,方山县委、县委宣传部、县文旅局、县招商引资服务中心承办,参加2022年中国杏花村国际酒业博览会,分别与上海远景能源有限公司、广东粤电能源有限公司、山西一建集团有限公司等企业签订合作协议,共计金额37亿元。至年底,上海远景能源有限公司、广东粤电能源有限公司出台六部门预审文件,项目方案编制完成,进行项目入库。山西一建集团有限公司旅游集散地项目土地批复手续完成。

吕梁新区建设(方山)服务

【新安大道项目(方山)建设】 2022年,方山县全面推进吕梁新区新安大道项目(方山)建设,吕梁市新城建设方山县房屋征收与补偿安置指挥部决定对吕梁新区新安大道项目(方山)建设拆迁范围内的建(构)筑物及附属物进行拆迁。登记评估拆迁范围内的建(构)筑物及附属物共268户33680平方米。

【推进非住宅分配】 2022年,方山县稳步推进“三项整治”、铁路及环城高速所涉及的非住宅分配,全年共分配53户4357平方米。

【安置楼物业监管】 2022年,方山县排查所辖安置楼安全隐患,并不定期检查物业。全年开展专项大检查4次,主要涉及水电、电梯、漏水渗水及地面下沉裂缝四个方面,并对排查出的问题进行限期整改,下达整改通知书10次。

应急管理

【森林防灭火】 2022年,方山县开展森林防火宣传活动,共出动宣传车20次,散发防火宣传资料2万份。定期通过微信、短信等形式对各成员单位进行预警,要求各乡镇严格落实“一长两员”责任,加强野外火源管控,全面禁止一切野外用火;组织开展森林防火巡查,加强森林防火宣传,严格值班值守,专业森林消防队和镇半专业扑火队进入战备状态,随时做好扑火准备,坚决遏制重特大森林火灾事故发生。

【防汛】 2022年,方山县进入主汛前,召开全县防汛工作会议,下发防汛工作责任书和《2022年防汛抗旱工作要点》,安排部署全县防汛工作。3月、6月中旬,县防汛指挥部组织应急、水利、气象和国土等部门对各镇和重点圩堤水库开展防汛检查2次,共排查安全隐患60条,全部整改到位。

【防灾减灾】 2022年春节前后,方山县出现持续湿冷天气,部分地方出现强降雪,县减灾委及时下拨冬春救助资金,完成救灾物资储备。组织全国第十四个防灾减灾日活动,开展大型防灾减灾集中宣教、防灾减灾知识“五进”活动,全方位、多角度开展防灾减灾宣传工作,营造防灾减灾氛围。活动共设立宣传展板65块,发放各类宣传单7000份,宣传知识小册600本,解答群众咨询1300人次。

中国人民政治协商会议方山县委员会

综　述

【提升提案“提”和“办”的质量】　2022年，方山县政协十届二次提案审查委员会从严立案标准，对质量不高的提案书面通知委员继续回炉淬火，对类似的提案协调提案者协商予以并案，采取联名方式提出。全年退回委员提案15件、并案10件、立案155件。县委、县政府高度重视人民政协提案办理，全年县委常委会研究印发《方山县人民政协提案办理工作细则》，县委、县政府、县政协联合召开提案交办会，为提高提案办理质量奠定坚实基础。县委、县政府主要领导长期坚持阅批县政协重点提案，并带头领办政协十届二次一号提案、二号提案。县委、县政府其他领导全部阅批涉及分管领域的提案，至少领办提案1件，并审核签批提案办理结果。委员高度认可县政协十届二次提案办理质量。

【发挥文史存史资政、团结育人成效】　2022年，方山县政协发挥文化文史和学习委特色优势，组织政协委员完成《方山县政协文史资料汇编》（1-10辑）的收集、整理、编辑和翻印工作，全书90万字。向社会各界赠送《张家塔民居》《方山县政协文史资料汇编》（1-10辑）等书籍，传播政协声音，用文化桥梁团结各界人士，凝聚社会各界齐心共建“四宜方山”的强大合力，发挥政协文史工作“存史、资政、团结、育人”的作用。

【社情民意信息】　2022年，方山县政协委员反映社情民意信息402篇，县政协编发社情民意信息8期45篇。向省、市政协报送社情民意信息39篇，其中5篇被省政协采用报送全国政协，2篇被省政协转送省有关厅局，2篇被全国政协转送中央有关部委，1篇被全国政协每日社情采用。为各级党委、政府全面掌握情况、科学民主决策提供重要参考。

【学习活动】　学习习近平新时代中国特色社会主义思想活动。2022年，方山县政协党组中心组、常委会重点学习《习近平总书记关于加强和改进人民政协工作的重要思想》《习近平谈治国理政》（第四卷）《碳达峰碳中和干部读本》《习近平生态文明思想学习纲要》《习近平经济思想学习纲要》《习近平论“三农”工作》《中国共产党政治协商工作条例》等，以及中央、省委、市委政协工作会议精神。全年组织政协党组学习20次、常委会学习4次、专委会（学习+履职）临时党支部组织中共党员学习4次，专委会组织联系界别委员召开习近平新时代中国特色社会主义思想学习座谈会4次。

开展“喜迎二十大·委员在行动”暨“我为全方位推动高质量发展做贡献”主题活动。全县167名政协委员结合自身岗位认真落实开展“10+1”任务要求,即:提交1篇高质量提案,提交1篇高质量社情民意信息,开展1次宣讲,提出1项高质量发展好建议,参与1项公益活动,办1件惠民实事,精读1篇习近平总书记关于人民政协或所在行业的重要论述文献,精读1本好书,参加1次县政协专委会、镇、村(社区)“有事来商量”协商活动,参加1次县政协专委会和镇政协工作联络组组织的有关部门工作通报评议会议。鼓励有条件的委员助力全县招商引资的“10+1”主题实践活动。委员大会提交提案159份,提交社情民意信息402篇。

全年方山县政协开展二十大精神宣讲99次,提出高质量发展意见60条,参与志愿和公益180人次,办理惠民实事20件,参加各类协商活动300多人次,阅读书籍500多册。与县融媒体中心合作举办“走进政协”栏目,制作6期,观看人次达5000人次。

重要会议

【政协十届常委会第四次会议】 2022年3月10日,方山县政协十届四次常委会第一次全体会议召开。应出席常委会组成人员34名,因病因事请假5名,实际到会29名,符合规定人数。政协主席任志勇主持会议,县委常委、组织部部长孙森焱应邀出席会议,并作关于政协第十届方山县委员会补选秘书长候选人提名名单的说明。

会议审议政协第十届方山县委员会第二次会议补选秘书长候选人名单(草案);政协第十届方山县委员会第二次会议选举办法(草案);政协第十届方山县委员会第二次会议总监票人、监票人、总计票人建议名单(草案);政协第十届方山县委员会常务委员会工作报告的决议(草案);政协第十届方山县委员会第二次会议政治决议(草案)。

2022年3月11日,方山县政协十届四次常委会议举行第二次全体会议。会议表决通过政协第十届方山县委员会第二次会议选举办法(草案);政协第十届方山县委员会第二次会议补选秘书长候选人名单;政协第十届方山县委员会第二次会议总监票人、监票人、总计票人建议名单;政协第十届方山县委员会第二次会议政治决议(草案);政协第十届方山县委员会常务委员会工作报告的决议(草案);审议通过提案委员会关于县政协十届二次会议提案审查情况的报告(草案)。

【政协十届方山县委员会第二次会议】 2022年3月8日至11日,中国人民政治协商会议第十届方山县委员会第二次会议召开。会议应到委员170人,实到155人,符合《政协章程》规定。会议以举手表决的方式,通过政协第十届方山县委员会常务委员会工作报告的决议;通过政协第十届方山县委员会提案审查委员会关于县政协十届二次会议提案审查情况的报告;通过政协第十届方山县委员会第二次会议政治决议。会议以无记名投票的方式补选政协第十届方山县委员会秘书长。

政协第十届方山县委员会第二次会议共收到提案154件,立案151件、意见处理3件。其中经济方面17件、政治方面10件、文化方面10件、社会方面103件、生态方面11件。

【政协十届常委会第五次会议】 2022年9月14日,政协第十届方山县委员会常务委员会第五次会议召开。会议审议通过县政协十届五次常委会会议议程;听取李玉春关于方山县市场主体倍增计划和培育壮大中小微企业情况的通报；听取王海清所作的关于围绕市场主体倍增计划培育壮大中小微企业调研情况的报告；审议通过《关于确定中国人民政治协商会议第十届方山县委员会参加单位的决定》；审议通过政协委员辞去十届政协委员资格事项；审议通过《政协方山县委员会常务委员会关于加强自身建设的意见》；审议通过《政协方山县委员会加强和改进调研工作实施细则》；审议通过《政协方山县委员会委员履职量化考核实施细则》；审议通过《政协方山县委员会关于强化政协委员责任担当的实施意见》；审议通过《关于县政协委员列席常委会议暂行办法》；审议通过《关于建立县政协专委会兼职副主任、委员工作项目制和年度工作报告制的实施办法（试行）》。

会议学习《中国共产党政治协商工作条例》、习近平在省部级主要领导干部坚持底线思维着力防范化解重大风险专题研讨班开班式上的重要讲话、习近平在中央统战工作会议上的重要讲话、习近平在庆祝中国共产主义青年团成立100周年大会上的讲话、习近平总书记关于政协委员读书活动批示精神、省政协研究部署政协委员读书活动会议精神、《山西省规范领导干部办理婚丧喜庆事宜规定》《关于加强和改进新时代人民政协工作的意见》《习近平谈治国理政》（第四卷）——积极发展全过程人民民主及周小云在全面建设清廉方山暨清廉单元创建动员会议上的讲话，围绕市场主体倍增计划培育壮大中小微企业讨论。

【政协十届常委会第六次会议暨学习贯彻党的二十大精神专题会议】 2022年11月9日，政协第十届方山县委员会常务委员会第六次会议暨学习贯彻党的二十大精神专题会议召开，县政协主席任志勇主持会议。会议审议通过县政协十届六次常委会会议议程；通报城市管理和文明县城创建情况、县疾病预防控制能力和卫生人才队伍建设情况。会议通过关于提升县城综合管理水平，推动省级文明县城创建、加强疾病预防控制能力和卫生人才队伍建设，助力推动全县健康事业发展调研情况的报告，与会人员就相关工作进行交流发言。会议集中学习《党的二十大报告》——新时代新征程中国共产党的使命任务。

调研活动

【薛爱平一行到方山县考察学习】 2022年4月25日，吕梁市政协副主席、九三学社吕梁支社主委薛爱平带队就方山县乡村种养殖业高质量发展进行考察学习。

考察组实地考察北武当镇新民村大棚蔬菜产业、马坊镇马坊村鑫源种养专业合作社和盛丰农林牧专业合作社肉牛养殖，了解乡村养殖和春秋大棚产业经营生产发展状况，并就推动种养殖业结构优化与高质量发展充分征询基层农业部门、畜牧企业和养殖大户的意见建议，就下一步方山县乡村种养殖业发展方向进行探讨。

薛爱平表示，近年来，方山县依托得天独厚的自然环境，坚持种养殖业和乡村振兴有效衔接，巩固脱贫攻坚成效，建设特色乡村、美丽乡村，推进产业提质增效、农户持续增收。她说，希望在下一步工作中，方山县结合生产实际，加大对一些种养殖大户的扶持力度，尝试新方法、探索新机制，与其他地区加强沟通交流,互相学习借鉴好的经验与做法,共同探索符合市场发展规律的种养殖业新模式、新做法,提升方山乡村种养殖业发展质量和水平。

【郝金光一行到方山县调研】 2022年7月26日,由市政协副主席郝金光带队的白酒产业调研组到方山县开展专题调研。郝金光一行到良泉酒业有限公司、老传统酒业有限公司、于成龙酒业有限公司实地查看并座谈交流。就方山县白酒产业发展情况、发展中遇到的困难和问题进行详细了解,并鼓励企业要注重品牌宣传,努力开拓市场,不断提高行业地位。

郝金光强调,企业要坚定发展信心,紧扣企业的良好口碑,依托生态资源,抢抓发展机遇,通过多种渠道、多种形式拓宽对外销售市场,推动方山白酒企业做大做强。同时落实企业主体责任,始终绷紧安全生产这根弦,把工程质量、安全施工放在第一位,牢牢守住安全生产和环境保护底线。相关职能部门要主动服务、协调配合,切实有效地解决企业在发展过程中遇到的困难,将方山的酒品牌擦得更亮。

协商议政

【围绕“宜居方山”协商议政】 2022年,方山县政协紧盯2022年省级文明县城提名创建,组织政协委员深入县住建局、圪洞镇开展调研,围绕“提升县城综合管理水平,推动省级文明县城创建”召开常委会专题议政。提案委员会围绕“推进节约型机关、绿色家庭、绿色社区建设”组织委员与机关事务服务中心、住房和城乡建设局、妇女联合会对口协商。经济委员会围绕“积极发展生物质能,降低农村用能成本”组织委员与能源局、农业农村局、部分乡村对口协商。文史委员会就全县“雪亮工程”、“619”融等治安防控体系重点项目建设,组织部分政协委员进行调研。社情民意中心聚焦城乡环境卫生治理难点、痛点,组织政协委员深入6个镇12个村及北京慧丰清轩环境科技集团方山公司进行调研,并撰写《关于城市生活垃圾分类处置存在的问题和建议》,被全国政协转送到国家有关部委。聚焦高中毕业生填报志愿中存在的信息不对称,导致分数与录取学校严重不对称的问题,组织政协委员深入方山县高中开展调查研究,并撰写《关于设立全国官方统一的高考择校信息查询咨询平台的建议》。

【围绕“宜游方山”协商议政】 2022年,方山县政协为推进全县乡村休闲旅游业发展,助力农民增收和乡村振兴,组织政协常委、部分非党政协委员围绕“实施乡村振兴战略”,就全县美丽乡村建设开展专项视察监督。组织政协委员深入马坊镇、积翠镇、北武当镇,围绕“深入推进移风易俗”开展对口协商。聚焦黄河流域生态保护和高质量发展,组织委员到北川河、下昔沟河、圪洞沟河、南阳沟河沿岸调研,并撰写题为《建议加强黄河支流周边山体经济林绿化》的社情民意信息。

【聚焦“宜养方山”建设协商议政】 2022年,方山县政协结合全县疫情防控和医疗园区建设,组织政协委员围绕“加强疾病预防控制能力和卫生人才队伍建设”进行调研,并召开政协常委会专题协商议政。与市政协联动,围绕“推动农村老年人日间照料中心、养老院、社会福利院建设”开展调查研究,为全县乃至全市大力发展养老事业建言献策。围绕“加快推进体育基础设施建设,广泛开展群众性体育活动”,组织政协委员深入马坊镇、圪洞镇、北武当镇、霍州煤电吕梁山煤电有限公司调研,并与县卫体局开展对口协商。聚焦如何主动融入太忻经济一体化发展,做大做强全县旅游康养产业,组织委员深入调查研究,撰写《关于将方山县北武当山景区纳入太忻经济一体化发展旅游康养景区打造的建议》。

【围绕“宜业方山”建设协商议政】 2022年,方山县政协聚焦全县高质量发展,围绕“市场主体倍增计划,培育壮大中小微企业”,邀请市中小企业局、市市场监督管理局、市文化旅游局、市行政审批局、市市场主体倍增工作专班协调督导组等16名负责人,与县21个职能部门、10户骨干企业的企业家政协委员共商方山市场主体倍增和中小企业发展大计,召开政协常委会开展协商议政。探寻农村产业振兴、村集体经济壮大以及农民增收、农业经营制度改革的有效路径。围绕“培育示范合作社、家庭农场建设”,农业和农村委员会组织委员与县农业农村局、现代农业服务中心、肉牛产业发展中心开展对口协商。围绕全县应急体系建设,组织政协委员到县消防大队、太佳高速、住宅小区开展调查研究,撰写《建议提升县级消防救援能力建设》。围绕电子商务发展,维护消费者网购、电商平台依法营销方面开展调查研究,撰写《关于网络“种草”传播的优化建议》。围绕辅警流失、辅警辅助执法中的违纪违法等问题,组织政协委员深入公安局、交警队调查研究,撰写《辅警执法存在的问题及解决对策》。全年开展专题调研23项,举办协商议政活动48次,向县委、县政府提交建议报告4件,向县直有关部门转送建议报告8件。

各界别工作

【团结联谊工作】 2022年5月,县政协提案委员会组织开展全县党外知识分子座谈会。6月,经济委员会组织开展全县非公有制经济人士座谈会。7月,社情民意中心组织开展全县少数民族人士座谈会。9月,农业和农村委员会组织开展全县新的社会阶层人士座谈会;社情民意中心组织开展全县宗教人士座谈会。邀请县直有关部门听取各界人士诉求愿望,为全县高质量发展和党的二十大胜利召开营造政治氛围。

【人民政协凝聚共识工作】 2022年,方山县政协党组成员结合委员履职与20名党外委员进行谈心谈话。主席会成员结合调研活动,走访看望委员30名。研究印发《政协方山县委员会专门委员会联系界别、委员工作制度》,4个专委会分别联系16个界别和167名委员,专委会采取7种方式,从19个方面开展联系界别和委员工作。落实《关于加强和促进人民政协凝聚共识工作的实施意见》《关于进一步加强与各民主党派、工商联和无党派人士联系的意见》2项制度,政协全体会议优先安排各团体、各民主党派人士发言,政协常委会和专题议政会优先列席,提案予以重点督办,社情民意信息予以优先采用,视察活动优先参加,增进各团体、各民主党派人士对中国共产党和中国特色社会主义的政治认同、思想认同、理论认同、情感认同。积极推进委员联系界别群众,持续开展政协委员

“四联系四服务”活动,引导政协委员深入企业、机关、村(社区),了解民情,倾听民意,凝聚民心,集中民智。

【政协对外交流】 2022年,方山县接待广东省政协考察团、吕梁市政协调研组、汾阳市政协考察团5批次180人次,县政协组织政协委员和有关人士到运城绛县、太原市晋源区考察学习1次,宣传方山声音,助推方山发展。

品牌建设

【推进“书香政协”品牌建设】 2022年,方山县政协学习贯彻习近平总书记关于政协委员读书活动的重要批示精神和全国政协“学习贯彻习近平总书记重要指示深入开展政协委员读书活动”座谈会精神,出台《开展“书香政协”读书活动工作方案》,制定委员学习活动计划,列出读书活动清单。县政协办公室牵头开展机关干部读书活动,各专委会、各镇政协工作联络组牵头开展委员读书活动,形成主席会议成员领学、政协常务委员带学、委员和机关干部跟学的读书格局。建立专委会每月组织委员开展线上读书活动1次、每半年组织委员开展线下读书活动1次、年底县政协集中组织委员开展读书分享会1次的“三个一”读书机制。全年共组织委员线上读书会48次、线下读书会4次、读书分享会1次。

【推进“有事来商量”协商品牌建设】 2022年,方山县政协“有事来商量”协商议事集“众思”、汇“大智”,把政协制度优势转化为基层治理效能,打通增进民生福祉的“最后一公里”,逐步成为破解基层工作难题的“金钥匙”。坚持“有事来商量”协商议事活动,形成党委领导、政府支持、政协搭台、各方参与、服务群众的总体格局,逐步健全平台网络,规范工作程序,完善配套机制。全年县政协围绕“党政关心、委员关注、群众揪心、居民窝心”之事,按照“有事来商量”协商议事室遴选物业管理、新能源基础设施建设、学生心理健康等选题11个开展协商活动;6个镇政协联络组围绕信访矛盾、民生小事等开展协商6次。

委员工作

【提高委员责任担当意识和能力】 2022年,方山县政协落实习近平总书记在中央政协工作会议暨庆祝中国人民政治协商会议成立70周年大会上的重要讲话中提出的“强化委员责任担当”要求,召开常委会审议通过《政协方山县委员会关于强化政协委员责任担当的实施意见》,要求全体政协委员筑牢委员政治责任,履行好政协制度参与者、实践者、推动者的责任。落实“懂政协、会协商、善议政,守纪律、讲规矩、重品行”要求,团结引导各界别群众提升政治把握、协商议政、调查研究、合作共事、联系群众、社会传播能力。

【委员队伍服务管理】 2022年,方山县政协召开常委会审议通过《政协方山县委员会委员履职量化考核实施细则》,以积分制形式量化委员履职尽责情况,细化定量工作任务,引导委员规范履职、主动作为,改变委员“约束型”传统考核为“激励型”考核。研究制定《关于县政协委员列席常委会议暂行办法》,首次尝试委员列席政协常委会议,力促委员思想行动紧跟政协常委会工作节奏，从“旁观者”转变成“参与者”，为委员围绕政协重点履职工作进行深入思考、积极咨政建言提供平台和便捷的服务渠道。研究制定《关于建立县政协专委会兼职副主任、委员工作项目制和年度工作报告制的实施办法（试行）》，明确兼职委员工作任务、考核奖惩、履职保障，确保兼职委员有工作、肯工作、愿工作。

【提升委员调查研究能力】 2022年，方山县政协整理编辑《学习时报》刊发的老一辈无产阶级革命家和国家领导人撰写的调查研究文章13篇，在政协系统开展学习讨论。翻印原全国政协副秘书长刘佳义主编的《怎样写调研报告》，在政协常委会和各专委会集中学习。召开常委会审议通过《政协方山县委员会加强和改进调研工作实施细则》，全面规范调研活动坚持原则、确定选题、组织实施、成果转发。增强政协委员调研意识，提升调研能力，方便履职活动开展。

中国共产党方山县纪律检查委员会
方山县监察委员会

综　述

【概况】 2022年,方山县纪检监察机关围绕中心、服务大局,践行初心、担当使命,认真落实新时代党的建设总要求,在实践中进一步深化新时代新征程纪检监察工作。全年对标对表市纪委"一年打基础、两年促提升、三年创一流"目标任务,坚持刀刃向内,勇于自我革命,直面问题短板,在"三个年""三个再"的基础上,梳理查摆出10个方面的具体问题,配套制定整改措施40条,全面巩固规范化、法治化、正规化建设,深化以案促改和素质能力提升成效,推动纪检监察工作全方位高质量发展。

【坚持高压反腐】 2022年,方山县纪检监察机关坚持正风肃纪反腐同查同纠,坚持"打伞破网"与反腐"拍蝇"紧密结合,紧盯"关键少数"、重点领域、重点环节,深入开展自然资源保护区违建问题、粮食购销、安全生产、统计造假、违规发展党员、自建房安全等领域腐败和作风问题专项整治行动,严格落实"三个区分开来",精准运用"四种形态",一体推进"三不腐"。全年共处置反映问题线索390件,其中,谈话函询30件次,初步核实352件次,了结185件次,给予组织措施97人。共立案206件,结案199件。给予党纪政务处分218人,其中,党纪处分195人、政务处分27人、党纪政务双重处分4人,涉嫌犯罪移送检察机关3人。运用监督执纪"四种形态"处理392人次,其中:第一种形态173人次、第二种形态182人次、第三种形态24人次、第四种形态13人次。

【坚持惩教并举】 2022年,方山县纪检监察机关发挥案件惩戒挽救、教育警醒功效,运用身边事教育身边人,形成以案促改的浓厚氛围。全年督促各级党委(党组)开展警示教育200次,接受教育党员干部4160人次;督促各级党组织召开反思剖析会和组织生活会97次,反思剖析查摆问题239个,整改230个;组织旁听庭审1次,开展现场"四释"警示教育20次,开展大型警示教育会议2次。深化以案促治,督促59个县直部门党组(党委)和6个镇党委,梳理制定2022年党风廉政工作要点。对59个被监督单位、6个镇党委班子成员开展"政治画像",持续优化政治生态。

【建立内控机制】 从严贯彻《中国共产党纪律检查委员会工作条例》和《中华人民共和国监察法实施条例》等纪检监察法规,制定完善《财务管理制度(试行)》《外查办案人员管理制度(试行)》《月报制度》等内控机制13项,全面推进纪检监察机关机构、职能、权限、程序、责任法定化,全系统规范化、法治化、正规化水平明显提升。

【以案促改教育】 2022年,方山县纪检监察机关把以案促改贯穿纪检监察工作全链条,认真剖析案发原因、特点,规范各办案单位处分宣布流程,落实"一案两会""一案多制""五步警示教育法"等经验做法。全年组织旁听庭审1次,开展现场警示教育20次,接受教育600人次。强化案件质量结果运用,对2020年1月至2021年12月期间办结的210件案件开展质量评查,发现并整改问题233个,提升办案人员程序意识、规矩意识。

【打造清廉机关】 2022年,方山县纪检监察机关将思想、组织、作风、纪律、文化等清廉要素融入机关建设,深入实施"政治引廉、组织铸廉、制度固廉、监督护廉、文化育廉"五大工程,以清廉机关建设推动干部作风转变,打造忠诚、干净、担当的纪检监察队伍。班子成员带头接受最严监督,用好民主评议利器开展批评与自我批评,自觉接受群众监督、干部监督和民主监督。强化党性锤炼,制定班子成员理论学习计划,带头学习贯彻习近平新时代中国特色社会主义思想,带头做"两个维护"的忠实践行者,锤炼崇尚实干的干部作风。制定委机关理论学习计划、业务培训计划,组织机关人员参加上级业务视频培训11批次447人、《审查调查课程讲义》培训8期152人、十九届六中全会和省十二次党代会精神干部线上培训2批次192人。开展本级业务培训7期221人次,班子成员和室、组负责人轮流授课,开展交流研讨,提高大家的理论水平和业务能力。不断完善内部监审分离机制,建立案前沟通、案中协助、案后配合、过程衔接顺畅又相互制衡的相关制度,实现"分""统"结合、无缝衔接,监督治理效能更加凸显。

重要会议

【中共方山县纪委十一届二次全会】 2022年2月17日,中国共产党方山县第十一届纪律检查委员会第二次全体会议在县政府五楼会议室召开。县四大班子领导及其他县级领导出席会议。县委常委、纪委书记、监委主任辛建文代表中国共产党方山县第十一届纪律检查委员会常务委员会向第二次全体会议作题为《汲取前行力量,开创发展新局,全面深入推进新时代清廉方山建设》的工作报告。会议集中观看警示教育片《零容忍》剪辑片段,审议通过县纪委常委会工作报告、《中国共产党方山县第十一届纪律检查委员会第二次全体会议决议(草案)》。

会议要求,全县上下一要提高政治站位,切实增强贯彻落实中央、省、市纪委全会精神的思想自觉和行动自觉。二要保持清醒头脑,准确把握我县党风廉政建设和反腐败斗争的形势。三要把握重点任务,以全面从严治党新成效确保"四宜方山"建设行稳致远。四要主动担当作为,为建设"四宜方山"提供坚强的政治和纪律保障。

会议强调,2022年是党的二十大召开之年,也是实施"十四五"规划承上启下的关键之年。全县各级党组织要切实担负起主体责任,纪检监察机关要扎实履行协助职责、监督职责,始终保持正风肃纪反腐的战略定力,引导督促全县党员干部主动向中心聚力,积极为发展开路、为高质量发展护航。始终着力抓好政治建设,坚决拥护"两个确立"、坚决做到"两个维护";始终保持惩贪治腐政治定力,深化拓展"三不"一体推进的广度深度;

始终聚焦群众“急难愁盼”,推动解决群众关心的身边事;始终坚持统筹衔接,更好发挥监督的治理效能。

会议指出,推动“四宜方山”建设,需要全县广大党员干部把讲政治、顾大局、抓落实贯穿各项工作之中,激扬敢闯敢试的锐气、砥砺动真碰硬的勇气,以奋进姿态扛起新使命、展现新担当。要坚持严管厚爱,营造更好的干事氛围;坚持率先垂范,带头践行使命担当;坚持常抓不懈,锻造纪检监察铁军。

【十一届县委第一轮巡察工作情况反馈会议】 2022 年 3 月 1 日,方山县委 4 个巡察组分别对县总工会党组、县民政局党组、县乡村振兴局党组、县融媒体中心党组等 8 个被巡察单位召开巡察工作情况反馈会。

各巡察组组长围绕“三个聚焦”对巡察发现的重点问题分别向被巡察单位党组进行情况反馈,指出被巡察单位存在的问题,并提出整改意见和建议。各被巡察单位主要负责人分别作表态发言。

会议传达县委书记周小云在书记专题汇报会上的讲话精神,并就整改工作提出要求:一要提高政治站位,自觉把巡察整改过程化为深化全面从严治党的过程,深刻认识党风廉政建设和反腐败工作面临的严峻复杂形势,深入贯彻落实党的十九届六中全会精神,切实增强整改落实的政治自觉。二要强化担当作为,被巡察党组织要坚定扛起整改落实的政治责任、主体责任,真正把整改融入日常工作中去。三要严格落实要求,坚持问题导向、目标导向、结果导向,进一步增强以巡促改、以巡促建、以巡促治的意识,知行合一抓整改、科学施策抓整改、深化拓展抓整改,把实实在在的整改成效体现到推进治理体系和治理能力现代化上,为全方位推进高质量发展,建设“四宜”方山作出新贡献。

【十一届县委第二轮巡察工作动员部署会】

2022 年 3 月 31 日,方山县召开十一届县委第二轮巡察工作动员部署会,吕梁市委巡察第五指导督导组,县委副书记、马坊镇党委书记李贝,县委常委、纪委书记、监委主任、巡察工作领导小组组长辛建文、巡察工作领导小组成员出席会议,县委第二轮巡察组成员、被巡察单位负责人、县纪委监委机关各相关科室、派驻纪检组,组织部、宣传部相关人员参加会议。县委常委、组织部长、巡察工作领导小组副组长孙森焱主持会议。

会议宣读中共山西省委办公厅关于印发《被巡视巡察党组织配合巡视巡察工作规定》的通知、《十一届县委第二轮巡察组组长授权和任务分工的决定》《十一届县委第二轮巡察工作方案》。

会议强调,要全面准确把握本轮巡察的任务安排,认真履职、扎实工作,高质量高标准完成县委赋予的重任;要全力支持配合指导督导工作,以上级指导督导为契机,加强和改进工作,推动全县巡察工作高质量发展;要以自我革命精神高质量推进巡察工作,坚持不懈把全面从严治党向纵深推进;要立足县直单位职责定位,认真开展常规巡察;要立足职责定位,夯实基层基础,切实开展好专项巡察工作;要做实工作准备、严明纪律要求,始终维护县委巡察干部队伍良好形象。

会议指出,要提高思想认识和政治觉悟,全力支持高度重视,主动配合指导督导组开展工作。这次市委第五指导督导组到方山县开展工作,面对面辅导、手把手传授、点对点跟进,传导市委巡视要求,传授经验做法,对于推动巡察工作高质量发展，具有重要的促进作用。要勇于直面问题，积极配合巡察。被巡察党组织要主动接受巡察监督、全面配合巡察工作。要聚焦政治监督，提高精准分析问题、发现问题的能力，深化政治巡察。巡察干部要带头做到对党绝对忠诚，坚决捍卫“两个确立”、做到“两个维护”，履职尽责、淬炼忠诚、敢于善于斗争、审慎行使权力、加强自身建设。

【十一届方山县委第二轮巡察工作进驻动员会议】 2022年4月2日至8日，方山县委巡察组巡察县工信局、大武镇郭家沟村、马坊镇温家庄村等8个单位党组织的进驻动员会召开。县委副书记、马坊镇党委书记李贝，县委常委、纪委书记、监委主任、县巡察工作领导小组组长辛建文，县委常委、组织部部长、县巡察工作领导小组副组长孙森焱出席会议。

会议要求，各单位要充分认识巡察工作的重要性、必要性和紧迫性，把思想统一到中央和省委、市委、县委的要求上来，进一步增强接受巡察监督的政治意识、责任意识，严格按照巡察工作方案和县委巡察组的要求做实做细各项工作，积极配合巡察组了解情况，确保巡察工作扎实有效开展。

会议强调，被巡察单位要提高政治站位，高度重视巡察工作。按照县委要求各司其职、各尽其能，把此项工作当作重中之重，出实招、下狠劲、做细功，坚决杜绝形式主义、官僚主义，全面提高基层党组织的凝聚力、吸引力、战斗力，不断夯实筑牢党在基层的执政根基。要强化政治担当，自觉接受巡察监督，及时准确纠正政治偏差，主动扛起管党治党政治责任。要严守政治纪律，积极配合巡察工作。做到同题共答、坚决服从，做到同频共振、密切配合，做到同向发力，以良好的工作作风履职尽责，共同完成好县委交办的任务，积极推动县域经济高质量发展。

【全面建设清廉方山工作专班会议】 2022年5月17日，方山县全面建设清廉方山工作专班第一次会议召开。县委常委、纪委书记、监委主任辛建文主持会议并讲话。会议宣读《关于全面建设清廉方山的行动方案》《关于组建全面建设清廉方山工作专班的通知》，讨论并通过《全面建设清廉方山2022年工作要点》。

会议指出，建设清廉方山，是贯彻落实党中央全面从严治党方针的政治任务，是营造良好政治生态的重要保证，是建设“四宜方山”的必然要求。

会议强调，建设清廉方山要毫不动摇地加强政治监督，以实际行动践行“两个维护”；要毫不手软地加强肃纪反腐，以一体推进“三不”实现标本兼治；要毫不松懈地加强专项整治，以清廉单元建设巩固党心民心；要毫不含糊地加强权力制约，以机制改革提升监督效能；要毫不吝惜地加强文化浸润，以清廉文化涵养清风正气。

会议要求，建设清廉方山要统一思想，加强组织领导，同向齐发力，齐头并进，心往一处想、劲往一处使，拧成一股绳，下好全县“一盘棋”。要强化责任落实，要聚焦重点难点问题，准确把脉、精准施策，对照工作要点，抓好各项任务落实，种好“责任田”，打好“组合拳”。要强化宣传引导，强化行动自觉，进一步认真贯彻县委行动方案精神，用好舆论“主阵地”，以清廉方山建设的实际成效迎接、服务和保障党的二十大胜利召开。

2022年6月9日，我、方山县全面建设清廉方山工作专班第二次会议召开。会议宣读《关于全面建设清廉山西工作中规范使用相关用语的通知》和清廉山西建设相关典型案例;讨论通过了全面建设清廉方山示范点推荐名单;通报了我县当前工作进展情况。

会议强调,一要提高政治站位,以强烈的责任感和使命感扎实推进清廉方山建设。清廉方山建设是落实全面从严治党要求的重要举措,各级各部门要从讲政治的高度,充分认识开展清廉建设活动的重大意义,切实把思想和行动统一到省委、市委、县委的决策部署上来;二要强化政治担当,以有效的执行力和行动力扎实推进清廉方山建设。要坚决落实清廉建设各项举措,做到反腐倡廉的态度不能变、决心不能减、尺度不能松,着力打造清廉方山样板,让清廉成为方山的风尚和名片;三要扛牢政治责任,以良好的精神面貌和工作作风扎实推进清廉方山建设。各级党委(党组)要坚持扛起清廉方山建设的政治责任,发挥牵头作用,坚持守土有责、目标导向、文化引领,以全面从严治党的新成效护航高质量发展,为全面建成富强活力美丽幸福现代化新方山作出新的更大贡献。

2022年8月16日,方山县全面建设清廉方山工作专班第三次会议召开。县委常委、纪委书记、监委主任辛建文主持会议。会议宣读全面建设清廉吕梁工作专班办公室《关于开展全面建设清廉吕梁调研督导工作的通知》、全面建设清廉方山工作专班《关于对全面建设清廉方山示范点工作情况的通报》;宣传部、检察院、税务局、庞泉工贸、高级中学、县中医院、马坊镇温家庄村、圪洞镇西山村就清廉方山示范点建设工作分别作了汇报。

会议强调,一要提高政治站位,以强烈的责任感和使命感扎实推进清廉方山建设。各级各部门要从讲政治的高度,充分认识开展清廉建设活动的重大意义,切实把思想和行动统一到省委、市委、县委的决策部署上;二要强化政治担当,以有效的执行力和行动力扎实推进清廉方山建设。要坚决落实清廉建设各项举措,做到反腐倡廉的态度不能变、决心不能减、尺度不能松,着力打造出清廉方山样板,决不能让腐败分子啃食人民的财富、破坏党的经济社会发展战略,让清廉成为方山的风尚和名片;三要扛牢政治责任,以良好的精神面貌和工作作风扎实推进清廉方山建设。建设清廉方山是涉及全县上下、联动各行各业的系统工程,单打独斗是行不通的,需要汇聚全县各方面的智慧和力量,构建推动形成齐抓共管的工作格局。要做到坚持守土有责、坚持目标导向、坚持文化引领,以全面从严治党的新成效护航高质量发展,为全面建成富强活力美丽幸福现代化新方山作出新的更大贡献。

2022年12月14日,方山县全面建设清廉方山工作专班第四次会议召开。县委常委、县纪委书记、监委主任辛建文主持会议。会议传达省纪委《关于在全省组织开展山西省清廉单元创建示范活动的工作方案的通知》及省、市清廉建设第二次工作专班会议精神、《关于扩大全面建设清廉山西权力运行制约体系建设试点工作的指导性意见》。

会议指出,清廉方山建设是贯彻落实省委、市委重大决策部署,推进全面从严治党向纵深发展的重要举措。清廉方山建设开展以来,县委、县政府高度重视,各工作专班、责任单位统筹推进各项任务,全县上下管党治党责任体系持续完善，权力运行监督制约更加有效，廉洁奉公思想自觉切实增强，清廉价值理念逐步深入人心。

会议强调，全面建设清廉方山，推进全面从严治党向纵深发展任务艰巨、任重道远。各级党委（党组）、各部门要高度重视，坚决扛起扛牢主体责任，把全面建设清廉方山推向深入。要对照行业领域、职责定位，结合监督办案、巡视巡察、干部监督、审计监督等反馈情况，认真反思剖析，把该建的制度建起来，把该立的规矩立起来，织密扎牢不能腐的制度笼子。要发挥舆论宣传的主导作用，充分运用党报党刊、广播电视、微信公众号等媒体，积极宣传先进人物典型事迹，充分展示方山县全面建设清廉方山的典型经验和工作成果，深化广大干部群众对全面建设清廉方山的思想认同、行为趋同。要树好标杆，深入推进清廉单元创建。按照"储备一批、总结一批、推广一批"的模式，制定详细的清廉单元创建计划，对符合资格的创建对象要精准培育，切实把清廉单元建设中的典型选树出来，引领推动清廉方山建设向纵深推进，为全面建成宜居、宜游、宜养、宜业"四宜"方山作出新的更大贡献。

【方山县应急系统安全生产领域专项巡察动员部署会】 2022年8月29日，吕梁市委巡察五组对方山县应急系统安全生产领域专项巡察动员部署会召开。市委巡察五组组长周志雄，副组长刘立生，县委常委、纪委书记、监委主任辛建文，副县长周明宇出席会议。市委巡察五组全体人员、县委巡察办主任、应急管理局全体人员、安委会重点成员单位负责人、县纪委监委派驻纪检监察组全体人员参加会议。

会议指出，巡察组将以"充分发挥巡察监督在自我革命中的战略作用，全力营造良好政治生态和安全环境"为统领，坚持从业务看政治、从客观看主观、从现象看本质、从问题看责任，坚持以下看上、由点及面，围绕"三个紧盯、三个深入查找"开展专项巡察。方山县应急管理局党组领导班子和班子成员、各安委会成员单位要进一步强化政治责任和政治担当，站在"两个维护"的政治高度，深刻认识抓好当前各项安全防范工作的重要性，增强自觉接受监督的意识，积极支持巡察组的工作，做到共同答题、共同发力。要自觉对照中央、省委、市委要求，主动查摆、系统梳理本单位本系统存在的问题和不足，切实担负起主体责任，按照边巡边改、立行立改的原则，针对问题举一反三、堵塞漏洞、建立长效机制。要以此次巡察为契机，层层传导压力、层层落实责任，切实知责尽职，推动党中央、省委、市委重大决策部署落到实处。

会议强调，巡视巡察工作是强化党内监督、严肃党的纪律、加强党的建设的一项重大举措，全县应急系统要提高政治站位，高度重视巡察工作；要深化上下联动，扎实推动巡察工作；要勇于自我革命，积极配合巡察工作；要抓好整改落实，推动各项工作不断提升；要以本次市委巡察为契机，坚定不移地贯彻落实省委决策部署和市委具体要求，切实解决好关系群众切身利益和安全生产方面的突出问题。以全面从严治党的实际成效取信于民，守好方山安全生产阵地，以实际行动迎接党的二十大胜利召开。

监督审查

【主责监督】 2022年，方山县纪检监察机关督促全县各级党组织牢牢把握学习贯彻习近平新时代中国特色社会主义思想主线，把“两个维护”作为最高政治原则和政治规矩，融入血脉、见诸行动。全年督促县委和各级党组织召开贯彻落实十九届六中全会精神专题会议168场次；督促县委和各级党组织学习二十大精神专题会议80场次；督促全县451个党组织专题学习研讨深刻领悟“两个确立”的决定性意义，紧盯10个方面具体内容开展常态化政治监督。对各级党组织贯彻落实党中央、省委、市委重大决策部署开展常态化监督检查，全过程跟进，确保党中央、省委、市委决策部署不偏向、不变通、不走样。

【常态化监督】 2022年，方山县纪检监察机关聚焦习近平总书记视察山西重要讲话和重要指示批示贯彻落实情况，聚焦脱贫攻坚有效衔接乡村振兴、疫情防控、经济社会发展等重点任务，坚持“班子成员+室、组、地”监督模式开展专项监督检查。聚焦脱贫攻坚与乡村振兴有效衔接，根据省纪委《关于加强巩固拓展脱贫攻坚成果同乡村振兴有效衔接考核评估反馈问题整改情况监督的实施方案》要求，全过程督促整改国考反馈、省考反馈和自查问题4方面11类175条，整改完成率100%。聚焦常态化疫情防控，联合县委共同成立疫情防控监督执纪工作专班，配套设立3个专项检查组和1个暗访组，针对人员流动密集场所和防控薄弱环节，开展监督检查120次，出动人员860人次，发现并督促整改问题58条，因疫情防控措施不到位约谈县直单位主要负责人9人次。聚焦全县高质量发展，紧盯市级重点项目、重要经济指标和落实主体责任方面不作为、慢作为，约谈县直部门和镇主要负责人12人，就信访化解不力约谈镇干部2人；针对“三资提级监督”“清化收”等重点工作提醒谈话镇、村干部20批320人次。

【基层治理监督】 2022年，方山县纪检监察机关把深化基层治理整治作为全面从严治党、推进清廉山西建设的基层实践，对郭家沟村、温家庄村开展麻雀式解剖、体检式会诊。针对郭家沟村制度虚设空化问题，确立“以案促治、总结经验、探索路径、深化推广”的治理模式，压实镇、组织、民政等部门职能监督责任，整理规范村级“三务”“四议两公开”等24项小微权力运行流程图。制定《“三资”管理办法(试行)》《“三员合一”监督工作办法(试行)》等9项制度。结合“清化收”全面“清资亮底”，规范合同11份，为村集体创收27万元。统计汇总村级“三资”和2020年至2022年惠民政策资金运行台账，全部上墙公示，以党内监督、群众监督透明化、具体化推动基层权力规范运行。

针对温家庄村基层治理体系和小微权力运行监督机制缺失等问题，确立“规范小微权力运行、打造清廉村居样板”的治理思路，督促镇村两级制订完善马坊镇村干部履职行为负面清单、马坊镇农村党员负面清单、《四议两公开制度》等8项清单和制度，整理规范21项农村小微权力运行流程图，全部公示上墙。制定《“三员合一”监督工作方案》，严格落实“五务五公开”(党务、政务、事务、财务、服务公开)制度，压实常态化开展“五务”公开监督责任。

圪洞镇西山村开展“三资”提级监督。督促西山村对村集体“三资”底数进行全面清查，建立西山村集体“三资”台账；修订完善《村务监督委员会工作办法》，规范村级制度；督促建立村主干个人廉政档案；在村委门口设立举报箱，公布举报电话；督促村委决策严格按“四议两公开”程序进行民主决策。结合“清化收”工作，对合同进行全面梳理、清查。组织村支两委、全体党员开展专题廉政党课，不断增强本村党员干部的廉洁自律意识。督促西山村对县委巡察办“三资”专项巡察中发现的问题逐项整改，举一反三。督促全县90个行政村、4个社区全部实现“三员合一”，打通基层监督“最后一公里”。

【反腐败领导小组工作】 2022年，方山县委召开2022年反腐败领导小组会议，学习研讨习近平总书记在中共中央政治局第四十次集中学习时的讲话精神，分析研判全县反腐败形势，结合清廉方山建设，统筹谋划全县反腐败斗争、监督治理、清廉建设，严格贯彻《执法机关和司法机关向纪检监察机关移送问题线索工作办法》，修订完善《中共方山县委反腐败领导小组工作规则》等制度机制，健全案件移送、信息共享、共商案情等工作机制，综合运用纪检监督、司法监督、审计监督、巡察监督的质效显著提升。全年累计受理反腐败领导小组各成员单位问题线索35条，立案44件，党纪、政务处分42人。

【履职监督】 2022年，方山县纪检监察机关围绕政治监督“五个强化”要求和10方面具体内容，开展第一责任人职责履行情况专项监督14次，发现并督促整改问题26条。督促被监督单位落实日常谈话、廉政谈话、任前谈话等制度，开展任前集中廉政谈话2批次40人次。结合部门实际，督促被监督单位规范完善“三重一大”等内控制度320项，派驻派出机构参与“三重一大”、人事任免决策和监督180批次，把监督嵌入权力运行全过程。强化“四项监督”统筹衔接、协调联动，坚持力量一体调配、成果一体运用，开展领导干部带领自己家乡工程队、党员领导干部利用示范区资源谋取私利等问题专项整治行动15项，累计查办案件84案，审结82案。作出党纪处分109人，政务处分19人，党纪政务双重处分2人，涉及科级干部10人。

【选人用人审查】 2022年，方山县纪检监察机关全年累计开展廉政审查66批次1725人次，出具党风廉政意见66份。其中，评模评优12次、接收预备党员审查10次、提出暂缓及否定性意见20人。

政治巡察

【常规巡察】 2022年，方山县持续完成十一届方山县委第一轮巡察。对县民政局、乡村振兴局等8个县管单位党组采取“一拖二”的方式开展巡察，发现并督促整改问题63条，移送纪委监委问题线索5条，已办结2条，给予政务处分1人，组织处理1人。

【专项巡察】 2022年，方山县对3个“三资”提级监督试点村开展专项巡察，发现共性问题34条，移送纪检监察机关问题线索8条。

【十一届县委第二轮巡察】 2022年，方山县开展十一届县委第二轮巡察，采取“常规+专项”巡察方式，派出4个巡察组，对县工信局等6个县管单位党组开展常规巡察，对大武镇郭家沟村、马坊镇温家庄村开展“三个一批”专项巡察，初步发现共性问题110条，个性问题线索11条。完善巡察上下联动、纵向贯通监督体系，配合市委巡察办第五督导组开展巡察督导,落实整改意见5方面12条。健全完善发现问题、整改落实、成果运用、信息共享、统筹联动工作机制,进一步发挥纪检监察机关、组织部门、派驻机构、巡察办在整改中的职能作用,做好巡察整改“后半篇文章”。

作风建设

【查处违反“四风”问题】 2022年,方山县纪检监察机关紧盯元旦、春节、清明、“五一”、端午等重要时间节点,室、组、地联动开展督导检查30次,严防“四风”问题反弹回潮,不断巩固拓展落实中央八项规定精神成果。全年累计查处违反“四风”问题6案10人,给予党纪政务处分10人;查处违反中央八项规定午间饮酒案件1案,给予党纪政务处分2人。督促方山县疾控中心等4个部门从严整改形式主义、官僚主义问题。开展方山生态文化旅游示范区“四风”问题专项整治,查摆梳理“四风”问题11条,督促完善《方山县生态文化旅游示范区制度汇编》,压实全面从严治党主体责任。

【推进移风易俗】 2022年,方山县纪检监察机关把党员干部大操大办、炫富攀比、铺张浪费、随礼泛滥等作为落实中央八项规定精神和“四风”问题监督检查重点内容。开展落实移风易俗规定监督检查30次,落实婚丧喜庆事宜报告备案14人,督促各镇发放张贴《移风易俗倡议书》共9000份,各镇村在醒目位置张贴宣传《村规民约》《居民公约》180份。

【整治民生领域风腐问题】 2022年,方山县纪检监察机关紧盯民生领域风腐问题,巩固“我为群众办实事”成果。聚焦“清零行动”,督促完成房屋清零任务8839套。聚焦“清化收”开展专项监督,清理规范合同7251份,清理规范土地面积10.04万亩,收回土地4.76万亩,总收入1716.96万元,村集体年发包租赁收入706.49万元,收回资产折价176.92万元,村均增收16.93万元,给予党纪政务处分9人,谈话提醒5人,诫勉谈话1人。试点探索3个村村集体“三资”提级监督,全面起底村级“三资”,赤红村清收欠款1.4万元,抵债5万元,新增承包费3万元,收回土地1040亩;兴隆湾村清理不规范合同24份,收回集体土地228.6亩,新增集体收入8万元。

开展农村乱占耕地建房专项整治,整治农村乱占耕地违法建筑物图班10块,整改到位7块,查处相关案件4件,给予党纪处分6人。

开展安全生产领域暨盗采矿产资源专项监督,查办问题线索7件,办结6件,移送市纪委监委1件,挽回经济损失1.9万元。

开展方山县自建房安全领域腐败和作风问题专项治理,督促整改相关问题。开展粮食购销领域腐败问题专项整治工作。开展监督检查5次,办结相关问题线索5件,给予党纪政务处分5人,诫勉谈话1人;下发监察建议书1份;督促整改自查问题线索6条;整改完成问题12件。

开展党员干部利用开发区资源谋取私利问题专项整治。起底问题线索3件,全部办结;督导巡察整改问题36条,全部整改到位。

开展困难群众救助领域违纪违法问题专项治理,办结问题线索2件,组织处理2人;督促整改审计发现的问题线索3件,共退款

15.91 万元。

开展地方金融机构不良资产清收处置专项工作，建立《方山县地方金融机构制度建设台账》《方山县地方金融机构不良资产清收台账》和《方山县地方金融机构排查问题台账》三类台账，清收逾期贷款共计 2.96 万元。

开展四大行业领域和“沙霸”“矿霸”腐败专项整治行动。

全年累计查处涉及群众身边腐败和作风问题 30 案，给予党纪政务处分 47 人，组织处理 3 人，其中涉及巩固拓展脱贫攻坚成果 5 案 13 人。

群众团体

方山县总工会

【思想政治引领】 2022年,方山县总工会始终把坚持正确政治方向摆在首位,团结带领广大职工听党话、跟党走。充分利用各种宣传手段,采取职工群众喜闻乐见的形式,全方位、多角度、立体式宣传二十大精神,推动党的二十大精神深入人心。围绕“喜迎二十大,奋进新征程”开展职工系列文体活动,进一步增强职工活力、丰富职工生活。进一步加强对职工的思想政治引领,以“听党话、感党恩、蹚新路、作贡献”为主题,开展“三送三进”慰问演出13场次,覆盖职工2300人。

【开展建功立业活动】 2022年,方山县总工会围绕全县发展大局,开展职工技能大赛及岗位比武、技术创新、节能降耗等建功立业活动。全年教育系统举办中、小学教师技能比赛和教职工乒乓球、羽毛球、象棋比赛活动,提升职工技能素质。持续开展“五小六化”竞赛活动,全县参赛企事业单位达43家,参赛职工1万人次,为全县经济社会健康发展作出重大贡献。产业工人队伍建设改革稳步推进,协调相关部门出台配套制度20项,推出一系列改革举措,培育改革试点6个,为全县高质量转型发展提供技术工人队伍支撑。方山县职业中学成立“方山工匠学院”“方山职工职业技能培训基地”,开展职工素质培训、技术比武、技能大赛,帮助职工提升职业技能等级。

【维护职工合法权益】 2022年,方山县各级工会深化拓展“安康杯”知识竞赛、煤矿井口群众安全生产工作站达标竞赛等活动,维护职工安全健康权益,为县域经济发展创造良好的安全生产环境。贯彻落实国家三方“集体合同制度三年攻坚计划”和省总“工资集体协商提质增效三年规划”,与正常运行的16家企业签订工资专项集体合同,覆盖职工1800人。开展调解劳动争议、提供法律援助、为农民工追讨工资等服务,期内累计为职工提供法律援助15次,法律咨询50次,调解劳动争议46件。创建“户外劳动者爱心驿站”5个、“流动爱心驿站”3个、服务以农民工为主体的户外劳动者群体2100人。组建服务分队深入厂矿企业开展“遵法守法、携手筑梦”服务农民工公益法律行动,引导农民工依法维护自身权益,督促企业经营者依法保障农民工合法权益,维护全县和谐稳定。

【助困帮扶】 2022年,方山县工会组织充分发挥桥梁纽带作用,持续开展“五联系”“双包”联系制度,实现困难职工帮扶全覆盖。持续开展“春送岗位、夏送清凉、秋送亲情、冬送温暖”和“金秋助学、大病救助、生活救助”等帮扶救助活动,帮助困难职工摆脱困境,实现稳定脱困。对丧失劳动能力或落实社会保险也不足以保障基本生活的困难职工,全部纳入低保兜底。建立困难职工数据信息与各成员单位数据信息的互通共享机制,为推动困难职工充分享受各项社会救助政策提供技术保障。开展以“六送”为主要内容的新就业形态劳动者温暖行动,慰问、救助新就业形态劳动者178名。进一步加强工会援疆工作,帮扶对接新疆阜康市阜新街道办大桥社区。

【工会自身建设】 2022年,方山县总工会持续推进“八大群体”农民工集中入会专项行动,组织覆盖率、会员数稳步增长。继续在方山电视台开办《工会在身边》《数风流人物》等栏目,宣传劳动模范和产业工人风采,在全社会形成崇尚劳模、尊重劳动、尊崇工匠的时代风尚。加大新就业形态劳动者建会力度,举办网约车司机和物流快递员集中入会仪式2次,入会人数达217人。在新冠肺炎疫情反复多变态势下,第一时间动员职工积极防控,派出专门人员支援路口卡口的防控工作,并向县公安局工会、县卫生健康和体育局工会等13个单位拨付疫情防控专项资金,用于慰问奋战在抗疫一线的工作人员,为做好疫情防控和复工复产贡献智慧和力量。成立劳模志愿者宣传队,在县城周边开展疫情防控宣传15人次。

共青团方山县委

【建设青年人才驿站】 2022年,共青团方山县委打造“青年之家”,建设青年人才驿站。打造方山县羽毛球协会、方山县西山村、方山县积翠社区青年之家3个,“学子归巢”工作站1个。

【志愿服务】 2022年,共青团方山县委开展志愿服务活动,助力疫情防控。疫情防控期间,进一步健全完善方山县应急联防联动机制和志愿服务机制,全力保障人民群众生命安全和身体健康,团县委发布疫情防控志愿服务招募令,在全县范围内招募志愿者790名。青年志愿者响应号召,坚守抗疫一线,累计志愿服务时长9500小时,服务群众近3万人次。同时配合做好防疫宣传、核酸检测点秩序维护、信息录入等工作。

开展“五点半课堂”公益志愿活动。123名大学生志愿者为西山村小学生提供集中学习辅导、兴趣培养、安全教育、心理疏导、法治宣传等服务,关注儿童成长,丰富假期生活。团县委联合县人民检察院到圪洞镇西山村党群服务中心开展“普法不放假 暑期伴成长”公益课堂,20名学生和大学生志愿者参加普法学习。

开展“暖心伴考,为梦打CALL”高考志愿服务。2022年6月7日,共青团方山县委联合农商行、农业银行、爱心公益协会、天龙救援队等16家企业和社会组织,共同成立高考爱心服务站,开展爱心助考活动,为考生保驾护航。

【暑期社会实践活动】 共青团方山县委开展2022年“青春兴晋”大学生返家乡暑期社会实践活动,全县用人单位提供政务实践、公益服务、社区服务等社会实践岗位123个。在征求学生个人意愿的基础上,根据学生所学专业、家庭住址等实际情况,合理安排实践岗位,引导大学生更好地了解国情、感知社会、热爱家乡、服务群众,紧跟党走与人民群众相结合的成才道路。

【爱心助困】 2022年,共青团方山县委资助困境青年、贫困大学新生、患重病青少年等,实施“希望工程1+1”项目,为175名贫困学生争取到每人1000元的资助,共计

17.5 万元。“亮星计划”为 7 名二本(B)类以上方山籍学子提供爱心助学捐赠,共计 47898 元。

【主题教育】 2022 年,共青团方山县委开展“一座丰碑 一面旗帜”主题团日活动。在“00后”消防指战员刘泽军烈士殉职一周之后,共青团吕梁市委、共青团方山县委联合刘泽军烈士家乡学校——方山县峪口小学,共同组织开展“学泽军烈士的先进事迹,做吕梁精神的时代先锋”主题团日活动,以崇敬心情和庄严姿态再次缅怀烈士。活动现场,市、县两级共青团组织追授刘泽军烈士“吕梁青年五四奖章”和“方山青年榜样”荣誉称号。

开展“主题党日+”活动。7 月 1 日,共青团方山县委组织主题党(团)日活动,参观于成龙廉政文化教育基地和故居,在北武当镇来堡村集体产业园开展志愿服务,彰显青春本色。

开展“缅怀革命先烈 传承红色基因 争做时代新人”主题教育活动。参加暑期实践的 50 名学生参观爱国主义教育基地——方山县档案馆。

开展“学习二十大 永远跟党走 奋进新征程”暨“五个一”(“五个一”即一场典型事迹宣讲、一场爱心捐赠活动、一场普法宣传、一次爱心义剪、一场红歌快闪)系列活动。援沪医务人员李利作“援沪有我 青春无悔”演讲。

方山县妇女联合会

【开展建设清廉机关和清廉家庭活动】 2022 年,方山县妇女联合会制定出台《关于开展清廉机关建设的实施方案》《关于全面建设清廉家庭的行动方案》。组织职能部门主要负责人家属签订《家庭廉洁承诺书》,组织党员干部、职能部门负责人家属观看纪录片《于成龙之族规家训》、廉政教育系列片《党史中的清廉故事》。

开展“家庭助廉”活动,加大廉政文化建设宣传力度。县妇联联合县纪委、县委组织部、县委宣传部开展“巾帼力量粽情端午 妇女联盟共话清廉”主题活动;县妇联党支部、临县妇联党支部在临县中共中央西北局旧址、临县安业乡青塘村联合开展“传承红色文化 弘扬清廉端午”主题党日活动;地电方山分公司妇委会组织开展“剪纸润初心、清廉话家风”主题活动。

开展“巾帼心向党 喜迎二十大”群众性主题宣传活动。在微信公众平台设置“强国复兴有我”专栏、举办“强国复兴有我”女性优秀事迹、家庭故事分享会,宣传各行各业优秀妇女典型代表的感人事迹。

七一期间,组织党员干部开展“英烈精神浩气长存,红色文化代代相传”主题党日活动,缅怀刘泽军烈士,参观李来平红色文化庭院。弘扬爱国主义精神,传承红色优良传统。

组织县、乡、村三级优秀妇干,开展“新思想在吕梁”巾帼大宣讲。

【实施“创业创新巾帼行动”】 2022 年,方山县妇女联合会开展寻找“最美庭院”活动,评选出市级“美丽庭院”5 户;带领巾帼志愿者开展“美丽庭院 垃圾分类”宣传活动,动员妇女在推动乡村宜居宜业中发挥“半边天”作用;依托吕梁市创业就业圆梦基地,举办“易地搬迁 巾帼讲堂”(方山)专场培训班;组织庄上村、前东旺坪村近 30 名妇女参加布艺培训,提升妇女创业就业能力,帮助广大妇女实现安置与安心同在、安居与乐业同行，全面实现“搬得出、稳得住、能致富”目标。

开展寻找“最美巾帼网格员”活动，激发广大妇女立足本职岗位建功立业的热情。通过摸底排查、深入调研，2022 年推选出的 4 名网格员荣获吕梁市“最美巾帼网格员”称号。

【实施“法治方山巾帼行动”】 2022 年，方山县妇女联合会举办“强国复兴有我”女性优秀事迹、家庭故事分享会，邀请方山县法院审判委员会专职委员冯利作《法律保护下的婚姻》讲座。“五一”国际劳动节之际，向方山县众信物业公司女性劳动者普及法律知识。全民禁毒宣传月，联合县禁毒委各成员单位深入吕梁霍州煤电木瓜煤矿、方山县职业中学、积翠镇胡堡村、国旗广场等地开展以“健康人生、绿色无毒”为主题的禁毒宣传活动。

【维权工作】 2022 年，方山县妇女联合会动员乡镇、村妇联干部通过入户排查、打电话询问以及和村干部了解等方式开展重点人群和高风险家庭排查。全年共排查妇女儿童 51 人，其中妇女 36 人、儿童 15 人。配合镇、村“两委”，对重点人群采取纳入低保、帮助办理残疾证、申请残疾人补贴、关爱慰问等帮扶方式。

联合公、检、法等部门开展婚姻家庭矛盾纠纷“五色”分级预警处置，至年底，全县“绿色”案件 1 件，并结案。

【关爱救助困境妇女儿童】 2022 年，方山县妇女联合会于春节前夕，为全县 36 名困境妇女送上节日的祝福和新春礼物。深化“健康中国 母亲行动”，于 5 月下旬至 6 月上旬，在全县开展宣传活动 9 场，参加妇女 300 名，共发放宣传资料 1000 份。营造“人人参与，全面健康”的良好社会氛围，提升妇女健康素养和妇女自我保健意识。开展“晋姐暖心 与你同行”活动。救助困境妇女 6 名，每人给予救助金 1000 元。实施“紫气东来 · 幸福启航”项目，救助困境妇女 2 名，每人给予救助金 3000 元；救助困境儿童 2 名，每人给予救助金 1000 元。

【家风家教宣传教育】 2022 年，“方山妇联”微信公众平台开设家庭教育专栏，发布家长“应知应会”宣传语、《方山县妇女联合会依法带娃、争做合格家长 贯彻落实〈家庭教育促进法〉倡议书》，普及《中华人民共和国家庭教育促进法》相关知识、转载习近平总书记关于注重家庭家教家风建设的重要论述、分享习近平总书记的家风故事等。联合县教育科技局、县人民检察院举办“送法进万家 家教伴成长”《家庭教育促进法》宣讲活动，发放《家庭教育促进法》宣传册、宣传折页等资料。9 月 19 日至 20 日，特邀国家二级心理咨询师、家庭教育咨询高级指导师李耀卿，在县城内小学、县城内二小、圪洞镇明德寄宿制小学举办“送法进学校 · 普法护成长——《家庭教育促进法》”专题讲座 3 场。国庆节前夕，在育才寄宿制小学举办以“树清廉家风 创‘最美家庭’”家庭教育讲堂暨“我给祖国妈妈过生日”为主题的讲座，特邀国家高级家庭教育指导师、青少年品格心灵导师、公益讲师团家庭教育讲师陈海燕作讲座，共举办 6 场，覆盖家庭 3000 个。

开展“亲子共沐书香，强国复兴有我”家庭亲子诵读短视频征集活动。自 4 月 20 日起，方山县妇联发起“亲子共沐书香 强国复兴有我”家庭亲子诵读短视频征集活动，全县共有 200 个家庭参加活动，展播 38 期。5

月24日,由方山县妇联主办的“亲子共沐书香 强国复兴有我”亲子诵读活动颁奖仪式在县城内二小举行,获积极参与奖家庭23个,获优秀奖家庭7个,获优秀组织奖学校3所。

【“绿色家庭”创建】 2022年,方山县妇联开展寻找“绿色家庭”活动,动员九大口妇委会、6镇妇联会、村(社区)妇联会,依托“方山妇联”微信公众平台、村喇叭、广播等媒介,社区、学校、“妇女之家”等活动阵地,传播“绿色家庭”典型事迹,大力宣传生态环保、节能减排、垃圾分类等知识,引导广大群众践行绿色生活的行动自觉。全县荣获“2022年山西省绿色家庭”称号家庭1个。

【关爱留守困境儿童】 2022年,方山县妇联于春节前夕,开展“把爱带回家”暖冬关爱活动,为5名留守困境儿童送去新春礼物。联合县人民检察院在马坊镇寄宿制小学开展以“少年儿童心向党,用心用情伴成长”为主题的暑期儿童关爱服务活动,100名小学生参加。活动邀请县妇联公益讲师团讲师、县检察院检察官作以“与法相伴 平安暑假”为主题的法治讲座。中秋节前夕,为失监儿童送去月饼、水果,并为其监护人申请到吕梁市妇联困境妇女救助金1000元。国庆节前夕,县妇联巾帼志愿者为育才寄宿制小学50名留守困境儿童理发。

方山县工商业联合会

【参政议政】 2022年,方山县工商业联合会吸收政治思想强、行业代表性强、参政议政能力强、社会信誉好的非公经济代表人士担任人大代表、政协委员,围绕社会关心的难点和热点问题,开展调查研究,积极建言献策。至年底县工商业联合会会员中有市人大代表1名、政协委员2名;县人大代表4名、政协委员3名。

【服务企业】 2022年,方山县工商联于3月2日至4日进驻方山顺丰汽修厂等8家道路运输企业,开展为期3天的驻企服务,帮助企业协调解决困难和问题,就加强和改进企业管理,提出意见和建议。

2022年,方山县工商联转发国家大基金之——国家中小企业发展基金14部门印发《关于促进服务业领域困难行业恢复发展的若干政策的通知》、中国发展改革委《关于印发促进工业经济平稳增长的若干政策的通知》等惠企政策文件,为企业摆脱困境提供便利渠道。

3月29日,组织企业及直属商会有关人员以线上视频方式参加2022年第一期“合规月月谈”线上课程;3月30日组织会员企业参加第一期劳动法进民企合规用工“云课堂”;6月14日组织会员企业参加涉案企业合规第三方监督评估工作推进视频会;6月21日组织会员企业13家参加“法安民企 护航发展”大讲堂第一期培训;6月27日组织民营企业参加以“把握RCEP机遇,共同抱团成长”为主题的活动;7月1日组织学习第四期“合规月月谈”课程——吉利境外合规管理经验;8月18日组织工商联职工、商会、民营企业参加第四届民营经济法制建设峰会;9月2日组织商会、民营企业开展民营企业法律风险防范与合规管理培训会议;9月6日组织工商联职工、商会、会员企业学习第六期“合规月月谈”课程——经济制裁与合规管理;9月16日组织会员企业收看第二届RCEP经贸合作工商高峰论坛;9月17日组织会员企业收看全国《区域全面经济伙伴关系协定》(RCEP)系列专题培训中小企业专场;9月20日组织民营企业参与共建"'一带一路'风险防控"培训班;9月30日组织会员企业学习第七期"合规月月谈"课程——境外民企税务合规管理;10月12日组织企业参加第十八期全国民营企业家林业草原专题网络培训;10月13日组织机关职工、商会、民营企业参加民营企业法律风险防范与合规管理培训第三课——民营企业涉走私违法犯罪问题;10月16日组织会员企业收看党的二十大开幕式;10月27日组织企业参加民营企业法律风险防范与合规管理培训第四课——生产安全犯罪与风险防控;11月2日组织会员企业学习第八期"合规月月谈"课程——企业反商贿赂合规管理实务。

【"万企兴万村"服务】 2022年3月31日,"万企兴万村"方山行动动员会议召开。方山县工商业联合会组织引导有能力、有意愿参与乡村振兴的民营企业、商(协)会共10家,与行政村开展企村结对共建。采取一个项目带动一个村或多个村、一个企业(商/协会)帮扶一村、多个企业(商/协会)帮扶一村及一个企业(商/协会)帮扶多村等多种共建形式,推动乡村振兴与企业发展互促共赢新局面。

【招商引资】 2022年,方山县工商联招商专班共获取有关招商引资信息23条,线上沟通交流企业11家,线下实地对接沟通企业8家。5月9日,方山县人民政府与太原晋阳发展实业有限公司签订战略合作协议,该公司在方山县注册成立吕梁北武当山道地药材有限公司。全年太原方山商会共结识、走访、考察有关投资企业11户,形成省内外招商引资考察线路3条,并与晋能控股煤业集团信息工程有限公司初步达成合作意向。

11月14日至20日,方山县工商业联合会考察组先后考察淄博市晋商商会、山东千亩园葡萄酒庄有限公司、华伟银凯集团、淄博市树莓基地、周村区古商城大街、青岛康普锐斯能源科技有限公司、青岛德创表面技术工程有限公司、青岛华世洁环保科技有限公司、青岛中科华联新材料股份有限公司、黄岛区弗来·德建公元营销中心、诸城市华邦机械有限公司核桃深加工项目,并与淄博市晋商商会、青岛市山西商会签订战略合作协议书。

【会员企业履行社会责任】 2022年,方山县工商业联合会组织引导会员企业参与方山县疫情期间捐款捐物活动,13家爱心民营企业共捐赠防控物资110.62万元。引导民营企业投身光彩事业,履行社会责任,捐资助学。山西庞泉重型机械制造有限公司向方山县兴方教育基金会捐款50万元,资助胡堡村5名大学生共5000元、麻地会小学5000元;山西方山金晖凯川煤业有限公司资助5名大学生共1.5万元;方山县绿华园建筑材料有限公司向东坡村资助2.8万元;山西惠华悦民经贸有限责任公司向方山县捐赠净水器、空调机各500台。

方山县科学技术协会

【科普宣传】 2022年,方山县科学技术协会开展2022年北京冬奥会科普宣传活动,制作冬奥展览挂图,在县城瓦窑河公园张贴宣传。同时利用科普大篷车等方式进行冬奥科普宣传,促进冰雪运动普及,进一步推动全民健身理念深入人心。

开展“5·12”防灾减灾科普宣传活动。在第十四个全国防灾减灾日到来之际,县科协组织科技科普志愿者在县城瓦窑河公园开展以“减轻灾害风险,守护美好家园”为主题的“5·12”防灾减灾科普宣传活动,以悬挂横幅、摆放展板、张贴海报、发放防灾减灾宣传册、现场解说防灾减灾知识等多种方式进行科普宣传。

开展“移风易俗”下乡活动。1月14日,县科协与县文联联合到建军庄安置小区安居苑开展“我为群众办实事”——送春联、送科技、送温暖“移风易俗”下乡活动,为群众送去春联、剪纸等,发放科普资料、移风易俗宣传资料。

【“全国科普日”活动】 2022年,方山县科协根据市科协有关通知精神,联合县委宣传部等部门制定印发《2022年“全国科普日”暨第二十一届中国科协·吕梁市科普月方山活动实施方案》,组织开展2022年“全国科普日”暨第二十一届中国科协·吕梁市科普月方山活动。

开展葫芦种植技术培训。9月20日,县科协邀请吕梁市葫芦文化博物馆馆长刘振老师在峪口镇张家塔村开展葫芦种植技术培训,全村共50名村民参加培训。

开展“科普进校园”活动。县科协联合县教科局于2022年9月20日至21日在方山县大武中心校、方山县圪洞镇明德小学开展“2022年‘全国科普日’科普进校园系列活动”。活动包括科普大篷车和科普剧《龙宫奇事》、科学有曰《激情世界杯》、科学秀《小丑嘉年华》3个科学表演及天文观测。展板展示“智慧城市”、5G技术。

开展科学小制作——液压“挖掘机”活动。2022年9月26日在城内小学举办科学小制作——液压“挖掘机”科学实践活动,9月26日在城内第二小学举办动手动脑——液压“挖掘机”科学实践活动。

【眼健康科普活动】 2022年7月7日,县科协、圪洞镇武当社区、吕梁爱尔眼科医院共同组织开展“2022年方山县眼健康科普活动”启动仪式,随后在武当社区开展义诊活动。活动中,医护人员免费为居民检测视力,进行白内障等眼部疾病的摸底筛查,解答居民提出的有关眼科方面的问题,并对眼病患者提出诊治建议。

联合县教科局,组织参加吕梁市青少年科技“小发明、小制作”比赛活动,共报送参赛作品35件;组织参加吕梁市第四届中小学生校园科普征文活动,共推荐上报科普征文111篇。

组织申报推荐吕梁市农村科普示范基地、科普教育基地和科普示范社区。根据《关于开展吕梁市农村科普示范基地、科普教育基地和科普示范社区认定的通知》精神,按程序及时向吕梁市科协推荐申报方山县丰茂农业有限公司、方山县图书馆、方山县圪洞镇积翠社区等5家单位参加评选“吕梁市农村科普示范基地”“吕梁市科普教育基地”“吕梁市社区科普示范基地”。

【青少年科普活动】 2022年,方山县科协联合县教科局开展系列青少年科普活动,以推动未成年人科学素质全面提升,助推“双减”工作,促进学生全面健康发展。一是组织全县师生收看“天宫课堂”直播,并为城内小学、城内第二小学争取实验资源包,同步开展科学实验活动。9月16日组织全县师生观看山西在线科普网络直播课。二是组织参加第36届山西省青少年科技创新大赛，组织城内小学5名学生参加“少年儿童科学幻想绘画比赛”。三是动员科技教师收看青少年科学调查体验活动线上直播课堂，组织29名科技教师参加2022年山西省青少年科技教育活动骨干教师线上交流活动。四是组织参加吕梁市青少年科技“小发明、小制作”比赛活动，共报送参赛作品35件。五是组织参加吕梁市第四届中小学生校园科普征文活动，共推荐上报科普征文111篇。六是与县教科局共同组织方山县首届“科普育人 快乐一夏”科技夏令营活动，到山西省科技馆参观数学展厅、宇宙与生命展厅、机器与动力展厅及天文观测台，观看科普剧《勇往直“潜”》。七是开展2022年“全国科普日”科普进校园系列活动。

【“5·30”全国科技工作者日活动】 开展健康知识讲座和义诊活动。2022年5月30日，方山县科协联合县中医院、积翠社区开展健康知识讲座和义诊活动。

走访慰问疫情防控一线医务科技工作者。5月30日，县科协组织专人到县医疗集团马坊分院走访慰问疫情防控一线医务科技工作者。春节期间，走访慰问老科技工作者。

评选优秀科技工作者。2022年，荣获“吕梁市乡村振兴十佳科技工作者”1名，荣获“吕梁市第八届优秀科技工作者”2名。

【企业入驻“科创中国”平台】 引导企业注册登录“科创中国”平台，发布企业技术、服务、人才需求，以对接相关专家人才等资源。在上年入驻9户企业的基础上，2022年再动员企业15户入驻“科创中国”平台。

【申报科普行动计划项目】 2022年，方山县成功申报科普行动计划项目，落实到位项目资金13万元。其中科普示范体系建设资金10万元，“科普中国”推广应用资金1万元，组织科技服务实践活动资金1万元，基层组织建设资金1万元。至年底，项目按要求实施完成。

【科普志愿者志愿服务】 2022年，方山县科协组织开展志愿服务活动。一是组织开展科普宣传志愿活动。在“5·12”全国防灾减灾日、“5·30”全国科技工作者日、全国科普日等重要时间节点，组织科技科普志愿服务，参加各类科普宣传活动。二是组织参与防汛救灾志愿活动。8月，县科协组织科技科普志愿者到积翠社区开展“防汛志愿行”活动，清理方正街因强降雨而产生的淤泥。三是组织参与疫情防控工作。11月，县科协联合县科技志愿服务联合会，组织科技科普志愿者到县瓦窑河公园核酸采集点开展疫情防控志愿服务，协助做好秩序维持等工作。

方山县残疾人联合会

【残疾人人身意外伤害及疾病身故保险项目】 2022年，方山县根据吕残联字〔2022〕36号文件《关于印发〈吕梁市2022年政府民生实事残疾人人身意外伤害及疾病事故保险全覆盖实施办法〉的通知》精神，资助全县残疾人参加人身意外伤害保险5579名，人均保费100元，市、县财政各配套50元。

【残疾预防重点干预和残疾儿童抢救性康复项目】 2022年，吕梁市残联下达方山县实施残疾预防重点干预和残疾儿童抢救性康复项目任务157人，其中：0—6岁儿童残疾筛查诊断提供一次性救助服务7人，疑似残疾人提供残疾评定服务120人，残疾儿童提供抢救性康复服务30人。全年共完成0—6岁儿童残疾筛查诊断8人,完成率114%;疑似残疾人提供残疾评定服务189人,完成率157.5%;残疾儿童提供抢救性康复服务35人,完成率116.7%。

【农村基层党组织扶贫助残工程项目】 2022年,吕梁市残联下达方山县农村基层党组织助残扶贫任务55户,每户按6000元资金帮扶。方山县充分发挥好基层党组织的政治优势,帮助农村贫困残疾人群改善基本生活条件,扶持发展生产,增加收入。方山县残联制定《方山县残联2022年助残帮扶项目实施方案》,确定对55户种植农作物的帮扶对象以发放农机器具的方式予以帮扶,提高扶持质量成色。

【残疾人"阳光家园计划"项目】 2022年,吕梁市残联下达方山县残疾人托养服务任务40户,每户补助资金4000元。方山县残联制定《关于2022年精神、智力和重度肢体残疾人"阳光家园计划"实施方案》,按照政府购买残疾人托养服务,确定由吕梁正健微创疼痛医院对全县重度智力和肢体残疾人共20户进行生活自理能力训练、运动功能训练、社会适应能力训练。

【贫困残疾人家庭无障碍改造项目】 2022年,方山县贯彻落实吕梁市残联《关于印发〈吕梁市"十四五"困难重度残疾人家庭无障碍改造实施方案〉的通知》精神,改善残疾人生活状况,提高残疾人生活质量。方山县残联优先从中残联下发"十四五"期间困难重度残疾人家庭无障碍改造需求任务基础数据和未解除返贫风险的残疾人中确定帮扶对象,全年全县实施无障碍改造贫困重度残疾人家庭112户。

【残疾人辅助器具适配】 2022年,方山县根据《山西省拓展残疾人脱贫攻坚成果有效衔接乡村振兴的实施方案》,进一步巩固"两不愁、三保障"成果,方山县残联通过调查摸底,全年全县为103名有需求的残疾人免费适配辅助器具。

【重度残疾人基本医疗保险费资助】 2022年,方山县残联根据方政办发〔2022〕59号《方山县人民政府办公室关于印发方山县2023年度城乡居民基本医疗保险征缴工作实施方案的通知》精神,全县资助一、二级残疾人693名,每人资助金额280元,个人缴纳70元,共资助资金19.404万元。

方山县红十字会

【宣传工作】 2022年5月8日第73个"世界红十字日"、5月12日"防震减灾日",方山县红十字会在县国旗广场分别开展以"助力疫情防控,红十字'救'在身边""防震减灾,红十字"救"在身边"为主题的"红十字博爱周"宣传活动。通过悬挂宣传标语、发放宣传资料,向广大人民群众宣传新冠肺炎疫情科学防控和防震减灾知识。在2022年9月11日第22个"世界急救日",开展2022年"世界急救日"主题宣传活动。

【方山县红十字会应急救援志愿队服务】 2022年,方山县根据省、市红十字会的要求,组建方山县红十字会应急救援志愿队,开展"博爱送万家"活动。走访全县5个镇30多户困难家庭,发放慰问品1万元。

开展应急救护培训,提高群众自救互救能力,保护群众生命健康。全年累计培训150人次。

方山县文学艺术界联合会

【《北武当文艺》刊物】 2022年,方山县《北武当文艺》全年出版4期。开设"名家""本土""转载""诗歌"等专栏,创新封面设计、选稿、用稿、排版等环节,在封二、封三增设书画、摄影、剪纸栏目,内文刊发名家、地方作者的优秀文学作品及书法、美术、摄影、剪纸等艺术作品。

【文艺创作】 2022年,文学评论作品《学苑新花别样红》在《山西农民报》刊发。本土作家李春连(阿连)长篇小说《一个人的哈达图》、张金厚散文《故乡不是风景画》入选2019—2021年度"赵树理文学奖"备选作品、提名人选。刘玉峰被《江南文学》第287期推荐为特约诗人,《踏秋》发表于内蒙古《今日诗词人物》、《秋杪》发表于湖南《悠悠诗社》、《立冬偶吟》发表于内蒙古《诗韵东方》、《公园秋游》发表于内蒙古《云溪诗社》、《霜降》发表于江西《中国墨庄》、《夏日晨步》发表于湖南《中华诗词导刊》。牛廷明《礼赞二十大》在《吕梁日报》发表,诗集被吕梁市乡村艺术发表。霁格创作的散文《秋凉》发表于《鲁茅文学》。摄影协会主席杨少华拍摄旅游宣传片《遇见方山》、形象宣传片《我和我爱的方山》。

省作家协会会员闫吉平的文学作品《我的母亲》发表于《吕梁文学》第三期,《常来这里走一走》参加《我的吕梁我的城》征文比赛。

【书画摄影展】 2022年9月8日,由方山县委宣传部、县新时代文明实践中心、县文化和旅游局、县文联主办,县书法协会、县美术协会、县剪纸协会协办的"喜迎二十大,奋进新征程"书画摄影展在方山县开展,此次书画摄影展历时3个月,共有86名书画爱好者参加创作活动,选出130幅作品集中展览。

【"喜迎二十大、书写新时代"第二届"新华杯"硬笔书法竞赛】 2022年,方山县硬笔书法家协会联合方山县教育科技局、方山县新华书店共同举办"喜迎二十大、书写新时代"第二届"新华杯"硬笔书法竞赛活动,参赛作品共计669份。按照小学组、中学组、成人组分类,共评选出特等奖1名、一等奖11名、二等奖17名、三等奖32名、优秀奖42名、特别奖10名。部分获奖作品在网络媒体分批展出。

【剪纸技能培训】 2022年,方山县剪纸协会组织开展剪纸技能培训。国家级剪纸艺术协会会员、方山县剪纸艺术协会主席宋秀英在津良庄移民小区进行剪纸培训,累计培训剪纸爱好者80名。

法　治

社会治安综合治理

【养老诈骗专项整治】 2022年,方山县成立县打击整治养老诈骗专项办公室,并印发方案。6月2日在国旗广场开展打击整治养老诈骗专项行动主题宣传活动启动仪式。通过悬挂宣传横幅、摆放知识展板及发放宣传手册、宣传物品等方式,揭露养老服务诈骗"套路",增强老年人的防范意识和防范能力,引导群众积极主动参与到打击整治专项行动中来,形成"不敢骗、不能骗、骗不了"的良好态势,营造"人人喊打、人人参与"的社会氛围,最大限度挤压"行骗空间"。县专项办发挥引领牵头作用,各成员单位立足行业职责,各镇在行政区域范围以悬挂宣传横幅、发放宣传资料、制作宣传视频、农村大喇叭、新媒体等方式宣传防养老诈骗"套路"。全年全县集中宣传7次,共深入住户2.3万户,发放宣传资料2万份,制作宣传画、横幅等2万份,投放公益广告900条次。

【"一站式"矛盾纠纷调解】 2022年,方山县"一站式"矛盾纠纷调解中心依托县司法局办公场所建立,重新组建矛盾调解委员会队伍,建立职能部门定期进驻、轮驻、随叫随驻制度,明确相关职能部门的职责任务。协调建立矛盾纠纷联调、突出问题联治、社会治安联防、服务管理联动的工作机制,对社会矛盾纠纷实行统一登记、统一受理、统一调度、统一管理。实施社会矛盾纠纷调解听证机制、定期排查制度,维护全县社会稳定。至年底,全县共完成县级1个、镇5个、村(社区)80个"一站式"矛盾纠纷调解中心建设,并投入使用。全年全县各级调解组织共调解各类矛盾纠纷649件,其中村级148件、镇81件、专业性和行业性420件。调解成功649件,履行649件,调解率100%,成功率100%,履行率100%。涉及金额514.8393万元。

【全科网格服务管理】 2022年,方山县全科网格服务管理工作,一是按照《吕梁市关于进一步提升党建引领网格治理能力的实施意见(试行)》文件精神重新划分网格。全县4个社区共划分一级网格19个,其中,积翠社区6个、武当社区6个、商贸社区5个、大武社区2个。一级网格之下共划分二级网格93个、三级网格473个。全县90个行政村共划分一级网格216个,其中,马坊镇33个、积翠镇34个、圪洞镇46个、峪口镇41个、大武镇47个、北武当镇15个。一级网格之下共划分二级网格2132个。专属网格由单位根据工作需要在内部划细划小,专属网格11个。二是结合全省综治中心规范化建设提升年活动,出台《方山县各级社会综合治理服务中心规范化建设提升年活动实施细则》,完善《全科网格服务管理的实施方案》等5项工作制度。三是完善问题上报、案卷建立、任务指派、调查落实、处理反馈、结案归档"六步闭环"机制,实现全要素"一网通管"。

四是网格划分后，按要求一级网格设党支部，二级网格设党小组，三级网格设党员中心户，形成一级抓一级、上下贯通、组织有力的网格治理体系。全县共划分一级网格216个，社区4个，网格内成立党支部141个。

【强化服务举措】 2022年，方山县政法干警入企服务。一是建立安全档案。政法干警开展联企工作，登记企业基本情况、存在矛盾隐患、涉稳风险点和涉企违法犯罪线索等，为企业建立“企业安全档案”。二是建立沟通交流平台。政法干警包联企业，建立微信工作群，确定企业联络员1名，向企业业主和员工通报工作情况、发布预警信息，收集、听取意见建议，增进政法干警与企业的相互联系。三是开展实地走访排查。落实政法干警走访工作制，每月开展矛盾纠纷排查1次，建立工作清单，及时调处化解矛盾纠纷。

【政法机关联企】 2022年，方山县建立政法机关党员干部联企制度，出台《方山县政法机关联企服务专项活动实施方案》。政法部门领导班子实地走访、现场办公、实情调查，与企业领导、一线工人座谈了解，全面了解企业发展需求、生产经营中存在的困难和企业面临的突出问题。同时召开政策法律宣讲会，帮助引导企业经营管理人员吃透政策、用足政策，不断推动企业健康发展。全年全县政法系统领导班子共走访企业23次，帮助企业解决问题5个，化解矛盾纠纷2起。

【常态化推进扫黑除恶斗争】 2022年，方山县常态化开展扫黑除恶斗争。一是加强组织领导。定期组织召开县扫黑除恶斗争领导组会议、县扫黑办会议、县扫黑办学习会议、县扫黑办线索核查督办会议，全面推动常态化扫黑除恶斗争工作开展。二是认真贯彻落实《反有组织犯罪法》。制定《〈反有组织犯罪法〉宣传工作方案》，开展专题学习会议，在全县迅速掀起贯彻落实热潮。三是持续深化重点行业整治。纵深推进四大领域专项整治专项行动，全年累计制发四大行业领域整治“三书一函”25份。

【打击突出违法犯罪】 2022年，方山县常态化开展打击整治涉枪涉爆、电信网络诈骗、养老诈骗、盗采矿产资源和“盗抢骗”“黄赌毒”“食药环”等突出违法犯罪，维护良好治安秩序。

【健全完善立体化防控体系】 2022年，方山县大力推进雪亮工程建设，实现治安防控“全覆盖、无死角”。至年底，县、乡、村三级综治中心建成，6个镇视频会议系统联通，新安装摄像头1074个。

公　安

政治治理

【提升公安执法公信力】 2022年，方山县提升公安执法公信力。一是紧紧依托新警综平台和智能化办案区管理平台，强制规范和严密办案流程，有效提升办案质量。二是强化执法质量日常考评，每月对全局刑事、行政案件抽查4起进行自评，再由其他市、县互评4起，全年共抽查评查96起，针对性指出瑕疵不足，及时通报整改，有效提升政法部门办案水平。三是持续推进拘留未执行人员集中执行工作，对2020年以来拘留未执行人员进行大起底、大排查、大清理，共执行14人。四是扎实开展“端正执法司法理念 改进执法司法作风”专项整治和“‘以案促改’转变执法理念、整治执法突出问题专项活动”，进一步聚焦问题短板,持续整治有案不立、压案不查等执法顽疾。五是做好日常执法监督。全年共审核行政案件387起、刑事案件225起,与检察院会商案件12起,研究解决疑难问题23个。同时针对检察机关监督立案撤案、追捕追诉、行政复议诉讼等执法指标的分析研判,及时纠正、及时整改。全年检察机关退侦案件、纠正违法案件、监督立案撤案案件、纠正漏捕等比上年均下降。六是通过落实执法全流程记录机制、行政案件快办机制和严格涉案财物管理等措施,实现从警情接报到案件查处的全流程管理,堵塞执法漏洞,提升执法规范化建设水平。全年行政诉讼案件共8起,其中:一审维持7起,确认违法1起;二审案件6起,开庭3起,维持原判3起。刑事案件复议2起,维持2起;复核2起,维持2起。七是提升民警执法素养。以“学创活动”为契机,一方面推进民警网上学法和执法资格考试,另一方面邀请专家讲解授课,加强执法教育培训,进一步提升全警法律素养。

【基层基础建设】 2022年,方山县公安局加强基层基础建设。一是加强派出所建设。对标一流,先后向离石区、柳林县、汾阳市公安机关及太原市万柏林区和平南路派出所等先进单位取经学习。投资100万元,完成北武当“枫桥式”景区派出所创建和交警大队积翠中队办公场所建设。二是充实先进装备。先后投资近300万元,采购执法执勤公务用车16辆,购置高性能办案终端20台、4G执法记录仪50台。三是对现有设备换代升级。投资160万元,完成看守所视频监控升级改造和网安大队一体化取证航母建设,更新7个派出所办户办证设备。四是持续夯实基础建设。投资130万元,完成太佳高速环市治安检查站建设和多功能会议室建设。

【护航重点项目建设】 2022年,方山县公安局护航方山县209国道改线、县人民医院新建、北武当田园综合体和张家塔明清古民居建设,北川河道、梅洞沟旅游线路及鸦儿崖红色景区旅游公路改造等重点工程实施,打击阻挠重点工程建设的违法犯罪行为,确保全县各项重点项目建设顺利推进。全年立刑事案件2起,刑拘逮捕3人;立行政案件7起,行政拘留8人,罚款警告2人。

【筑牢疫情防控防线】 2022年,方山县疫情防控形势复杂严峻,牵头启动大武高速口、积翠高速口、温家庄检查站3个,做实“防输入”。县城临时管控期间,抽调9辆车60名民警昼夜巡逻管控,实施硬隔离设施建设,共建设15个点位1300平方米。方舱医院启动后,抽调10名警力加强防控勤务,确保各项工作稳步推进。县看守所持续承担全市监所隔离留观重任,确保全市刑事执法羁押工作顺利进行。全年共收押犯罪嫌疑人2532人,转所2431人,月均关押量265人。

【敏感节点安保维稳】 2022年,方山县公安局围绕北京冬奥会、冬残奥会、党的二十大等重大事件敏感节点进行安保维稳。一是强化重点人员稳控。全县涉军重点人员、涉众受损人员、因历史原因形成利益群体人员、征地拆迁受损人员、涉枪爆类重点人员、严重精神障碍患者、涉法涉诉重点人员纳入管控。依托公安大数据平台,加强网上舆情管控,确保敏感节点无一人失控、无一人漏管、无一例涉稳舆情。二是强化信访维稳。全年受理群众来信来访42批次,信访大厅接访24批次32人,接收市转信访件18件、县转8件,驻并劝返22批次101人次,驻京劝返2人次。依法处理缠访、闹访、越级访等违法信访行为，立刑事案件2起，刑拘逮捕2人；立行政案件5起，行政拘留5人、训诫5人。三是强化“护城河”安全屏障。敏感节点及时启动治安检查站，与疫情卡口有效配合，全面提升应对各类突发性事件的处置能力，切实筑牢环京“护城河”安全屏障。

平安方山建设

【“扫黑除恶”专项斗争】　2022年，方山县公安局抽调刑侦大队精干力量10人组成专案组，重拳打击隐藏在农村地区的各类“村霸”“乡痞”，净化社会环境。全年立刑事案件6起，刑拘逮捕1人。

【打击违法犯罪行为】　2022年，方山县公安局共立刑事案件225起，破106起，破案率47%，比上年提升10.9%。八类案件发1起、破1起，破案率100%。刑拘79人、逮捕47人、取保候审54人、监视居住10人，移送起诉76案121人。抓捕各类网上逃犯12人，其中，本省外地逃犯10人、本地逃犯2人。

打击侵财犯罪。全年共立盗窃案60起，破24起，破案率40%。刑拘14人、逮捕8人，移送起诉15案11人。接触性诈骗案件立11起、破9起，破案率82%。刑拘3人、逮捕4人，移送起诉4案4人。

打击电信诈骗犯罪。2022年充实警力，全力攻坚打击电信诈骗。全年共立电诈案件66起，涉案金额1200万，破40起（其中积案3起），破案率60.6%。刑拘29人、逮捕22人，移送起诉11案33人，挽回损失57万元。

打击经济犯罪。2022年打击各类经济犯罪，共立案33起，破获19起，破案率58%。

【禁毒工作】　2022年，方山县公安局共办理涉毒刑事案件1起，刑拘1人，移送起诉1人；办理涉毒行政案件2起，行政拘留2人，收缴咖啡因1.054克。重点推进社戒社康和在册吸毒人员管控，招录禁毒社工12名，对全县603名在册吸毒人员进行检测管控和帮教施策，及时、准确、有效录入吸毒人员信息，入库率达100%。确保吸毒人员信息完整鲜活，有效遏制在册吸毒人员复吸情况的发生。

开展禁种铲毒，邀请省禁毒委对全县进行全范围航测，同步开展卫星遥感监测和实地踏踩，保持连续多年零种植、零产量的好成绩。

【“百日行动”专项整治】　2022年，方山县公安局全年共受理各类行政案件134起，结案122起，办结率91%。行政处罚133人，其中行政拘留31人、警告15人、罚款87人。共立各类刑事案件86起，破54起，破案率66.3%。刑拘39人、逮捕28人、取保18人、监视居住3人，移送起诉16案26人。刑侦、法制单项工作成绩名列全市第一。

社会治安管控

【扫黄禁赌】　2022年，方山县公安局全年共立涉赌刑事案件3起、破3起，刑拘逮捕4人、取保2人、行政处罚37人、逮捕2人、查处涉赌行政案件48起，行政处罚199人。其中，行政拘留24人、罚款175人。立涉黄刑事案件1起，刑事拘留1人。查处涉黄行政案件11起，行政拘留4人，罚款7人。

【危爆物品安全管理】　2022年，方山县公安局全年共侦办涉非法经营烟花爆竹刑事案件2起，刑事拘留2人、取保候审3人。查处违反烟花爆竹管理的行政案件1起，行政拘留2人。收缴过期乳化炸药7098公斤、雷管10740

枚、子弹144发、导爆索12米、烟花爆竹1000件,确保全县危爆物品管理绝对安全。

【推进户籍制度管理改革】 2022年,方山县公安局深化居民身份证“三项制度”改革,开展临时身份证异地办理、户口迁移“一站式”办理等办户办证便民措施,实现“零差错、零投诉、效果好”。全年共受理异地办证442人,户口迁出811人、迁入402人,新生儿上户1048人,死亡注销631人,户籍信息变更99人,暂住证办理18人。

【食药环安全整治】 2022年,方山县公安局加强对破坏森林和环境污染领域违法犯罪的查处打击力度,全年共排查食品生产场所21家次,发现安全隐患11处,全部督促整改。核查上级下发线索16条7人。与县生态环境局联合执法2次,摸排涉嫌环境污染的非法生产窝点1处,侦办涉环境污染刑事案件1起,逮捕2人、取保候审1人。

【道路交通安全管控】 2022年,方山县公安局以疏堵保畅、事故预防为抓手,提升交管工作服务能力。全年共查处各类交通违法行为60210例,受理道路交通事故1090起,比上年事故起数减少52起,下降4.55%;死亡17人,比上年减少10人,下降37.04%;受伤288人,比上年增加19人,上升7.06%;直接财产损失119.9万元,比上年减少5.7万元,下降4.55%。四项指标整体呈“三降一升”特点。

道路交通管理

【“百日行动”集中整治】 2022年,方山县夏季公路易肇事易肇祸违法行为专项整治暨夏季酒驾醉驾集中整治“百日行动”开展以来,方山县交警大队制定出台“百日行动”工作方案,细化各项打击整治参考值,召开“百日行动”推进会。全年共查处各类违法行为13627例,其中酒驾108例、二次饮酒1起、无证227例、超员23例、不按规定车道行驶3645例、超速223例、疲劳驾驶37例、超载34例。联合市场监督管理局、道路运输管理所等部门约谈企业11家,挂牌督办电动车销售企业2家;联合交通运输部门执法检查企业15家,督促整改违法车辆60辆、违章116条。

集中开展预防道路交通事故主题宣传。全年共出动流动宣传车10次/76人,邀请电视台随警作战9次,发放“暑期交通安全”“酒醉驾整治”及相关交通安全宣传资料5671份、宣传海报600张,曝光酒醉驾案例12次。中央电视台报道信息1篇、山西电视台报道信息2篇、吕梁电视台报道信息2篇、《山西法制报》刊发信息6篇,微信群推送案例12次、受众6500人。

【国庆期间道路交通安保】 2022年,方山县公安局根据辖区实际情况,科学安排警力,成立国庆安保期间应急小分队,确保24小时通讯畅通,遇突发事件迅速到达现场处置。加强北武当山景区周边及2个高速出入口的隐患排查、路面管控力度,确保重点路段安全畅通。大武、马坊执法站启动一级勤务模式,合理设置临时执勤点,途经辖区的客运车严格落实“七必查”管控措施。严查重点违法,进一步加强秩序管控,遏制“三超一疲劳”、无证驾驶、酒醉驾、逆行、不系安全带等交通违法行为。国庆假期期间,共查处各类交通违法191例。其中酒驾3例、无证19例、货车违法载人1例、拖拉机违法载人15例、驾驶电动自行车不戴安全头盔45例、不按规定车道行驶5例,其他违法行为103例。

【党的二十大期间全县道路交通安保】 2022年,方山县公安局全力维护辖区道路交通安全平稳有序,确保党的二十大期间道路交通安全形势持续平稳。10月16日至28日,启动"异地用警"模式,在全县范围内开展严查酒驾醉驾、"三超一疲劳"、涉牌涉证、农用车违法载人等严重交通违法行为。共出动警力110人次、警车20辆次,现场共查处各类交通违法行为为472例。其中:酒后驾驶机动车4例、无证驾驶机动车27例、超速行驶3例、货车超载5例、货车载客9例、农用车违法载人8例、不佩戴安全头盔108例、不系安全带180例、逆向行驶4例,其他违法行为124例。

【预防道路交通事故"减量控大"】 2022年,方山县预防道路交通事故"减量控大",以国省道为重点,严厉查处各类重点交通违法行为,开展"春雷行动""夏季攻势"、周末酒醉驾夜查、农村道路交通违法、冬季区域整治等专项行动。以"秩序井然、安全畅通"为目标,以重要路段、路口交通秩序改善为重点,开展严重交通违法专项整治。全年共查处各类交通违法60210起,其中现场查处饮酒驾驶293起、醉酒驾驶1起、二次饮酒1起、货车不靠右行驶1053起、涉牌涉证1050起、超员45起、超载142起、疲劳驾驶169起、超速765起,其他违法56691起。

【农用车违法载人等违法行为整治】 2022年,方山县各镇人民政府与辖区村委(社区)签订交通安全责任书94份,村委(社区)与农用车车主签订《拒绝农用车违法载人承诺书》4017份,推动落实农村交通安全源头防控责任,组建农村执法小分队,深入重点路段,紧盯重点车辆、重点时段、重点违法,开展每月"逢五""逢十"集中统一行动,突出严查农用车违法载人、农村面包车超员、货车违法载人及酒醉驾、无证驾驶等严重违法行为,在通往农村田地、果园、养殖场、集市、厂区、工地等整治路段,设置临时执勤点,严格纠处严重违法行为。

【交通安全隐患排查整治】 2022年,方山县交警大队联合县住房和城乡建设局、公路段、交通运输局等部门对全县道路交通安全隐患进行排查,共排查出道路交通安全隐患34处。安装预警系统20处、警示灯10组、警示牌21块、隔离栏30米、安全柱36根、减速带33处共180米,维修保养交通设施。

检　察

综述

【推进平安方山建设】 2022年,方山县检察院常态化开展扫黑除恶斗争,宣传《反有组织犯罪法》,营造和谐稳定社会环境。全年受理审查逮捕案件43件60人,批准逮捕35件48人。受理审查起诉案件85件119人。严厉打击电信网络诈骗犯罪,协同推进"断卡"行动,批捕17件26人,起诉16件25人。

【参与县域中心工作】 2022年,方山县检察院巩固拓展脱贫攻坚成果同乡村振兴有效衔接,帮助协调扶贫村村民活动广场改造项目落地,落实项目资金8.5万元。对因案致生活陷入困境的受害方加大司法救助力度,全年共向14名受害人发放司法救助金10万元。坚守战"疫"一线,党员干警开展志愿服务68人次,高效完成各项抗疫任务。服务"清化收"重点工作,现场办公解决一起时隔13年的资产清收纠纷。县检察院获评吕梁市农村集体资产“清化收”专项工作先进集体。

【助力优化法治化营商环境】 2022年,方山县检察院坚决打击侵害企业合法权益犯罪,起诉破坏市场经济秩序犯罪案件12件12人,追赃挽损124万元。防范化解金融风险,依法追诉1人,发出检察建议1份,提请抗诉和发出再审检察建议3件,支持起诉27件。进一步深化诉源治理,在马坊镇、积翠镇、峪口镇开展普法教育,发出检察建议3份。

【县域社会治理】 2022年,方山县检察院出台《轻微刑事案件赔偿保证金提存暂行规定》,推动“少捕慎诉慎押”司法政策落实,全年不捕12人、不起诉24人。围绕生态环境保护、食品生产安全、水资源保护等领域,确保依法治理成效。全年发出社会治理类检察建议37份,回复率、采纳率均为100%,确保依法治理成效。落实认罪认罚从宽制度,严格执行听取意见同步录音录像制度,全力促进社会内生稳定。全年共适用认罪认罚从宽制度93人,确定量刑建议提出率98.51%,采纳率95.45%,一审服判率97.11%。

司法为民

【民生案件】 2022年,方山县检察院依法惩治侵害民生民利犯罪,从严从重打击强奸、故意伤害、敲诈勒索等严重暴力犯罪5件6人,切实增强群众安全感。起诉盗窃、诈骗等多发性侵财犯罪16人。开展预防养老诈骗知识宣传,受众2000人次,用心守好群众“钱袋子”。起诉“黄赌毒”、寻衅滋事等扰乱社会治安犯罪8件15人,有效净化社会风气。开展根治欠薪专项行动,支持农民工等弱势群体提起民事诉讼17件,帮助讨回“血汗钱”23万元。

【回应群众关切期盼】 2022年,方山县检察院做实群众信访“件件有回复”,共受理群众来信来访90人次,全部在7日内告知“已收到、谁在办”,3个月内办理情况答复率100%。深化运用“案-件比”质效评价标准,刑事案件“案-件比”为1.07,比上年下降63%,减轻检察环节当事人诉累。常态化开展公开听证,全年听证57件,实现“四大检察”听证全覆盖。对争议大、有影响的案件,邀请人大代表、政协委员、人民监督员参与评议,让当事人把事说清,听证员把理辩明,检察官把法讲透,是非曲直大家听,“法结”“心结”一起解。

【守护未成年人成长】 2022年,方山县检察院常态化开展“订单制”“点餐式”普法和“一对一”精准帮教,督促家长“依法带娃”。推动《强制报告意见》落地落实,宣传《家庭教育促进法》,受众学生及家长达3000人次。会签《关于司法救助与社会化救助衔接机制的实施意见》,打造未成年人救助“一站式”服务。跨省办理监护缺失类监督案1件。

检察监督

【刑事检察监督】 2022年,方山县检察院联合县公安局设立侦查监督与协作配合办公室,共监督立案2件,撤案4件,纠正漏捕1人、追诉漏犯4人。强化刑事审判监督,提出抗诉3件,提出抗诉率、抗诉采纳率均排全市前列。加强看守所监管活动监督,纠正违法违规行为16件。全覆盖开展社区矫正专项检察,共发出各类纠正违法通知书47份,核查纠正脱管11人、漏管10人,办理财产刑执行监督案9件,收监执行监督案件2件,有力维护刑罚执行权威。在反腐败斗争中充分发挥检察作用，监检配合有力、制约有效，起诉5件5人。其中县处级以上干部2件2人。

【民事行政检察监督】 2022年，方山县检察院全面深化行政检察监督，发挥行政检察“一手托两家”的专业优势，积极探索、主动作为，先后与临县检察院、县自然资源局签订协作机制，并在自然资源局挂牌检察监督联络室，有效解决案源缺乏问题。全年共办理行政非诉执行监督案件1件，行政争议实质性化解案件15件。共办理各类民事监督案件60件，其中民事支持起诉案件47件、再审检察建议1件、提请抗诉2件、综合类检察建议10件，均已回复采纳。

【公益诉讼检察监督】 2022年，方山县检察院以“双赢多赢共赢”理念践行公益使命，推行“互联网+公益诉讼”观察员制度。办理督促瓦窑河水体污染行政公益诉讼案，入选最高检公益诉讼五周年“千案展示”案例。办理道路交通安全领域公益诉讼案件，被省院确定为民主法治建设典型案例报送最高检。办理非法炼铝污染环境案，提起附带民事公益诉讼，要求支付240万元生态修复补偿费用，全力守护方山碧水、蓝天、净土。

法 院

【刑事案件审判】 2022年，方山县法院按照省、市安排部署，宣传《反有组织犯罪法》、防养老诈骗，维护社会稳定，打击刑事犯罪。依法从轻从宽处理犯罪情节较轻、有悔罪表现的被告人。2022年全年共受理刑事案件62件，审结55件，结案率88.71%，判处罪犯98人。其中审结帮助网络信息犯罪17件、盗窃罪11件、诈骗罪7件、受贿罪6件，其余类型案件21件。判处10年以上有期徒刑3人、5年以上10年以下有期徒刑17人、3年以上5年以下有期徒刑14人、3年以下有期徒刑36人，拘役4人、适用缓刑24人，并处罚金269.75万元。

【民商事案件审判】 2022年，方山县法院全年共受理各类民商事案件792件，审结729件，结案率92.05%。维护全县金融秩序的稳定和有序发展，审结各类金融纠纷案件274件，标的总金额1.62亿元。改革以案释法式家事审判，增强妇女群众的法律意识和防范意识，倡导健康向上的婚姻文明，婚姻家庭和继承纠纷案件大幅度下降。全年共受理婚姻家庭和继承纠纷案件91件，比上年下降122.62%。综合治理诉源化解，全年送法进乡镇4期，培训普法人员180人，诉前多元解纷293件，占全年民事案件的37.11%。司法救助帮危济困，全年司法救助11案37人次，共40万元。

【执行案件】 2022年，方山县法院全年共受理执行案件576件，执结575件，未结1件，执结率99.82%。申请标的为2.88亿元，执行到位金额为9389万元。按拒执罪移送2案，拘留13人、纳入失信人数为375人次、限制高消费145人次，核销涉执信访案件。案件所涉村（社区）“两委”10件、涉党政机关5件、涉农民工工资1件，均按要求执结完毕。

集中开展“三晋执行利剑”专项执行，执行完毕案件累计96件，执行到位金额4624.9万元，冻结案款金额240万元，案款发放累计4619.4万元，微信公众号发布悬赏公告15人次，强制腾房1次。

深化网络“点对点”查控执行机制，维护胜诉当事人的合法权益。查询被执行人银行存款、车辆、房地产等信息1443次,反馈信息1977条。查封房产13套、车辆14辆,网络查控、冻结金额582万元。

【诉讼服务】 2022年,方山县法院优化诉讼服务,落实“一站通办”,集约化提供、分调裁审服务等9项,实现纠纷“一站式接收、一揽子调处、全链条解决”。一是巩固拓展“一站式”诉讼服务建设成效,全面上线移动微法院、跨域立案、互联网远程庭审、电子送达等多种网络诉讼,为人民群众参与司法诉讼提供多种选择和全方位便利,诉服指标在“最高人民法院诉讼服务指导中心信息平台”建设得分排名位居全省前10名、全市第1名。二是落实立案登记制,加强“互联网+”线上线下立案一体化运用,推进音视频远程调解工作,实现“指尖办案”,让网络多跑路、群众少跑腿。全年在线调解案件116件、审理案件356件、跨域立案39件、电子送达911次。三是开通“律师一码通”绿色通道,律师持“一码通”可在配置该系统的全省任意一家法院快速通行,实现“一次核检、全省通用”,提升诉讼服务平台为民服务的质量和水平。四是聚焦年底立案、诉讼费退费需求,坚持有案必立、有诉必理,诉讼费应退尽退。12月立案156件,占全年收案数的10.9%,新受理执行案件64件。全年诉讼费退费98.64万元。

【审判权制约监督机制改革】 2022年,方山县法院强化事前监管,完善审判权责清单,落实随机分案,确保源头公正。强化事中监管,落实均衡结案,院庭长随机列席案件合议,加强重点案件监督。强化事后监管,开展司法巡查、审务督察、案件评查,倒逼司法公正。完善综合配套改革,建立“简案速裁+大要案精审”一体机制,实现案件繁简分流、轻重分离、快慢分道。速裁团队案用时21.4天,推行网络公告送达节省12天,节约诉讼成本36.7万元。

司法行政

法治政府建设

【乡镇行政执法】 2022年,方山县聚焦明责、规范、协调、高效目标,全力激活乡镇综合行政执法“神经末梢”,出台《推进乡镇(街道)综合行政执法体制改革行动措施》《方山县乡镇综合执法“大培训、大排查、大演练、大比武”专项行动方案》《乡镇法定行政执法事项清单》《关于下放一批乡镇行政执法职权事项的通知》《规范乡镇综合行政执法队标牌标识的指导意见》《乡镇综合行政执法规范化手册》《乡镇行政执法责任制制度》《乡镇综合行政执法案卷评查制度》《刑行衔接制度》等,统筹推进乡镇综合行政执法改革。成立工作专班,深入调研。明确重点任务,精准施策,确定乡镇编制资源分配方案,为各镇综合行政执法办公室核定编制,明确专职执法队员,保障镇综合行政执法办公室执法力量。加大执法经费保障力度,配备执法装备设施和执法车辆。制定乡镇综合行政执法人员培训实施方案,提升基层行政执法能力,全年组织专题培训2次,开展行政执法大讲堂9次。开展乡镇综合行政执法大演练,以演促学,以练促战,沙场秋点兵,模拟演练提升执法能力。举办乡镇综合行政执法知识竞答比赛,以赛促学,以学促技,技能比武竞风采,以赛促学砺精兵。全年全县各镇共办理行政执法案件112件,行政检查101件,行政强制11件。

【行政执法监督】 2022年,方山县制定《方山县行政执法过错纠正和责任追究制度》《行政执法案件移送制度》,定制乡镇综合行政执法人员执法袖标35套,严格规范公正文明执法监督力度。全年组织全县行政执法考试1批次88人,新办理行政执法证88个,行政执法资格清理40个。实施“双随机一公开”行政执法监督,解决行政执法领域“多头执法”“重复检查”“执法扰民”问题。制定出台《关于开展2022年度乡镇综合行政执法案卷评查的通知》,组织公、检、法、司法律专业人员对乡镇行政执法案卷进行评查。按照“谁作为谁应诉”的原则,压实行政行为实施主体的应诉责任,推进行政机关负责人出庭应诉制度化、常态化。全年共办理行政应诉案件14件,行政机关负责人出庭应诉9案,应诉率为64.3%。

【“七好”司法所建设】 2022年,方山县司法局坚持和发展新时代“枫桥经验”,全面推进“七好”司法所建设,提升司法所规范化建设水平,培育枫桥式“七好”司法所。2022年积翠司法所、峪口司法所被省司法厅验收为枫桥式“七好”司法所。

“八五”普法

【全民普法宣传】 2022年,方山县重点做好领导干部、青少年、农民工的法治宣传教育工作。持续开展法治特色扶贫、法律进民企等重点法治宣传,学习宣传与人民群众生产生活密切相关的法律法规。全年组织开展“美好生活·民法典相伴”防范电信网络诈骗、《反食品浪费法》《信访工作条例》、反养老诈骗、践行总体国家安全观全民国家安全教育日宣传,开展以“防范化解灾害风险、筑牢安全发展基础”“守住钱袋子 护好幸福家”“遵守安全生产法,当好第一责任人”、移风易俗我先行、“法润民心 援梦三晋”法律援助等主题宣传活动。营造浓厚的学法、懂法、用法、守法氛围。

【法律进校园】 2022年,方山县建立落实国家机关“谁执法谁普法”联席会议制度、普法责任清单制度。县直普法责任重点单位开展普法进校园宣讲活动。县检察院进一步落实高检院“一号检察建议”,增强未成年人法律意识和自我保护能力,抽调检察干警13名,担任全县13所中心学校的法治副校长,不定期深入各学校开展法治讲座;县公安局开展“网络安全进校园、文明上网记心间”网络安全法律法规宣传活动;县交警队开展以“一盔一带”为主题的交通安全进校园宣传活动;县妇联开展“送法进万家,家教伴成长”《中华人民共和国家庭教育促进法》和“送法进学校,普法护成长”宣传活动;团县委开展“普法不放假,暑期伴成长”宣传活动;县消防队开展“消防安全进校园 上好‘开学第一课’”宣传活动。

开展“法律进军营”活动。县人民检察院、县人武部联合开展“送法进军营 共话检军情”役前法治教育课,为新兵上好“第一课”、把好“第一关”、扣好入伍第一粒“法治扣子”,提升新兵“知法、懂法、守法、用法”的能力素质,助力新兵依法服役、建功军营。

【《宪法》主题宣传】 2022年,方山县宣传《中华人民共和国宪法》,营造尊崇宪法、学习宪法、遵守宪法、维护宪法、运用宪法的社会氛围,开展以“学习宣传贯彻党的二十大精神,推动全面贯彻实施宪法”为主题的纪念现行宪法公布实施40周年暨2022年

“12·4”国家宪法日和宪法宣传月系列活动。采用“线上+线下”的宣传模式,各镇、县直各单位通过公众号、融媒体、自媒体等多种形式开展宣传活动。全年全县共举办宪法主题宣传活动10场次,发放宪法宣传书籍5000册,车站、公交车、出租车及单位楼宇等LED电子屏滚动宣传宪法标语100条,举办宪法知识专题讲座6场次,县融媒体中心《普法在线》栏目宣传《宪法》相关知识5期,制作宪法主题宣传微视频2个。

【法律“明白人”培养】 2022年,方山县制定出台《2022年全县“法律明白人”培养工作方案》,编印农村(社区)法律明白人培训学习资料,逐步形成办事依法、遇事找法、解决问题用法、化解矛盾靠法的氛围。全年以镇为单位,分期举办农村(社区)法律明白人培训6期,累计培训650人,并颁发农村(社区)法律明白人证书。组织线上“法律明白人”、农村学法用法示范户培训5期,培育农村学法用法示范户34户。

公共法律服务

【公共法律服务平台建设】 2022年,方山县完成县、镇公共法律服务实体平台场所、功能区划分及办公设施标准化建设,初步形成覆盖全县、管理顺畅、上下联动的“一站式”公共法律服务实体平台。发挥一线平台宣传、指引、咨询和需求分析等公共法律服务功能,打通服务群众“最后一公里”,实现法律服务到村。建立村(社区)法律顾问“质”和“量”的“双线考评”机制,实现村(社区)法律顾问“被动、个体、单一”向“主动、团体、多元”转变。充分发挥法律顾问职能作用,把脉护航农村“清化收”,合法性审查村“清化收”所涉合同。全年全县90个行政村共出具法律意见书90份,其中“四荒”地承包合同提出法律审查意见9672条,机动地承包合同提出法律审查意见23314条,建设用地承包合同提出法律审查意见545条,经营性资产承包合同提出法律审查意见443条,其他类型承包合同提出法律审查意见674条。

【公共法律服务项目】 2022年,上级下达方山县免费法律咨询任务数1087件,完成1347件,完成率123.92%,满意度100%;下达特殊群体法律援助案件任务数25件,受理48件,结案30件,结案率62.5%。

【律师事务所分所设立】 2022年,方山县贯彻落实吕梁市人民政府办公室《关于印发〈吕梁市引进律师人才的六条措施〉的通知》和吕梁市司法局《关于印发〈关于推进国资律师事务所改革的工作方案〉的通知》精神,山西晋凯律师事务所在方山设立分所,9月1日正式挂牌成立并投入运行,共有执业律师3名。全年共办理案件48件,其中民事代理案件24件、刑事辩护案件4件、行政代理案件2件、民事援助案件5件、刑事指定辩护案件12件,参与检察院认罪认罚案件1件。

【法律援助】 2022年,方山县精准制定一县一策方案,推进公证机构体制改革。6月,与吕梁诚信公证处签订公证远程办证试点服务协议,开通远程视频办证。至年底,办理小额继承公证1件。深化刑事案件律师辩护全覆盖试点和法律援助值班律师工作,依托法院、检察院、看守所建立法律援助工作站,实现律师进驻覆盖率达100%。全年县法律援助中心共受理援助案件140件,其中刑事114件、民事26件,咨询905人次。基层法律服务所担任法律顾问3家,民事诉讼代理8件,解答法律咨询120人次，代写法律文书150份。

【“民主法治示范村（社区）”创建】 2022年，方山县以“民主法治示范村（社区）”建设为载体，通过典型示范，引领带动法治村（社区）建设，不断提升基层治理法治水平。经吕梁市司法局推荐、省司法厅验收，2022年马坊镇红崖湾村、峪口镇东湾村被命名为“省级民主法治示范村”。

社会工作

【依法规范社区矫正】 2022年，方山县司法局认真学习宣传贯彻《中华人民共和国社区矫正法实施办法》和《山西省社区矫正法实施细则》，推动县、镇实现社区矫正委员会全覆盖。建章立制，推进教育建设规范化，全面推行“五个一”教育矫正模式，开展心理学教育、震撼教育、国学教育、公益劳动教育、“每月一主题”教育等活动。重点开展元旦、春节、中秋、国庆等重大节假日安全隐患大排查专项活动和不请假外出“驻在式”专项安全隐患检查活动，联合县检察院开展执法专项检查4次。进一步加强对社区矫正对象的心理疏导，开展心理矫治讲座4次。全年接受判前委托调查30份，新接收社区矫正对象24人，解矫37人，在册社区矫正对象41人，无脱管、漏管现象。

【安置帮教工作】 2022年，方山县司法局为进一步加强刑释解教人员安置帮教工作，解决“无家可归、无业可就、无亲可投”的“三无”人员临时过渡安置问题，缓解安置帮教对象的就业和生存压力，减少不安定因素，促进社会和谐稳定，拓宽刑释解矫人员就业渠道，促进其顺利回归并融入社会。协调相关部门，经多次考察确认，最终确定山西方山金晖凯川煤业有限公司为安置帮教基地，并举行签约挂牌仪式。落实安置、帮扶、教育措施，全面掌握刑满释放人员的思想行为动态，全力维护社会和谐稳定。常态化开展视频会见，构建“一中心两站点”远程视频会见点位网，确保会见过程安全、高效、便捷。全年共接到视频会见申请216人次，会见成功135人次，家属注册121人；共接收刑满释放安置帮教对象71名，落实重点对象必接必送9人，在册430人。

【人民调解工作】 2022年，方山县制定出台《关于推进“一站式”矛盾纠纷调解中心建设实施方案》，县“一站式”矛盾纠纷调解中心设在司法局，配备专职调解员1名，调解辅助员2名。以“源头预防，多元调处，就地化解”为原则，推进人民调解工作质效双提升。成立方山县婚姻家庭纠纷人民调解委员会，加大婚姻家庭纠纷的调解力度，保障妇女儿童合法权益。创建访调对接工作机制，把通过信访渠道反映的问题，导入相应的调解工作机制，直接调解或者由信访联席办协调处理信访问题和矛盾纠纷。开展“调解促稳定 喜迎二十大”矛盾纠纷大排查大化解专项行动。全年全县各级调解组织共调解各类矛盾纠纷649件，其中村级148件、乡镇81件、专业性和行业性420件。调解成功649件，履行649件，调解率100%，成功率100%，履行率100%。涉及金额514.8393万元。

经济管理

宏观经济管理

经济服务

【入企服务】 2022年,方山县发展和改革局根据《方山县开展入企进村服务工作的行动方案》要求,及时行动,周密部署。制定关于开展服务业入企服务工作的实施方案,召开动员会议,专题研究贯彻落实措施。成立服务业工作专班,针对6户企业,组建工作组6个,各组包联企业1户,要求积极入企对接,帮助企业办实事、解难题,推动方山县高质量发展。共梳理问题和诉求7个,全部落实。

根据吕梁市《关于促进服务业复苏的若干措施》精神,为加快方山县服务业复苏,成立以分管副县长为组长,各相关职能部门一把手为成员的服务业复苏工作专班,组建服务业入企帮扶小分队,深入企业开展帮扶活动,切实解决企业复苏难题。

【政务服务事项】 2022年,方山县加强各项营商环境指标落实,不断完善山西省政务服务事项动态管理系统、政务数据资源目录系统及“互联网+”监管系统等。至年底,录入监管业务数据391条,监管行为数据覆盖度51.85%,监管对象报送数据76条,执法人员报送数据7条。

【农村寄递物流服务】 2022年,方山县政府十大民生实事之一为实现农村寄递物流服务全覆盖,通过企业自主推荐,市邮政管理局特聘专家遴选等程序,最后选定山西伍创电子商务公司代理的圆通速递为方山县运营企业。方山圆通利用自有分拣仓库、派系统、村级代理点,实现圆通快递进村服务。乡镇快递覆盖率达100%,村级电商服务站快递覆盖率达73.3%。全县6个镇具备标准化快递综合服务站,且具备中转功能。至年底,挂牌村级服务站80个,其中58个行政村保证每天1频次以上标准化寄递物流服务。

项目管理

【重点项目谋划】 2022年,方山县共谋划储备项目109个,计划完成投资28.7674亿元。纳入2022年建设库的项目51个,其中新建项目26个、续建项目25个。2022年计划完成投资18.98亿元。

【经济指标完成情况】 固定资产投资。2022年,方山县全年固定资产投资计划完成18.98亿元,增长速度9%;全年累计完成20.01亿元,比上年增长14.9%,增速全市排名第五。

地区生产总值。2022年,方山县全年地区生产总值计划增长7%,全年地区生产总值完成85.9亿元,比上年增长-3.3%,增速全市排名第十。

产业投资完成额占固定资产投资比重。2022年,方山县产业投资完成额占固定资产投资比重目标18.2%,全年产业类项目固定资产投资累计完成3.81亿元,占固定资产投资比重为19%,增速全市排名第七。

服务业增加值。2022年,方山县服务业增加值目标增速7.5%,全年完成13.96亿元,比上年增长3.7%,增速全市排名第九。

煤炭消费总量和万元GDP能源。2022年,方山县煤炭消费总量25万吨,万元GDP综合能耗下降3.2%。全年煤炭消费量不超过23万吨,完成目标任务。万元GDP综合能耗下降3.2%,完成任务。

2022年,方山县行政许可和行政处罚"双公示"归集总量达6000条,信用承诺信息归集数量达2000条。全年归集"双公示"信息14232条,归集信用承诺信息2269条,超额完成目标任务,全市排名前三位。

【2022年重点项目实施情况】 2022年,吕梁北煤炭专用线和铁路装车系统项目完成投资4000万元,推进土地等相关手续;方山县标准化粮食储备库项目和应急物资储备库项目,用地预审与选址意见书、立项批复完成;整县屋顶分布式光伏开发项目,完成积翠镇公共设施及县城部分屋顶光伏建设,完成投资3600万元;方山革命老区国网综能100兆瓦农光互补光伏复合项目,注册成立方山农光新能源有限公司,完成项目备案、银行开户等。

【专项债券资金】 2022年,方山县上报争取专项债券项目23个,申请资金11.34亿元。至年底,到位项目4个1.14亿元。争取中央预算内投资和贷款资金,向上申报中央预算内资金项目5个,总投资1.85亿元。分别是:老旧小区改造工程、人民医院附属配套工程及传染楼工程建设项目、标准化粮库建设项目、县城污水处理二期项目、马坊镇污水治理工程项目。吕梁北煤炭专用线和铁路装车系统项目、县域医疗综合服务提升项目申请贷款资金2.3亿元。

【黄河流域生态保护和高质量发展项目】 2022年,方山县推动黄河流域生态保护和高质量发展,围绕包括水资源节约利用、水源涵养能力提升、水土保持、湿地保护和生态治理、环境污染系统治理领域5个,共储备7大领域12个项目,总投资13.538亿元。北川河流域生态修复及水土保持治理项目,总投资16420.63万元,完成立项。

【市场主体倍增工作】 2022年,方山县优化营商环境,培育市场主体,全年服务业市场主体(不含批零住餐贸易企业)涉及领域11个,由2021年年底的450户增加到566户,净增116户,净增率达26%,完成全年任务。

能源管理

【能源保供】 2022年,方山县坚持以煤矿图纸交换、块段管理为手段,规范煤矿依法依规生产。全年全县煤炭产量任务310万吨,实际方山县所属3矿原煤总产量256.7万吨,比上年减少61.18万吨,减少19%;工业产值增加1179万元,比上年增长0.6%;总发电量55615.13万千瓦时,比上年减少4676万千瓦时。

【煤炭行业智能化、标准化建设】 2022年,山西方山汇丰新星煤业有限公司、山西方山金晖凯川煤业有限公司智能化掘进工作面改造项目均建成,通过验收并投入使用。煤炭洗选企业标准化建设按照山西省地方标准,开展自评申报,严格组织检查初审、定级公示。至年底,全县洗选煤企业标准评定完成。

【行业安全隐患排查】 2022年,方山县检查所属煤矿、输油管道、电力、新能源企业共计153次,出动检查人员622人次,下达检查单153份、行政处罚决定书2份,罚款金额2.1万元。排查出一般安全隐患450条,按照"五落实"要求全部闭合。

【能耗双控管理】 2022年,方山县按照上级部门相关政策,出台《关于实施能耗双控工作的通知》,监测能耗强度,调度管控全县重点能耗企业,加强分析研判,针对能耗高、产值低的企业采取限产、停产措施。加强节能督查检查,处罚违法违规金额2.1万元。针对错报漏报能耗情况,邀请市级专家现场指导培训,提高企业综合业务能力,把控"两高"项目准入关,确保完成能耗"双控"任务。

价格管理

【落实降费政策】 2022年,方山县根据省发改委《关于进一步降低新型冠状病毒核酸检测收费标准的通知》精神,降低新型冠状病毒核酸检测收费标准,单人单检测最高收费标准由20元/人次降为16元/人次(含核酸检测试剂等相关耗材),多人混合检测最高收费标准4元/人次(含核酸检测试剂等相关耗材)。2022年度中考报名考试费由80元/生降为50元/生(市、县分成比例为50%、50%)。

【成本核算】 2022年,方山县根据市发改委《关于开展民办义务教育学校成本调查监审》精神,测算方山县仁杰中学2019年—2021年3年教育培养成本为4470元/生/年,住宿成本为505元/生/年;方山县育才寄宿制小学2019年—2021年3年教育培养成本为3022元/生/年,住宿成本为837元/生/年。

【价格临时补贴】 2022年7-9月,方山县为各类困难群众和农村寄宿制学校学生发放价格临时补贴,累计补贴30856人次72.735万元。

粮食经济管理

【巡察问题整改落实】 2021年,吕梁市纪委专项巡察方山县粮食购销领域腐败问题,针对反馈的2大方面8个问题,完成整改6个,整改率75%。

【粮食国有企业改制】 2022年,方山县发展改革局根据县人民政府《关于印发方山县国企改革攻坚工作方案的通知》精神,聘请法律、审计、评估等第三方机构全程参与指导服务,完成债权债务确认、清产核资等。注销城关、大武、峪口、积翠粮油购销中心站4户,注册成立吕梁市方山粮油收储有限公司,粮食企业4户转成国有独资有限公司。组建粮油收储有限公司,召开职工大会通过改制方案,选举产生职工代表和职工董事、监事,按程序设立新公司的董事会、监事会、总经理。

【应急成品粮储备】 2022年,方山县发展改革局根据方山县《关于印发建立县级应急成品粮储备实施方案通知》精神,按照"企业代储、财政补贴、常年储新、品质优良"的原则,在峪口、麻地会粮站储存白面55万斤、大米5万斤、食用油1.9万斤。全县确定应急保障供应网点5个、应急加工企业1个、储运企业1个。

国土资源管理

【土地出让划拨】 2022年,方山县土地出让2宗,出让价款520万元,面积0.3633公顷

(5.45 亩);划拨 7 宗,划拨面积共 33.15 公顷(497.2 亩);协议出让 1 宗,出让面积 3.0188 公顷(45.3 亩),出让价款 500 万元。

【土地报批】 2022 年,山西省政府批准方山县建设用地 4 个批次,批准面积 26.839 公顷(402.59 亩);预审各类项目用地 6 宗:吕梁新区盛地大道(方山段)项目、方山县文化艺术馆建设项目、吕梁新区一中片区四条道路建设项目、方山县圪洞至梅洞沟旅游产业公路工程项目、新安大道雨污水管网工程(新区部分方山段)建设项目、方山县扶贫开发投资有限公司年存栏 2 万头肉牛标准化养殖基地建设项目。

【土地卫片执法】 2022 年,方山县土地卫片违法图斑 91 宗,耕地面积 96.02 亩。拆除整改 4 宗,拆除整改耕地面积 24.43 亩,耕地违法占用率 31.1%。剔除国道 209 改线项目工程违法图斑 24 宗、违法占用耕地面积 51.01 亩,吕梁新城范围内违法图斑 5 宗、违法占用耕地面积 3.97 亩,剩余违法图斑 58 宗、违法占用耕地面积 16.61 亩。耕地违法占用率 9.5%。

2022 年全县新增农村乱占耕地建房问题共下发 10 宗,监测总面积 50.87 亩,耕地面积 18.48 亩,整改到位 7 宗。

【耕地保护】 2022 年,吕梁市政府未下达方山县耕地保护责任目标。全年全县补充耕地项目 3 个,共入库 486.4 亩(马坊镇庄则上村补充耕地项目 278.7 亩、大武镇水沟村和店坪村补充耕地项目 20.4 亩、北武当镇新民村土地开发项目 187.3 亩)。

根据高质量发展综合绩效指标,涉及新增耕地面积不少于 1000 亩。至年底,共验收 1034 亩,其中完成新增耕地备案入库 244.88 亩。

【耕地保护督查整改】 2022 年,方山县耕地保护督查整改工作,一是县政府召开问题整改安排部署会,制定耕地保护督察整改工作实施方案,对照 6 类 66 个问题,梳理清底,形成整改清单。二是召开问题交办会,明确工作任务和完成时限。至年底,累计整改完成 40 个,其中:交通设施类 1 个、土地卫片上报不实问题 1 个、违法用地查处不到位 34 个、重点督办类 1 个、历年督察反馈遗留问题 2 个、分别是土地例行督察反馈问题 1 个。三是督促检查,成立问题整改督导组,下设督查专班 3 个,常态化深入各镇、各部门督促检查,发现问题,及时解决,确保整改工作落到实处。

【地质灾害治理】 2022 年,方山县自然资源局根据国家自然资源部及山西省自然资源厅统一建立“人防+技防”群专结合的监测预警系统,提高群测群防信息化、专业化水平的部署。按照省厅安排,对全县 24 个地质灾害隐患点安装地质灾害普适性监测仪器共 191 台,至年底全部上线运行。农村地质灾害治理搬迁涉及搬迁任务共 274 户,至年底完成 258 户。方山县涉及省部级投资地质灾害治理项目 2 个,分别是峪口镇峪口村大型不稳定斜坡灾害治理一期、二期。至年底,一期治理工程完成。二期治理项目共分治理区 5 个,至年底,4 个治理区完工。

【矿政管理】 2022 年,方山县自然资源局按照省、市自然资源部门要求,完成固体矿产资源统计上报工作。督促全县矿山企业 28 户完成 2022 年度矿业权勘查开采信息公示。7 户矿山企业办理采矿许可证的延续上报,其中市发证矿山企业 2 户(方山县聚星矿业有限公司、方山县鑫炎石料厂),县发证矿山企业5户(方山县新房诚信砖厂、方山县峪口新宏砖厂、方山县后则沟砖厂、方山县圪洞镇四通砖厂、方山县大武亨泰砖厂)。督促企业缴纳矿业权出让收益5000万元、资金占用费1960万元,共计6960万元。

煤炭企业接续配置,根据山西省人民政府《关于有序推进煤炭资源接续配置保障煤矿稳产保供的意见》精神,方山县符合煤炭资源接续配置的企业4户(霍州煤电店坪矿、金晖瑞隆煤业有限公司、金晖凯川煤业有限公司、汇丰新星煤业有限公司),全部上报等待批复。

2022年方山县废弃露天矿山生态修复治理任务为9.6公顷,修复治理区3个,至年底工程完工。

财　政

【财政运行】 2022年,方山县财政运行保障各项支出需求,助推全县经济的高质量发展。全年全县一般公共预算收入完成31999万元,比上年增长0.5%;一般公共预算支出20.04亿元,比上年增长33.3%;衔接资金规模27022万元,其中县级衔接资金8200万元,比上年增长1.23%。全年“三保”支出95561万元,其中:保工资49402万元、保运转8226万元、保民生37933万元,占本级年初可用财力的73.41%。重点领域:农林水支出36776万元,比上年增长20.7%;教育支出28963万元,比上年增长42.1%;文旅体育传媒支出1766万元,比上年增长17.4%;卫生健康支出18292万元,比上年增长26.4%;住房保障支出4908万元,比上年增长20.6%;节能环保支出11329万元,比上年增长188%。

【财政考核指标完成情况】 2022年,方山县财政共承担高质量发展考核指标6项,完成4项:一是政府债务率不超过警戒线的120%。截至年底,全县地方性债务余额190427万元(一般债务79427万元,专项债务111000万元),政府债务率87.11%,未超过警戒线。二是县政府未因违法违规举债被问责。2022年,方山县严格政府投资项目审批把关,制止违法违规融资担保行为,严禁以政府投资基金、政府和社会资本合作(PPP)、政府购买服务等名义变相举债,未因违法违规举债被问责。三是存量暂付款消化。2022年方山县存量暂付款消化任务1500万元,实际消化1500万元,完成年度目标任务。四是新增暂付款控制任务。市级要求方山县2019年以来新增暂付款不得超过当年一般预算支出和基金预算支出之和的5%。2019年以来,方山县累计暂付款余额为11251万元,占全县一般预算支出和基金支出之和的4.92%,未超过5%的警戒线。未完成2项:一是隐性债务化债任务。2022年度方山县隐性债务化债目标任务为52100万元,实际完成9671.37万元,占目标任务的18.53%。二是一般公共预算收入增速。任务要求全县一般公共预算收入完成33500万元,增长5.22%。实际完成31999万元,占年初预算的95.52%。

税　务

【税费收入】 2022年,方山县税务局严格执行组织收入原则,坚守不收“过头税费”的底线,保障全县经济社会发展需求。全年全县税费总收入26.35亿元,比上年增长58.2%,增收9.67亿元。其中税收收入22.44亿元,比上年增长68.97%,增收9.16亿元;非税收入1.44亿元,比上年增长1.94倍,增收0.95万元;社保费及职业年金收入2.69亿元,比上年增长7.2%,增收0.18亿元。

【落实退税减税降费政策】 2022年,方山县税务局落实新的组合式税费支持政策,特别是大规模增值税留抵退税政策。全年累计退税减税缓税2945户次,合计1.37亿元。其中增值税留抵退税32户,合计5968万元。中小微企业合计享受税费优惠政策占比达85%以上。

【税收征管改革】 2022年,方山县税收征管改革,一是执法有力度。深入落实"首违不罚"制度,进一步明确执行口径,规范并简化办理程序。加强信用等级管理工作,落实"诚信激励、失信惩戒"措施,对A级纳税人开通"绿色通道",对年度中纳税人信用等级发生变化的及时通知到人,对需要进行修复、补评的纳税人及时辅导发起申请。规范执法流程,提高法治意识和执法水平,降低执法风险。二是服务有温度。以精细化、智能化、个性化服务为目标,在"减负担、简流程、优服务"上下功夫。利用税收大数据精准"画像",向辖区内纳税人精准推送减税降费红利账单,变"人找政策"为"政策找人"。组建集中处理中心,完成线上咨询、办审一体处理、复杂业务办理、业务运维处理等事项。推广疫情期间"非接触式"办税缴费、发票"电子化"等便民服务事项,确保税收政策应知尽知、应享尽享。三是监管有精度。聚焦重点行业、重点人群,展开针对性税收宣传辅导和涉税风险提醒。5月以交通运输行业为切入点,深入霍州煤电集团吕梁多种经营有限公司;7月聚焦小微企业;9月针对个体户纳税人,开展具有针对性的政策宣传、操作指引、风险提醒等培训。利用税收大数据不断增强税务监管精准性,下发涉税风险事项提示单,有效帮助纳税人规避涉税风险。四是共治有深度。坚持以制度创新为引领,打破部门间数据壁垒,推进跨部门协同监管,构建税费共治新格局。强化与地方纪委监委的协作配合,与县纪委监委第六派驻纪检监察组开展联合办案,形成监督合力;联合财政、人社、人行、医保等部门协同做好社保费"统模式"改革;联合工商联开展"春雨润苗"专项行动;联合地方财政、人行等部门切实做好增值税留抵退税"后援军"等。

【优化税收营商环境】 2022年,方山县税务局设立"简事快办"专窗,对符合条件的业务无需叫号,直接办理,简化办税流程,降低纳税人等待时间。严格落实首问责任制、导税服务制、容缺承诺制等办税厅10项制度和"最多跑一次"清单,改进资料预审环节,设立"办不成事"反映窗口,让纳税人办税更舒心。深化内部协作,提升办税便捷度,对退税等业务实行网上受理、内部流转、限时出件的办事流程,为纳税人缴费人减负。对电子税务局推送"金三"待办,如票种核定变更、一般纳税人变更等事项实行专人负责、限时办结制度,提升服务速度,优化办税体验。落实月分析、季讲评制度,以问题为导向,分析相关指标,强化责任落实,明确改进要求。全年开展月分析、季讲评分析通报会4次,提升办税服务水平,提升纳税人满意度。

审 计

【概况】 2022年,方山县安排审计项目5大类41项。全年共完成审计项目35个,任务完成率85%。其中:政府投资审计项目16个、经济责任审计项目2个、预算执行审计项目6个、财务收支审计项目4个、吕梁市审计局安排交叉审计项目7个。共查出管理不规范金额6456.06万元,非金额计量问题58个,提出审计建议50条。

【预算执行审计】 2022年,方山县预算执行审计,促进被审计单位更好执行财经纪律,规范财务支出相关手续。全年审计县本级2021年度预算执行情况和其他财政收支情况以及5个一级预算单位预算执行情况。审计共发现未按规定征收缴纳收入、违规采购等32个问题,涉及金额1448万元。

【经济责任审计】 2022年,方山县经济责任审计强化对权力的监督制约,促进领导干部更好践行新发展理念、廉洁用权、干净干事。对大武镇原党委书记、原镇长进行任期经济责任审计、吕梁新城方山城市管理中心原主任进行任期经济责任审计,审计共查出应缴未缴财政款、出借财政资金等问题14个,涉及金额781.72万元。

【政府投资审计】 2022年,方山县强化政府投资项目建设管理,提高投资效益和资金使用绩效,确保国有资产安全完整。落实中央、国务院加大重大公共投资监督力度,揭示项目建设实施中存在的重大管理隐患、损失浪费和违纪违法问题,促进规范投资项目建设行为、加强投资建设管理水平和反腐倡廉建设。全年完成方山县圪洞镇潘家坂村污水治理工程项目、庄上村党群服务中心党建文化建设工程项目等16项政府投资审计,节约建设资金3954.06万元。

【财务收支审计】 2022年,方山县财务收支审计城关、大武、峪口、积翠4个粮油购销中心站2021年度财务收支情况,规范财务管理。审计共发现财务管理不规范、坐收坐支等问题14个,涉及金额47万元。

【市局交叉审计项目】 2022年,方山县根据吕梁市审计局统一安排部署,2022年4月至5月,派出审计组3个,审计关于柳林县人民政府2021年度大气污染和水污染防治项目、乡村振兴衔接资金、“人人持证、技能社会”3个专项资金审计项目;2022年8月至10月,派出4个审计组,审计关于交口县2020年至2021年城乡义务教育资金、灾后基础设施修复建设、政府债权债务、高标准农田、基本公共卫生服务5个专项资金审计项目。

【审计调查】 2022年,方山县审计局完成方山县煦泰热力有限公司2021年城区供暖季成本费用测算审计调查。配合县纪委监委完成石站头等13个村村委财务收支调查。

开展效仿攀比建设“门墙亭廊栏”等景观类项目专项清理,制定专项清理工作方案,成立工作专班,梳理近三年来的审计项目,排查涉及“门墙亭廊栏”等景观类建设审计发现的问题。

开展农村集体“三资”管理贪腐问题专项整治,成立工作专班,梳理2019年以来涉及“三资”审计发现的问题,全部整改到位。

【推进审计整改】 2022年,方山县推进审计整改,一是由县委审计委员会印发出台《关于进一步加强审计查出问题整改工作的实施意见》,审计整改纳入各单位年度目标责任制考核体系。二是向各单位转发关于《审计查出问题整改结果认定标准的通知》,明确审计查出问题已整改、部分整改、长期整改和未整改的认定标准。三是与纪委监委、巡察办联动,督促整改各级审计机关对方山县审计中未整改问题进行督促整改,对拒不整改、推诿整改、敷衍整改、虚假整改以及督促整改不力的,在全县范围内通报。四是2022年11月8日召开审计发现问题整改推进会,要求各单位限期对未整改问题进行再汇报,对未能整改的问题分析原因,提出可行性建议。至年底,各级审计机关2020年至2021年审计发现问题115个,督促整改81个,整改率73.04%。其中,2020年中央、省级预算执行情况和其他财政收支审计发现问题32个,完成整改25个。2021年中央、省级、市级预算执行情况和其他财政收支审计发现问题36个,完成整改30个。2021年市级经济责任审计发现问题30个,移送市住建局4个,整改19个。2021年市级自然资源资产离任审计发现问题17个,移送市规划和自然资源局问题1个,整改10个。

统　计

【主要经济指标运行情况】 2022年,方山县统计局按照国家统计报表制度要求,组织2021年统计年报和2022年定期统计报表工作。进一步加强对统计月报、季报、年报指标的评估,正确分析全县经济运行态势,及时提供准确反映全县经济发展状况的经济指标数据,为各级党委、政府及时提供科学决策依据,发挥统计"晴雨表"的作用。

2022年全县地区生产总值859147万元,按可比价格计算,比上年下降3.3%,增速排名全市第十位。第一产业增加值52116万元,比上年下降0.7%;服务业增加值139567万元,比上年增长3.7%;规模以上工业企业总产值比上年增长16.64%,工业增加值比上年下降5.7%,增速排名全市第九位。全县社会消费品零售总额107527.7万元,比上年增长0.2%,增速排名全市第六位。限额以上批发业销售额完成23240.8万元,比上年增长3.7%;零售业销售额完成7712.6万元,比上年增长27.4%;住宿业营业额完成242.4万元,比上年增长-44.2%;餐饮业营业额完成2412.5万元,比上年增长7.3%。固定资产投资累计完成200100万元,比上年增长14.9%,增速全市排名为第五位。建筑安装投资累计完成183216万元,比上年增长9.7%,增速全市排名为第八位。

一般公共预算收入31999.35万元,比上年增长0.5%,增速全市排名第十位。2022年城镇居民人均可支配收入27430元,比上年增长6%,增速排名全市第五位;农村居民人均可支配收入7330元,比上年增长8.8%,增速排名全市第四位。非营利性服务业工资总额比上年增长18.5%,排名全市第四位。规模以上交通运输业营业收入1468.2万元,比上年增长-26.8%,增速排名全市第十一位。建筑业产值5309万元,比上年增长-47.2%,排名全市第十一位;房地产工资总额比上年增长-5.5%,排名全市第十一位。商品房销售面积11649平方米,比上年增长-31.93%。

【统计造假专项纠治】 2022年,方山县开展统计造假专项纠治,第一,围绕权力干预、数据寻租、执法不严、查入退库"四个必查",结合统计督察整改、执法检查、数据核查等全面自查。对自查发现的问题,建立问题清单和整改台账,并逐项对账销号。第二,紧盯从严从快查处一批统计违法案件、严肃问责一批统计违纪违法领导干部、集中通报曝光一批统计造假典型案件“三个一批”,组织重点检查。第三,对照市督导检查反馈意见,制定《方山县关于落实督导检查反馈意见的整改方案》和整改“三清单”,明确整改任务措施和时限要求,确保整改取得实效。形成不敢、不能、不想造假的统计工作氛围。

【数据监管核查】 2022年,方山县统计数据监管核查,一是围绕统计数据质量,建立“双随机”检查机制,制定方山县年度统计执法检查实施计划。2022年数据核查汇丰新星煤业有限公司、金晖凯川煤业有限公司等10户企业,对发现的问题和不足进行现场指导并责令整改,增强企业对《中华人民共和国统计法》的敬畏心以及遵守《统计法》的自觉性。二是开展常态化基础数据检查。各专业人员深入企业一线了解情况,坚持问题导向、目标导向和效果导向,提高统计报表人员的专业素养和综合素质,不断提高源头数据质量。

【统计监测分析服务】 2022年,方山县围绕保持经济运行在合理区间,加强经济社会发展主要预期目标完成情况监测。强化消费市场统计监测,加强房地产价格统计,完善科技创新统计调查。加强疫情下居民增收、农民工就业、人口变动趋势和生育形势统计等情况统计监测。坚持每月下旬汇总全县20项经济指标预计数据,结合各单位承担指标进度情况,及时进行数据指标分析,跟踪了解指标任务完成情况。进一步补短板、强弱项、促提升,围绕指标低位项研究对策,加强沟通交流,拓宽思路,为县委县政府把握形势、科学决策提供参考意见。

市场监督管理

【服务经济发展】 2022年,方山县持续深化改革,推进市场主体倍增工程。出台《方山县人民政府办公室关于组建方山县促进个体工商户倍增工作专班的通知》,印发《方山县个体工商户倍增质升实施方案》,落实个体工商户倍增五项措施。吕梁市下达方山县个体工商户倍增工作目标任务全年净增1296户,每月净增108户。至年底,全县个体工商户净增2830户,实有8967户,变更注销612户,超额完成目标任务。全年办理食品小经营许可352件,移除异常名录170户,解除锁定43户,检定加油机413台枪、压力表254个、电子天平6台、戥称10台、衡器24台及超市、药店、农贸市场计量器具350台件。

【食品安全专项行动】 2022年,方山县开展食品安全“守底线、查隐患、保安全”专项行动。坚持稳字当头、稳中求进,坚持严的主基调,坚持问题导向、以点带面,聚焦容易引发食品安全系统性、区域性风险的重点领域、重点环节、重点主体,排查风险隐患,解决突出问题,防范化解风险,牢牢守住底线,维护食品安全全域全年稳定。

开展农村假冒伪劣食品专项整治。明确责任分工,细化工作任务,开展执法检查。

全面落实食品生产风险分级管理规定。根据风险隐患排查、日常监督检查和食品抽检等结果,风险分级辖区内生产企业16户,风险分级率达100%。根据风险分级结果,确定监管频次，制定 2022 年度监督检查计划。至年底，共出动执法人员 1034 人次，检查食品生产企业 32 户次、流通企业 421 户、餐饮服务单位 203 户（学校食堂 32 户、职工食堂 24 户、小经营店 132 户、小摊点 47 户）。发现问题 417 条，下达责令整改 236 份，全部整改完成。

开展食品生产领域安全风险隐患排查治理。建立食品生产安全监管风险管控动态台账，督促企业开展自查，酒类、肉制品、食醋、包装饮用水、冷冻饮品、果蔬汁饮料等高风险食品生产企业每季度自查不少于 1 次，其他企业每半年不少于 1 次，自查报告率达 100%。食品小作坊建档率达 100%，食品生产企业建立食品安全追溯体系达 100%。酒类、食醋重点食品生产企业建立信息化追溯体系达 100%，并运用二维码标识进行追溯。

【保障食品抽检】 2022 年，方山县市场监督管理局按照上级要求食品抽检量达 3 批次/千人，全县全年计划抽检 446 批次，完成抽检 446 批次（包含“你点我检”30 批次）。其中不合格食品 10 批次，合格率达 97.74%。4 个乡镇食品监管所进行食品快检，完成食品快检 140 批次，合格率达 100%。

【食品分层分级管理】 2022 年，方山县市场监督管理局完善食品安全属地管理责任和企业主体责任体系，全面建立层级对应的包保体系和“三清单一承诺”制度，形成分层分级精准防控、末端发力终端见效的长效机制，确保守住不发生区域性、系统性食品安全风险的底线，推进食品安全治理体系现代化。

【食品安全满意度测评】 2022 年，方山县市场监督管理局委托山西百姓满意度测评中心在全县范围内开展食品安全公众满意度测评。通过第三方机构邀请县人大代表、政协委员、食安委主要成员单位及个体经营户代表共计 30 人召开群众食品安全满意度暨食品安全示范县创建知晓率座谈会。通过线上测评、线下问卷、实地走访、综合评估等方式进行综合评估，了解公众对地方党委政府对食品安全工作的重视情况、食品生产经营行为的日常监督检查、食品生产经营违法违规行为查处情况、食品安全投诉举报受理情况、食品安全抽检工作情况等 20 项工作的满意度，统计结果显示，公众对县食品安全总体满意度为 84%。

【药品安全监管】 2022 年度，方山县药品安全监管，一是检查全县疫苗接种单位，全年出动执法人员 13 人次，检查疫苗接种单位 3 家，下达责令整改 1 份。二是按照省、市局药品信息化追溯体系建设方案的总体要求，全力推进药品零售企业信息化追溯，督促辖区零售药店完成追溯系统建设，按要求上传数据，完成购进销售药品核注核销。全年涉及经营重点品种的 41 家药品零售企业全部入驻药品信息化追溯平台，并按要求开展药品追溯，上游企业出库验证率达 85.86%。二级以上医疗机构全部入驻平台。三是开展不良反应监测，加强监测管理措施，完善监测管理制度，提升不良反应监测能力。全年共上报药品不良反应报告 115 条。四是开展医疗器械经营使用单位监督检查，全年共出动执法人员 30 人次，共检查医疗器械经营单位 10 家、使用单位 6 家，下达责令整改 2 份。五是开展化妆品经营使用单位监督检查，共出动执法人员 30 人次，共检查化妆品经营单位 5 家、使用单位 8 家，下达责令整改书 5 份。

【特种设备安全监管】 2022 年，方山县特种设备安全监管,一是开展全县市场监管领域城镇燃气安全排查整治。排查整治气瓶充装单位、燃气压力管道,县域内燃气气瓶充装单位未发现超期未检气瓶、使用翻新气瓶行为,定期检验燃气压力管道企业1户。二是开展特种设备超期未检专项行动和“黑气瓶”整治巩固提升行动。全年共排查出不在检验有效期内电梯16部,整改4部。三是实施气瓶安全信息化管理,市局签约好合作平台后,督促安全信息化平台建设液化气站3个、LNG加气站4个、气瓶检验中心1个。四是组织学习《吕梁市电梯安全条例》,听取各职能部门汇报,实地检查部分电梯使用单位。五是开展油气长输管道安全风险专项治理。辖区内共有油气长输管道使用单位4户,完成管道自查,均未发现问题。

【产品质量安全检查】 2022年,方山县产品质量安全检查,一是根据吕市监发文件精神,排查燃气器具等产品安全风险和重大隐患。全年共排查燃气器具使用单位5户,未发现问题。二是根据吕市监发文件精神,全年共检查电动自行车经营单位6户、电线电缆经营单位2户、化肥经营单位2户,均未发现问题。

【“双随机”监管】 2022年,方山县市场监督管理局“双随机”监管工作,一是开展部门联合“双随机、一公开”。召开联席会议,科学制定2022年部门联合“双随机、一公开”抽查计划,动态调整部门联合抽查计划35项,共抽查检查主体204户。二是开展单位内部“双随机、一公开”。制定本单位内部抽查计划,全年接收省局派发任务13项,接收地区派发任务24项,发起本级任务6项,检查企业74户,全部完成录入工作。

【市场监管执法】 2022年,方山县市场监管执法工作,一是加强执法办案力度。2022年,共办理案件119起,其中消费者权益48件、食品39件、药品7件、计量6件、无证无照4件、无照经营4件、质量4件、价格3件、商标2件、广告1件、反不正当竞争1件,罚没金额16万元。充实基层执法力量,成立5个执法中队(马坊中队、积翠中队、圪洞中队、峪口中队、大武中队)。二是畅通投诉举报渠道。全年共集中受理投诉案件552起,其中12315平台案件25起、社情民意527起,有效解决522起。

安全生产综合监督

【“打非治违”工作】 2022年,方山县开展安全生产百日攻坚集中行动和严厉打击非法盗采矿产资源行动,以“12341”工作保障机制为基础,印发《方山县打非治违长效工作机制》。加强部门联动联合执法,印发《安全生产联合执法检查制度》《非煤矿山安全监管部门联动机制》《煤矿安全监管部门联动机制》《危险化学品安全监管部门联动机制》《交通领域部门联动机制》等。制定《安全生产隐患举报奖励办法》,安全监管部门在政府网站、微信公众号公布举报电话、邮箱。县总工会督促指导企业建立“吹哨人”制度,并延伸至班组。全年全县打击非法违法行为10起,取缔非法企业6户,追究刑事责任3人。

【危险化学品专项整治】 2022年,方山县开展危险化学品安全风险集中治理,严格落实隐患排查治理“十个必须”,以重大危险源交叉检查、危险化学品及烟花爆竹交叉检查为契机,全面开展隐患排查。全年共检查企业28家次,查处隐患105条,整改100条,整改率95%。

【安全生产综合督查】 2022年,方山县开展安全生产督查4次,排查各类安全隐患141条,整改141条,整改率100%。重大节日期间共出动暗访组29个,检查企业48家,排查安全隐患69条,责令立即整改58条、限期整改11条,并要求企业立即落实安全防范措施,严防安全生产事故发生。

【“安全生产月”宣传活动】 2022年6月13日,方山县召开“安全生产月”宣传活动工作部署会议,部署“安全生产月”和“安全生产万里行”活动。6月16日,县安委办成员单位共同举办2022年安全生产月宣传咨询日活动,现场展示图片、宣传牌78块,悬挂宣传条幅160条,解答群众咨询2000人次,发放宣传资料3000份。

中小企业管理

【支持民营企业发展】 2022年,方山县贯彻落实“省30条、市20条、县15条”扶持民营经济政策措施,确保高质量完成年度各项目标任务,促进中小企业发展。出台助企纾困措施、市场主体倍增实施方案,成立营商环境促市场主体倍增工作专班,发放中小企业政策法规汇编宣传手册,解答各项奖励政策及项目申报流程与时效,推荐优质企业参与市、县政银企对接会,服务企业发展。

【培育民营企业】 2022年,方山县鼓励企业加大技术创新,支持中小企业按照市场需求,推进技术、产品等创新,引进先进技术,建立研发机构,开发拥有自主知识产权的技术和产品,推动企业上轨升级,走“专精特新”之路。至年底,建立吕梁市鸿澜矿山支护设备有限公司市级技术研发中心1个。分行业、分层次构建年主营业务收入500万元至1000万元规模的基础工业企业培育库、年主营业务收入1000万元至2000万元规模的重点工业企业培育库。确定成长性较好的培育企业9户为“小升规”与“专精特新”重点帮扶对象,优先支持项目申报及融资服务。新培育方山县煦泰热力有限公司、吕梁市龙腾达建材有限公司为“小升规”企业2户,培育吕梁山矿产品有限公司为省级“专精特新”企业1户。

【服务中小微企业】 2022年,方山县转变服务企业方式,促进市场主体倍增,指导中小微企业健康成长。4月,邀请山西德正科嘉企业管理咨询有限公司对企业规范化股改做出指导与服务,帮助符合条件的企业规范内部管理制度,指导企业熟悉股改程序与编制申报资料等。5月,邀请市中小企业服务中心经营指导科有关人员,对“小升规”与“专精特新”培育企业进行考察指导,针对企业存在的问题与不足之处,提出整改意见,指明发展方向,宣讲助企纾困政策。吕梁市鸿澜矿山支护设备有限公司至11月底申请到实用型专利6项。

【新孵化小微企业与股份制改造】 2022年,方山县按照“个转企、小升规、规改股、股上市”的发展理念,通过政策宣传、观念引导、服务指导等方式新孵化小微企业与股份制改造。至年底,新孵化农业、工业、商贸业等小微企业470户,占全年目标任务110户的327%。9月29日经吕梁市行政审批局核准,“方山县方利混凝土有限公司”改制为“山西方利砼业股份有限公司”,并在山西股权交易中心挂牌。

消防救援

【概况】 2022年,方山县消防救援大队共出警并处置各类灾情88起,出动车辆168辆次,出动警力1239人。其中抢险救援22起、社会救援7起、火灾59起,抢救被困人员36人。组织开展实战演练65次,联勤联训10次,制订类型预案35家,开展“六熟悉”工作36次。

全年共检查单位759家次,发现火灾隐患667处,督促整改火灾隐患689处,下发责令改正通知书369份,下发行政处罚决定21份。临时查封6家,责令“三停”单位5家,罚款9.8万元。挂牌重大火灾隐患单位1家。

【专项行动】 2022年,方山县开展各类消防专项整治行动,严格落实严防严控和死看死守措施。全年组织开展“百日攻坚”集中行动、“三年行动”专项整治、疫情火灾防控、“3·15”消防产品、村(居)民自建房重大风险治理、“大检查大整治大提升”行动、高层建筑重大火灾风险整治等重点专项行动。联合卫生健康和体育局、文化和旅游局等部门,开展医疗机构及涉疫场所大检查、文物古建筑消防安全大检查等专项行动5次,推进方山县社会单位的火灾隐患排查整治,确保全县消防安全无事故。

【安全工作】 水域救援。2022年7月以来,方山县多次遭强降雨袭击,水域救援力量薄弱,大队成立水域救援小组,配备专业水域救援装备1000件,增强2022年重大降雨灾情处置能力。

重点单位消防安全整治。2022年,方山县消防救援组织重点单位消防安全管理人员和消防安全责任人分批次开展消防安全知识培训,进一步提高辖区重点单位消防安全管理水平,增强各单位负责人的消防安全责任意识,提升重点单位预防火灾和扑救初期火灾的能力。全年消防安全整治重点单位69家。

高层建筑消防安全整治。2022年8月6日,方山县消防救援大队印发关于《开展全县高层建筑重大火灾风险专项整治》的通知。全县有高层住宅建筑15栋、高层公共建筑1栋,全部排查并整改隐患。行政处罚1家,罚款2.50万元。集中约谈、培训辖区高层公共建筑和住宅建筑物业负责人1次,组织全县高层建筑负责人召开消防安全工作警示约谈暨消防培训会1次。督促高层住宅建筑和高层公共建筑物业填写《高层建筑消防安全专项检查自查情况登记表》《高层建筑火灾风险评估细则及现场检查情况记录表》。

商场、市场和商业综合体消防安全集中整治“回头看”。2022年11月15日,方山县消防救援大队制定《方山县商场、市场和商业综合体消防安全集中整治“回头看”工作方案》,并召开动员部署会议。11月18日组织辖区顺达超市和恒鑫超市负责人召开消防安全集中整治“回头看”约谈会议,督促顺达超市、恒鑫超市开展消防安全自查自纠1次。

生产、经营、租住自建房安全排查。2022年,方山县消防救援大队印发《全县生产经营租住村(居)民自建房重大火灾风险综合治理实施方案》,召开村民(居)自建房动员部署会,对全县自建房进行摸排检查并建立台帐。共排查 1868 栋,居住 10 人以下 1853 栋、10 人到 30 人 14 栋、30 人以上 1 栋,共发现隐患 186 处,督促整改火灾隐患 186 处。

易地扶贫搬迁安置点消防安全管理。联合应急管理局、住建局开展易地扶贫搬迁安置点方山县圪洞镇安居苑一期、峪口镇峪安苑(一期、二期)、方山县大武新房集中扶贫安置点消防安全实地检查,全力化解安全风险隐患。深入辖区易地扶贫搬迁安置点安居苑小区、圪洞盛祥安居小区(一期)开展消防演练及培训。

重点行业消防安全管理。2022 年 9 月 8 日,方山县消防救援大队联合县文化和旅游局印发《方山县文物建筑和博物馆消防安全专项检查实施方案》,召开方山县文物建筑和博物馆消防安全专项检查部署会议。共排查文保单位 2 家,发现隐患 5 处,督促整改隐患 5 处。大队联合方山县卫生健康和体育局印发《关于吸取近期医院火灾事故教训切实加强全县医疗机构及涉疫场所火灾防控工作的通知》,召开疫情防控工作部署会议,做好常态化疫情防控条件下全县医疗机构、涉疫场所的消防安全工作。共检查医疗机构、涉疫场所 3 家,发现火灾隐患 8 处,督促整改火灾隐患 8 处。

【消防宣传】 2022 年,方山县开展消防宣传活动,利用广播、电视等媒体播放消防公益广告,张贴标语,发放宣传资料,发送手机短信等形式,加大对群众安全用火用电、旅游出行、出入人员密集场所的消防安全知识教育,增强消防安全意识,掌握防火、灭火和逃生自救常识。全年制作消防电子月刊 7 期,组织消防志愿者入户宣传 40 次。开展春节、元宵节、“3・15”、安全生产月、防灾减灾、119 宣传月等消防宣传 100 次,发放宣传资料 4000 份,电视台播放消防提示 800 次,利用短信发布消防安全知识 8000 条。组织重点单位消防安全责任人、管理人培训 30 次,组织网格员、公安派出所专(兼)职消防民警,深入各类场所开展消防讲座 80 次。

方山生态文化旅游示范区

省考指标

【新建产业项目当年完成投资】 2022年,方山生态文化旅游示范区新建产业当年完成投资考核目标值为4亿元,实际完成投资4.3364亿元,为序时进度任务3.67亿元的118.16%。

全年固定资产投资增速考核目标值>20%,全年目标任务为4.7亿,全年统计口径完成投资6.1279亿元,比上年增长84.12%。

【森林覆盖率】 2022年,方山生态文化旅游示范区森林覆盖率考核目标值为42%,实际完成值52.66%(方山示范区四至核定土地面积305平方公里,森林覆盖面积160.6平方公里)。

【旅客过夜人次】 2022年,方山生态文化旅游示范区旅客过夜人次增速考核目标值为>10%,即全年目标任务为79万人次,实际文化旅游系统统计完成值65万人次,增速15%。

【接待人次】 2022年,方山生态文化旅游示范区全年景区接待人次增速考核目标值为>10%,即全年目标任务为220万人次,实际文化旅游系统统计完成值204万人次,增速12%。

三项改革

【承诺制改革】 2022年,方山生态文化旅游示范区承接市级行政职权44项,县级行政职权40项,录入动态管理系统,均设置承诺办结时限。根据示范区实际情况,从84项行政职权中梳理出审批事项5项,实行承诺制办理。全年实行承诺制办理事项1项。

【标准地改革】 2022年,县自然资源局成立"标准地"改革工作专班,协调推动北武当山生态旅游康养木屋山庄项目用地161亩,按"标准地"供地。至年底,完成勘界工作,完善国土部门出具《土地勘测定界报告》手续。

【全代办改革】 2022年,方山县成立领办代办日常服务机构,实行一个项目一套班子,凡是项目单位要求领办代办的,全部实行领办代办。至年底,系统端口共受理全代办事项48件。其中涉及项目备案4件、企业设立登记21件、企业变更登记8件、政府固定资产投资项目审批7件、初步设计及概算审批3件、取水许可3件、建设项目用地预审与选址意见书核发1件、建设用地规划许可1件。

"三个一批"项目

【签约一批项目】 2022年,方山生态文化旅游示范区签约一批项目4个,签约投资额8.03亿元,开工率100%。

【开工一批项目】 2022年,方山生态文化旅游示范区开工一批项目16个,计划总投资8.22亿元,完成投资4.27亿元。其中,投产项目12个,投产率44.44%。

【投产一批项目】 2022年,方山生态文化旅游示范区投产一批项目9个,计划总投资5.28亿元,达效率100%。

项目建设

【新建产业项目】 2022年,山西省下达方山生态文化旅游示范区新建产业项目完成总投资任务4亿元,至2022年年底,示范区新建产业项目15个,总投资8.5442亿元,完成投资4.3364亿元,是全年考核目标4亿元的108.41%,完成全年任务。

【续建产业项目】 2022年,示范区续建产业项目5个,总投资2.2685亿元,至年底,完成投资1703万元。

【新建转型项目】 2022年,山西省下达方山生态文旅示范区新建转型项目任务为新开工投资额5000万元以上产业项目的总投资不低于2亿元,全年方山示范区新开工5000万元以上产业项目4个,总投资6.3022亿元。分别为:方山县三川河(方山城区段)生态修复综合治理工程(总投资23715万元)、方山县2022年美丽宜居示范村建设项目(总投资7241万元)、方山生态文化旅游示范区旅游园区基础设施建设项目(总投资25000万元)、方山县2022年春季林草生态建设项目(总投资7066万元)。

【招商引资】 2022年,方山生态文化旅游示范区开展线下线上招商20场次。分别和中国中车股份有限公司、袁隆平基金会、中传建信文旅产业发展有限公司、中交交旅投资控股有限公司、上海乡拾文化旅游中心、重庆大龙网科技集团有限公司、太平洋建设集团有限公司、山西一建集团有限公司等单位高效对接。全年完成招商引资签约项目5个,签约项目完成41.6%;签约总投资10.52亿元,完成21%。开工项目1个,完成20%,开工率100%;开工项目计划总投资额2.48亿元,完成16.5%。固定资产投资到位资金1.37亿元,完成45.67%。

农　业

综　述

【绿色优质农产品监管】 2022年,方山县加大农产品质量安全监管力度。在全县90个行政村配置村级协管员,建立由县级监管执法人员和乡镇监管员组成的网格化监管执法体系。县财政安排专项工作经费18万元,配齐执法装备,加大执法检查力度,全年立案查处10案。县财政安排农产品质量安全工作专项经费28万元,对农产品质量安全进行监测,全年完成监测602批次。

开展特色农产品"三品一标"认证,方山县安泽农林牧专业合作社、方山县丰茂农业有限公司等3个经营主体的辣椒、西葫芦、菜豆、鲜食玉米4个农产品获得绿色认证。方山县垚鑫生态养殖有限公司鸡蛋和鸡肉被农业农村部认定为名特优产品。扶持丰茂农业有限公司等28户饲草加工企业提升加工能力,全县农业残膜回收率达80%以上,秸秆综合利用率达90%以上。

【农业农村重点改革】 2022年,方山县扎实推进村集体产权制度改革,发展壮大村集体经济。全年农村集体资产"清化收",累计清理不规范合同7483份,化解债务总金额4212.4万元,清理后总收入3401万元。投资1500万元,实施30个村集体经济建设扶持项目。其中养殖项目10个、大棚蔬菜种植项目5个、加工项目5个、乡村休闲旅游项目2个、屋顶光伏项目8个,至年底完成20个,收益资金达16.1万元。全年光伏收益4468.55万元,村集体经济总收入达6381万元,较2021年增加40%。在6个镇成立托管服务组织7个,托管服务农户、种植大户、家庭农场等农业生产过程中的耕、种、防、收等环节,有效解决土地撂荒、粗放经营的问题,全年托管面积共1.13万亩。

深化"三支队伍"改革。根据省市深化农技农经农机"三支队伍"改革要求,统筹设置方山县现代农业发展服务中心、畜牧兽医服务中心事业单位2个,承担公益性服务职能,至年底完成人员划转。乡镇设置农技、农机、畜牧、农经等专岗,专岗人员共45名。

【乡村治理】 2022年,方山县开展农村问题厕所排查整改"回头看",共排查出问题厕所2042座。其中,新认定773座,整改完成1079座。新改造厕所410座,超额完成市下达任务。

开展抓党建促基层治理能力提升专项行动,编制达标巩固、问题整改"两个清单",明确乡村治理能力提升8方面74项任务责任主体。实施"一村一名大学生"计划,新招聘大学生64名。

开展农村集体资产"清化收"专项行动。全面推进基层治理网格长制。

制定《移风易俗村规民约》《移风易俗居民公约》,发出《关于进一步推进移风易俗的倡议书》,推进移风易俗。新当选村"两委"干部签订移风易俗承诺书。举行移风易俗文艺展演、孝老敬亲等活动。方山融媒体开通

"追思小屋",免费提供网上祭扫服务。举办集体生日、集体婚礼等系列活动,推行"婚事新办、丧事减办、余事不办"。选树"移风易俗示范村",评选"移风易俗文明户""方山榜样"。

种植业

【粮食种植面积、产量】 2022年,方山县全面落实"藏粮于地、藏粮于技"战略,实行粮食安全党政同责,出台《中共方山县委农村工作领导小组办公室关于加强春季农业生产确保粮食安全的意见》《方山县农业农村局关于印发2022年粮食作物生产技术指导意见的通知》等。县政府与乡镇人民政府签订《2022年粮食安全责任书》,压实乡镇党委政府、村支"两委"责任,粮食播种面积目标任务18.86万亩,粮食产量目标任务0.5亿公斤。实际全年粮食播种面积达19.51万亩,比上年增长1.77%;粮食产量达0.67亿公斤,比上年增产0.14亿公斤,增长26.41%。均完成全年目标任务。

【高标准农田建设】 2022年,上级下达方山县高标准农田建设任务0.76万亩,总投资1140万元。项目区位于马坊镇、圪洞镇,涉及行政村5个。至年底,建成高标准农田面积0.6万亩,完成任务的78.9%。拨付资金900万元,完成总投资的78.9%。完成坡耕地综合治理3000亩。支持经营主体开发治理或宜机化改造撂荒地、盐碱地、丘陵山区,提高粮食综合生产能力。全年开发利用撂荒地9563亩。

【提升农业生产能力】 2022年,方山县开展"两增两减"虫口粮促丰收行动,实施农作物病虫害绿色防控工程,粮食产量实现新突破。马坊镇、峪口镇2个粮食主产区各设立高空自动虫情测报灯1台,每个乡镇建立5个以上监测点。发展农作物病虫害专业化统防统治服务组织2个,主要农作物病虫害绿色防控覆盖率达50%以上,统防统治覆盖率达44%以上,化学农药使用量降幅1%以上。实施化肥减量增效项目,完成耕地点位调查及取土化验35个,农户施肥调查100户,完成测土配方10亩,化肥使用量降低1%,化肥利用率达45%以上,测土配方施肥技术覆盖率达90%以上。示范推广大豆玉米带状复合种植1.05万亩。

【落实强农惠农补贴政策】 2022年,方山县发放耕地地力保护补贴资金910.86万元,补贴面积13.6万亩。分4批次为实际种粮农民发放一次性补贴457.56万元,补贴面积19.51万亩。落实中央8项政策性险种和市级地方特色农业保险基础,青玉米、能繁母牛、生猪3项地方特色种植、养殖价格险纳入县级特色农业保险,增强农业的抗风险能力。全年全县参保农作物面积15.2万亩、畜禽4.39万头、林果1.07万亩。共投入保费920.8万元,为脱贫户及三类户免交保费27.47万元。全年理赔农作物23479亩,理赔资金277.95万元;理赔畜禽2926头,理赔资金213.8万元。

特色产业

【肉牛产业】 2022年,方山县与山西农业大学签订合作协议,共建"方山肉牛产业研究院",新建"吕梁市肉牛产业研发中心",建立"院校+职能部门+示范场+农户"模式,招收硕士研究生学历及以上专业人才10人,成立方山县肉牛产业发展中心,推动肉牛产业高质量发展。2022年,按照"扩栏增量、提质增效、产销衔接、链条延伸”的发展思路，实施肉牛提质增效项目。6个镇建立肉牛改良点15个，全年改良能繁母牛8633头。投资2400万元(其中政府补助1200万元)建设100头规模以上能繁母牛示范场22个、50头规模以上育肥牛示范场9个。至年底，全县牛存栏达5.3万头，比2021年年底存栏4.5万头增加8000头，增长率7.7%。投资490万元扶持丰茂农业有限公司等28户饲草种植加工企业和810户农户扩大饲草种植规模，提升加工能力，全县种植饲草3.5万亩，青贮饲草12万吨。

【中药材产业】 2022年，方山县发展以黄芪、黄芩、党参、柴胡等为主的道地中药材产业。全年投资220万元，扶持13个合作社种植中药材4000亩，全县中药材种植总面积稳达5.09万亩。提升改建鼎峰种养专业合作社中药材加工项目，年产量达600吨，年销售额达5000万元。

【蔬菜产业】 2022年，方山县投资172万元，新建(改建)温室大棚187个，新建(改建)日光温室52个，全县蔬菜温室大棚达400个。绿笋芦笋专业合作社、国红农林牧合作社、生绿合作社等30个专业合作社，在马坊镇、积翠镇、北武当镇等夏秋冷凉区发展西葫芦、豆角、旱地西红柿、芦笋等露地蔬菜1.2万亩。惠仁菌业、永盛食用菌、万泽食用菌等5个专业合作社，培植食用菌300万棒。

【特色农牧产业】 2022年，方山县结合各镇气候、地理等条件，因地制宜发展生猪养殖、甜玉米、小杂粮等特色农牧产业。

生猪产业。山西昕广欣种猪育种有限公司投资1.64亿元的2万头生猪养殖项目10月底投产，进一步延伸拓展“生猪养殖—粪污处理—有机种植—田园采摘”产业链；投资600万元，新建晋汾白猪自繁自养一体化示范养殖场5个，新建存栏1.1万头生猪养殖场3个。至年底，全县猪存栏达5.73万头。

甜糯玉米产业。2022年以天玉粮油食品有限公司为龙头，引进甜糯玉米新优品种，通过订单收购，在峪口镇、北武当镇、马坊镇种植，全年全县甜糯玉米种植面积达3万亩。

小杂粮产业。以国正扶贫攻坚合作社、聚民农产品加工合作社等为龙头，通过订单收购，全县种植小米、红小豆、高粱等小杂粮3.3万亩。

农旅融合产业。2022年山西省农业农村厅确定方山县为农林文旅康融合发展试点县，启动实施方山县农旅特色产业园项目。园区规划面积8487亩，概算投资6.09亿元，分为现代农业生产体验区、乡村农业观光休闲区、艺术创意游览区、滨水田园康养度假区4个片区。完成星星景观桥、童梦奇园、观光道、索桥、停车场、游客服务中心等特色休闲农业园区基础设施建设。新建连栋薄膜大棚2栋和日光温室4栋，种植特色瓜菜65亩、辣椒1000亩。

【农产品精深加工】 2022年，方山县全面落实省市扶持农业产业化龙头企业发展的若干政策措施，在项目奖补、贷款贴息等方面加大龙头企业支持力度。全年培育省级龙头企业1户，至年底省级龙头企业达4户；新认定市级示范联合体1户，至年底市级骨干龙头企业达5户；培育国家级示范合作社1个、市级示范合作社2个、县级示范合作社10个，至年底全县合作社达724个。培育省级示范家庭农场1个、市级示范家庭农场5个、县级示范家庭农场10个，至年底全县家庭农场达120个。

打造酿品、肉制品、功能保健食品、药材

药品4大产业集群。宏康牧业有限公司年屠宰3万头肉牛屠宰厂及牛肉深加工项目投产达效，日屠宰肉牛50头，实现产值1亿元。山西老传统酒业有限公司、山西良泉酒业有限公司等企业年生产白酒3000吨、醋6000吨，实现产值4300万元。方山县野林生物科技有限公司、山西天玉粮油有限公司、山西泓盛农业科技有限公司等加工企业，生产沙棘汁、甜糯玉米、蛹虫草等产品，实现产值4000万元。全年全县农产品加工业销售收入达5.2亿元。

林　业

综　述

【建立林长制组织】　2022年，方山县为实现林长治目标全面推行林长制，出台《方山县林长制实施意见》及林长制六项制度（会议制度、督查制度、信息公开制度、重大问题报告制度、考核制度、巡林制度），完善县、镇、村三级林长制组织体系，确定县、镇、村三级林长151名，设置林长制责任公示牌110块。

【国土绿化】　2022年，吕梁市政府下达方山县国土绿化任务17.73万亩，其中：四荒绿化任务4.43万亩、未成林造地管护7.7万亩、封山育林1.5万亩、森林抚育及退化林分修复2.1万亩、核桃经济林提质增效2万亩，工程总投资7066万元。县级投资1450万元，绿化全县乡镇道路66.6公里，其中：太佳高速出口至大武镇杨家会村37公里、峪松线9公里、北武当旅游北线13.6公里、峪口农旅特色产业园道路绿化7公里。峪口镇呼家湾村等9个村栽植核桃干果经济林2000亩。至年底全部完成任务。

【创建国家森林城市】　2022年，方山县按照“创建国家森林城市”总体规划目标，落实《方山县国家森林城市建设总体规划》，对照任务指标，完成市下达“创森”7项任务。一是城区绿化任务135亩，县城瓦窑河公园、广场绿化面积完成657.6亩，超额完成任务。二是乡镇道路绿化任务35公里，完成66.6公里（太佳高速出口至大武镇杨家会村37公里、峪松线9公里、北武当旅游北线13.6公里、峪口农旅特色产业园7公里），超额完成任务。三是村庄林木绿化任务510亩，实际完成560亩（韩庄村150亩、庄上村120亩、呼家湾村30亩、武当村80亩、古贤村180亩），超额完成任务。四是村庄公共绿地绿化，全年完成省级乡村振兴示范村3个（胡堡村、张家塔村、来堡村），完成市级乡村振兴示范村5个（开府村、西沟村、大西沟村、水沟湾村、花家坡村），完成县级乡村振兴示范村4个（新民村、松泉村、韩家山村、南村），超额完成任务。五是完成“四荒”绿化工程44300亩，其中完成中央投资造林35000亩，省级资金项目9300亩（黄河流域防护林屏障建设工程3000亩和森林植被恢复工程6300亩）；完成封山育林工程15000亩。至年底全部完成任务。六是矿山生态修复任务144.75亩，至年底全部完成任务。七是完成森林抚育和退化林分修复工程21000亩，至年底全部完成任务。

森林资源管理

【森林资源保护】　2022年，方山县按照案件查处、林地收回、追责问责“三到位”的要求，加大涉林毁林案件执法查处力度。调查核实2013年以来上级下达森林督察疑似图斑，涉及违法项目204个,查处违法面积376公顷,至年底全部整改到位。加强日常森林资源管理,制止和打击乱砍滥伐破坏森林资源的违法行为。县林业局与县公安局联合成立督查专班3个,累计出动巡查人员140人次,依法查处毁坏林地、草地及野外违规用火案件共14起,罚款30.1万元。

【实施禁牧轮牧休牧】 2022年,方山县加大涉林毁林案件执法查处力度,制止和打击破坏森林资源的违法行为。出台《方山县实施禁牧休牧轮牧促进林牧协调发展的实施意见》,划定各镇禁牧区,开展禁牧休牧轮牧常态化监管。建立打击无序放牧联席会议制度,建立微信群,县、局、镇、场、村信息共享,形成联动机制。排查违法进入林地牲畜,在重要道路、村口、管护站设立卡口,杜绝牲畜私自进入林地,切断大规模运输牲畜进入保护区的渠道。

【森林防火】 2022年,方山县森林防火工作,一是全面压实县、镇、村三级主体责任。落实"十到位",严格管控野外用火,实行县四大班子领导包乡镇,森林防火指挥部成员单位包镇,镇干部包片包村,村干部包户、包坟头,护林员包山头、包地块的森林草原防火"五级"防火包联责任制。深入各镇村、林区开展全方位、多角度、全覆盖森林防火宣传,营造全民动员、广泛参与的森林防火氛围。制作防火警示旗5000面,发放宣传资料、宣传手册,严格火源管控,严厉打击野外用火肇事行为。全年共查处违规野外用火行为12起,罚款6000元,公开曝光2起。二是组建森林消防专业队伍。经方山县人民政府与山西省黑茶山国有林管理局协商,方山县每年投资245.3万元,双方合作组建60人的服务于方山县和黑茶林局森林草原资源保护和生态安全的森林草原消防专业队伍——山西省黑茶山国有林局森林消防专业队(方山中队)。三是加强护林员的管理。全县上岗护林员615名,明确护林员管护区域,并进行业务培训。四是在全县森林火灾易发重点地段、重要路口安装森林防火视频语音监控器60台,遏制森林野外用火案件发生。

【林业有害生物防治】 2022年,方山县开展护林员网格化管理巡查,每月对辖区内森林有害生物巡查1次。至年底,全县未发现松材线虫病和美国白蛾等重大林业有害生物。

【省级野猪危害防控】 2021年,方山县被山西省林草局确定为全省野猪危害防控试点县,全县野猪猎捕限额任务417头,至2022年底累计完成猎捕任务420头。

畜牧业

【畜牧业生产情况】 2022年,方山县畜牧业发展态势良好,至年底,全县牛存栏53590头,猪存栏57571头,羊存栏72501头,禽类存栏1366850羽。

【动物疫病防控】 2022年,方山县开展动物重大疫病防控,加强免疫监测。全年全县强制免疫牲畜口蹄疫、高致病性禽流感、猪瘟、高致病性蓝耳病、新城疫、小反刍兽疫。春季免疫累计完成猪O型口蹄疫51391头,猪高致病性蓝耳51212头,猪瘟51488头,牛O、A型口蹄疫41559头,羊O型口蹄疫62230只,牛布病47351头,羊布病69028只,羊小反刍兽疫63952只,高致病性禽流感1292600羽,鸡新城疫1292600羽,免疫密度均达100%,并建立健全免疫档案和免疫户口簿,耳标佩戴率100%。

秋季免疫累计完成猪O型口蹄疫41164头，猪高致病性蓝耳48136头，猪瘟47533头，牛O、A型口蹄疫47595头，高致病性禽流感1306030羽，鸡新城疫1306030羽，免疫密度均达100%，并建立健全免疫档案和免疫户口簿，耳标佩戴率100%。

【非洲猪瘟排查】 2022年，方山县排查大型生猪养殖场户10户，小型生猪养殖场户30户；猪肉经销门店7个；生猪调运经纪人20人；生猪产品调运人8人。

【畜产品质量安全监管】 2022年，方山县开展畜产品质量安全整治。全年累计组织开展督促检查4次、三聚氰胺检测4次、瘦肉精抽检4次，抽检规模养殖场户112户，抽检样品生猪620头份、牛475头份、羊280头份。畜产品质量安全(风险监查)300份，其中猪肉21份、牛肉70份、鸡蛋209份。

【肉牛产业发展】 2022年，方山县建立肉牛改良点15个，完善肉牛改良服务体系。建立市级肉牛标准化示范场12个，以人工改良、性控技术、胚胎移植、饲料营养、产科疾病为重点示范带动全县养殖户，实现全县肉牛产业高质量发展。

开展新品种饲草种植示范和推广，扶持饲草加工企业，全县共验收完成839户，完成青贮草177244.9立方米。

现代农业发展服务

【农业生产托管服务】 2022年，方山县农业生产托管服务组织全覆盖，参与农业生产托管服务的各类农机具新安装远程监控设备150台。全年累计召开农业生产托管服务专题会议6次，深入服务组织、农户家中12次，现场解决有关问题7个。2021年中央、省、市共下达方山县农业生产托管专项补助资金200万元，惠及全县农业人口3万人。

【新型农业经营主体规范化建设】 2022年，方山县创建县级示范社和家庭农场各10个。市场主体倍增任务农业企业6个、合作社20个，新注册农业企业7户。新办农民专业合作社21个、家庭农场35个。

【农业农村改革】 2022年，方山县农业农村改革，一是加快推进农村土地确权登记颁证工作扫尾，颁证22189本，全县土地承包经营权证颁证率达96%。二是和县自然资源局联合在全县6个镇90个行政村开展农民新增建设用地需求调查，全县6个镇住宅建设用地需求合计470户140.28亩，其中积翠镇380户113.28亩、峪口镇85户25.5亩、北武当镇5户1.5亩，其余镇为零。三是理清理顺农村集体土地征收过程中农业农村部门职责，助力县重点项目推进。根据山西省人力资源和社会保障厅等六部门联合印发的《山西省对被征地农民实行基本养老保险补贴的审核规程的通知》《吕梁市规划和自然资源局关于规范用地报批资料做好征地管理工作的通知》，与县自然资源局和人社局召开业务对接会，议定在后续征地过程中只提供“两面积一花名”，即拟征收土地范围所涉及村集体的土地确权总面积、征地范围涉及承包户花名及其在本村的确权总面积信息，不再确认承包户在拟征收土地范围内的占用面积。四是进一步完善农村土地承包仲裁委员会工作机制，完成仲裁委员会换届，开展全县仲裁员培训。

【“清化收”工作】 2022年，方山县“清化收”工作，一是县委引领，基层发力。成立县委书记、县长任“双组长”的专项工作领导小组,出台《方山县农村集体资产“清化收”专项工作实施方案》,按照“三查两处、提级办理”的总体思路,多部门联动,县、镇、村同步发力,统筹推进“清化收”工作。二是成立专班,摸清家底。全县6个镇共成立工作专班39个,制定《摸底调查告知书》《承诺书》,借鉴村“两委”换届“三访三问”工作方法,以户为单位发放《摸底调查告知书》4.9万份,确保摸底全覆盖。张贴《致农民朋友一封信》大字报1100张、宣传海报1100张,悬挂条幅180条,分发《政策法律法规汇编》600本,各村大喇叭循环播放“清化收”政策内容。三是定期调度、强力推动。县委先后召开领导小组专项调度会议6次,专题研究“清化收”工作,领导小组办公室每周集体研究制定下周任务清单。各镇每2周上报1次工作进度,并对各镇和各村分别进行一条龙排队,激发比、学、赶、超的内生动力。四是纪法保障,提级办理。结合实际成立由公、检、法“三长”担任组长的专项工作组3个,法律部门提前介入,为“清化收”工作提供法律保障。五是律师把关,依法推进。全县统一聘请专业律师团队,深入镇、村两级点对点开展政策指导和法律服务,解决村集体经济发展中遇到的“疑难杂症”。六是政治检查,强化监督。制定出台《方山县纪委监委、方山县委组织部关于围绕“清化收”开展政治监督专项检查的通知》,由县纪委监委、县委组织部牵头成立监督检查组3个,对各镇党政正职、村“两委”主干开展“清化收”相关内容政治监督专项检查,并进行政治约谈。对合同签订和履行期间村干部是否落实主体责任和廉洁要求,对合同清理过程中现任镇、村干部是否担当作为等进行纪律监督。七是督导问责,回头整改。9月底,成立“清化收”专项工作巡回督导组,围绕提升合同规范率、挖掘收入潜力、解决实际问题,每周随机进村检查,对各镇未规范合同,逐村逐份疏通难点堵点,提出处置意见。八是合同“过筛”,精准规范。10月18日开始,律师团队深入各镇,对各村“清化收”过程中所涉合同进行合法性审查。根据审查情况,一个村出具一份法律意见书,对各类合同给出审查意见和整改意见。全县90个行政村共出具法律意见书90份、法律审查意见2.4万条,确保“清化收”工作依法开展,经得起历史的检验。全年全县共清理规范合同7510份,化解债务4388.22万元,新增资金入账2007.38万元,新增土地资产107278.99亩,收回资产数66件。

【撂荒地改造】 2022年,方山县按照省、市有关撂荒地复耕复种的文件精神,5月7日下发《关于农村撂荒地专项整治排查的通知》。采取分类施策、建立日报告制度等措施,全县撂荒地改造任务如期完成。全年全县申报撂荒地改造任务15000亩,经验收合格完成撂荒地改造面积11306.45亩。其中玉米6216.55亩、大豆486亩、马铃薯68亩,其他4535.45亩。市级补助60元/亩,县级配套补助40元/亩,至年底,将补助资金下拨到承担项目实施的各服务组织。

【农机工作】 2022年,上级下拨方山县农机购置补贴资金98.952万元,实际结算四批次,补贴机具数量217台,兑付补贴资金94万元。完成农机报废更新资金申请5份,受益户数5户,报废机具5台,兑付报废补贴资金4.7万元。

2022年,上级下达方山县农机深松任务

5000亩，市级下达补助资金15万元，分别由2个托管服务组织在马坊、积翠两镇实施完成。春、秋两季农机作业期间，根据实际作业进度，及时在全国农机化生产信息服务平台报送作业动态。全年累计投入农机具数量1000台次，共完成机耕整地面积22.5万亩，机播面积2.3万亩，机收面积2.2万亩，牧草机械化收获数量3.6万吨。

乡村振兴

【概况】 2022年，方山县严格落实“四个不摘”要求，建立健全组织领导、政策保障、驻村帮扶、财政投入、问题整改机制5项，确保巩固衔接各项工作落实落细。全年共组织巩固衔接领导小组会议14次，编制印发巩固衔接乡村振兴相关文件45份，健全完善长效工作机制13项，组织业务培训15期，举办抓党建促基层治理能力提升“培育文明乡风，助推乡村振兴”知识竞赛2期，印发政策口袋书和应知应会手册3000册，印发乡村振兴政策宣传图解2万册。开通“方山乡村振兴”微信公众号，发布工作动态、政策解读等各类信息32期97条。整合各类资金2.1亿元，实施项目108个。完成脱贫期间形成资产的17.89亿元13898个项目的资产确权、登记、移交。推进乡村治理，以农村基层组织建设为统领，有效推进“三治”融合，建立健全农村网格治理体系。开展“清化收”工作，推进移风易俗，实施文化惠民工程，完成惠民演出71场，农村公益电影放映2028场。

【巩固脱贫成果】 2022年，方山县巩固脱贫成果，一是守住防返贫底线，坚持早发现、早预警、早帮扶，全年共识别监测对象283户664人，消除风险129户282人。至年底，全县共有监测对象1403户2804人（未消除风险522户1150人）。二是抓实义务教育、基本医疗、住房保障、饮水安全四个关键，出台增收举措32条。全年全县脱贫人口人均收入11053元，增幅达17.1%。三是开展产业、就业、小额信贷、消费帮扶、兜底保障等专项行动。全年分配光伏收益4次，分配金额4468.55万元。设置公益性岗位8013个，惠及脱贫户、监测户10365人。养殖、种植、蔬菜三大产业累计带动农户21352户（其中脱贫户17478户）增收，全县24775名脱贫劳动力务工17106人。发放稳岗补助5776人693.12万元，一次性交通补贴1205人21.1万元。发放小额贷款1.278亿元，完成年度任务的118.35%，兑现小额贷款贴息563.65万元。发放“活体牛抵押贷”500户（其中脱贫户206户）1.1亿元。通过“五进九销”带动脱贫户11000户，户均增收500元。发放爱心消费券454万元，惠及特困和监测对象3635人。农业保险赔付3321户304万元，意外伤害险赔付448人234.5万元，防返贫险赔付639人35.3万元。

【打造特色产业】 2022年，方山县财政投入570万元补助建设标准养牛示范场19个，516万元用于肉牛产业研发中心建设。至年底，全县牛存栏达到5.3万头，方山县垚鑫生态养殖有限责任公司50万只高功能蛋鸡项目完工60%，山西昕广欣种猪育种有限公司2万头生猪育肥场建成投运。打造张家塔村、前东旺坪村、庄上村等农旅、文旅融合新型示范村，初具规模，发展势头良好。

【乡村建设】 2022年，方山县制定《方山县乡村建设行动实施方案》，完成乡村建设信息采集录入 90 个村 32634 户 86162 人共 10 万条。投入 675 万元清理整治农村乱堆乱放 15375 处,完成农村改厕 400 座,新建镇级、村级污水处理站 9 个。

光伏电站

【概况】 2022 年,方山县建设光伏电站 16 座,装机总容量 75.74 兆瓦。其中 15 座 40.74 兆瓦村级(联村)电站收益归方山县;1 座 35 兆瓦地面集中电站属方山县与晋能集团合作电站,收益按股分红,方山县占股 49%。

【收益分配】 2022 年,方山县全年光伏发电 5904.0848 万度,结算基础电价 1960.1561 万元,结算国补资金 3361.13 万元。全年累计发电收益 24169.57 万元(国补资金 14903.36 万元、标杆电价 9266.21 元),分配到村光伏收益资金 17 次,分配金额 20544.67 万元。

【光伏维护】 2022 年,方山县光伏电站由山西神通电力公司进行日常运营维护,采取"企业运维、公司监控、保险兜底"的三位一体运维方式,巡检部不定期巡视检查。光伏电站远程运维监控采用 IT 技术,远程管理全县电站 16 座,实现"小的放大管、散的集中管、远的拉近管"的高效管理目标。全县光伏电站数据实时共享,远程故障诊断精细化智能运维管理。县扶贫开发公司与人保财险公司签订合作协议,为全县光伏电站购买保险,抵御自然灾害和意外事故。

农业龙头企业

【山西天玉粮油食品有限责任公司】 2022 年,山西天玉粮油食品有限责任公司发挥龙头企业作用,采用"公司+基地+农户"的运营模式,向农户提供科学的种植技术和优良种子,保证产品质量,提升种植户经济收入。在北武当镇、峪口镇、积翠镇、马坊镇等地建立合作基地 3000 亩。引导农民科学种植,规范管理,基地建设稳步推进。以"一送两包"(送技术、包服务、包销售)的模式,与农户签订合同。全年公司收购糯玉米 3000 吨。

【方山县宏康牧业有限责任公司】 2022 年,方山县宏康牧业有限责任公司投资 60 余万元完成肉牛养殖示范场建设,投资 110 万元完成雁门关畜牧带标准场建设,采购无害化设备和粪污处理气流膜设备,新建干草棚。启动肉牛产业文化园建设项目,市农业农村局补助 100 万元已经到位。全年养殖场营业收入 9149 万元,屠宰场年屠宰牛 8350 头,营业收入 1.7 亿元。

【方山县垚鑫生态养殖有限责任公司】 2022 年,方山县垚鑫生态养殖有限责任公司与山西农业大学、山西医科大学、山西农业技术科学院等单位合作,组建中药材种植、栽培,加工饲料营养学及蛋鸡养殖、人体营养学等方面的专家科研技术团队,围绕"养殖生态化、产品有机化"目标,研究利用中药材的茎叶及加工饮片后的边角料加工饲料,生产高品质的叶酸鸡蛋、DHA 聪明鸡蛋等功能营养鸡蛋及功能营养肉鸡,利用鸡粪生产有机肥、种植有机药材,形成高效循环农业经济。至年底,全县种植黄芪、黄芩 5000 亩,饲养蛋鸡 26 万只,销售收入 5000 万元。

2022 年公司注册"蛋小吉"商标,拥有专利 2 项。在太原设立蛋小吉畜牧产品旗舰店,与国药集团、山西家政协会、太原日报社、太原美特好超市、集购宣言供应链、北京理工大学、太原市扶贫专柜等多家公司平台合作，线上线下同步销售，产品运输到北京、上海、广州、福建、深圳等全国各地。打造国家级及世界级品牌，被农业农村部认证为名特优新产品。

【方山县丰茂农业有限公司】 2022年，方山县丰茂农业有限公司秉承“勤奋、务实、创新”的企业精神，以“草畜结合、农牧循环、生态有机、科技引领”为经营理念，通过“公司+基地+合作社+农户”经营模式，形成牧草基地→秸秆综合利用→饲草加工→肉牛养殖→粪污处理→有机肥加工→农旅特色产业循环产业链。打造集现代农业、休闲观光为一体的辣椒田园综合体旅游观光园区，推进辣椒育苗、种植、采收、仓储、加工、销售全产业链发展。全年总资产达2536万元，实现经营收入2187万元，利润总额127万元。

【山西山外香食品有限公司】 2022年山西山外香食品有限公司以有机食品和健康食品经营为导向，以山西农业大学食品科学与工程学院等科研院所为依托，开发生产“山外香”牌咖啡玉米，远销陕西、河北、河南、北京、天津等地，形成稳定的销售网络，有地级经销商80家，销售终端网点3万个。主要经营农副产品购销、甜糯玉米加工、肉食品加工、小杂粮加工销售，销售产品主要以咖啡玉米、爆米花为主，全年主营业务收入1286万元，利润为226.3万元，年净利润为113万元。

【山西泓盛农业科技有限公司】 2022年山西泓盛农业科技有限公司与中国科学院微生物研究所、山西省农科院进行技术合作，以“公司+基地+农户”的规模化运作模式，辐射和带动周边市县栽桑养蚕等种养业的发展和农民致富，打造休闲农业体验点和养生健康教育基地。全年生产蚕蛹虫草503公斤，销售收入1679万元；蚕丝12128斤，销售收入339万元，净利润254万元。

【方山县野林生物科技有限公司】 至2022年年底，方山县野林生物科技有限公司资产总额3599万元。其中流动资金1423万元，固定资产2094万元。所有者权益290万元。全年销售额达2351万元，实现利润265万元。

【山西华森农业开发有限公司】 2022年，山西华森农业开发有限公司主营业务为食用菌、果蔬、杂粮的科研、种植、加工、销售以及对外贸易。食用菌、果蔬、杂粮种植基地遍布全县6镇169个村。实行“公司+基地+农户”的发展模式，产前组织种植技术培训、提供优质种子种苗、赊销农资农药、签订购销合同；产中提供技术跟踪服务，全程指导育苗、移植、病虫害防治；产后按合同全部收购，并设保底收购价的定单农业运营形式，符合农村实际情况，使公司与农户结成利益共同体，建立起稳定的“公司+合作社+基地+农户”的种植产业化发展模式。至年底，公司销售收入5000万元，上缴税费240万元，主要产品产效率达95%。

水　利

水土保持

【淤地坝防汛】 2022年汛前,方山县水利局排查全县大中型淤地坝43座,下达淤地坝防汛检查情况通知和2022年度水土保持淤地坝工程防汛责任人通知,落实大中型淤地坝防汛行政、技术、管护责任人,编制防汛应急预案。汛期,方山县发生多次强降雨,降雨后圪洞镇沟卜沟骨干坝和大武镇杨家塔骨干坝、张家耳骨干坝出现坝内蓄水安全隐患,通过排水、开挖非常溢洪道等,排除安全隐患,确保淤地坝下游群众生命财产安全。

【水保重点工程】 2022年,上级业务部门下达方山县水土流失治理面积29平方千米,至年底全部完成治理,完成率100%。

马坊沟小流域综合治理工程。建设规模为新增综合治理水土流失面积19.8平方千米,其中:坡改梯67.1平方百米、生产道路2480米、护地堤255米、乔木林141.64平方百米、灌木林66.26平方百米、封禁治理1725.98平方百米,总投资650万元,至年底完工。

方山县弹花沟大型淤地坝除险加固和石道沟等8座淤地坝水毁修复工程。至年底,8座淤地坝水毁修复完工,弹花沟除险加固工程主体建设基本完工,总投资175.63万元。

坡耕地水土流失综合治理工程。建设规模为新修水平梯田146.67平方百米,修筑生产道路2.27千米,计划总投资440万元,至年底,完成率达96%。

土桥沟中型淤地坝工程。新修中型淤地坝1座,计划总投资309.71万元。至年底,主体工程基本完成。

峪口沟河道生态修复综合治理工程。河道清淤疏浚总长15.68千米,新建堤防总长度22.2千米。其中:左岸新建土堤防6.31千米,新建浆砌石堤防5.37千米,旧堤防护4.07千米;右岸新建土堤5.87千米,新建浆砌石堤防4.65千米,排水涵管27处,支流汇入口2处。总投资3869.7万元,其中中央资金3007万元,至年底完成80%。

水利灌溉

【灌溉用水量】 2022年,方山县农田水利有效灌溉面积4.065万亩,实灌溉面积3.37万亩,毛灌溉水量395.4万立方米。小型灌区106个,其中自流引水灌区61处,毛灌溉用水量325.2万立方米;小型提水灌区5处,毛灌溉用水量27万立方米;井灌区40处,毛灌溉用水量43.2万立方米。

【灌溉水有效利用系数测算】 2022年,方山县为省级小型自流灌区样点灌区县,样点灌区为土福则村东渠小型自流灌区,全部完成并上报全国灌溉水利用系数测算平台系统,经测算样点灌区灌溉水有效利用系数为0.4982;县级样点灌区按自流灌区、井灌区、河井双灌区综合确定5处,全部完成测算,县级样点灌区灌溉水有效利用系数为0.5404。

农村饮水工程

【饮水安全管护】 2022年,方山县水利局根据市委组织部、市水利局有关会议精神要求,落实"三个责任人"制度,开展县、镇、村三级管护人员业务知识培训,全年培训各村主干和水管员共计178人。

【安全工程排查和水质检测】 2022年,方山县水利局开展全县农村饮水安全工程排查活动和水质检测,检测全县农村饮用水指标19项,合格率100%。

【2021年遗留工程】 2021年,方山县水利局实施饮水安全巩固提升工程遗留建设内容3处:农村供水保障、"互联网+监管"村级水表安装及联网项目。至2022年年底,全部完成。

【农村饮水安全工程】 2022年,方山县实施马坊村管网改造及计量设施安装和下昔村村内主管及管网改造工程2处,同步实施雨污分流,总投资775.4万元。至年底,下昔村主管及管网改造工程通水;马坊村管网改造及计量设施安装工程因与雨污分流管道、供热管道同步进行,至年底,完成总工程量的80%。

实施农村饮水安全巩固提升工程4处,总投资约130万元,至年底,投入使用。

实施农村饮水安全工程(应急抗旱)项目9处,总投资78万元。分9个单项工程,分别为峪口镇吉家庄村饮水安全保护工程、积翠镇代居村新建水源井及输水管道工程、积翠镇下冯家庄村水源井保护工程、峪口镇韩家山集中供水维修工程、圪洞镇圪洞村水源井管理房及配电工程、大武镇武回庄村集中供水维修工程、大武镇郭家沟村水池维护工程、大武镇新房村水源井维修工程、北武当镇庙底村供水点管理房工程,至年底,工程全部完工。

【农村饮水安全问题整改】 2022年,方山县水利局根据市、县巩固拓展脱贫攻坚成果同乡村振兴有效衔接考核评估中反馈方山县农村饮水安全问题清单9个,其中市际、县际交叉评估反馈问题清单涉及方山县农村饮水安全问题共2项,各镇反馈问题清单涉及农村饮水安全问题共7项,至年底,全部完成整改。

【供水工程抢险救灾】 2022年汛期,方山县多次发生超标准暴雨洪水,导致农村饮水安全工程受灾严重。抢修恢复受灾严重的下昔村集中供水工程和积翠镇集中供水工程,共完成投资58万元。

水旱灾害

【水旱灾害防御】 2022年,方山县水利局出台《方山县水旱灾害防御工作规则(试行)》《方山县2022年水旱灾害防御工作实施方案》《方山县水利局防汛值班制度》。明确南阳沟水库和43座淤地坝的行政责任人、技术责任人和巡查责任人,并进行公示。落实6镇、93个村庄的山洪灾害防治行政责任人、预警责任人、转移责任人责任制和避险场所地点。检查维修全县29个自动站、101个简易雨量站及无线广播预警系统,恢复重建自动雨量站2处,更换自动站部分设备1处,投入维修养护资金12.8万元。同时发放水旱灾害防御宣传资料2000份。

【三川河(方山城区段)生态修复综合治理PPP项目防汛】 2022年,方山县三川河(方山城区段)生态修复综合治理PPP项目防汛值班实行领导带班和值班人员值班相结合的24小时值班制度,全年共发布山洪灾害预警171次,发布预警信息203条,转移人数385人,启动Ⅳ级应急响应3次,Ⅲ级响应1次。

水保监督

【水保检查】 2022年,方山县境内开发建设项目水土保持方案(表)编制率、评审通过率和实施率均比上年提高,至年底,审批落实水土保持方案报告书(表)共7件,督促6个项目建设单位实施验收。全年对开发建设项目开展专项执法检查3次,行政执法检查30人次。

【南阳沟水库除险加固及运行】 山西省水利厅于2021年10月批复《方山县南阳沟水库除险加固遗留项目实施方案》,批复概算总投资548.28万元。2021年11月8日完成财审,审定价503.72万元。至2022年11月主体工程完工。主要建设内容:修建大坝下游坡面砼网格护坡,修建大坝渗流量观测设施,维修大坝渗流观测设施,建设水情自动测报系统,修建溢洪道观测设施,左坝肩新增大坝渗流监测设施,大坝上游1014米~1029米高程范围干砌石护坡拆除重建等,至年底,资金落实383万元。

河道管理

【巡河工作】 2022年,方山县完成三川河(方山段)及流域面积在50平方公里以上的7大支流"一河一策"编制工作。全年县、镇、村3级河长对全县管辖河道累计巡河5252次,其中县级巡河81次、镇级巡河864次、村级巡河4307次,占应巡河4506次的117%。全县河道堤防188千米落实包保责任人,签订防洪保安责任状。

【"清四乱"工作】 2022年,方山县共出动挖掘机、装载机14台,三轮车24辆,投资66万元,清理河道垃圾及障碍物2.2万吨。

【"智慧河长"省级示范基地建设】 2022年,方山县"智慧河长"省级示范基地建设,启用吕梁河长信息平台,全天候远程监控河道状态,科学、智慧、安全、有序管理河道。

水资源服务

【取用水量】 2022年,吕梁市水利局下达方山县计划用水量为1840万立方米,其中地下水650万立方米、地表水850万立方米、再生水及矿坑水最小利用量280万立方米。根据《山西省水资源税改革试点实施办法》,纳入计划用水49户土矿企业取用水以月统计水量、以季核定水量并及时传递县税务部门,健全完善各取用水户取水许可档案。全年新办理取水许可证3户,安装远程在线监测计量设施18台。全年总用水量1117万立方米,其中地表水533万立方米、地下水426万立方米、再生水14万立方米。关闭地下水取水井5眼,完成地下水压采量5万立方米。

【节约用水宣传】 开展以"推进地下水超采治理,复苏河湖生态环境"为主题的宣传活动,制作宣传短片3分50秒,在方山县融媒体中心新媒体平台宣传;利用高速口户外广告牌、县城户外电子屏包年宣传标语8条;共印发宣传资料 2 万份，悬挂宣传条幅 10 条，出动车辆 10 次，增强社会各界自觉保护水资源、节约用水意识。

水库移民后期扶持

【直补资金发放】 2022 年，方山县全年发放大中型水库移民后期扶持人口直补资金 342.54 万元。

【完善 2021 年移民后期扶持项目】 2022 年，方山县完善 2021 年度大中型水库方山县圪洞镇水库移民新村惟学路大桥工程，提交县行政审批管理局验收；完善 2021 年开工实施项目 3 个。

【实施 2022 年水库移民后期扶持项目】 2022 年，方山县完成第一批大中型水库移民后期扶持项目 3 个，投资 663 万元；开工实施第二批大中型水库移民后期扶持项目 5 个。

工 业

工业经济

【主要经济指标完成情况】 2022年,方山县制造业增加值比上年上升1%。规模以上战新产业增加值比上年增长8.5%。工业增加值占GDP比重68.5%。规模以上工业企业研发机构占比10%,研发经费支出比上年增长15%。社会消费品零售总额10.5073亿元,比上年增长8%。限额以上商品零售总额7233.6万元,比上年增长7%。外贸出口1655万元,比上年增长10%。

【国企国资改革】 2022年,方山县国企35户,参与改革33户,至年底完成改革32户,清理规范注销企业11户。

【推行“链长制”】 2022年,方山县打造清洁煤、高端装备制造、铝钒土精深加工、新能源、白酒、肉牛、农特产品、文化旅游等产业链8条。

【开展市场主体倍增行动】 2022年,方山县落实《关于支持工业和商务领域市场主体倍增实施方案》。一是发展产业集群。拓展上游产品预处理、标准化,下游产品精细化、专业化,完善产业体系,增加市场主体。二是明确职责任务,做好分解落实。三是指导企业优化股权结构设计,以集团为母公司,成立子公司,减少经营风险,增强管理控制。至年底,工业商贸企业净增168户,总数达892户,比上年增长24.2%,完成全年目标任务。

【商贸企业统计监测调度】 2022年,方山县加大限上商贸企业统计监测调度力度,根据年、季、月指标,划定进度红线,每月坚持调度2次,做好报前预判、报间跟踪、报后分析。全县限额以上零售总额增速居全市前两位。

【促消费活动】 2022年,方山县促消费活动,一是发放“爱心消费券”,年初为全县1810名特困和易返贫人员发放181万元,其中采取银联APP发放1710人171万元,实物发放100人10万元,主要消费渠道为县内各大超市、饭店等营业性场所。二是与省市商务系统对接,组织8户企业加入“晋情来”促消费活动,利用补贴扩大用户。三是启动“廉吏故里、晋情消费”活动,县级配套100万元、建行配套10万元,历时5个月,在“建行生活”平台,对餐饮、住宿、家电、汽车、商超等消费场景开展补贴促销。四是开展二期“爱心消费券”发放活动。按每人1500元标准,为全县1825名特困和易返贫人员共发放273.75万元,促进消费、保障民生。五是落实县支持商贸企业发展政策。按季兑现,全年发放3期、122户次,共发放奖励资金28万元。

【成品油市场行业管理】 2022年,方山县强化成品油市场安全监管,把好经营许可证年审资料收集关口。开展安全生产大检查,进一步落实安全生产管理责任制,防范和减少各类安全事故发生。

电 力

【各项指标完成情况】 2022年,方山县全年供电量完成6.55亿千瓦时，完成年度计划的111.2%，创历史新高。全年售电量完成6.47亿千瓦时，完成年度计划的116.1%，创历史新高。

全年综合线损完成1.03%，比年度计划下降4.19%，创历史最低。全年售电单价完成524.61元/千千瓦时，比年度计划升高33.61元/千千瓦时。全年电费回收结零。全年综合电压合格率完成99.988%，供电可靠率完成99.9366%，创历史新高。

【电网建设】 2022年，方山县有序推进电网建设项目，加强电网运行可靠性，优化配电网架结构。全年完成2021年农网改造升级工程10千伏乔沟变电站11回入地线路2.34公里，0.4千伏新建台区50个。其中，配电变压器20台容量6660千伏安，10千伏接续线2.415千米，低压线路4.963千米，改造户数4666户。

全年完成方山县主街道瓦窑北路、方正南街等架空线路改造电缆入地工程，拆除杆塔27根，拆除架空线路2.146千米，施放高低压绝缘电缆7.251千米，安装箱式变压器4台，高低压分支箱17台。

【国电电力山西新能源有限公司马坊风电场】 宝塔山国电电力新能源风电场，风场呈西低东高之势，平均海拔高度约为1815米，年平均风速在6.56米/秒左右，风功率密度272.3瓦/平方米以上，年有效可利用小时达2264.8小时，风资源丰富。

2022年马坊风电场有工程2期，装机容量96兆瓦，48台2兆瓦风力发电机组。风电场配套110千伏升压站和集控楼1座，升压站采用110千伏单母线接线。至年底，建有110千伏主变1台，主变低压侧35千伏单母线运行。升压站依靠110千伏宝袁线单回与220千伏袁家村变电站联结，出线长度15千米，风场所发电量经袁家村变电站送入山西电网。

2022年发电量19349.3671万千瓦时，上网电量18771.174万千瓦时，厂用电量51.3713万千瓦时，平均风速5.5米/秒。

【晋能清洁能源光伏发电（方山）有限公司】

2022年，晋能清洁能源光伏发电（方山）有限公司以“安全第一、预防为主、综合治理”的方针，坚持以安全生产为前提，以经济效益为中心，落实全员安全生产责任制。以人为本，科学管理，在安全生产上下功夫，在经营管理上做文章，扎实开展各项工作，全年未发生安全事故。电站全年累计发电5008.74万度，减少碳排放约4.99万吨。

全年营业收入3790.69万元，净利润1443.99万元，计提盈余公积144.40万元，可分配利润1299.59万元。提供给方山县扶贫开发公司636.80万元，防返贫扶持方山县边缘脱贫户、重点监测户。为附近村边缘脱贫户、重点监测户提供短期用工岗位共3类（组件积雪清理、春季组件清灰、秋季防火除草）176人次，帮助增收23.52万元。

煤 炭

【山西焦煤霍州煤电集团吕梁山煤电有限公司】 2022年，吕梁山煤电公司全面落实“疫情要防住、经济要稳住、发展要安全”总体要求，聚焦山西焦煤“实干见效年”安排部署，践行霍州煤电“11661”目标路径。全年完成煤炭销量368万吨，完成计划的117.2%。完成发电量24969万度，完成计划的138.8%。完成精煤产量284.8万吨，完成计划的101.7%。完成开准进尺18608米，完成计划的100.5%。完成商品煤完全成本591.84

元/吨,比计划节支1.91元/吨。完成销售收入53.80亿元,比计划多完成6.89亿元。完成利润25.91亿元,比计划多完成1.76亿元。完成研发投入1.37亿元,比计划多完成0.24亿元。职工全年平均工资比上年增长12%,月均结算工资5045万元(含正利煤业),比上年月均多结算186万元;井下一线平均工资15340元/月,井下辅助平均工资10196元/月;地面生产平均工资6885元/月。

【山西方山汇丰新星煤业有限公司】 2022年,山西方山汇丰新星煤业有限公司原煤产量125.5万吨,销售原煤125.53万吨,销售收入97368万元,实现利润57638万元,实现税费34274万元,上缴税费34617万元。

【山西方山金晖瑞隆煤业有限公司】 2022年,山西方山金晖瑞隆煤业有限公司成立以矿长为组长的领导小组,成立"一通三防"、水害防治、顶板管理、机电运输、六大系统、火工品6个方面的灾害治理小组,确保风险管控到位。全年实现三零(零工亡、零重伤、零职业病)安全工作目标。

杜绝轻伤以上事故和三级以上非伤亡事故,安全生产标准化保持山西省二级标准、冀中能源一级标准化水平。全年共查出问题4624条,隐患整改率达100%;安全罚款64次,共计罚款16600元。

全年原煤产量完成45.55万吨,较预算增加5.29万吨,较上年减少45.45万吨。精煤产量完成17.76万吨,较预算增加1.1万吨,较上年减少15.54万吨。精煤回收率完成39.25%,较预算减少2.32%,较上年增加3%。中煤产量完成4.77万吨,较计划增加0.76万吨,较上年减少5.68万吨。

全年商品煤销量完成21.29万吨,较计划增加2.11万吨,较上年减少23.64万吨。其中精煤销量完成16.78万吨,较预算增加0.72万吨,较上年减少17.22万吨。商品煤售价完成1342.35元/吨,较计划减少190.42元/吨,较上年增加447.5元/吨。其中精煤售价完成1611.51元/吨,较预算减少150.27元/吨,较上年增加457.98元/吨。

全年营业收入完成28578.55万元,较预算减少820.07万元,较上年减少11627.18万元。利润总额完成-489.73万元,较预算增加131.38万元,较上年增加1070.09万元。应缴税费5634.05万元,实际上缴税费7750.78万元,其中缴纳2021年欠缴税款2239.59万元。

【山西方山金晖凯川煤业有限公司】 2022年山西方山金晖凯川煤业有限公司实现井下零工亡、地面零重伤的"双零"目标。完成安全生产各项经营目标,煤矿安全生产标准化等级继续保持国家二级、集团公司一级标准化水平。全年原煤产量67.8万吨,精煤产量25.22万吨,精煤销量25.11万吨,实现营业收入59347.96万元,利润总额26976.59万元,上缴税费16967.93万元。

【方山县庞泉煤焦有限公司】 2022年方山县庞泉煤焦有限公司贯彻落实年初提出的生产计划,结合煤炭市场的发展趋势,制定工作实施方案,攻坚克难、开拓创新、扎实工作。全年完成原煤入洗量16.1万吨,比上年43.84万吨增长-27.74万吨,增长率-63.28%;销售精煤量32.48万吨,比上年28.03万吨增长4.45万吨,增长率15.88%;总产值18853万元,比上年53434.36万元增长-34581.36万元,增长率-64.72%。

【方山县鑫运煤业有限公司】 2022年方山县鑫运煤业有限公司以"艰苦创业,诚实守信,精益求精,永创一流"为宗旨,本着"客户第一，诚信至上”的原则，不断改革创新，引进先进技术、先进设备，由年入洗原煤 60 万吨重介洗煤生产线，发展到入洗原煤 180 万吨。全年入洗原煤 15.8 万吨，精煤产量为 9.1 万吨，中煤产量为 3.8 万吨，全年实现营业收入 1.18 亿元，比上年增长 42.3%，工业总产值 9410.777 万元，比上年增长 73.8%。全年实现净利润 132.5 万元，上缴各项税费 130 万元。

【方山县金泽煤焦有限公司】　2022 年，方山县金泽煤焦有限公司在保证正常生产的情况下，加强管理团队、设备设施、环境保护、技术提高等方面的投入。本着“以质量求生存，以信誉求市场，以管理求效益”的宗旨，推动公司的发展和壮大。全年原煤存储量达 10 万吨，精煤棚存储量 10 万吨；配煤机 3 台，台产量 300 吨/小时，日配煤 1 万吨；煤炭洗选能力 180 万吨/年。全年上缴税费 4785 万元。

【方山县聚源选煤有限公司】　2022 年，方山县聚源选煤有限公司本着“以人为本、安全为先、生产跟进、综合治理”的原则，坚持不安全不生产，以安全促生产增产增效，求真务实、真抓实干推进安全管理向精细化迈进，全年安全无事故。全年生产精煤 3.09 万吨，实现营收 2238.86 万元，上缴利税 171.69 万元，利润 20 万元。

【方山县德润煤焦有限公司】　2022 年 4 月方山县德润煤焦有限公司与晋柳能源有限公司签订长期原煤代加工合同，月平均入洗量 8.7 万吨，合作良好。至年底，洗选原煤 104 万吨，精煤产量 61 万吨，主营收入 7.33 亿元（煤炭贸易收入 7.06 亿元，代加工收入 0.27 亿元），上缴税费 507 万元，利润 454 万元。

【吕梁全顺达煤业有限公司】　2022 年，吕梁全顺达煤业有限公司洗煤厂完善生产设备和平台的安全防护，完成皮带保护、皮带烟雾报警设备的安装。严格执行厂领导值班巡查、月度旬查制度，对查出隐患及时进行“三定”处理。制定雨季“三防”预案，各部门分工负责，顺利度过汛期，将损失降到最低。7 月份通过山西省能源局二级质量标准化验收。全年入洗原煤 1158996 吨，生产洗精煤 705849 吨，其他副产品 186747 吨，完成工业产值 5195 万元。

【方山县日昇贸易有限公司】　2022 年，方山县日昇贸易有限公司秉持生产、安全两手抓的经营思路，实现生产、效益翻两番的重大战略目标。公司上半年受上游企业内部改制影响，基本处于停产状态。下半年改变经营理念，由原来代加工一举变为自主洗煤。8 月份开始自主洗煤，入洗原煤 15.51 万吨，洗出精煤 8.59 万吨，精煤回收率 55.38%，实现总收入 18857.91 万元。其中：代加工业务收入 298.58 万元，洗煤产品收入 13723.21 万元，贸易业务实现 4836.12 万元，实现利润 204.91 万元。

【方山县鑫欣选煤有限公司】　方山县鑫欣选煤有限公司是以原煤洗选及购销为主要业务的民营企业。2022 年公司坚持合法、诚信经营发展理念，发展企业经济硬实力。全年销售收入 2359 万元，缴纳各项税款 10 万元，解决当地贫困户固定就业岗位 20 个，带动当地运输户增加运输及劳务收入达 300 万元。

制造　冶炼

【山西庞泉重型机械制造有限公司】　2022 年，山西庞泉重型机械制造有限公司进一步加强管理，严格执行《安全生产管理制度》

《安全生产奖惩办法》《车间质检制度》《考勤管理制度》等规章制度。开展安全生产劳动竞赛,实行工资累进奖励制度,工人超额完成生产任务10%,奖励全部工资的5%;超额20%,奖励10%。以此类推,提高一线员工的生产积极性和工资收入。全年维修维护液压支架485架,比上年减少95架;支架立柱1940根,比上年增加840根;支架千斤顶6300根,比上年增加2300根;外修立柱526根,比上年增加76根;外修千斤顶1800根,比上年增加300根;液压单体柱3800根,比上年增加300根;托辊2700件,比上年减少10010件;各类机加工件16180件,比上年增加5580件;带式输送机9套,比上年增加8套;焊接部件5600件,比上年增加400件。全年实现产值1.7亿元,比上年增加0.4亿元。上缴税款780万元,比上年增加226万元。全年支付工资1247万元,比上年增加346万元。人均年工资69664元,比上年增加19640元。生产一线工人年工资最高者达20.7万元,达10万元以上者46人,占一线工人总数的66%。

【吕梁市鸿澜矿山支护设备有限公司】 吕梁市鸿澜矿山支护设备有限公司是集煤机产品研发、生产、维修为一体的矿用支护材料现代化企业,为提高市场竞争力,公司于2021年斥资1300万元对煤矿支护材料制造与矿用设备维修车间进行技改升级。至2022年底,技改项目已基本完工,技改后锚固剂年产达1300万支,锚杆年产达260万根,产能较之前提高300%。

【山西吕梁山矿产品有限公司】 2022年,吕梁山矿产品有限公司推行总经理负责的三级日常管理制度,副总及总工协助或分管所属车间、车间主任负责本车间的工作、班长负责本炉或本岗位的工作。制定《总经理工作职责》等20多项岗位责任制及工作目标。推行以奖励为主激励机制,贯彻执行"多奖少罚"治厂原则,生产效益大幅提升。全年生产棕刚玉11.07万吨,生产量位居山西省首位。销售收入13759.36万元,比上年相比利润增长20%。主要设备电弧炉由3台增加到4台,产能提高1/4,产品合格率达100%。科研经费投入占总利润的5%,为发展高科技企业奠定基础。全年申报发明专利5项,实用新型专利15项。于7月入选山西省"专精特新"企业。

【山西新星冶炼集团有限公司】 2022年,新星集团以主营产业为基石,以转型促发展,艰苦奋斗、砥砺前行。全年安全无事故,环保达标排放,完成全年经济指标。全年完成产值143231万元,利润总额36294万元,净利润27543万元。全年完成销售收入143258万元,入洗原煤125.7万吨、精煤86.84万吨、中煤5.93万吨。

建　材

【方山县绿华园建筑材料有限公司】 方山县绿华园建筑材料有限公司是以生产新型建筑材料为主导的企业。2022年生产混凝土14.66万立方米,营业收入6086万元,上缴利税207万元,利润-77万元。

【方山县山兴混凝土工程有限公司】 2022年,方山县山兴混凝土工程有限公司完成C20到C50配合比的试配生产,全年生产普通砼、泵送砼、道路砼、膨胀砼、细石砼、早强砼、高强砼等混凝土8万立方米,混凝土合格率达90%以上,完成产值2000万元。

【山西方利砼业股份有限公司】 方山县方

利混凝土有限公司于2022年10月1日更名为山西方利砼业股份有限公司。主要从事预拌混凝土的生产、销售、运输、泵送和技术咨询一条龙服务,年生产设计产能20万立方米。公司秉承诚实、信用、谨慎、有效的信托理念,以诚信为本、合规经营为核心理念,以市场为导向,坚持自主创新、合作共赢。以产业经营为主体,以技术研究和资本经营为两翼,形成"产业+技术+资本"相生互动、良性循环的业务生态效应。至2022年年底,总资产达2603万元,营业收入2001万元。

【吕梁市同宇砼业有限公司】 吕梁市同宇砼业有限公司主要从事预拌混凝土的生产、销售、运输和泵送。公司成立以来先后为吕梁市环城高速公路、吕梁大道、离石区碧水桥、离石区呈祥路(桥)提供C50及C50钢纤维高标号混凝土;为吕梁市新城水厂、吕梁市新城北川河改造项目提供S6、S8抗渗混凝土;为太中银铁路吕临支线、吕梁市新城大武安置房、吕梁政务服务中心大楼、吕梁新区经二路、吕梁新区丽水苑、山西交融高速公路、吕梁市新城供水二期、文丰路、吕梁双创中心、"三馆"项目、方山一中等市县重点项目供应混凝土。2022年年生产商品混凝土11.3万立方米,主营业务收入4746万元,上缴税金214.3万元,利润67.3万元。

商贸服务业

电子商务和数据应用服务

【电子商务产业】 2022年,方山县电子商务和数据应用服务中心积极推进市场主体倍增工程,激发市场活力。不断探索电商发展趋势,培育电商人才,助推电子商务产业快速发展。授权4户电商企业为“一方粮川”县域公共品牌使用商,推动农特产品电商化发展。引进方山县三颗土豆电子商务有限公司、方山县晋功电子商务有限公司、方山县东山贸易有限公司等电商企业,对接广东、北京、上海等地电商平台,加速方山县电子商务发展。组建电商人才直播团队70人,引导企业发展线上业务,依托大型宣传推介活动“直播带货”,以电子商务新业态,带动实体零售企业数字化转型。全年电商公共服务中心新增入驻企业5户,入驻企业总计达12户,电子商务营销农特产品销售额500万元,“双十一”消费活动网上销售额24万元,“三个一批”活动现场助农直播销售额6万元。

贯彻落实稳经济一揽子政策措施,助企纾困服务市场主体。积极主动走访电商数据企业,针对企业发展问题提出建议,宣传解读山西省促进服务业领域困难行业恢复发展的若干措施等纾困政策,引导企业全面了解惠企政策。不断总结电商消费扶贫经验,发挥电子商务桥梁作用,拓展方山县农特产品销售渠道。全年北理工消费扶贫销售额78万元,汾酒集团开通“方山土味坊”电商平台,销售额3万元。

【快递物流发展】 2022年,方山县电商物流配送仓储分拣中心进一步整合中通快递、极兔速递、邮政快递企业入驻。至年底,入驻物流中心快递企业7户,进行集中办公和仓储分拣。

至年底,全县有配送路线3条,乡镇快递收发站点覆盖率达100%,村级快递收发站点行政村覆盖率达58%。全年电子商务网络交易额25462.8万元,网络零售额4940.2万元。

【乡村e镇项目建设】 2022年,方山县乡村e镇项目建设,一是争取省商务厅乡村e镇项目,《山西省商务厅 山西省财政厅 山西省乡村振兴局关于支持山西省乡村e镇培育项目名单的通知》确定方山县为山西省乡村e镇培育项目之一。二是成立县乡村e镇工作领导组,负责部署和推进全县电子商务发展各项工作。三是在北武当镇田园综合体游客中心打造电子商务展厅,线下展示农产品并通过“直播带货”的方式,为农产品的线上销售拓宽渠道。

【大数据产业】 2022年,方山县强化数字经济对高质量发展的赋能作用,推动数字经济健康发展。一是成立数字经济发展领导小组,组织领导和统筹协调全县数字经济发展。二是扩大交流合作,组织参加2022年西部数字经济博览会,助推全县数字经济进一步发展。三是加大培育力度,引进大数据企业嘉志大数据科技网络有限公司、方山县宸峰数据科技有限公司,实现方山县大数据企业零突破,完成市下达任务。四是加大培训力度,组织线上学习2022中国国际数字经济博览会、2022数字化转型推动高质量发展论坛等会议精神,进一步提升数据应用发展水平;参加吕梁市大数据局2022年数据安全培训会,进一步提升数据安全性。五是大力深化数据融合应用发展,加快县域城市运行管理服务平台、数字化养殖示范基地等建设,进一步拓展大数据融合应用场景,促进数字经济与实体经济深度融合。2022年全县大数据产业初现雏形,全县实现重点城区及重点区域5G网络覆盖,信息化基础支撑能力逐步提高。

供销合作

【农资物品稳价保障供应】 2022年,方山县在疫情反复、市场波动大、农资价格不稳定的形势下,通过调查市场存量、分析市场动态,在后期化肥价格持续上涨的情况下,全县以低于市场均价的价格销售化肥200吨、食盐410吨,最大限度地降低农民农业生产成本。全年全县供销系统完成销售总额6903万元,购进总额8061万元,实现利润12万元。

【推进供销综改】 2022年,方山县根据上级下达的目标任务,全年全县供销部门综改工作应完成任务为11项,其中:改造或提升薄弱基层社1个;新增基层社社员400人;新增农村综合服务社4个;建设改造或提升乡镇综合超市2个;建立社资委县级社1个;建立社有资本授权运营平台县级社1个;建立合作发展基金的县级社1个;新建惠农服务站1个,提升惠农服务站1个;改造“庄稼医院”1个;新增土地托管面积5000亩;新增农业社会化服务面积10000亩。至年底,马坊镇开府供销合作社改造提升竣工;新增农民合作社社员人数达500人;新增农村综合服务社4个;提升合作社2个;新建惠农服务站和提升惠农服务站及改造“庄稼医院”完成;新增土地托管和农业社会化服务面积完成;社资委县级社、社有资本运营平台建设、合作发展基金县级社完成任务。

成品油销售

【经营指标完成情况】 2022年,方山县石油公司轻油零售完成4767吨,比上年减少221吨,减幅4.43%,完成计划任务4810吨的99.11%;直销完成4845吨,比上年增加609吨,增幅14.38%,完成计划任务5005吨的96.8%;非油品基础品类完成344万元,比上年减少57万元,减幅14%,完成计划任务425万元的80%。

【提升优质服务水平】 2022年,方山县石油公司提升优质服务水平。一是贯彻落实省、市公司“加油站服务提升百日竞赛”活动精神,推广实施新服务、新标准、新形象,促进服务、品牌、效率和执行力提升,练好“加油服务六步法”“收银服务五步法”,全面提升加油站员工的服务意识和服务技能。二是引导广大干部员工把思想和行动统一到“六个着力”“两个务必”“六个突出”中,聚焦“扭亏脱困”中心工作,思发展比贡献、创佳绩立新功,开展“我为经营发展做什么”大讨论活动,把扭亏脱困、提升销量业绩和各项重点工作相结合。做到经营管理与大讨论活动相辅相成、互相促进。转变员工的思想观念和工作作风,解决经营管理中的具体问题,形成凝心聚力促发展的良好局面。三是开展“7折券”营销推广劳动竞赛,打造具有吕梁特色的油非互促营销服务品牌,重点加强扫码领券活动日常管控,把扫码领券发放的“7折券”使用纳入员工薪酬计提。竞赛激励专款专用,推动干部、员工的劳动精神、劳模精神,为立足岗位、精益求精、攻坚创效奠定良好的基础。四是提升加油站形象,促进客户消费环境。对城关站、马坊站、永兴站、宇通站进行“五小”(小食堂、小浴室、小活动室、小学习栏、小药箱)升级,灯光亮化宇通站、翔通站、城关站,罩棚檐口安装灯带,维修宏浩加油站屋顶,更换加油站破旧标识标牌。

【安全生产工作】 2022年,方山县石油公司学习贯彻《中华人民共和国安全生产法》。开展《中华人民共和国安全生产法》学习活动1次,组织专题讲座1次,通过电子屏宣传《安全生产法》。围绕“遵守安全生产法、当好第一责任人”主题,组织开展“我是安全吹哨人”活动,提升安全生产工作的责任感和使命感。

【企地联动】 2022年3月18日,方山县石油公司按照方山县政府防疫办要求,为方山县明德小学捐赠口罩1000个、消毒液45瓶、测温枪2把,共计费用1898元。6月16日,联合方山县消防救援大队在城关加油站、翔通加油站联防演练。9月至11月,组织举办消防安全知识讲座1次,参加县政府举办的以“抓消防安全,保高质量发展”为主题的2022年度“119”消防宣传月活动启动仪式,增强消防安全防范能力、控制能力和自救能力,强化员工的底线思维和红线思维,提升员工的应急处置能力。11月23日,进一步从严从实从细落实新冠肺炎疫情常态化防控工作,做好辖区内疫情防控工作政策的引导和宣传。

烟草专卖

【营销服务】 2022年,方山县烟草专卖局(营销部)开展“最美陈列 创意无限”客户经理卷烟陈列大比拼、“最美终端 我型我秀”零售客户终端陈列大比拼、“最美风采 高标优质”客户经理营销直播大比拼等系列活动,打造形象升级“训练营”,探索卷烟经营新模式。开展为期3个月的“全县终端陈列升级”专项行动,分片区对全县终端展柜改造、价签维护、卷烟陈列升级,激活方山烟草高质量发展新动能,得到市烟草专卖局的高度评价和辖区零售户的高度认可。全年县局(营销部)卷烟销售5474.64箱,比上年增长2.65%;销售收入15881.19万元,比上年增长8.62%;条均价115.9元,比上年增长6.34元;单箱值2.9万元,比上年增长5.84%;重点品牌卷烟销量4963.94箱,比上年增长4.6%,占总销量的90.67%,比上年提升1.68%,整体呈现稳中向好的态势。

【烟草监管】 2022年,方山县烟草专卖局打击“假私非”卷烟,提升辖区市场监管成效。一是加大打假破网力度。增强涉烟情报线索分析研判,提升打击物流寄递和货物运输领域涉烟违法行为的精准度,有效切断“假私非”卷烟进入物流、寄递和货物运输渠道。二是推进市场监管执法。综合用好行政处罚、行政许可等行政手段,运用商调月定量与“两减、三限、一停”等经济处罚手段和内管违规线索排查手段,实现联合监管。三是加强行政许可管理。落实“放管服”改革要求，精简办证流程、提升办证效率，让老百姓“最多跑一次”。全年行政许可新办82户、变更3户、延续306户、停业27户、恢复营业13户、歇业32户、审批注销15户。四是加大案件查处力度。全年共查处涉烟违法案件62起，真烟案件51起，涉案卷烟39.3万支，标值31.50万元，罚没款共计2.88万元；假烟案件11起，假冒伪劣卷烟1.2万支，标值1.84万元，其中，5万元以上案件1起、3万元以上案件1起、2万元以上案件4起、1万元以上案件2起。

【提高队伍素质】 2022年，方山县专卖局(营销部)以学习型团队建设为契机，加速管理理念转型，强化队伍赋能，激发全员活力。一是打造“责”字当先领导班子。持续加强领导班子建设，树牢“四个意识”、担当“八大责任”，查找贯彻新思想、落实新任务的“温差、落差、偏差”问题，不折不扣贯彻落实上级各项决策部署。二是打造“尽责担当”职业团队。改进人才教育、选拔、培养、激励机制，把“学知识”与“涨本领”“拿证书”与“强素质”“增才干”与“有作为”紧密结合起来，推动团队综合素质的全面提高。三是打造“比学赶超”考核机制。扩展绩效范围，重设考核权重，明确职能定位，细化具体指标，充分行使县局二次分配权，提高考核工作透明度和参与度，拉大月度薪酬绩效差，用严管挖潜提质增效，激发全员内在动能，全面提升队伍素质。

金　融

金融监管

中国人民银行方山县支行

【金融机构存贷款业务】　2022年,方山县金融机构各项存款余额68.31亿元,较年初增加4.82亿元,增长7.59%;各项贷款余额22.82亿元,较年初增加3.68亿元,增长19.23%。在各项贷款中,个人贷款8.73亿元,比年初增加2.58亿元;企事业贷款14.09亿元,比年初增加1.1亿元,其中票据融资7.6亿元,比年初增加10771万元。

【普惠小微贷款支持地方经济】　2022年,中国人民银行方山县支行围绕存贷款余额、普惠金融推进、创新金融产品、降低贷款利率等,优化信贷结构,加大金融支持实体经济力度,实现全年贷款增速不低于10%的目标。引导方山农商行加大小微企业信贷支持力度,缓解小微企业“融资难、融资贵”问题。

开展创业担保贷款扩面行动,支持就业困难人员创业就业。全年发放创业担保贷款7笔126万元。

开展发放再贷款,支持扶贫涉农产业发展,做好脱贫攻坚与乡村振兴有效衔接。全年累计发放再贷款17498万元,余额17498万元,超额完成吕梁中支年初下达的目标任务。

【金融支持养牛产业】　2022年,方山县人民银行引导辖区金融机构利用人民银行动产融资担保登记系统融资服务功能,加大涉农金融产品创新力度,推动方山县农村商业银行、人保财险方山支公司创新推出“银行+保险+农户——活体牛抵押贷”产品,促进当地养牛产业发展,彰显乡村振兴战略下人民银行的责任和担当。推出“惠商贷·牛抵贷”活体牛抵押项目,为养殖户贷款,利率由9.048%降到5.5%,解决养殖户贷款难、贷款贵的问题。全年发放贷款500户1.1亿元。

【地方法人金融机构利率市场化】　2022年,方山县人民银行认真做好金融机构合格审慎评估相关工作。督促方山县法人金融机构进一步完善利率定价机制,加强对非理性定价的监管。在人民银行的指导下,方山县辖金融机构建立市场利率定价自律协调机制,并按年开展合格审慎评估。评估结果用于遴选自律机制成员,对参与评估且合格的单位,可获得自律机制观察成员、自律机制基础成员或自律机制核心成员资格。按季对地方法人金融机构进行利率定价评估;按月上报利率监测月报,为上级行提供可靠依据;按周上报LPR周报,对地方法人机构执行利率市场化进行实时监测。

【金融机构监管】　2022年,方山县人民银行根据《方山县金融机构突发事件应急预案》,开展风险监督防范和化解。一是完善风险监测机制。加强与地方政府、金融监管部门、金融机构和企业的沟通与交流,建立跨部门的信息交流与磋商机制。二是加强对保险业的风险监测。上报相关情况、反馈相关信息。推进存款保险制度建设,组织好保费核定缴纳、投保机构风险评级和存款保险宣传工作。三是依法合规做好“两管理、两综合”工作,健全评价体系,促进金融机构合规稳健经营。从日常管理、信贷政策执行效果、内部控制、践行社会责任四个方面,共涉及30个分项、119个子项,按照公开、公正、公平和科学、合理、高效的原则对各金融机构开展综合评价工作。四是稳步开展存款保险制度的有关工作。在组织支行有关人员参加总行远程存款保险业务培训的基础上,组织专人对信用社资产进行真实性核查和金融机构现场评级2次。按照吕梁中支要求,对方山农商行开展压力测试。按照《存款保险条例》的要求,按月按季准确督促辖区地方法人金融机构缴存纳保费保险费,同时做好有关存款保险的各种报表及报告。

【金融服务】 2022年,方山县人行开展金融统计和研究。结合方山特色,抓准经济金融领域敏感性和苗头性问题。联合方山县发展和改革局对霍州煤电集团吕梁多种经营有限公司进行调研,为企业提供金融政策支持。全年上报金融信息42条,采用40条,为领导决策提供可靠依据。

加强支付管理与服务。深化移动支付便民工程,推进支付便利化。进一步改善农村支付环境,鼓励、引导服务站提升服务功能。加强账户风险管理,开立各种账户439户,变更银行结算账户221户,撤销210户。

履行经理国库职责。努力提高经理国库质量,确保资金的安全。全年办理公共预算收入合计13.48亿元,财政直接支出合计26.10亿元,退库3055笔,金额6326.12万元,更正调库14笔,金额101.12万元;与财政、征收机关对账各12次,严格做到账实相符。组织专人指导国债承销团成员开展“储蓄国债”宣传及巡查工作,监督商业银行加大宣传力度,扩大宣传面,推动国债下乡活动,服务乡镇群体。

【金融管理】 2022年,方山县人民银行强化货币管理。加强人民币管理,净化流通市场。全年收缴假币237张,金额20460元。

开展打击洗钱犯罪专项行动。联合检察院等部门,打击洗钱犯罪,加大可疑资金交易监测分析力度,为侦查、监察机关提供有价值情报。联合金融机构开展反洗钱、反网络诈骗和跨境赌博宣传活动,散发宣传单1000份,现场解答群众提出的相关金融、反洗钱方面的问题。

强化征信管理与服务。2022年,方山县人民银行组织辖内金融机构开展征信宣传活动15场次,提高公众信用意识和信用维权意识,为创造良好的社会信用环境奠定基础。加强服务规范化,提升服务水平。全面落实疫情期间征信权益保障措施,引导居民学习自助查询方法,现场查询数量较上年下降。全年累计查询征信2049笔,其中,个人查询1954笔、企业查询95笔,异议查询3笔。

中国银行保险监督管理委员会
吕梁监管分局方山监管组

【法人机构监管】 2022年,方山监管组监督管理法人机构,一是遵照上级要求,完成农信社2021年度监管评级。二是做好政策传导,贯彻上级监管会议精神,传达到相关机构和部门,使其了解上级有关要求,为全年工作开展做好铺垫。三是指导改制后运行一年的方山农村信用合作联社,通过监管意见书、风险提示、监管谈话等形式,督促指导方山农商行“三会一层”按照监管要求规范运营。

【推进普惠金融】 2022 年,方山监管组督促银行保险机构加大对“三农”发展和乡村振兴的支持力度。督促方山县联社切实转变经营理念,创新贷款品种,有效实施整村授信战略,加大贷款投放力度,提高存贷比例,减少存放同业数额。大力支持民营企业和小微企业,实现普惠型小微企业贷款增速和户数“两增”目标。方山农商行率先在吕梁市开展“活体牛抵押”贷款业务,全年实现发放“活体牛抵押”贷款 1.5 亿元,改善方山农商行信贷指标及风险状况。

加大金融扶贫力度。引导辖内银行机构持续推进乡村振兴,督促落实乡镇包干责任制,推动扶贫小额信贷均衡发展。

加强督查督导复工复产企业。辖内银行机构金融支持企业复工复产,督查各机构强化综合服务、合理安排营业时间、加强线上服务,保障金融服务畅通。

【小额信贷督导】 2022 年,方山监管组组织各银行业金融机构发放扶贫小额贷款,消化清理历年小额信贷逾期、不良贷款。全年组织召开专题会议 2 次,进行监管谈话 15 人次。

【非现场全流程监管】 2022 年,方山监管组提升监管效能,以法人机构为重点强化非现场全流程监管。无差错完成审核辖内 1 家法人机构的报表,分析非现场监管报表体现的机构经营状况、风险管理状况和合规情况,发现存在的问题,作出风险预警,提出监管意见,并持续跟踪。

银行业

中国农业银行股份有限公司方山县支行

【存贷业务】 零售业务。至 2022 年 12 月 31 日,中国农业银行股份有限公司方山县支行个人存款时点余额 12.02 亿元,时点增量 1.33 亿元,时点余额和时点增量市场份额均居当地四大行第一位。个人存款日均余额 11.38 亿元,日均增量 8440 万元,日均余额和增量市场份额均居当地四大行第一位。个人贷款余额 1.27 亿元,较年初净增 5103 万元。其中:个人一手房贷款投放 720 万,个人经营贷款投放 43 万,个人消费贷款投放 32 万。贷款余额和时点增量市场份额均居当地四大行第一位。

对公业务。至 2022 年 12 月 31 日,方山农行对公存款时点余额为 3.33 亿元,较年初增加 1363 万元,时点增量较建行增 6000 万元。对公存款日均余额为 3.1 亿元,日均增量为 1648 万元,日均增量市场份额均居当地四大行第一位。对公贷款余额为 3.05 亿元,较年初下降 463 万元,对公贷款余额和增量市场份额居当地四大行第一位。

“三农”业务。至 2022 年 12 月 31 日,方山农行完成农户信息建档 458 户,完成市行下达全年计划 445 户的 102.93%。全行惠农 e 贷余额为 5390 万元,较年初净增 4281.73 万元,完成市行下达全年计划 1600 万元的 336.88%。

普惠信贷业务。至2022年12月31日，方山农行普惠金融银监口径全领域贷款余额为1634.4万元，其中：普惠法人贷款余额848.1万元，较年初增加262.1万元；普惠农户贷款余额为1332.44万元，较年初增加1332.44万元；普惠个人贷款余额为353.86万元，较年初增加39.86万元。

乡村振兴贷业务。推进“三农”工作，对接“乡村振兴贷”入库企业天玉粮油食品有限责任公司，先后投放乡村振兴贷款400万元。

【内部管理】 2022年，方山县支行加强内部管理。一是加强全行业务管理，规范业务营销与操作行为，明确要求做好客户信息保护，严禁第三方机构人员违规驻点，严禁违规为外部人员提供办公场所。加强安全隐患排查，确保全行业务安全高效运行。二是针对同岗不同酬等突出问题，制定《员工绩效工资管理实施办法》《2022年争先创优竞赛活动实施方案》，规范岗位绩效系数，考核绩效分配，体现以岗定薪、科学考核、公开透明的原则。

【提升服务水平】 2022年，方山县农行紧跟全省农行浓情暖域服务升温建设步伐，加强客户经理、财富顾问队伍建设，通过培训、督导，树立以客户为中心的理念，开展“转作风、树形象”文明服务，利用下班时间组织3至5人，深入县城三个文化广场进行集中营销，提升农行服务形象，获得大量有效潜在优质客户，拉动个人存款稳定增长。

【投放惠农e贷】 2022年，方山县农行践行服务“三农”职责与使命，对接帮扶村有资金需求的种养殖户，投放贷款35万元。成立“三农”工作队伍，宣传惠农e贷期限和利率优势。全年惠农e贷业务增量2264万元，完成全年任务1500万的150.93%，任务完成率全市排名第一。

【大户营销】 2022年，方山县农行确立政府是最大的客户、最大的市场、最大的资源的理念，加强与相关部门的沟通联系，扭转对公存款持续负增长的局面。

中国建设银行股份有限公司方山县支行

【主要业务】 全量资金。2022年，方山县建设银行全量资金9.38亿元，新增0.62亿元。其中：全口径存款余额8.79亿元，比年初新增0.7亿元；理财产品余额5940万元，比年初增长-853万元。

各项存款。至2022年年底，方山县建行对公存款3.15亿元，比年初新增-0.51亿元；个人存款5.64亿元，比年初新增1.21亿元。

各项贷款。至2022年年底，方山县建行各项贷款余额9178.57万元，比年初新增766.18万元。其中，对公贷款余额1663.79万元，比年初新增441.61万元；个人贷款余额7514.78万元，比年初新增324.57万元；小额扶贫贷款余额50万元。

中间业务收入及利润总额。至2022年年底，方山县建行中间业务收入117.98万元，比上年增长117.98万元；利润总额为1071.59万元，比上年增长124.57万元。

对公结算账户。至2022年年底，方山县建行对公账户共771户，比年初增加131户。对公产品覆盖度4.18%，比上年增长0.23%。

【旺季营销】 2022年，方山县建设银行开展旺季营销活动。一是动员全行员工参与旺季营销活动；二是按照上级行下达的各项任务，选定业务牵头人，定立业务牵头人考核制度；三是制定合理考核制度，奖惩明确，降低公共绩效比例;四是加大客户维护力度,做好优质企业客户、个人高端客户、高贡献商户、代工客户等回访,增强与客户的联系,增加代工客户资金沉淀率;五是提升服务效率,让客户体验到服务至上的感觉;六是通过创建劳动者港湾,结合爱心驿站创建,为普通劳动者提供细致的服务,提升国有大行的口碑。

【普惠业务发展】 2022年,方山县建行以营销账户、拓展商户推动普惠业务的经营思路,利用云税贷、快e贷、善担贷、善融贷等新产品,结合个人类的住房贷款、分期通、社保快贷等业务,形成全方位、立体的、全新的服务模式。全年新增普惠结算账户131户,在全市28个支行中排名第二,当地四行新增排名第一。

2022年,方山县建行承接政府消费券发放工作,促进当地消费。全年发展优质商户30户,拉动消费750万元。对接供热公司开展"热力季"活动,支持当地经济发展。加强与当地驻军的联系,营销军队建设资金监管账户。

山西方山农村商业银行股份有限公司

【业务经营】 至2022年年底,方山农商行各项存款余额达337170.27万元,其中:储蓄存款253345.68万元,对公存款83824.59万元。较年初,各项存款净增25147.05万元。

各项贷款余额达168899.2万元,其中:转贴现票据余额76100万元,实体贷款余额92799.2万元。较年初各项贷款净增29830.02万元。账面不良贷款余额3455万元。

经营利润3483.99万元,人均经营利润为18.63万元。

各项支出11786.30万元,各项收入15018.73万元。

监管指标:资本充足率17.83%,拨备覆盖率153.91%,不良率2.08%。

【"活体牛抵押贷"】 2022年,方山农商行支持乡村振兴,加大"活体牛抵押贷"的力度。一是购买保险降低风险,把牛作为抵押担保物,为其购买保险,一旦发生不可抗拒的自然灾害、疫病,由保险公司提供稳固的风险保障,降低活体牛疫病风险损失。二是设置耳标完善信息,联合保险公司为抵押牛配打耳标,登记牛的品种、年龄、防疫情况等,以耳标为标识,确保抵押物可控,规避活体牛重复抵押风险。三是配合县畜牧兽医中心,掌握2022年各镇主要养牛大户名单及新兴养牛户名单,了解市场行情,提高饲养管理及疫病预防控制能力。2022年度共发放"活体牛抵押贷"500户,金额1.1亿元。方山农商行被县乡村振兴局授予"乡村振兴主办银行"称号。

【完善抵押措施】 2022年,方山农商行完善抵押措施,一是清楚抵押物权属。贷户抵押牛全部打耳标,实行活体牛抵押登记的方式,对抵押牛权属进行逐头落实和确认,清楚抵押物权属。二是准确核实抵押物价值。准确确认符合条件的抵押物,严格根据市场价格确定不同种类、不同月龄牛的评估价格,准确核实抵押物价值。三是审查客户准入条件。审查客户征信报告,多方调查,核实客户贷款情况与信用情况,确保客户信誉良好,符合贷款准入条件。四是精准获取养牛客户信息。与畜牧兽医中心、防疫部门对接,获取各村养牛户名单,确保客户养殖的真实性,精准投放贷款。五是结清利息。客户经理坚持每月通过电话、微信、上门拜访等方式督促客户结息,确保客户正常结息。全年"活体牛抵押贷"月利息全部结清。六是解决保险公司赔付问题。针对保险公司赔付流程长、效率慢的问题,对接保险公司、畜牧兽医中心缩短赔付流程,提高理赔效率,保证赔付到位。七是开展联防联控。制定风险防控措施,设计风险控制流程,形成严谨、完整的"活体牛抵押贷"业务操作与风控机制。八是加强贷后管理。确保业务合规,实现风险可控。

【推行"晋享贷"】 2022年,方山农商行组织客户经理参与业务培训,对产品特点与办理流程等内容进行深度掌握,并通过网格化营销,将该产品介绍到镇街、村居、商户、企业等新型农业经营主体,进一步推进"晋享贷"业务上线。全年共办理"晋享贷"2624户,金额32412.5万元。

【小微企业信贷服务】 2022年,方山县开展方山农商行金融支持市场主体倍增暨"百场万户"专项竞赛活动,推出"小微快贷""商户贷"等信贷产品,全方位满足不同小微企业的信贷需求。制定《小微授信业务尽职免责实施细则》,对办理小微授信业务合法合规、信贷人员勤勉尽责的,责任人可免予承担全部或部分责任,鼓励从业人员履行职责、积极行动。

【扩面增户】 2022年,方山农商行围绕"增户、扩面、提质、增效"主线,全方位开展拓户营销活动。

积极对接。主动对接县委组织部、市场监督管理局、乡村振兴局等职能部门,及时对农户、个体工商户、小微企业等市场主体数据开展摸底调查,分门别类建立重点行业领域数据库。

加强绩效考核。通过对三类主体建档数、授信数六项指标,设置计件薪酬奖、争先创优奖等奖项,激发员工内生动力。在机关、网点设置通报专栏,每日张贴所有人员完成数、差距数,形成干事创业的浓厚氛围,树立典型标杆。

提高金融服务。创新产品优服务,推出"惠商贷""惠民贷"旗下7个产品,满足各类客户需求。针对商户、农户、机关事业单位公职人员等群体推出利率优惠活动,增强客户体验,促进签约用信率提升,推动扩面增户。

至2022年年底,共走访5174户,授信1846户,完成授信任务的123.07%。其中:农户走访4153户,授信1751户;商户走访854户,授信95户;小微企业走访167户。

中国邮政储蓄银行股份有限公司方山县支行

【个金业务】 2022年,方山县邮政储蓄银行营销个金业务,一是用好系统深挖存量。通过全员对CRM系统内的存量客户每天进行电话回访营销,重点渗透理财基金业务。处理系统内弹射出的各类线索,按照线索提示有针对性地进行产品营销。全年超额完成个人客户AUM计划目标。二是发展信用卡业务。通过悦享活动、加油减免、供热缴费减免等活动,收到较好效果。三是努力突破理财业务。开展微沙活动和举办财富周周讲,通过系统筛选邀约有价值的客户。至年底,支行储蓄本年新增时点业务1872万元,排全市第九位。考核口径个人客户AUM本年新增2620万元,排全市第十一位。手机银行新增月活客户1091户,列全市第一位。信用卡发卡1121张。销售保险105万元,完成收入60万元。销售理财5025万元。权益A基金销售64万元,非货币基金有效销量55万元。

【公司业务】 2022年,方山县邮政储蓄银行持续推进增资格、建系统、搭平台、拓客户、坚持存量账户的挖潜和重点账户的突破,逐步推进重点领域业务、重点账户、重点项目账户体系建设,强化重点账户运用,打牢业务发展基础,优化存款结构,推动公司负债业务快速发展。至年底,公司存款时点余额10364.15万元,本年新增-592.97万元。年日均余额净增332.88万元。

【信贷业务】 2022年,方山县邮政储蓄银行拓展信贷业务,提升信贷质量。个人经营性贷款。一是深入乡镇、农村进行整村推进授信,办理线上信用贷。二是从现代农业发展服务中心获取县域内合作社名单,通过上门走访、电话营销等方式,发展农担贷。三是通过县畜牧兽医中心、乡镇兽医站,获取全县防疫信息,组织人员进行电话宣传、实地走访营销。参加乡镇组织的培训会、产业对接会等。

消费贷款。深耕代发单位,通过不断走访营销代发工资客户,代发客群渗透率达19.8%。

小企业贷款。2022年营销发展山西庞泉重型机械有限公司,发展小企业贷款。

至2022年年底,个人经营性贷款净增1405.34万元,完成计划的66.92%。非房消费贷款净增-80.30万元,完成计划的-22.8%。小企业贷款净增-1117万元,完成计划的-558.70%。

【安全生产】 定期组织业务及案件防控培训。2022年,方山县邮政储蓄银行加强业务制度学习,要求员工学习《小邮说法》系列警示教育短片,落实上级部门各项要求,提高员工合规意识,形成全员合规、全程合规的良好氛围,牢固树立风险意识、责任意识和规矩意识,强化合规管理,提升合规履职能力。

案防安保工作。2022年,方山县邮政储蓄银行针对支行营业场所、监控机房、ATM加钞间、食堂等开展日常巡查,按要求开展应急演练,增强员工安全防范意识。按照监管标准要求,不断整改薄弱环节,提升安全防范能力,树立良好的社会形象。

【运营管理】 2022年,方山县邮政储蓄银行运营管理,一是认真学习业务制度,熟练掌握业务办理流程,减少稽核差错和退回的产生。二是加强资金头寸管理,降低资金成本。三是加强金库管理,按频次开展金库巡察,对现金和重要空白凭证务必做到账实相符。

保险业

【中国人寿保险股份有限公司方山县支公司】 2022年,中国人寿保险股份有限公司方山县支公司各渠道首年期保费(含续期保费)共计3060万元,首年新收保费达866.66万元,比上年增长-5.89%。

任务指标方面,标保330万元,已达标保388.72万元,达标率117.79%;季均举绩人力50人,季均举绩人力达68人,达标率136%;短期险全年目标任务397万元,累计达成119.59万元,达成率30.12%。

理赔方面,2022年理赔件数309件,理赔金额222.24万元。

【中国人寿财产保险股份有限公司方山县支公司】 保费收入。2022年,全年保费收入完成1034.67万元,比上年增长36.06%。车险保费收入650.07万元,比上年增长26.09%。其中:非营业客车保费收入355.85

万元，比上年增长 32.9%；“三大货车”保费收入 229.44 万元，比上年增长 12.65%；其他车型保费收入 64.78 万元，比上年增长 22.65%。

农险保费收入 280.78 万元，比上年增长 9.87%。其中：种植险保费收入 209.37 万元，比上年增长 31.75%；养殖险保费收入 71.41 万元，比上年增长-26.1%。

非车险保费收入 103.83 万元，比上年增长 23.65%。

理赔客服情况。2022 年，全年全险种理赔件数结案率 95.29%、金额结案率 59.53%，其中车险件数结案率 93.33%、金额结案率 52.25%。已决 560 件，已决赔款 340.87 万元；未决 40 件，未决估损 311.48 万元。

非车险件数结案率 98.31%、金额结案率 44.6%。已决 116 件，已决赔款 32.61 万元；未决 2 件，未决估损 40.5 万元。

农险件数结案率 100%，金额结案率 100%。已决 174 件，已决估损 244.35 万元。

交通运输

“四好农村路”建设

【目标任务完成情况】 2022年,方山县交通运输局计划完成“四好农村路”建设里程15公里,计划完成投资3408万元。实际完成建设里程35.685公里,完成投资2557.47万元。

【自然村通硬化路】 2022年,方山县保安村至菜地塌自然村通硬化路工程,建设里程4.315公里,完成投资565万元,至年底全部完工。

方山县雅湾村至离石区界自然村通硬化路工程,建设里程9.65公里,完成投资1473.97万元,至年底全部完工。

马坊镇至武家湾村改造项目,建设里程18.019公里,完成3公里,完成投资105万元。

阳湾村进村路硬化工程,建设里程0.3公里,完成投资32.5万元,至年底全部完工。

【建制村通双车道】 2022年,方山县建制村通双车道——潘家坂村进村路,续建里程0.818公里,完成投资53.9万元,至年底全部完工。

【灾后恢复重建项目】 2022年,方山县灾后恢复重建项目17个,重建里程17.602公里,完成投资327.1万元。

重点项目建设

【保安村至菜地塌自然村通硬化路工程】 路线全长4.315公里,主要建设内容包括路基、路面、排水、安防。项目预算总投资568.1007万元,其中建设安装工程费490.4139万元。于2022年8月25日开工建设,2022年11月5日完工通车。

【方山县雅湾村至离石区界自然村村通硬化路工程】 路线全长9.650公里,主要建设内容包括路基、路面、排水、安防,项目预算总投资1710.46万元,其中建设安装工程费用1452.436645万元。于2021年11月8日开工建设,2022年11月3日完成竣工结算,全线通车。

【马坊镇至代坡村通道路工程】 路线全长18.109公里,道路按照四级以下标准设计,设计时速15千米/小时,路基宽度4.5米,路面宽度3.5米,在原路面加铺16厘米水泥混凝土路面。项目预算总投资702.6005万元,其中建设安装工程费631.2359万元。2022年10月19日开工建设,建设里程3公里,完成投资120万元。

【农旅特色产业园(田园综合体)项目道路工程】 项目全长9.071公里,建设标准四级,路基宽4.5至6.0米。总投资1584.1228万元,于2021年8月开工建设,2022年累计完成投资430万元,11月底项目全部完工。

黄河一号旅游公路建设

【方山县圪洞至梅洞沟旅游产业公路工程项目】 项目于2021年4月开工建设,11月中旬已全线通车，完成总投资约10068万元。

【方山县鸦儿崖红色景区旅游公路工程项目】 本项目AK0+000-AK5+120段采用四级公路（Ⅰ-类）技术标准，设计速度15千米/小时，路基宽度6.5米；AK5+120-AK17+009段采用三级公路技术标准，设计速度30千米/小时，路基宽度7.5米，双向2车道，沥青混凝土路面，汽车荷载等级为公路-Ⅱ级。包含路基路面工程、排水工程、桥涵工程、交通安全工程等。总占地面积为27.3258公顷，其中新增12.5326公顷（不涉及基本农田），项目投资估算总金额为11776.2466万元。至年底，开工的工程有桥梁、涵洞、挡墙，1-13米小桥4座，除桥面铺装外全部开工，涵洞工程完成10道共110米。2022年累计完成投资4505.7万元。

公路养护

【水毁养护工程】 2022年，方山县洪水灾害导致全县县、乡、村公路累计中断15处，受损里程90.5公里。路基缺口164832立方米，塌方17758立方米。受损沥青路面1794平方米、水泥混凝土路面40410平方米、桥梁420米/12座（全毁5座、部分毁7座）、隧道2座222米、涵洞24道240米、排水沟18450米、护坡35立方米、波形护栏704米、标线135平方米、路面泥砂7176立方米及驳岸、挡墙3465立方米。抢修投入大型机械6000台次，人力15000工日，15处中断路段全部抢通。

【安全防护工程】 2022年，方山县投资4.57万元完成农村公路平交道口减速带34道206.5米；投资32.9万元完成波形护栏1184.4米、标志牌17块、道口桩柱10个、反光漆刷护墩608米，消除农村公路安全隐患38处。

道路运输

【打击非法营运】 2022年，方山县规范道路运输市场经营秩序，全年查处非法营运车辆1辆，处罚金额5000元。

【整治超限超载】 2022年，方山县整治国、省道及干线公路车辆超限，共检查车辆8辆，处罚金额5.75万元。

【整治非法改装车辆】 2022年，方山县道路运输执法，全年共出动执法人员280人次，出动车辆70辆次，排查企业60家，排查重型自卸货车170辆，发现非法改装车辆16辆，罚款3.2万元。

安全生产

【压实各级责任】 2022年，方山县交通运输局贯彻“管行业必须管安全、管业务必须管安全、管生产经营必须管安全”要求，对照国务院15条硬措施，制定2022年度全县交通运输行业安全生产工作要点。全年共召开安全会议10次，组织全县货运企业召开安全生产会议6次，组织全县源头运输企业召开治超会议1次，组织在建工程项目单位召开安全生产会议8次，组织观看《生命重于泰山》等专题片2次。通过分析研判当前安全生产工作面临的形势和特点，要求分管领导、股室负责人、企业负责人认真履行职责，始终紧绷安全生产这根弦，压紧压实生产经营单位主体责任和部门监管职责。

【开展“两个行动”】 2022年,方山县交通运输局根据省、市、县《关于开展安全生产大检查大生产大整治大提升行动和专项整治三年行动》的安排部署和工作要求,制定完善《方山县交通运输局安全生产三年行动实施方案》《方山县交通运输局关于开展集中整治全县货运源头企业及短途非法超限超载专项行动方案的通知》《方山县交通运输局关于在全县开展打击货运车辆非法改装、“大吨小标”专项整治工作实施方案》等文件,明确工作任务、理清工作思路、压实工作责任,为安全生产长效化、常态化开展提供制度保障。全年以“打非治违”为工作重点,组织人员对车站、货运企业、在建工程进行安全源头检查,查找安全隐患。主要包括对驻站人员履职情况、“三不进站、五不出站”和“三品”制度执行力度进行检查及车辆例检、维护检查,对货运企业车辆GPS动态监控系统记录进行检查,全面排查全县在建工程5项,重点排查机械操作、施工现场管理,共排查出安全隐患7条并整改落实,全部销号。

【安全生产全员化包联】 2022年,方山县交通运输局坚持安全第一、预防为主、综合治理的方针,持续深入推进安全生产专项整治三年行动,严格落实交通运输系统安全生产“全员化包联”制度,全县客运、货运、维修、驾培、在建工程、货运源头企业全面包联到位,推动企业安全生产防范措施落地见效。

【常态化安全生产检查】 2022年,方山县交通运输局通过上门检查、工作提示、警示曝光、路面查控、联合惩戒等措施深入开展安全生产大检查。全年出动检查92次,排查企业安全隐患45条,农村公路安全隐患38处。全部整改,整改率100%。

公路管理

【公路养护】 2022年,方山县公路养护路面挖补12278立方米,同步碎石封层57925立方米,刷油36475平方米,灌缝18522米,沉陷1760平方米;疏通涵洞2道,疏通边沟2.6千米,处理翻浆72平方米,清理垃圾土1060立方米,铺草皮7060平方米;提升三类桥梁3座,发现问题被整改完成8座;划设标线55050平方米,整修标志牌70块,处置标志遮挡12处,安装百米桩124根,安装里程碑11块,恢复波形护栏102米,安装道口桩30根;抢修公路水毁1处,清理淤泥15730立方米,临时水毁抢修244米/2处,过村路段整治路基渗水119米,修复草池砖墙602立方米/14处、路基缺口624立方米/4处,清理塌方650立方米,浇筑小矮墙17.6立方米/2处,修复水毁排水沟43米,恢复路基水毁22.1平方米,恢复片石挡墙87平方米,草池砖墙111米,隔离墙85平方米;完成G209线K903+630处、K874+780—K876+781处隐患处置共2处;刷新清洗护栏134880米,完成绿化4处,种植胸径10厘米的油松141棵,修复路缘石75米。公路养护共完成投资10337.340万元。

【桥梁养护管理】 2022年,方山县全面落实桥梁管养运营责任,做到“一桥一策”。继续开展桥梁提档升级专项治理,桥梁一、二类占比达85%以上,新发现四、五类桥梁处治率达100%。

【发展绿色公路】 2022年,方山县开展路域环境综合治理,整治道路扬尘污染。推广废旧路面、沥青、疏浚土、建筑垃圾等各类废弃物资源化利用，促进绿色公路标准化规模化发展。

【抗汛抢险】 2022 年，方山县遭遇百年一遇的强降雨天气，国省道出现大量水毁，国道 209（东沟段）K870+470—+530（K870+580—+684）段、祁方线冯家庄及大武至县城绿化池水毁严重，东沟段被洪水冲毁长达 214 米的半幅路面，祁方线冯家庄路段半幅路面下沉，大武至县城绿化池大部分塌陷。面对险情，方山公路段迅速组织抢险救灾队伍，奋战于国省干线的水毁路段，没有造成交通中断和安全事故的发生。

【行业治理】 2022 年，方山公路段全面落实路政保护巡查制度，规范执法行为。加强与交警部门的联动，做好路产路补赔偿等工作，全年共发现案件 15 起，处理 15 起，挽回路产损失 540229 万元。

邮政　通信

邮　政

【金融业务】　2022年,方山县邮政金融业务工作,一是落实普惠金融,打通金融服务“最后一公里”,提升方山县广大群众对邮政金融服务的获得感、可及性和满意度。二是树立业绩文化理念,鼓励员工多劳多得,通过加大员工揽储保险奖励力度的方式激励员工,同时设立光荣榜,对业绩突出的员工进行表彰奖励。三是加大宣传力度,开展客户邀约,全方位拉近与客户的粘合度,进一步拓展金融业务发展。四是转变理念,加大对CRM系统使用力度,深挖细掘,对不同客户提供差异化的理财产品。多措并举,促进各项业务发展,VIP客户新增、快捷绑卡、信用卡办理等指标也均有较大提升。全年代理金融收入累计完成1088.18万元。

【寄递业务】　2022年,方山县邮政寄递业务工作,一是落实政府关于电商发展新政策,开展政企联动走访活动,发展晋棘生物(吕梁)科技有限公司、方山县垚鑫生态养殖有限责任公司等电商客户7家,实现日均发货400件。二是聚焦车管、司法、身份证、税邮、政务大厅五大项目,联系政企客户、拓展业务需求、引深合作内容,牢牢抓住政务市场的新突破,加快法院专递及政务标快业务发展速度。三是以县、镇、村三级物流体系建设为主线,紧跟吕梁市分公司部署,积极在寄递行业降本增效,全面对标市场,压降自提点费用。城市每日盘驳自提点16个,日均盘驳邮件500件,自提点卸载率稳定保持在90%以上。全年寄递业务收入累计完成40万元。

【渠道业务】　2022年,方山县邮政渠道业务工作,一是为开拓农资化肥市场,成立专门地推小组,加大走访宣传力度,进村入户、整村推进,运用路演等模式提升销售效果。二是利用节日产品旺季营销推广手段,以“福至新春”“月满中秋”“919电商节”营销竞赛为抓手,抢抓市场营销。同时与金融、寄递业务部门协同制定发展方案,通过在厅堂阵地张贴海报加强营销,全面夯实渠道各项业务。三是重视渠道品牌建设,利用方山县政府关于扶贫相关政策,加快村级综合便民服务站建设,全面开展无实物二维码墙、“邮掌柜”系统、“邮乐小店”等电商业务促进农村脱贫。全年渠道平台业务收入累计完成149.79万元。

【文传业务】　2022年,方山县邮政文传业务工作,一是紧扣时政热点,以北京冬奥会、中国共产主义青年团建团100周年、党的二十大召开为契机,提前部署策划,联系集邮爱好者、聚焦市场需求,策划“生肖邮礼”、奋进新时代等专项营销活动,组织全体员工参与到集邮、函件等项目营销中。二是紧抓党报党刊大收订工作,主动向县委宣传部汇报工作,圆满完成党报党刊收订。三是召开报刊收订动员大会,把目标分段包干、分解到人,有效促进畅销报刊征订目标的完成。同时加大对报刊投递的管理,实现报刊投递入村入户。全年文传业务总收入完成180.18万元。

【提升服务水平】 2022年,方山县邮政提升服务水平,一是采取细化服务工作内容,规范窗口服务工作标准,持续深入推进窗口规范服务达标活动。二是重点做好方正街旗舰店的日常管理,规范窗口标识,统一摆放定位,组织开展创新服务理念、创建示范窗口活动,营造良好服务氛围。三是规范客户投诉处理,出台客户投诉管理办法,明确投诉处理方法、程序、渠道,开展"投诉保零"活动,有效降低用户有理由投诉次数,改善对外服务形象。四是以9月份山西省分"飞行式"检查暴露出的问题为切入点,对普服工作进行全面细致的整改,要求必须严守"两条红线"、熟悉"四项业务",狠抓整改落实,全面提升方山邮政普服水平。

通　信

中国联合网络通信有限公司方山县分公司

【业务指标完成情况】 2022年,方山县分公司全年主营收入累计完成2532万元,完成全年目标的86.6%,全市排名第十三;通服收入累计完成2359万元,完成全年目标的91.9%,全市排名第十三;公众收入完成2053万元,完成全年目标的94.6%,全市排名第十二,比上年增长1.6%,全市排名第十。移网用户份额34.9%,全市排名第三;宽带用户份额39.4%,全市排名第七;收入市场份额32.4%,全市排名第七。

全年欠费回收774.60万元,环比减少24.5万元,较年初减少312.18万元。

【产品优化】 2022年,方山县分公司改进和调整产品,适应市场的变化,满足用户的需求。一是5G"三换"坚持价值导向实现规模突破,全年移网新发展6625户,5G全年累计发展7191户,净增10002户,增收22.6万元。二是宽带"三提"聚焦千兆引领品牌提升,宽带累计发展2389户,净增410户,组网全年累计发展2360户,宽带增收突破56万元。三是线上订单画圈分配责任到人,领导班子带头,后台中心负责,营销网格配送。全年2I订单配送2045户,转化率达43%;宽带订单56户,转化率达60%。四是日行百米锁定行业用户大走访,聚焦"云企通、云店通+云网"重点产品,提升"云网标品""超级组网"能力,全年共发展云企通124户,完成率38.2%,全市排名第二。

【网络引领协同突破】 2022年,方山县联通协同赋能新突破。一是网络能力对标可比,移动网质量优化,新建900M开通30站,提前完成全市任务;5G新建开通23站,累计到达46站。室分开通6站,覆盖楼宇48栋;NR900升级19站,5G中频对标友商规模相当。二是宽带网端到端能力有效提升,宽带网新建FTTH项目5个,合计1992线,宽带总能力达到25752线;开通万兆设备9台,新增万兆端口10250线,全千兆小区达到84个,10GPON住宅率达到45%,承载高价值用户10GPON端口占比达64%。6180接入设备开通11台,新增光缆263.96千米。三是网络质量感知改善,基础服务投诉明显下降,特别是通过优化调整低效能小区21个,移动网络质量服务投诉量全市最低。

中国移动通信集团山西有限公司方山县分公司

【业务发展情况】 截至2022年12月,方山移动公司新发展客户8976户,客户份额由59.8%提升到60.4%;发展宽带1200条,宽带份额由46%提升到46.13%;发展宽带电视2100条,宽带电视同装率达65%。5G手机销量1350台,视频彩铃净增7600户,存量价值提升达到130万元,移动云盘月均活跃用户量达到5300户。

【基站建设】 截至2022年12月,方山移动2G基站124个、4G基站312个、5G基站75个,室分16个,射频拉远35套,专线476条,PON小区283个,端口总数45696个,PON小区用户2万户端口利用率53.4%。

中国电信股份有限公司方山分公司

【业务发展情况】 2022年,中国电信股份有限公司方山分公司经营收入、市场份额略有提升,预算完成率不足、产数差距较大。全年业务收入771.3万元,完成率95%,比上年增长12.84%。产数收入30万元(不含电路),完成率42.6%;基础业务收入624.78万元(不含双线),完成率96.12%,比上年增长7.75%;双线收入110.7万元,完成率116.5%,比上年增长9.27%。移动业务新增用户下滑,净增比上年略有增长。宽带业务新增比上年略有增长。

【网络运维】 2022年,方山县全年新建OLT3台,网络布局趋于完善。网发预计全年新建FTTH末梢端口5500线,收入份额累计提升1PP全市排第四。宽带份额累计提升0.85PP,全市排第一,用户质态保持稳定。

城乡建设与生态环境保护

城乡建设

综　述

【在建工地施工安全检查】　2022年，方山县住房和城乡建设管理局建立在建工地施工安全月检查月通报制度。每月开展安全检查，建立安全隐患台帐，月底总结通报。安全生产专项整治三年行动共出动检查58人次、安全检查15次，涉及施工安全、工地食堂安全、现场消防安全、临时宿舍安全等与施工项目密切相关的安全项目，共检查出在建工地安全隐患138条。对存在一般安全隐患的项目下达限期整改通知书，要求在限期内整改完善；对存在重大隐患、整改不达标、未按时整改完善的一律停工整改。

【城镇燃气安全整治】　2022年，方山县常态化开展城镇燃气安全整治专项行动，确保燃气行业平稳运行，安全生产零事故。全年下达现场处理措施决定书18份，关停液化气企业2家，对未批先建的燃气企业下达行政处罚决定书1份，行政处罚23.82万元。

【经营性自建房和老旧危房排查】　2022年，方山县按照“全领域、全方位、全覆盖”排查的总体要求，以城中村、城边村学校周边用于经营自建房屋、镇政府驻地三层以上自建经营房、易发生群死群伤的其他建筑物为重点，覆盖全县所有老旧建筑，实行台帐管理，全力开展安全隐患排查整治。全年共排查安全隐患1868户，其中鉴定为C级的22户。针对22户C级户出具鉴定报告，制定整改措施，并对22户人员全部实行人员管控，杜绝安全事故发生。

【城乡基础建设】　2022年，方山县城乡基础建设项目：方山县城区棚户区改造安置东三区项目，总投资为24927.44万元，至年底，工程基本完工，已启动第三方专项验收。

方山县县城提升改造周转房建设项目，总投资为4178.2万元，至年底，工程完工，启动竣工验收。

方山县三川河（方山城区段）生态修复综合治理工程项目，总投资为23715.75万元，至年底，累计完成投资额1.5亿元。

方山县2021年美丽宜居示范村建设项目，总投资为6681.66万元，至年底，完成投资额5700万元，完成总工程量的90%。

方山县县城污水处理二期工程项目，总投资为4979.82万元，至年底，完成总工程量的80%。

方山县马坊镇污水治理工程项目，总投资为2148.59万元，至年底完工并投入运行。

方山县北武当镇污水治理工程项目，总投资为1422.11万元，至年底，累计完成投资额1070万元，完成总工程量的92%。

方山县老旧小区改造一期、二期工程项目，总投资为2814.64万元，至年底，项目完工。

方山县城市运行管理服务平台项目，项

目总投资为1800万元,至年底,项目可行性研究报告已批复完成,财政评审完成。

【促进市场主体倍增】 2022年,方山县住房和城乡建设管理局稳步推进市场主体倍增工作,根据市、县要求,按期完成2022年目标任务。一是完成注册建筑业企业7家,服务业3家。二是推进县城基础设施建设,进一步完善县城雨污分流及道路工程,实现强弱电入地。方正街南段(方正大桥以南)设置停车位275个,建安路设置停车位35个,瓦窑北路设置停车位75个,瓦窑南路设置停车位74个,经贸路设置停车位20个。实施方山县武当社区停车场、方山县旧高中院内停车场、方山县积翠社区停车场建设项目。至年底,方山县武当社区停车场基本建成,设置停车位60个;方山县旧高中院内停车场完工,设置停车位75个;方山县积翠社区停车场完工,设置停车位134个。三是提升城镇烟火气。设置便民经营点4个:武当路南侧、经贸路西端南侧、方正南街(明德小学操场旁)、移民村便民服务点各1个,共设置摊位75个。至年底,武当路南侧便民经营点和方正南街(明德小学操场旁)便民经营点完工。积翠公园与国旗广场间支路,打造特色小吃街区,完工并投入使用。

【创建省级文明县城】 2022年,方山县城市管理综合行政执法队加大对店外经营、占道经营以及学校周边小商贩常态化管理,设立门前"三包"制度,禁止恒鑫超市周边流动商贩摆摊设点。创建省级文明城市推动以来,共出动执法车47辆次、执法人员130人次,出动机械车辆35次拆除破旧广告牌匾75块,清理城区街道悬挂物及国旗广场周边儿童游乐设施。

全面开展社会主义核心价值观宣传教育,在国旗广场、北川河公园、瓦窑河公园及建筑工地围挡(旅游集散中心、文化馆建筑工地)进行社会主义核心价值观和"讲文明、树新风"公益广告的传播,真正做到"抬头可见、驻足可观"。

综合服务

【房地产管理】 2022年,方山县房地产管理承接住宅物业服务项目小区19个。成立住宅小区网格党支部及党小组13个,成立业委会6个、物管会3个。维修基金交存面积273536.11平方米,实交存面积125239.5平方米,交存率达45.79%。至7月底完成民欣苑公租房建设120套,建筑面积6200.54平方米。租金补贴发放841户2007人,完成率140%。

【城市管理】 2022年,方山县城市管理服务更换209国道横沟至南虎滩太阳能路灯724盏,更换县城外环路电缆线7300米,维修更换县城范围内缺失、损坏的井盖35块。

【园林管理】 2022年,方山县园林管理完成春、秋季城区范围内的绿化、补植、补栽,共栽植各类乔木1415株、灌木272穴、绿篱1117平方米、地被植物200平方米、更换草坪3990平方米;栽植三七景田504平方米、八宝景田388平方米、卫矛670平方米,共栽植1562平方米;完成古树名木普查,共普查一级古树5株、后备资源4株;维修、更换体育场体育器械、橡胶跑道,更换篮球架6付、电缆线67.5米、投光灯4颗。在积翠公园、北川河公园悬挂公益广告宣传标语6条,展示社会主义核心价值观展板2块、各类文明标示牌38块,提升广大群众对创建全国文明城市工作的知晓率,促进创建全国文明城市工作落实到位。

【环卫工作】 2022年4月,方山县成立垃圾分类工作专班,提升分类成果。重点以19个美丽乡村为试点,服务范围涉及4710户12262人;7月开展"城乡垃圾一体化"管理,沿209国道松峪线、积赤线、苛大线等沿线45个村庄和5个小区,涉及21290户56110人。全年财政投入资金1581.69万元,在试点区域设置垃圾分类亭87个,配置垃圾分类收集桶400只,购买10平方米餐厨车2辆、勾臂车1辆、10平方米压缩式垃圾车4辆,城区购置喷雾式防尘车2辆、四分类垃圾桶60组、四分类果皮箱90个、收集车2辆、洗地车1台、压缩车1台。结合原有垃圾点分布情况设立垃圾亭79座,每座配备四分类垃圾桶4个,共配备316个。按废物箱设置规定,规划设计建设垃圾分拣房3座,配备垃圾分拣员10名、电动三轮车10辆,负责巡回分拣垃圾。

【供热】 2022年,方山县新建新县医院、新国税局、圪洞安置房、东三区、车道崖、消防救援大队6座换热站。投资300万元技改城北热源厂设备,配备锅炉冷渣机4台,更换细灰卸料器12台、主循环泵1台、除尘布袋及袋笼1100条,加装2台烟道关闭阀;维修维护一、二次老旧管网,维修管壕塌陷、检查井30处,处理漏水点19处;全面检修换热站45个,7个换热站屋顶做防水彩钢;更换机组3组,循环泵、补水泵各4台。

【供水】 2022年,方山县改造供水管网20千米,其中城区改造昆仲御花园小区至外环路地段120米、应急中心至外贸家属院80米、东三区200米、一中家属院170米、旧政府家属院120米,共改造690米;维护检修供水管网15处,抢修供水管网21处。保证城区饮用水供给,后则沟村原3口水井安装电力配套设施。9月启动居民用水水费、商业用水水费、污水处理费、水资源税费的收缴,共收缴水费109.7万元、污水费24.89万元、水资源税费9.91万元。

生态环境保护

综　述

【主要指标完成情况】 大气环境质量。2022年1月1日至2022年10月31日共304天,有效天数304天,优良天数264天,占上报天数86.8%,比上年同期上升14.4%。综合质量指数3.63,比上年同期下降22.3%。六项污染物平均浓度分别为:PM2.5平均浓度为24,比上年同期下降22.6%;PM10平均浓度为76,比上年同期下降36.1%;SO_2平均浓度为9,比上年同期下降35.7%;NO_2平均浓度22,比上年同期下降12%;O_3平均浓度152,比上年同期下降7.9%;CO平均浓度0.8,与上年同期持平。

水环境质量。2022年,北川河大武出境省考断面和马坊国考断面水质均值均达地表水Ⅱ类水质,达到并优于上级要求的Ⅲ类水体。

【土壤环境风险全面管控】 2022年,方山县土壤污染重点监管企业4户,完成土壤安全隐患排查1户,正在推进中3户。全县重点建设用地安全利用率达100%。对全县危险废物产生单位13家实施全过程监管。17个一般工业固废堆场完成环境风险排查,确保环境安全。

【环评审批】 2022年,方山县推进生态环境领域市场主体倍增工程,全面提升生态环境领域市场主体要素保障水平,激发市场主体活力。环保窗口实行“一站式”企业服务帮扶,一网通办,网上申报,网上受理。依照《中华人民共和国环境影响评价法》等有关规定,至11月中旬,受理建设项目环境影响评价文本11个,环评批复11个,环评审批执行率100%。全市重点项目8个,批复7个。对照《环境影响评价审批正面清单》,受理养殖项目3个,实行项目告知承诺制管理,缩短公示时间,简化审批流程,及时完成项目审批。按照清单要求,落实“放管服”政策,豁免申请项目5个,优化审批程序和流程。

【排污许可证管理】 2022年,方山县按照《排污许可管理条例》有关规定,受理并发放排污许可证2个,延续排污许可证3个,指导3户法人、名称等需变更的建设单位及时完成变更。根据生态环境部《排污许可提质增效工作方案(2022-2024年)》精神,督促全县24户企业按时提交执行报告,执行率100%。

【辖区核技术利用单位监管】 2022年,方山县生态环境分局督查检查辖区内所有核技术利用单位,督促霍州煤电集团吕梁山煤电有限公司方山木瓜煤矿、方山店坪煤矿完成射线装置环评,方山县人民医院、方山县中医院完成网上登记备案。

【打击破坏环境违法行为】 2022年,方山县开展“清水蓝天”、环境执法大练兵等各类环保专项执法行动,打击破坏环境违法行为。全年经济处罚企业18户,罚款金额251.02万元,缴罚款187.12万元;采取限产停产措施1户;采取查封措施4户。移送公安机关1户,公安机关对3名犯罪嫌疑人采取刑事强制措施。

【环境保护宣传】 2022年,方山县生态环境分局环境保护宣传工作,一是开展环保进校园宣传活动。方山分局联合县教育科技局走进积翠小学,与学校全体师生开展大型户外捡垃圾活动。在全县中小学开展手抄报、绘画、手工作品、演讲、征文比赛活动,城内二小全体师生在国旗广场开展“保护环境,从我做起,从小做起”大型签名活动。二是联合汾酒集团走进马坊镇马坊村开展“振兴乡村,打造青山绿水”大型宣传活动。发放宣传资料1000份、宣传纪念品500个。三是开展环保进企业宣传活动,在霍州煤电集团吕梁山煤电有限公司开展长跑比赛、山西新星冶炼集团有限公司开展环保知识竞赛等活动,进一步提高公众环保意识,培养全民节约资源、保护环境的良好习惯。

大气环境治理

【扬尘污染综合治理】 2022年,方山县生态环境分局加大市政管网工地和建筑工地扬尘整治以及交通道路扬尘管控,督促施工单位严格落实“六个百分之百”要求,加强县城主要道路及背街小巷等位置的扬尘污染管控,进一步提高道路机械化清扫率。严格城市渣土运输车辆管理,严查未按规定时间和路线行驶、沿途抛洒、随意倾倒等违法行为。县城方正南街、经贸路口建筑垃圾苫盖,建筑工地严格按“六个百分之百”要求落实。

【餐饮油烟污染整治】 2022年,方山县生态环境分局严格禁止露天烧烤行为,发现1处依法取缔1处;要求餐饮经营单位和单位食堂必须安装具有油雾回收功能的抽油烟机或高效油烟净化设施并确保正常运行。全年共排查饭店 95 家,其中未安装油烟净化器 9 家,需清洗维护油烟净化器 18 家。对未安装油烟净化器的商家下达责令改正通知书,逾期未整改的商家采取强制措施,确保餐饮店油烟经合理有效净化后排放。

【柴油货车常态化联合执法】 2022 年,方山县生态环境分局完善交警、交通运输、生态环境等部门联合执法常态化路检路查工作机制,扎实开展重型柴油货车常态化路检路查、入户抽查、遥感监测等。联合交通、交警部门共出动 237 人次,检查重型燃油车辆 345 辆,发现尾气不达标车辆 17 辆,限期整改 7 辆;检查国六重型燃气车 564 辆,处罚 76 辆,处罚金额 84500 元。检查建筑施工工地,新备案登记 21 台,新提供非移动源检测报告 10 台。

【加油站 VOCS 治理专项执法检查】 2022 年,方山县生态环境分局专项检查方山县境内加油站 28 户油气回收工作,9 月 30 日前全部完成整改,经监测全部合格。

水环境治理

【集中式饮用水源地水质监测】 2022 年,方山县生态环境分局开展县城、乡镇集中式饮用水源地全分析水质监测,水源地水质达标率 100%。有效控制水源保护区内道路危化品泄露对水库造成污染,消除横泉水库水质安全隐患,实施横泉水库饮用水水源地保护应急防护工程项目,前期准备工作完成。

【水污染防治基础设施建设】 2022 年,方山县生态环境分局加强水污染防治基础建设。一是加快建设县城污水处理厂二期工程,至年底,土建全部完成,施工方设备招标;二是马坊镇、北武当镇实施建制镇生活污水处理设施建设工程,至年底,2 个污水治理工程完成工程量的 80%。

【水质保障联动机制】 2022 年,方山县履行河长制工作职责,对未建成污水处理设施的部分村庄中存在溢流隐患的污水及其收集池,督促乡镇及时抽运并扩展加固。加强对已建成农村生活污水处理站的日常检查和水质监测,确保正常运行,保障水质稳定达标。

教育　科技

教育管理

【教育资金投入】 2022年,方山县全县教育投入资金38274.58万元,改善全县学校办学条件。投入35904.58万元,实施新建一中及高级中学综合楼建设项目;投入911万元,维修改造马坊寄宿制小学、城内第二小学等15所学校,机关第二幼儿园、大武中心幼儿园等6所幼儿园;投入396万元,为高级中学、方山一中、县城棚户区改造三区幼儿园添置设施设备;投入63万元,维修改造马坊寄宿制小学、店坪寄宿制小学、贺龙中学等5所汛期受灾较为严重的学校;投入1000万元,为全县中小学校添置设施设备,实施校园监控全覆盖和一键式报警系统安装。

【合作办学】 2022年,方山县委、县政府立足大武新区建设高定位高起点,振兴大武新区教育,推动贺龙中学健康快速发展。8月24日,县教育科技局、山西华阳教育科技有限公司、贺龙中学三方举行托管合作签约仪式,山西华阳教育团队全面托管贺龙中学。召开家长恳谈会,2022年秋季学期贺龙中学初一招生状况明显好转。

推动与江阴教育团队合作办学走深走实,全县初高中学校校风、教风、学风明显转变,教师爱岗敬业、锐意进取,教育教学能力显著提高。学生遵规守纪、勤奋好学,综合素质和能力全面提升,涌现出一大批优秀学生。2022年中、高考均取得较大突破,中考最高分602分,530分(相当于2021年600分)以上人数达32人。高考本科二批B类以上进线115人,其中文理类进线103人(本科一批5人,本科二批98人),艺体类进线12人(本科一批3人,本科二批9人)。本科二批B类以上进线比2021年的31人增加84人,比2020年的22人增加93人,赢得学生家长和社会各界的认可。

【发展普惠性幼儿园】 2022年,方山县新建、改扩建普惠性幼儿园2所,认定3所。一是新建、改扩建普惠性幼儿园2所。县城棚改三区幼儿园秋季开学投入使用,机关幼儿园从盛祥安居小区搬入棚改三区。二是认定普惠性民办园3所,通过前期宣传、积极申报等,实地考察评审拟申报普惠性幼儿园办园条件、收费管理、保教质量等,认定大武镇文源幼儿园、峪口镇艺博幼儿园和圪洞镇绿苗幼儿园为普惠性幼儿园。

【民办学校义务教育工作】 2021年秋季,方山县义务教育阶段学生总数10204人,5所民办义务教育学校学生总数2246人,总占比22.01%。一年来,按照“严格控制增量,加快消化存量,全面规范办学”的总体要求,加快推进全县义务教育结构调整和布局优化,出台《方山县关于规范民办义务教育的整改方案》《方山县区域义务教育发展规划》《方山县关于购买民办义务教育学校学位的实施方案》,明确逐校规范整改路径。在缩减轨制的基础上通过购买全县民办义务教育学校小学阶段全部学位和初中阶段初一年级全部学位的办法，全面完成民办义务教育学校在校生占比任务。根据吕梁市发展和改革委员会、吕梁市教育局和吕梁市市场监督管理局《关于民办义务教育学校收费标准等有关事项的通知》中小学学费4000元/生/学期、初中学费5000元/生/学期的标准，购买全县民办义务教育学校小学阶段全部学位1112个资金444.8万元、民办义务教育学校初中阶段初一年级全部学位60个资金30万元。至2022年秋季开学，民办义务教育学校在校生占比降至4.58%，完成上级下达的目标任务。

【实施城区小学生“放心午餐”工程】 2022年，方山县拟定城内小学、城内第二小学、圪洞明德寄宿制小学实施城区小学生“放心午餐”工程。因城内小学、城内第二小学实施“放心午餐”的硬件设施存在明显短板，不能在短时间内通过改扩建满足学生的午餐午休需求，同时有午餐需求的家长占比较低，不实施小学生“放心午餐”工程。圪洞明德寄宿制小学列入实施城区小学“放心午餐”工程学校，并组织开展相关工作。

【推动“双减”政策落地】 2022年，方山县出台《方山县减轻义务教育阶段学生作业负担实施方案》，义务教育学校全部出台作业管理、公示制度和考试管理等相关制度，义务教育作业总量和时间得到有效合理压减。出台《关于做好中小学生课后服务工作的指导意见》，各学校严格按照“5+2”模式开展课后服务，2022年课后服务经费实行财政和学生家长按照1∶2共同负担，财政负担部分357.56万元纳入财政预算。

落实校外培训机构黑白名单制度，校外培训机构资金纳入邮政储蓄银行监管平台。“双减”，“减”去的是孩子们过重的作业负担和家长们的焦虑，带来的是教学质量的提质增效。

【师资队伍建设】 2022年，方山县开展师德师风专项整治，落实师德师风正面、负面清单，营造风清气正育人环境。加大教师培训力度，分批次选派中小学教师37名赴江阴跟岗学习；通过国培、省培计划及继续教育、县级“送教下乡”等方式累计培训中小学、幼儿园教师3000人次，提升教师整体素质；通过“教育兴市”专项引才方式引进研究生学历师范院校毕业生38名，招聘农村义务教育阶段学校特设岗位教师80名。

【落实教师待遇】 2022年，方山县健全教师工资待遇保障长效机制，全面落实全县义务教育阶段教师工资待遇水平不低于公务员平均工资收入水平。中小学（含中职）、幼儿园教师绩效工资总量增加20%、高中教师2.5倍绩效工资和班主任津贴列入财政预算。按照每人500元的标准为全县1800名教师进行免费健康体检，按照每人700元的标准为全县1700名教师定制工作服。教师节表彰大会上，霍州煤电集团吕梁山煤电有限公司等19家企业为方山县兴方教育基金会捐款2650万元，倡导尊师重教的良好风尚。

【教育帮扶】 2022年，方山县开展对口帮扶、顶岗支教、专业引进等工作，焕发教育办学活力。全县7所小学与省内7所优质小学签订对口帮扶协议，开展课题研究、经验介绍、专题讲座等一系列活动；与忻州师范学院、吕梁学院签订顶岗实习协议，忻州师范学院、吕梁学院每年派出100名学前教育本科生来方山县顶岗支教；职业中学与省经贸学校签订对口帮扶协议,推动职业中学在准军事化管理、特色专业发展、文旅人才培养等方面取得实质性进展。初步形成顶岗支教带动幼教发展,对口帮扶提升小学教育发展,江阴、华阳团队帮助初高中教育发展,专业引进完善职业教育发展的良好格局,实现每个孩子都能享有公平、优质教育的愿景。

成人教育

【招生工作】 2022年,方山广播电视大学工作站立足本县县情,专心研究、多渠道宣传,主动出击,在服务上下功夫,创出方山县电大工作站招生特色。全年招生166人,其中春季招生87人、秋季招生79人,完成上级下达的招生任务。至年底,在校专科、本科学生(包括农村干部学历提升学员)300人,学员人数和办学规模均创建校以来历史最高记录。

【教学工作】 2022年,方山电大工作站探索现代远程开放教育教学模式和教学管理模式及运行机制,紧扣应用型人才培养目标,提高学生学习创新能力和实践能力,强化自学环节、辅导环节、作业环节、实践环节的管理,始终把确保教育教学的质量定位为工作站的中心工作。

教育教学过程管理,把握好"六关"。一是面授辅导关。每次面授辅导,要提前下发通知,让学员处理好工、学矛盾,按时安心地参加学习。二是把好作业关。每位学员必须按时完成各科作业,不得复印。三是把好上网学习关。要求每位学员必须上网实名注册,然后选课学习。四是把好实践环节关。拓展开放教育学员实习实训基地,集中性实践环节早计划、早安排、早落实,全面提高教育教学质量。五是把好考试关。每次考前成立考试领导小组,组长由校长担任,分管副校长担任副组长,教务处具体组考。违纪率在全省电大系统均在警戒线以下。六是把好毕业关。组织本科论文撰写和答辩,组织各专业学员形成性考核,组织专科学员撰写毕业论文、社会实践报告、各类实训报告并参加网络形考,并及时上报数据。

县直中小学校

方山县高级中学

【学校概况】 2022年,方山县高级中学始终坚持为社会提供优质教育资源,办人民满意教育的办学理念,以文化为引领、制度为保障、队伍为依托、课程为载体、创新为动力,努力提升办学品质和综合效益,不断推进学校持续发展,逐步形成具有时代特色的发展新格局。秋季学期,方山县高级中学有教学班31个,在校学生1600人,专职教师150人,教辅人员13人。

【教学管理】 2022年,方山县高级中学教学管理有章可循,加强过程管理,采取自我评价、学生评价、同行评价和领导评价相结合的方式,对教师的工作态度、表现、水平和业绩等方面进行综合、全面、客观的考核与评价,实施"校长室—教务处—年级组—教研组"四级教学管理体制,明确各级职责,责任分工到人。实行签到制度、坐班制度、请假制度、教研制度等,教育教学成绩与评模、评优、晋级、奖金福利挂钩,有限的待遇向一线教师倾斜、向优秀教师倾斜。修订岗位晋升条件,改变论资排辈现象,实现优者上、能者上。

方山县第一中学校

【教育教学管理】 2022年，江阴教育初中管理团队着眼打基础、抓管理、利长远，摒弃短期合作见效益的暂时效应。

完善教学管理制度。以认真备课、认真上课、认真布置与批改作业、认真辅导、认真组织考试、认真组织课外活动“六认真”的教学管理制度要求教师。强化集体备课制度，坚持每周1次集体备课、每天1次磨课活动，促进教研工作进一步下沉，推进青年教师的快速成长，提升整体学科教学水平。推行周练月考培优制度，及时反馈教学信息。实行推门听课与领导听课相结合的制度，检查教师教学情况。建立考试制度，规范学校考纪考风。加强听课议课制度，提升教师综合素质。教师每学期听课不少于20节，新教师、备课组长、教研组长每学期听课不少于30节，分管校长、教导主任听课不少于40节。落实“师徒”结对制度，9月举行“青蓝继，薪火传”“青蓝工程”师徒结对仪式，骨干教师传、帮、带一对一培养，促进青年教师尽快适应教育教学工作。每学期组织青年教师教学大比武，加快青年教师专业发展。落实“双减”政策，构建融入基础课程体系的新时代劳动教育，创立方山一中劳动教育基地——“行知农耕园”。

落实精细教学常规。严格执行课程计划，开齐开足规定课程，严格教学秩序。明确音、体、美、信教学的目的和任务。教师必须严格按课表上课，不迟到、不早退，不擅自调课、抢占课。认真做好班级日志的填写，记载教师的出勤、纪律、调课及班上其他情况。坚持教学“六认真”督查，实行集中查、分学科抽查、进教室现场查、年级领导平时查与推门听课制，严禁无教案上课，坚决杜绝教师讲课的随意性和课堂组织失控现象。作业设计和批改必须做到“四精”（精选、精讲、精练、精批）和“四必”（有发必收、有收必改、有改必评、有差必补）。加强考试管理，一学年安排8次大型考试(4次月考、2次期中考试、2次期末考试)，提高考试的有效性和针对性，严明考风考纪，定期召开不同层次、不同层面的教学质量分析会。规范学生早读、晚自修行为，早读做到任务明确，有布置、有检查。晚自修自主学习，做到零抬头。规范学生的课间操行为，为班级考核提供准确依据。定期召开学生座谈会及教师座谈会，及时了解各班级和各学科教学情况。2022年上学期全县期末质量检测，数学110分及以上学生人数达197人，英语110分及以上学生人数达149人。科目成绩均超私立学校，折合总分400分以上学生人数达297人。

【教师绩效考核】 2022年，方山第一中学坚持多劳多得、绩优多得、责重多得的原则，以工作量和业绩考核结果为依据，适当拉开分配差距，重点向一线教师、骨干教师及做出突出成绩的管理人员倾斜。同时，统筹兼顾学校内部各类人员之间绩效工资分配关系，稳步推进学校绩效工资改革。坚持民主决策、公正公平的原则，考核分配全过程实行阳光操作，征求教代会意见，确保教职工有知情权、参与权和监督权。教师的奖励性绩效考核主要从德、勤、量、绩等四方面进行，设立师德考核奖、考勤奖、管理性岗位（含班主任）津贴、工作量津贴、教学（工作）质量考核奖、教育教学（工作）综合考评奖、办学绩效奖等7个项目。按月（或按学期）考核，奖励性绩效工资以学期或年度为单位统一发放。

【德育工作】 2022年,方山县第一中学每周五下午开展德育培训,针对学校德育出现的问题,及时从思想、态度、方法上进行培训交流,并对下周工作提出要求建议。德育处每学期开学初制定班会主题教育目标,每周一位班主任主备班会课,同时制作课件,集体分享,个性修改。通过学校微信公众号推送《移风易俗进校园,文明新风润人心》《倡导文明新风,共建文明校园》等文章。夯实德育阵地,德育处以每周升旗仪式、期中期末表彰、学生节、运动会和喜迎二十大系列活动、“秀我风采”大舞台、心理健康教育讲座等为阵地,搭设学生发展平台。强化德育考核,德育处带领学生会实行日考核、周小结、月总结,周小结评比每周文明宿舍、文明班级,月总结评出星级班级。

方山县第二中学校

【教学管理】 2022年,方山县第二中学校严格实施《绩效考核方案》,坚持多劳多得、绩优多得、责重多得,民主决策、公正公平、不断完善的原则,考核分配工作全过程实行阳光操作,确保教职工有知情权、参与权和监督权;适时召开教职工代表大会2次,会议先后通过《方山二中教职工岗位晋级考核制度》,并民主决策推送市级优秀工作者,有效促成一线教师爱岗敬业、争先创优、踔厉奋发的良好工作势态。

加强精细化管理,提升管理水平。坚持向管理要质量,一是注重基层管理队伍的培养,通过项目管理和扁平化管理的方式,提高管理的责任性和工作效能,做到有目标、有计划、有布置、有反馈、有改进、有总结、有宣传。二是注重教学过程管理,校领导、年级组立体化巡课,及时反馈、通报、整改,确保教师的教学行为规范有序。借助大数据对教师教学质量进行分析,坚持过程性和结果性相结合的方式对教师进行评价,纳入绩效考核和评先评优。三是注重班级常规量化考核,班级常规管理坚持日检查、周评比、月考核制度。四是注重学生发展性评价。按每月学生的具体成长要求,评比学习标兵、学科之星、文明之星、进步之星,在年级光荣榜展出,并在年级大会上表扬奖励,调动学生的学习积极性。

【师德师风建设】 2022年,方山县第二中学校师德师风建设以党建为引领,整体规划,完善机制,明师德、练师能、铸师魂,坚持德能并重、以德为先,坚持正面引导,树立师德模范形象,强化师德管理,建立师德师风建设长效机制。

【提升教师业务水平】 2022年,方山县第二中学校提高教师教育教学改革能力和教学水平,探索有效课堂教学模式,优化教学过程。一是深化研讨活动,精心组织安排课堂教学大比武教研活动,32位青年教师参与课堂教学大比武。二是一日一磨课,集众人之智,聚群仁之华,鞭策教师不断改进教学方法,提高教学质量,促进教师的专业成长,使教师的备课能力、课堂教学组织能力、创新能力得到实质性提高。三是启动“青蓝工程”,加快青年教师队伍建设,发挥骨干教师传、帮、带的引领作用。通过“青蓝工程”,提升12位青年教师的教学水平。

【增设学生激励机制】 2022年,方山县第二中学校调动学生学习的主动性和积极性,学校采取月评比、期中期末总评激励制,设立进步之星、学科之星、勤奋之星、学习标兵等奖项。江阴支教管理团队引进企业爱心人士,设立“江阴支教助学奖学金”,奖励品学兼优的学生 80 人,发放助学金 5 万元。

山西省贺龙中学

【行政管理】 2022 年,山西省贺龙中学实行行政办公会制度。行政办公会参会人员为学校中层以上干部,会议内容为学校管理中的各项事务,会议时间固定。会议由校长主持,针对一个办公会议周期内的学校各类事务集体讨论、民主决策。会议结果以行政办公会议纪要的形式呈现,各项事务按纪要执行。实行行政办公会制度,学校行政公开透明,“三重一大”事项集体决策。

学校制定并实行《山西省贺龙中学经费使用制度》,对学校日常工作中涉及施工、维修、购买服务、购买物品、教职工培训、学习、会议及差旅等经费使用程序和范围作出规定,保证经费使用效率。

【教师管理】 2022 年,山西省贺龙中学实行年级组长负责制。教师以年级为建制管理,集体办公。除去教研交流由教研组长负责外,教师在学校的一切活动均由年级组负责,年级组长是本年级教育教学工作执行的具体管理人员。实行年级组长负责制,使最了解情况的管理人员处于解决问题的最前端,教师在工作中遇到的问题能够最迅速、精准地得到反馈和解决,提高教师管理效率,落实教育教学计划,增加教师的归属感和参与感。

【教育教学管理】 2022 年,山西省贺龙中学加强教育教学管理。一是教师集体学习。每周一下午举行教师职业素养提升讲座,鼓励教师学习先进观念,追求思想进步。二是学生对全体教师课堂教学评教评学,并根据数据分析情况对教师提出针对性建议。三是组织教师完成学校开学、期末考试的命题,完善和提高教师业务能力。四是加强学生日常行为规范教育。由华阳教育团队委派专任教育主任,专门进行学生日常行为规范管理和习惯养成教育。制定贺龙中学学生日常行为规范和考核方案,从学生的吃、住、行方面全面加强学生管理。五是改变学生就餐方式,由原有的食堂式就餐改为自助餐式就餐;改变学生公寓管理方式,公寓管理纳入到学生教育环节,公寓管理员转变为生活老师。提高学生自理能力,拓宽学生生活理念,提高学生生活质量。

2022 年,山西省贺龙中学中考实际参加人数 80 人,最高分 575 分(相当于上年 645 分),530 分(相当于上年 600 分)以上 8 人,500 分(相当于上年 570 分)以上 10 人。优生率在同级同类学校中领先,创造了稳中求进、低进高出的好成绩。

方山县职业中学校

【教学规模】 2022 年,方山县职业中学校招生共 205 人,创历史新高。2022 年秋季有教学班 12 个,学生 446 名,开设专业有民族音乐与舞蹈、美术绘画、计算机应用、电子商务、汽车运用与维修等。其中一年级计算机应用专业学生 70 人、民族音乐与舞蹈专业学生 62 人、绘画专业学生 25 人、电子商务专业学生 10 人、旅游服务管理专业学生 3 人,汽车运用与维修专业学生 35 人。与吕梁职业技术学院、晋中职业技术学院、山西金融职业技术学院等优质高等职业院校中高职三二分段培养。除学历教育外,学校还与县文化和旅游局一起举办方山县景区讲解员培训。

2022年春节,方山县职业中学校毕业生83人,其中民族音乐与舞蹈专业学生16人、会计专业学生2人、机电设备安装与维修专业学生1人、美术绘画专业学生8人、计算机应用专业学生56人。学生按中等职业学校教学计划规定学完全部课程,成绩合格。

【教学巩固率】 2022年,方山县职业中学校始终坚持习近平总书记对加快职业教育发展作出的重要指示批示精神,以努力培养担当民族复兴大任的时代新人、培养德智体美劳全面发展的社会主义建设者和接班人为目标,以开放、包容、多元、发展的育人理念,落实立德树人根本任务,深化教育改革,提升教育质量、巩固办学规模。2022年毕业学生比学籍注册人数少1人,巩固率达到98%。

【教学合格率】 2022年,方山县职业中学校以学生满意、家长满意、社会满意为目标,秉承以服务为宗旨、以就业为导向的办学宗旨,培养学生德、智、体、美、劳全面发展。经校内测试,文化课合格率91%、专业技能合格率92%、体质实际达标率为96%。

【就业】 2022年,方山县职业中学校毕业生就业,一是开展订单培养,加强校企合作,学生上学即定岗,毕业即就业。二是实施分类教学,二年级下学期,根据学生的学习情况和职业发展意愿,实施就业技能培养和升学培养分类教学。三是搭建升学平台,加强与省内高职院校的合作,通过高职单招,帮助有升学意愿的学生实现大学梦。

2022年毕业生总数为83人,全部就业,就业率为100%。就业人数中,直接就业71人,直接就业率为85.54%。对口就业人数为56人,对口就业率67.47%。

【教育教学改革】 2022年,方山县职业中学校贯彻教育部办公厅《关于印发中等职业学校公共基础课程方案》的通知和教育部《关于职业院校专业人才培养方案制订与实施工作的指导意见》精神,始终坚持以立德树人为根本,以服务发展为宗旨,以产业需求为导向,以人才培养质量为目标,推动专业设置与产业需求对接、课程内容与职业标准对接、教学过程与生产过程对接、毕业证书与职业资格证书对接、职业教育与终身学习对接。积极深化教师、教材、教法改革,不断提升人才培养质量。一是深化学校公共基础课程改革,加强学生思想政治、科学文化综合素养教育。探索"三融合"教学改革,即融信息化、有效化教学手段于基础学科课堂教学中,融思政元素、职业素养教育元素于基础学科课堂教学,融模块、情景、自主探究等多种形式教学实践于课堂,打造优质高效课堂。二是以示范校重点专业建设为引领,创新群组专业教学改革。以省级示范校机电、计算机、会计三个重点专业建设为引领,建立由机电技术应用、汽车运用与维修、工业机器人、楼宇智能四大专业组成的装备制造专业群;计算机应用同电子商务组成的信息技术专业群;园林、老年管理与服务等专业组成的服务类专业群和管理类专业群。建立以课堂教学为支撑、技能训练为基础、技能竞赛为抓手的"教学+实训+竞赛"三位一体教学模式。三是按照中高职三二分段开展教学活动。学校与吕梁职业技术学院、晋中职业技术学院、山西财贸职业技术学院、山西机电职业技术学院、山西旅游职业学院、山西水利职业技术学院、太原旅游职业学院、阳泉职业技术学院等优质高等职业院校合作,开通中高职(3+2)人才培养通道。完善中高职3+2衔接各专业人才培养方案，取得中等职业教育毕业学历证书，并获得中级以上(含中级)职业技能等级证书。学生经过二年高职学段学习，掌握相关专业高技能人才所需的专业知识，取得相应专业的专科毕业证书，并获得高级职业技能等级证书，成为高素质高技能专门人才。

【助学工作】 2022年，方山县职业中学校按照国家、省、市、县有关文件精神，制定家庭经济困难学生资助工作实施方案，成立以校长为组长的家庭经济困难学生资助工作领导组。一、二年级家庭经济困难学生享受国家助学金155人，每人每年2000元；农村脱贫家庭学生享受生活补助177人，每人每年1000元。一、二、三年级在校学生353人，学费全免。

方山县城内小学

【德育工作】 2022年，方山县城内小学坚持走以德育人、严抓常规、形成特色的德育工作之路，开展丰富多彩的校园文化活动，促进学生养成良好文明习惯。全年班队会重在文明礼仪教育，上好校本《道德礼仪课程》，课程有计划、有教案，实施过程扎实并有检查记录。通过一日常规规范学生的文明礼仪，并制定文明礼仪“星级少年”“星级中队”“星级科室”等考核细则进行量化考核，不断规范师生的行为习惯，提高师生的文明素质。学生逐渐养成10个好习惯(礼仪好、升旗好、两操好、路队好、卫生好、普通话好、读书好、写字好、唱歌好、劳动好)。

【教学常规工作】 2022年，方山县城内小学加强教学管理。学校实行校长负责、副校长分学科分管及教导处主抓、学科教研组长协助的教学管理运行机制，教学管理分工明确、层层落实、高效联动。校级领导深入教学一线研究、指导教学。全年学校班子成员主持校级教研活动和参与集体备课活动30次以上；校长听课70节，副校长、教导主任、教研组长听课40节，课后研讨成为新常态。校长、值日领导实行全员巡课，按楼层按年级分工巡课，从晨读开始不定时巡视一天课堂教学活动，查看教师到岗情况、是否按课表上课、是否先备课再上课，查看学生各种习惯是否养成，查看班级文化建设是否适时。线上教学期间，根据学校网课安排，制定网上巡课制度。校长全面巡查，包年级领导对所负责年级线上教学不定期巡课(每天至少2节)，并且做好记录。通过巡课及时发现线上教学中的问题，及时交流解决，保证线上教学质量，促进教师线上教学水平和能力的提升。

建立健全教学监察组织。定期抽查教师的备、教、辅、改、考、评、研情况，保证教学常规一月一检查，期中和期末集中检查，检查结果及时总结反馈，记入教师的业务档案，纳入教师绩效考核体系，实现常规管理科学化。

注重考试质量分析。精心组织月考、期中期末考试，每次考试后及时对成绩进行汇总、分析，召开质量分析会，对考试中出现的问题，及时进行沟通、交流，找差距、想措施，查缺补漏。

提高作业设计质量、完成质量。本学年，语文组围绕如何减轻学生作业负担开展作业设计专题研讨活动，各科教师尝试探索布置分层作业、弹性作业和个性化作业，设计探究性作业、实践性作业及跨学科综合性作业。要求教师充分利用课堂教学时间和课后服务时间，加强学生作业指导，着力培养学生自主学习和时间管理能力，指导学生基本在校内完成书面作业。

【提升教师专业素养】 2022年,方山县城内小学强化政治和教育教学理论学习,提高全体教职工的政治理论和业务水平,全年全校教师每人撰写学习笔记达2万字。

加强教师校本培训,各学科组结合线上课标培训,开展"我来读课标""结合年段目标讲课标""学课标、谈收获"等新课标校本教研,确保教师把所感所悟内化到课堂教学中。

开展教研活动,组织开展英语学科"有效设定与落实教学目标"主题县级教研1次,与兄弟学校开展语文、数学、英语学科主题联片教研活动3次,开展"有效落实教学目标的作业实践与导入"主题教研活动,促进教师教研能力的整体提升。

发挥学校骨干教师示范引领作用,开展骨干教师示范引领课18节,提升新教师在备课、上课、学生习惯培养等方面的认识。开展16对教师"青蓝结对"活动,严格按照结对协议履行职责,每周互听评课5节,听评课记录一周一查。

夯实教师教学基本功,邀请钟克佩老师线上培训全体教师汉字拟人书写。坚持每天通过微信群推送书写视频及示范作品。青年教师临摹书写,每天一个朗诵视频或语音发到微信群,力求天天有进步,一周一个样。举行"清风沐桃李 廉洁铸师魂"主题演讲比赛,提升青年教师的专业素养。

【特色教育】 2022年,方山县城内小学以"创建书香校园 创办特色学校"为突破口,开展读书节开幕、最美书香班级评比、语文教师阅读课研讨、教师读书交流会、读书小报评比、征文、演讲、朗诵、讲故事、亲子诵读展示等读书系列活动,激发师生读书热情,提升校园文化品味。5月,荣获"亲子共沐书香 强国复兴有我"活动县级优秀组织奖。荣获第二十一届"新作文杯"中小学生放胆作文大赛优秀组织奖,参赛学生158名,获奖学生142名,其中荣获一等奖学生12名。6月,荣获"新时代好少年 强国有我"主题教育活动县级优秀组织奖,32名学生分别荣获一、二、三等奖,评选出优秀征文30篇。8月,荣获"喜迎二十大 颂歌献给党"主题诵读演讲活动市级优秀组织奖。

【素质教育】 2022年,方山县城内小学贯彻落实《中共中央、国务院关于全面加强新时代大中小学劳动教育的意见》精神,每周开设劳动教育课1课时,设立劳动周,校园后院每班建立劳动教育实践基地。利用重大节日,每学期组织以劳动教育为主题的实践活动4次,实现以劳启智,以劳强体。

艺体活动丰富多样。"六一"期间,美术教师组织现场作画,活动有百米涂鸦、中国风扇面伞面创意彩绘、别样T恤彩绘、草帽手绘等。音乐教师组织文艺汇演、才艺展示,体育教师组织学生开展快乐体育节,提升学生的艺术素养和身体素质。在吕梁市艺术节展演活动中选送的合唱《掉一个月亮当皮球》荣获吕梁市一等奖。

方山县城内第二小学

【师德师风建设】 2022年,方山县城内第二小学利用教师主题培训日集中学习党的二十大精神、《中小学教师职业道德规范》《中小学教师违反职业道德行为处理办法》等政治理论和涉教法纪知识,以"开学第一课"师德宣誓、签订师德师风承诺书、反面典型警示教育等形式加强师德师风建设，规范教师从教职业行为，号召大家争做有理想信念、有道德情操、有扎实学识、有仁爱之心的"四有"好教师。办好人民满意的教育，夯实廉洁之基。

【习惯养成教育】　方山县城内第二小学于2022年秋季开学之初把德育任务落实为"看得见、摸得着"的具体工作，进行精细化管理。课间操，学生有序集合舒展筋骨，实现户外阳光运动。正、副班主任落实并强化卫生大扫除，做到负责区域地面整洁，教室内无卫生死角。放学路队整齐有序、歌声嘹亮，各班能够到达指定位置。经过一个月的训练，一年级新生迅速适应小学校园生活，形成课堂意识，在文明举止、课堂学习、读书写字、书包整理与排队行走等方面有所进步。

【劳动实践教育】　2022年，方山县城内第二小学利用劳动节、重阳节等重要节日，开展"我是劳动小达人""我帮爸爸妈妈做家务"等一系列劳动实践活动，坚持每周三为劳动实践活动日，锻炼孩子们的动手能力和解决问题的能力，培养孩子们对家庭和社会的责任心。

【减负提质】　2022年，方山县城内第二小学在"双减"政策背景下，在"量"上做"减法"，在"质"上做"加法"，结合秋季学期义务教育阶段新课标实施的要求，针对学科特点和学生实际，强化对学生的作业、睡眠、手机、读物及体质五项管理。

【教学改革】　2022年，方山县城内第二小学强化教学改革。一是强化学为中心。针对减负提质整体要求，通过持续开展序列化、专题化、全员化的课堂观察和名师课例研究，引导全校教师自觉从教为中心转型到学为中心。教学中，教师坚持做到心中有目标、指导有方法、评价有标准，"教—学—评"一致性课堂实施落地，提升学生的核心素养。以线上观摩，线下研讨的方式，录制优课16节，优化教师课堂教学方式，提高课堂教学效率。二是强化"作业管理"。实现作业减量、提质、增效。上学期，县教研室以"点线面"结合，全方位、多层次开展教学视导听课，助力学校教育教学质量提升。全校教师在集体研究的基础上创编具有校本特色的作业，实现作业优质化，以一个单元、一个学段、一个学期或学年为时间单位，系统化选编、改编、创编具有校本特色的作业。经过学习与创新，学校语文作业由单一模式走向"百花齐放"，数学作业从抽象走向具体，技能科作业向丰富多彩发展。

【教研教学】　学习中进步。2022年，方山县城内第二小学将《习近平总书记关于教育的重要论述》《新时代教师职业行为十项准则》《心理健康问题的识别与处置》《义务教育新课标解读》等确定为本学期教师学习的重点推荐书籍，弥补教师的精神软肋、知识弱项、能力短板、经验盲区，更好地胜任本职工作。

培训中提升。学校通过召开"青蓝工程"专题培训会，分月召开师训主题日，开展一系列听课评课活动，充分发挥骨干教师引领、示范、辐射作用，搭建教师共同学习、共同提高的平台。

集体备课中发展。学校在理念上，变督促教师参加为引领教师参与；在立场上，变教学设计为助学设计，站在学生的角度进行教材解读和文本挖掘，特别重视并强调在集体备课指导下的个性化备课、二次备课；在实施上，变各自为战为统筹安排，除定时间、定地点、定中心发言外，安排学部中层干部直接挂靠相对应学科,参与并指导开展集体备课。

聚焦课堂进行行走教研。学校开展教材培训、领导引领课、组长推门课、年级研磨课、单元整合课等主题教研活动。全年课例展示100节,参与教师60人次,覆盖率达82%,青年教师覆盖率100%。

方山县机关职工幼儿园

【常规管理】 2022年,方山县机关职工幼儿园实行以制度管人、按制度办事。主要采取“四抓”措施,促进教育教学质量提升。一是抓师德,把师德师风考核作为对教师岗位考核的一个重要内容,实行师德考核一票否决制。二是抓保教,每学期开展优质课听课、评课活动,取长补短、交流学习。三是抓教研,每周进行1次业务理论学习和实打实的教研活动,学习并研讨“国培计划”送教下乡讲座4节。四是抓沟通,以家园联系栏、微信、电话、面谈、致家长的一封信及钉钉视频班级家长会等形式,长期保持与家长的紧密联系。提升家长的育儿水平,改变教育观念,杜绝幼儿教育小学化的乱象。

【绩效考核】 2022年,方山县机关职工幼儿园按照《方山县教育系统绩效工资考核和分配实施方案(试行)》的通知,遵循客观、公平、公正、公开的原则,结合实际,制定切实可行的实施方案,并严格落实。全年全体教职员工爱岗敬业,绩效考核公平、公正,教育教学平稳有效。

方山县机关第二幼儿园

【日常管理】 2022年,方山县机关第二幼儿园园务管理实施目标管理,广泛征求教职工意见,进一步修订完善相关的规章制度和《幼儿园绩效考核和分配方案》。加强常规工作管理,值班领导每天进班对各班级各环节活动情况和安全进行检查;园领导每周进行1次保教常规工作大检查,对存在问题予以及时改正;不定时抽查教师备课、各类笔记,检查情况作为教师考核依据。各项工作制度化、规范化。

强化安全管理,做好卫生保健、安全工作。一是建立健全疫情防控各项制度和预案,严格落实幼儿园防疫管理。二是定期对全园设施设备进行安全检查,并及时整改。三是把安全工作纳入班级日常管理中,督促教师定期检查,努力做到防患于未然。四是严格执行晨、午检制度,及时了解幼儿的身体情况,幼儿出现异常时及时联系家长去医院就诊。五是建立健全食品卫生管理制度,严格执行领导陪餐制度,确保幼儿饮食安全。

【教学工作】 2022年,方山县机关第二幼儿园加强师德师风建设,提高教师的思想素质,坚持每周三业务学习中前半小时学习教育理论、法律法规、行为规范以及全国优秀教师的先进事迹,教师用正确的教育思想武装自己,用严明的纪律约束自己,自觉树立教书育人的教师形象。

新教师培养。有目的、有计划地对新教师一日工作各环节进行跟班指导,确保班级活动正常开展。定期开展观摩研讨活动,抓好备课、上课、说课、评课、组织游戏等常规工作,帮助老师把新教育观、课程观落实到具体的教育行为中,促进教师的专业化成长,提高教师的专业化水平。

开展主题教育活动。幼儿在实际体验、亲手制作中感受浓厚的传统文化气息,厚植幼儿爱国情怀。

创造阅读环境、培养阅读习惯、营造阅读氛围。组织家长和幼儿开展亲子阅读活动。疫情期间，亲子阅读暂时调整为每班每周1次，由班级教师带领幼儿轮流在阅读室进行阅读。

利用微信公众平台开展小蜜蜂故事宝盒活动，新增“教师朗读汇”“我是小主播”栏目活动，于每周一、三、五定期发布教师和幼儿讲故事、教师朗诵作品。

早操活动，展现传统游戏的趣味性。春季学期根据园本课程和幼儿年龄特点，把传统游戏融入到早操活动中。大班的竹竿操、中班的皮筋操、小班的彩虹伞等增加了早操活动的趣味性，成为幼儿园的特色和亮点。

【优化环境】 2022年，方山县机关第二幼儿园春季学期在大门口墙壁和墙角下，利用废旧轮胎、塑料管道、奶粉桶等废旧物品装饰幼儿园种植角。暑假期间对园内二、三层楼道封闭改造，解决雨雪天气下楼道的安全隐患。秋季对楼道进行环境创设，以弘扬传统文化和废旧利用为主，幼儿与教师共同参与创设。一楼呈现园本课程传统民间游戏，有老鹰捉小鸡、抽陀螺、跳大绳等；二楼以中国传统文化中的二十四节气、十二生肖、剪纸、四大发明等创设；三楼以创意美术和文明礼仪为主创设，充分地展示环境的教育价值。

科　技

科研工作

【培育科技型中小企业】 2022年，方山县培育科技型中小企业3户。至年底，山西庞泉重型机械制造有限公司、山西泓盛农业科技有限公司、山西吕梁山矿产品有限公司3户企业完成科技型中小企业评价，并登记入库。

【科技成果转化】 2022年，方山县实施3项以上科技成果转化项目。山西泓盛农业科技有限公司、方山县垚鑫生态养殖有限责任公司和山西庞泉重型机械制造有限公司3户企业分别向市科技局申报3项科技成果转化项目。其中，山西泓盛农业科技有限公司申报“蛹虫草生物活性肽产品加工技术示范与推广”项目、方山县垚鑫生态养殖有限责任公司申报“富ω-3多不饱和脂肪酸鸡蛋生产关键技术示范推广”项目、山西庞泉重型机械制造有限公司申报“矿用立柱千斤顶活塞杆/二缸带铬加冷却系统不锈钢熔覆技术的推广”项目。至年底评估通过。

【培育高新技术企业】 2022年，方山县培育高新技术企业1户。培育山西泓盛农业科技有限公司为方山县高新技术企业，5月向省科技厅提交认定材料申请，获准认定。10月12日科技部备案公示。

气　象

【气象服务】 2022年，方山县气象局制定《方山县2022年春运气象服务方案》《方山县2022年度决策气象服务周年方案》《方山县中高考气象服务方案》等。抓住重大节日和重要天气过程，密切监测天气变化，做好气象服务。全年发布各类气象信息64136条，发布月气候影响评价12期、节假日专题预报8期、一周天气预报51期、气象灾害预警101期、地质灾害预警信号14期、重要气象信息18期，发布春运气象服务专报8期。7月、8月、9月连续强降水期间，严格执行24小时值守班，利用省、市、县一体化预警短信平台、手机短信、微信平台等及时发布预报预警信息,强降雨时段1小时汇报1次雨情,并按照省、市局启动的应急响应命令进入相应的应急响应状态,做好各类气象灾害的预报预警服务工作。

全年开展人工增雨雪作业4次,共发射火箭弹32枚,燃烧增雨烟条28根,增雨雪效果明显。人工增雨对缓解旱情、改善土壤墒情、增加水库蓄水、降低森林火险等级和改善空气质量等发挥积极的作用。

【气象助力乡村振兴】 2022年,方山县气象局提升生态与农业气象服务能力。汛前对所辖乡镇协理员、村级信息员名单和各单位预警信息接收对象进行更新,并全部纳入预警短信平台,充分发挥信息员在防灾减灾中的辅助作用,减少气象灾害带来的损失。

加强关键农事季节气象服务工作。在秋收秋种关键期为种植业大户和有关部门提供适时、准确的决策气象信息,为秋收提供有力科技支撑,减少因气象灾害带来的农业经济损失。

推进气象灾害风险普查进度。为摸清气象灾害风险隐患底数,提升气象灾害风险预报预警和管理能力,按照中国气象局、省气象局关于开展气象灾害综合风险普查的要求,开展全国自然灾害综合风险普查工作。全年完成1978-2020年的大风、冰雹等7类16项气象致灾因子原始数据的核对工作,为提升自然灾害综合防治能力提供基础性支撑。

【防雷安全监管】 2022年,方山县气象局严格落实安全生产责任制。按照“一岗双责”安全责任,层层签订安全责任书。严格执行《山西省防雷安全监管办法》和省局、市局的相关文件精神,对全县防雷安全重点监管单位进行备案、监管,做到监管全覆盖、无盲区,并录入到部门监管平台。开展防雷安全检查,规范防雷监管台帐。防雷安全监管严格按照市局相关文件精神,对危化品、煤矿等行业开展防雷安全集中整治、专项检查、“双随机”检查等,核对防雷安全重点单位的防雷检测报告,了解企业防雷现状,及时录入防雷减灾管理系统,整理企业防雷档案。

文化 旅游

公共文化

【文化挖掘传承】 2022年,方山县挖掘离东旧址红色文化、南村左国城匈奴文化,打造于成龙廉政文化、北武当山道教文化品牌。出版文化系列丛书《红色文化鸦儿崖》《革命先驱张叔平》《匈奴故都左国城》。以张家塔村、西相王村、阳和沟村、积翠村、前东旺坪村5处民俗馆为基础,推进乡村记忆工程和非物质文化遗产的保护及挖掘。成功申报市级非物质文化遗产4项(北武当传说、于成龙传说、方山唢呐吹奏、钩编工艺),认定于成龙酒、建筑烫样、剪纸、葫芦烙刻、特色面塑、石头画等21项县级非物质文化遗产。

【惠民演出】 2022年,方山县文化和旅游局全年完成送戏下乡进基层演出42场。结合新时代文明实践工作,紧跟形势,精心编排各类节目,营造浓厚氛围。全年完成文艺汇演943场,为年计划482场的196%。主要包括"喜迎二十大、奋进新征程""推进移风易俗、助力乡村振兴""全面推进清廉方山建设""文化惠民下乡演出"等主题。

【文化活动】 2022年,方山县文化和旅游局采取线上线下相结合的方式,编创音乐快板《二十大精神指航程》,进企业、农村、学校宣讲。疫情期间,成立文艺志愿服务队,落实志愿服务常态化,组织编排音乐快板《众志成城抗疫情》、三句半《抗疫防控不松劲》、歌曲《我相信》等疫情防控为主题的文艺节目。深入学习贯彻习近平总书记致首届全民阅读大会贺信精神,做好新时代全民阅读工作,开展文化信息资源共享、有奖征文、图书漂流、读者座谈会等系列活动,搭建读书交流平台,营造"书香方山"新氛围。

数字文化馆平台坚持正确导向,在意识形态工作方面继续正向发力,共发布非遗传承、文物保护、艺术培训、廉政文化、学习党的二十大精神、疫情防控等视频680条,浏览量突破30万人次,全省排名第八、全市排名第一。

【市级重点工程】 2022年,方山县市级文化重点工程2项,分别为:创建市级乡村旅游示范村4个,实施"五个一批"群众文化惠民工程480场。至年底,推荐韩庄村、高家庄村、刘家庄村、孔家庄村为创建2022年吕梁市市级乡村旅游示范村,经市文化和旅游局专家组指导、审定通过,进入实施阶段。"五个一批"群众文化惠民工程共完成943场,完成率达196%。

旅 游

【市场主体倍增工程】 2022年,方山县文化和旅游局全年新注册文化和旅游相关企业10户,完成全年注册9户任务的111.11%。主要采取三项措施:一是提供科学依据和政策支持。第一时间制定《方山县文化和旅游局2022年文旅市场主体倍增工程工作方案》,提出10项工作任务,形成2022年全年文化旅游市场主体倍增计划以及产业高质量发展目标,从宏观上为文化和旅游市场主体倍增提供科学依据。二是形成市场主体倍增工作氛围。宣传国家发展改革委等部门印发的助企纾困扶持政策措施41条、省政府强化市场主体倍增要素服务保障措施78条,了解文旅产业相关个体户和企业在经营中遇到的实际困难以及需要扶持的相关政策,帮助文旅企业进一步降低经营成本、渡过难关。指导旅行社应对疫情影响,推动产品创新,拓展服务范围,向专业化、特色化方向发展。三是出机关、下基层上门服务。抽调3名工作人员与县行政审批局对接,学习注册流程,开展上门服务,在局机关设立专门服务点,方便群众办理注册登记。

【四大文旅工程建设项目】 2022年,方山县国保单位南村城址抢险加固工程基本完工;鸦儿崖景区旅游基础设施建设项目基本完工,正在完善上山游步道建设;文化艺术馆新建项目于6月17日开工建设,主体完工;张家塔古村落保护项目,联系专业文博设计机构对包括祖宅在内的6套宅院进行方案设计。

文物保护与非物质文化遗产

【红色文物保护利用】 2022年,方山县立足红色资源保护,申报的张叔平烈士故居、离东县抗日民主政府旧址于2021年被省人民政府公布为第六批省级文物保护单位,启动文物本体修缮方案编制。立足红色资源利用,贺龙中学旧址被确定为全市党史学习教育实践活动基地,丰富布展资源和展陈内容,多渠道开展线上宣传教育,全方位提升讲解服务水平,旧址遗迹成为党史“教室”,文物史料成为党史“教材”。

【文物普查】 2022年,根据方山县第三次全国不可移动文物普查及2018年度的文物核查,至2022年年底,全县登记在册的不可移动文物343处。其中全国重点文物保护单位3处:南村城址、于成龙故居、大武鼓楼。省级文物保护单位4处:于成龙墓地、贺龙中学旧址、离东县抗日民主政府旧址、张叔平烈士故居。市级文物保护单位7处:张家塔民居、方山城址、武当村真武行宫、杨家会贺龙子弟学校旧址(杨家会老爷庙)、东坡诸神庙、方山抗日烈士塔、津良庄泰山庙。县级文物保护单位74处,未定级文物保护单位238处。

2022年完成低级别文物及石刻文物调查。全县共有低级别文物保护单位334处,其中:古遗址106处、古墓葬44处、古建筑149处、近现代重要史迹及代表性建筑31处、其他4处。石刻文物280方,其中:262方石刻依附于126处文保单位中,18方为方山县博物馆馆藏石刻。

【非物质文化遗产项目及传承人】 2022年1月26日,方山县人民政府公布非物质文化遗产项目5个:方山县宝泉寺传说、方山套色烙刻、方山衬衫剪纸技艺、方山石背柳茶艺制作工艺、方山道情戏等。至2022年年底,方山县非物质文化遗产项目共25个,其中市级非物质文化遗产项目5个:北武当山传说、于成龙传说、方山钩编技艺、北川唢呐吹、方山道情戏奏;县级非物质文化遗产项目21个:方山于成龙老酒酿造技艺、方山古建筑烫样工艺、方山面塑、方山县宝泉寺传说、方山套色烙刻、方山衬衫剪纸技艺、方山石背柳茶艺制作工艺、方山道情戏、方山歌谣谚语、土豆加工工艺、老传统酒酿造技艺、“六口抠”箭根编织工艺、木质景泰蓝制作工艺、土豆宴制作工艺、民间布艺、宝塔山传说、老传统醋业酿造技艺、醋泡黑豆制作技艺、老传统辣椒酱制作技艺、根雕艺术、石画艺术。非物质文化遗产代表性传承人15人:李旺山、王德成、高林清、贺翠平、王候牛、杨延平、王吉平、闫强强、宋秀英、冯志刚、王建平、杨三狗、薛兆兆、王有贵、刘乃贵。

北武当山风景名胜区管理

【景区运营管理】 2022年年初,湖南中惠旅集团7人组成优秀管理团队进驻北武当山景区,依托中惠旅集团科研、人才、运营等方面的集群优势,把脉北武当山景区发展,把景区资源优势转化成产业优势,为景区注入新的活力,实现景区提档升级。

【丰富景区游乐体验项目】 2022年,北武当山风景区游乐体验项目建设。一是投资100万元,推出山西首家新型新西兰无动力滑板车游乐项目,推出500米体验线和5公里畅玩线,供不同人群选择打卡。二是新建刘家岔—兴南沟—香炉峰8公里木栈道和松泉(道教广场)—第三停车场3公里木栈道项目。打通从后山木栈道入口—登顶—下山—太和宫出口(检票口)的一条循环线路。步道建成后延长旅游线路,增加游客在景区停留时间,感受前后山沿途的自然风光。

【景区宣传促销】 2022年,北武当山风景区根据互联网发展形势和市场需求举行宣传促销活动,由旅游公司策划,网络主播直播宣传。一是利用抖音、快手、小红书、视频号等网络直播平台,上传景区宣传小视频,开展景区现场直播。全年各直播平台累计粉丝量达10万人次,累计发布作品700条,作品最高访问流量达20万人次。二是景区开设抖音平台进行直播带货,扩大景区门票、滑板车票销量,进一步提升景区知名度。

【常态化疫情防控】 2022年,新冠疫情持续蔓延,景区管理受到严峻考验。一是景区实行常态化防控管理,执行客流限制、持健康码实名购票,实行"一进一测一登记"制度,以有效的防控手段,打好疫情防控攻坚战。二是取消"三月三"传统庙会活动,景区实行短期封闭管理,避免人群聚集,确保人民群众身体健康和生命安全。三是落实全县疫情防控安排,完成积翠高速卡口疫情防控值班任务。

【景区安全管理】 2022年,北武当山景区健全安全生产体制机制,逐层压实安全责任。一是建立健全各项安全制度,景区主管安全领导与各部门负责人签订安全生产合同,各部门与部门员工签订安全合同,责任落实到人。二是建立高空滑索、新西兰滑板车等娱乐设备的安全管理制度,设立各项目安全专管员。三是建立安全运行记录,定期对运行设备进行维护和检查,使各种设备处于良好的运行状态。四是制订安全应急预案、游客紧急疏散应急预案、游客意外伤害应急预案等一系列安全预案,确保各项活动在严谨严密的工作流程内操作。五是定期组织旅游安全检查组深入景区进行安全隐患排查,确保景区安全无事故。

【申报北武当山风景区为中国森林体验基地】 2022年,北武当山管委会根据山西省林业和草原局《关于组织开展2022"中国森林养生基地""中国森林体验基地""中国慢生活休闲体验区、村(镇)"申报认定工作的通知》精神,北武当山风景名胜区具备中国森林体验基地申报条件,制作8分钟的高清视频影像申报资料,编制《北武当山风景名胜区创建中国森林体验基地发展三年建设方案》,如期上报资料。10月31日,中国林业产业联合会森林休闲体验分会专家组一行实地考察认定。

【文明县城创建工作】 2022年,北武当山管委会根据方山县创建文明县城会议精神,落实文明县城创建工作任务。一是在景区游客中心停车场显著位置制作景观小品,展示社会主义核心价值观。二是在游客中心售票大厅摆放8个“创城”易拉宝,景区游览线路沿线设置游览告知、提醒标识牌,开展文明告知、文明提醒、文明规劝。三是在游客中心售票口地面设置“一米线”提示标识,推动游客有序排队购票。四是在景区游客中心售票口设置无障碍通道,售票大厅设置母婴室,最大限度方便特殊游客。

新闻媒体

【免除城区居民有线电视网络收视费】 2022年,政府工作报告把免除城区居民有线电视网络收视费列为2022年10件民生实事之一,县融媒体中心成立由主任任组长的工作领导组,通过在“方山县融媒体中心”微信公众号、“方山融媒”APP、方山电视台等平台宣传和张贴通告等方式向社会公开发布。在县城国旗广场举行“政府购买有线电视免费进家庭文化惠民服务”宣传活动,共散发宣传资料1500份。出台《方山县融媒体中心关于推行政府购买有线电视文化惠民服务的实施方案》,决定从4月1日起免除城区居民有线电视网络收视费,扭转方山县有线电视用户连年下降的现状,扩大有线电视网络的覆盖面和收视率,确保政府购买有线电视公共服务惠民工程顺利实施。城区有线用户从年初的1000户增加到年底的1800户。

【新闻报道】 2022年,融媒体宣传围绕迎接党的二十大胜利召开、疫情防控、乡村振兴、移风易俗、清廉方山建设、抓党建促基层治理能力提升、创建文明县城等重大主题,全年自办新闻栏目20个,共播发电视新闻1050条。对外唱响方山强音,构筑舆论高地,全年中央广播电视总台发稿17条,发稿量创历史以来最好成绩;省广播电视台发稿38条,居全市第二;吕梁电视台发稿390条,居全市第二。网络及平面媒体宣传,央广网发稿63条、新华网发稿39条、人民网发稿32条、《山西日报》发稿54条、《吕梁日报》发稿160条,发稿量居全市前列。

【新媒体宣传】 2022年,方山县全面把握媒体融合发展趋势和规律,强化网络舆论引导,唱响主旋律,传播正能量。“方山融媒”APP共开设各类专栏30个,发布各类稿件4500条;“方山县融媒体中心”微信公众号、“方山融媒”人民号、央视频号、抖音号、快手号等媒体平台发布视频3713条。其中《英雄回家魂归故里》烈士刘泽军回家短视频抖音号点击量超34万人次,《北川闹春向未来——方山县2022年迎新春文艺晚会》点击量超5万人次。

【专题策划】 2022年,方山县融媒体制作《于氏家风传古今》《方山榜样》《遇见方山》等专题片,摄制《北川闹春向未来——方山县2022年迎新春文艺晚会》《三弦说唱——移风易俗树新风》、音乐快板《二十大精神指航程》,开展《红色经典诵读》30期,通过方山电视台、“方山融媒”APP、“方山县融媒体中心”微信公众号、“方山融媒”人民号、央视频号、抖音号、快手号等媒体平台发布,受到广大群众的一致好评。

【安全工作】 2022年，方山县融媒体安全工作，一是进一步建立健全采访、编辑、审核、制作播出等内部管理制度，出台《安全生产和安全播出制度》等安全制度5项，严格执行“三审三校制度”，确保播出内容安全。二是聘请山西宇正数字科技有限公司承担技术维护，每月巡检，每月维护。落实全天候24小时值班制度，转播台无线覆盖正常发射播出。三是严格落实机房值班制等管理制度，做到防患于未然，确保广播电视节目安全播出。

【应急广播】 2022年5月上旬，方山县融媒体中心对全县应急广播管理专业技术人员进行培训，实行专人维修、维护，确保全县应急广播正常安全播出。全年定点播放疫情防控宣传286条次、森林防火宣传69条次、安全生产宣传25条次、各类政策宣传128条次。

图书发行

【主要经济指标完成情况】 2022年，山西省新华书店集团吕梁有限公司方山分公司图书销售完成指标任务829万元，其中POS机销售204.3万元。“两教”销售完成744.4082万元，重点品种160.6761万元，教辅材料455.4431万元，幼教产品77.9964万元，传媒销售11万元。实现全年利润43万元，全面完成全年优秀目标任务。

【政治类书籍发行】 2022年，方山分公司以各项学习活动为契机，争取上级有关单位及部门的支持，下发文件，以宣传征订单和电话跟踪等方式，深入各乡镇宣传发行政治类书籍。其中《习近平谈治国理政》(第四卷)销售9300册，码洋744000元；党的二十大系列学习读物销售8000套，码洋480000元。全年政治类书籍码洋销售122.4万元。

【图书下乡活动】 2022年，方山分公司进一步履行社会责任，推动全民阅读，推进简史学习教育活动。在“世界读书日”来临之际，方山分公司精选优秀图书3000册，于5月1日、5月8日在积翠广场开展主题为“阅读百年史 启航新征程”2022年方山县新华书店分公司全民阅读图书展五折优惠售书活动；8月17日在峪口镇开展方山新华书店读书节“七进”活动；9月15日、10月13日分别在大武镇、圪洞镇开展“悦享晋版 品读山西”优秀晋版图书大连展；11月10日至11日在马坊镇开展方山新华书店读书节“七进”活动。扩大店内、店外双销售，达到社会效益和经济效益双突破。

【“两教”发行及货款回收】 2022年，方山分公司与教育科技局、各学校协调沟通，春秋新增《国防教育》，码洋22万元；秋增加《劳动教育》，码洋15.9万元；《高中实验报告》码洋16万元。与上年比增加码洋54万元。

2022年，方山分公司清欠16年前的旧书款和2022年春、秋两季书款。其中16年前旧书款回款38925.23元；2022年春欠款清零，回款率100%；2022年秋因疫情影响，回款23479611.47元，回款率51.15%。

【教材发行】 2022年受疫情影响，方山分公司按照上级市公司对教材经营工作的要求，转变观念，加强与学校沟通联系，进一步强化服务意识，提高服务水平，优化服务质量，维护教材发行秩序，完成“课前到书 人手一册”的政治任务，树立良好的企业形象。

【农家书屋图书采购项目】 2022年，方山分公司进一步推进企业发展，完成全年指标任务，全年完成农家书屋图书采购项目，共计码洋244328.4元。

医疗　卫生

疫情防控

【疫情应急处置】　2022年,方山县卫生健康和体育局充分发挥组织协调和“主力军”“排头兵”作用,密切关注疫情发展态势,以中、高风险地区入方返方人员为重点,组建相关工作专班,严密开展信息核查、流调、管控、核酸检测等工作,全面遏制疫情传播。

提高应对疫情处置能力,全系统按照疫情防控应对实操指南要求,加强技能培训和应急演练,全县共培训各级医务人员9000人,培训核酸采样人员490人,完成应急演练2场次。

完善疫情应急处置工作体制机制。制定出台《方山县聚集性疫情处置工作方案》,包括方山县新冠疫情联合流调溯源工作方案、方山县全员核酸检测工作方案等一系列应对措施。成立聚集性疫情工作领导组、分析研判指挥机构,充实聚集性疫情工作专班10个。建立精准高效的流行病学调查工作机制,成立方山县新冠疫情联合流行病学调查工作领导小组,组建现场流调组及信息核查组,明确9个部门工作分工和51名工作人员名单,制定5项工作流程。全员核酸检测工作成立专项工作组8个,全县设核酸采集片13个,核酸检测采集小组85个,人员分布横向到边、纵向到底,明确县、镇、村三级工作人员1570人,涵盖医疗、公安、测温、消杀、信息登记、标本转运、采样、隔离点、司机等10类人员,配备组长(含副组长)305名。85个采集小组精确固定到村的某一地址(场地空旷、通风良好、空间独立),合理设置“四区”(等候区、采集区、缓冲区、临时隔离区),人员一一对应,手机号码登记留存。

提高新冠肺炎的防治水平和应对能力。修订出台《方山县新型冠状病毒感染的肺炎疫情应急预案》,建立平急一体化突发疫情应急指挥机制,建立完善方山县疫情防控县级应急指挥体系,成立工作小组20个,进一步提高疫情防控应急处置能力。2022年11月22日发生疫情以来,全县上下积极响应、众志成城、团结奋战,疫情防控形势平稳向好,生产生活秩序逐步恢复,取得阶段性成果。

【核酸检测】　2022年,方山县共建成核酸检测机构2个,县人民医院、疾控中心各1个。全县日检量单检达3千人份、混检达6万人份,全年全县核酸检测共计1778277人。

落实工作措施。对发现的中、高风险地区返方人员,全部实行闭环管理、集中隔离、开展流调、采样送检、消毒消杀等措施。守牢网络工作安全线,从县级返乡人员登记系统里累计290天内返乡人员中排查到风险人员5765人;精准分析核酸数据,县级核酸检测系统中累计统计到核酸检测数据286天;流调溯源支援汾阳、孝义、交城、兴县,累计支援20天,学习积累流调溯源经验;疫情发生以来建立流调专班,建立台账56份。

核酸信息报告。落实每日新冠病毒核酸检测信息平台上报工作，累计上报205天；每周统计冷链检测汇总表，累计汇总45天；每周重点风险人员和物品环境核酸检测，累计汇总35天。PCR实验室全年核酸检测累计668243人次、冷链食品检测709份、食品包装检测558份、食品环境检测326份。11月24日以来，全县累计排查混管112管，发现阳性病例271例，排查出密接人员939人。收到协查函63份，处理函中涉及密切接触者、次密切接触者364人，重点人群557人。对山西省疫情信息管理平台推送的密切接触者、次密切接触者混检或单检异常人员229人进行流调排查，将在外省市县的密切接触者、次密切接触者混检或单检异常人员180人平台推送至所在地。

物资储备。梳理口罩、隔离衣、防护服、消毒液等应急物资，加强物资管理调配，建立防护用品物资进货、消耗、库存台账，科学合理调配使用，把有限资源用在关键处，保障应急所需。

巩固健康扶贫成果

【健康扶贫】 2022年，方山县乡村振兴战略领导小组成立方山县健康医疗保障专班，主要负责巩固拓展健康扶贫成果同乡村振兴有效衔接考核评估反馈问题整改。专班成立以来，认真贯彻落实党中央、山西省委、市委和县委的决策部署，采取有力措施，做到问题不解决不松手、整改不到位不交账、验收不过关不松劲，高标准、高质量、高效率推进国考、省考反馈问题及自查发现问题整改，确保按期全面整改、彻底整改，持续巩固健康扶贫成果。至年底，全县脱贫人口慢病签约4228户4799人，签约服务率达100%。大病集中救治“三类户”患者156名，救治率100%。“双签约”服务2897户、6551人（2022年新增347户471人）。

【压实扶贫责任】 2022年5月11日，方山县召开巩固健康扶贫成果同乡村振兴有效衔接工作推进会，印发《方山县巩固拓展脱贫攻坚成果同乡村振兴有效衔接考核评估问题排查整改方案》等，开展县对镇工作督导检查7次，整改自查发现问题5条。县级开展巩固健康扶贫与乡村振兴政策培训2期500人，各镇共组织政策培训14次900人次，实现对医务人员、乡村干部、驻村帮扶干部政策培训全覆盖。

【落实针对性帮扶措施】 2022年，方山县脱贫人口50631人参加基本医保和大病保险。开展30种大、慢病专项救治，至5月中旬，一般脱贫户救治663人，脱贫不稳定户救治134人，边缘户救治12人，突出严重困难户救治10人。

【巩固基本医疗保障成果】 至2022年底，全县1所公立综合医院、9所镇卫生院、90个行政村、3个社区、7个移民安置点卫生室全部达到“三个一”“三合格”“三条线”标准。镇、村级分别达到200种、50种以上基本药物供群众用药需求，确保群众看病有地方、有医生、有制度。

【大病集中救治】 2022年，方山县对大病患者定期摸排、识别、评估，建立“一人一档、一病一策”管理台账3000份，及时救治动员、转慢病签约随访等，大病救治率达100%。

医疗卫生管理

【医药卫生体制改革】 2022年，方山县继续推进县域综合医改，在落细做实、巩固成果的基础上,进一步引深拓展、提质增效。加大“三明医改”经验推广力度。出台《方山县深化医疗卫生体制改革领导小组2022年深化医改提质工程抓落实工作要点》推广责任分解。

优质资源下基层,提升基本医疗保障水平。方山县医疗集团结合工作实际和基层需求,从方山县人民医院选派临床经验丰富、工作能力强的骨干医师9名分别到9个分院任业务副院长,增强乡镇卫生院诊疗能力,服务时限为1年。9名骨干医师牵头,综合协调36人组成9支医疗团队在各分院建立专家门诊,开展技术培训、专题讲座、家庭医生签约、疫苗接种应急处置等工作,帮助提高各分院辖区内常见病、多发病、部分危急诊的诊疗能力和处置能力。全年服务群众5600人次。

【落实妇幼民生实事】 2022年,方山县妇幼工作重点是母婴安全,全县具有助产资质的医疗机构4家,严格执行母婴安全“五项”制度,守住母婴安全底线,确保孕产妇死亡率不反弹。全年母婴安全报表制度贯彻落实良好有序。

2022年,继续开展免费产前筛查与诊断服务工作,方山县免费产前筛查与诊断服务任务500人,实际完成474人,完成率94.8%。

2022年,政府民生实事——免费婚前医学检查,全年检查人数355对,办理结婚登记人数307对,婚检率115.64%,疾病检出率7.38%。

继续开展“两癌”筛查工作,乳腺癌筛查任务500人,完成507人,完成率101.4%;宫颈癌任务1500人,完成1503人,完成率100.2%。

加强出生缺陷矫正。2022年组织全县妇女增补叶酸预防神经管缺陷项目的目标人群由农村扩大到城镇,实现全覆盖。全县妇女叶酸服用率达90%,叶酸服用依从率达80%,知晓率达95%。

全面落实贫困地区儿童营养改善项目。农村儿童家长对营养包的认识率、营养包发放率和看护人健康教育覆盖率均达90%以上,营养包有效服用率达70%以上。

【“行走的医院”项目落地】 2022年,由中国农工党中央委员会和中国初级卫生保健基金会发起“行走的医院”项目基金会,向90个行政村捐赠卫生室设备,包括掌上彩超、心电图机等检验仪器以及血糖、血脂、高血压检查设备,总价值1620万元。2021年11月9日,医疗集团委托中招国际招标有限公司对“行走的医院”全科医师助诊包相关信息系统服务费用进行招标,中标人为中建材信息技术股份有限公司,中标金额899.70万元。至2022年年底,县政府支付899.70万元。2022年9月5日,方山县政府为全县村卫生室、基层卫生院免费发放90套全科医师助诊包、普博90台“5G+AI”掌上超声作为该智能化助诊包的配套方案装机落地,并提供完善的设备使用培训,提升群众对优质医疗资源的可及性,实现县、乡、村三级医疗网点远程诊疗全覆盖,打通分级诊疗的“最后一公里”。

【提升卫生应急处置能力】 2022年,方山县卫生健康和体育局组织修订《方山县突发公共卫生事件应急预案》,组织各镇开展应对秋冬季新冠肺炎疫情应急演练和核酸检测应急演练及卫生应急知识竞赛,进一步提高突发公共卫生事件应急处置能力。

疾病预防控制

【艾滋病防治宣教工作】 2022年,方山县开展防治艾滋病知识宣传，加强特殊人群艾滋病预防管理，重点开展以宣传教育为重点的服务工作，艾滋病防治工作取得初步成效。全年全县新增艾滋病感染者 1 人，累计共管理病人 49 例，抗病毒治疗人数 36 例。监管场所筛查 223 例，体检娱乐场所人员 97 人，扩大检测 1731 人。

【基础免疫接种】 2022 年，方山县基础免疫接种 7 岁以下儿童建卡率达 100%。卡介疫苗接种率 99%、脊灰疫苗接种率 95%、百白破疫苗接种率 97%、白破疫苗接种率 87.7%、麻疫苗接种率 97.7%。乙肝疫苗接种率 87.9%，乙肝疫苗首针立即接种率 98.8%。流脑疫苗接种率 95.7%、乙脑疫苗接种率 98.4%、流脑 A+C 疫苗接种率 96.7%。甲肝疫苗接种率 98.4%。

【新冠疫苗接种】 2022 年，方山县成立疫苗接种专班，下设五个组：疫苗全程冷链配送组、监督督导组、宣传发动组、信息系统维护组、日报疫苗调配组。全年累计新冠疫苗接种 268332 人，60 岁以上老年人新冠疫苗第一剂接种率 92.06%、第二剂接种率 87.39%。

【高血压患者管理】 2022 年，方山县开展全民健康生活方式行动，面对面随访确诊高血压患者，全县高血压患者合格建档 10369 人，管理率 99.34%，血压控制率 88.41%。

【地方病监测】 2022 年，方山县开展地方病监测，其中疟疾监测 11 人；碘缺乏病甲状腺检查学生 200 名，检查结果正常；城乡饮用水检测丰水期、枯水期共 60 份，合格率 100%。

【职业健康调查】 2022 年，方山县开展重点人群职业健康素养监测调查工作问卷 40 人（份），职业性尘肺病随访调查任务共随访完成 20 人。现场采样监测全县涉煤企业 11 家，主要检测二氧化硅、噪声、粉尘浓度，及时掌握用人单位职业病防治情况，督促企业对劳动者实行岗前、岗中、离岗健康体检，合理制定职业病防治对策，确保全县职业卫生安全。

【传染病工作】 2022 年，方山县审核报告法定传染病 419 例，其中乙类传染病 411 例、丙类传染病 59 例，网络直报规范、及时。报告完整率、及时率达 100%。

【结核病工作】 2022 年，方山县共管理肺结核病人 12 例，管理率 100%。追踪结核病外地报本地的病人 48 例，追踪到位率 100%。自动预警系统中处理学生病例 4 例，其中对 2 例方山高中学生进行个案流调。

方山县妇幼保健计划生育服务

【农村 35－64 岁妇女"两癌"免费筛查】 2022 年，方山县宫颈癌免费筛查任务 1500 人，完成 1503 人，完成率 100.2%。宫颈癌异常 67 人，其中：ASC－US 49 人、LSIL 17 人、HSIL 1 人，异常率 4.45%。

乳腺癌免费筛查任务 500 人，完成 519 人，完成率 103.8%。乳腺癌异常 9 人，其中：2 级 1 人、3 级 7 人、4 级 1 人，异常率 1.73%。

【预防艾滋病、梅毒、乙肝母婴传播】 2022 年，方山县艾滋病、梅毒、乙肝母婴传播筛查孕妇 466 例，孕早期检查 368 例。筛出梅毒阳性 4 例、艾滋病阳性 0 例、乙肝阳性 2 例。三病筛查率 100%，孕早期检查率 78.96%。

【产前筛查与诊断服务】 2022 年，方山县产前筛查与诊断服务目标任务数 500 例。全年累计采血 541 人，完成率 108.2%。其中高风险 65 例、转诊 65 例、转诊率 100%。

【0-6 岁儿童健康管理】 2022 年,方山县 0-3 岁儿童系统管理率达 90%以上。全年全县活产数 466 人,新生儿访视 455 人,访视率 98%。4-6 岁托幼机构检查 392 人。

【贫困山区儿童营养包发放与管理】 2022 年,方山县贫困山区儿童营养包发放每月任务数 1650 人,上年结余 14214 盒,2022 年收到 7680 盒。应领取人数 2460 人,实际领取 2323 人,未领取 137 人,发放率 94%。营养包效果评估 264 人。

【避孕药具发放】 2022 年,方山县有免费发放避孕药具网点 183 个,其中:县级人工发放网点 3 个,运行 3 个;县级自动网点 2 个,运行 2 个;乡镇级发放网点 9 个;村级发放网点 169 个。全县使用药具人员 2700 人,共发放避孕套 102300 只、避孕药 1050 盒、外用膜(栓)1460 盒、避孕环 741 只。

【出生医学证明管理】 2022 年方山县领回出生医学证明 700 份,县医院领出 440 份,中医院领出 277 份。特殊签发 3 份,补发 20 份。

【新生儿疾病筛查】 2022 年全县新生儿疾病筛查任务 200 人,“两病”筛查率达 95%以上,听力筛查达 85%以上。住院分娩 466 人,“两病”筛查 441 人,筛查率 94.6%;听力筛查 441 人,筛查率 94.6%。“两病”筛查完成 441 人,完成率 220.5%;听力筛查 441 人,完成率 220.5%。

【增补叶酸预防神经管畸形项目】 2022 年农村新增叶酸服用任务 700 人,完成 705 人,完成率 100.7%;城市新增叶酸服用任务 150 人,完成 151 人,完成率 100.66%。

【孕产妇健康管理及母子健康手册使用】 2022 年全县共发放母子手册 544 本,活产 466 人,早建册 419 人,早建册率 89.9%,接受孕期检查 544 人。按照规范要求在孕期接受 5 次及以上产前随访 420 人,孕妇健康管理率 90.1%。产后访视 422 人,产后访视率 90.55%;产后 42 天检查人数 425 人,产后 42 天检查率 91.2%;孕产妇系统管理数 420 人,孕产妇系统管理率 90.1%。

【免费婚前医学检查和孕前优生健康检查】 2022 年免费婚前医学检查目标任务婚检率达 80%。全年累计婚检人数 607 对,婚检率 102.02%。孕前优生健康检查全年任务 700 对,完成 700 对,完成率 100%。

方山县人民医院

业务指标完成情况

【工作任务指标】 2022 年,方山县人民医院业务收入 3104.31 万元,比上年下降 25.20%。其中:医疗收入 1713.44 万元,比上年下降 9.43%;药品收入 1390.87 万元,比上年下降 38.41%。全年全院门(急)诊诊疗数 76514 人次,比上年下降 0.46%;出院病人数 4407 人次,比上年下降 6.95%;手术人数 593 人次,比上年增长 23%。

【医疗质量指标】 2022 年,方山县人民医院入出院诊断符合率 97.5%,入院 3 日确诊率 85.6%,手术前后诊断符合率 96%。病床使用率 53.60%,平均住院日 7.54 天,住院病人治愈好转率 97.8%,病床周转次数 20.59 次/床。全年危重病人急诊抢救人次 245 人,抢救成功 205 人,抢救成功率 83.67%。

医疗管理

【人员培训】 2022 年 1 月 8 日,吕梁市人民医院对方山县人民医院进行对口支援，举行学术讲座，参加培训人员94人，培训率达76%，满意度达98%；2月17日，再次举行手术讲座培训，医护人员参加87人，参培率达72%，培训满意度达97%。

【医疗质量检查】 2022年，方山县人民医院每季度检查科室医疗情况，包括科室组织业务学习情况、病历书写质量、医疗质量控制等方面。每季度检查各科室疑难病例讨论记录本、死亡病例讨论记录本、术前讨论记录本、科内业务学习记录本、医疗安全检查记录本、医疗质量控制记录本和临床实验室“危急值”报告记录本、会议记录本等。促进核心制度落实和提高医疗质量水平。全年院内检查考核3次。

【优质资源下沉】 2022年，方山县人民医院全面提升基层医疗服务能力，医疗集团统筹调配医疗卫生机构人员，实行优质资源下沉，确保农村群众便捷看病，看得好病。全年选派优秀人才20人到乡镇卫生院帮扶，每2年轮换1次。人员下沉，人事手续下沉，补齐基层医疗卫生资源短板，持续提升医疗救治和疫情防控能力。两年服务期满，自愿继续留乡镇卫生院工作的可以继续留用，有意向回县医院工作的下沉人员，人事手续一并办回县医院。在评优、评模、职称晋升、干部提拔中，同等条件下下沉人员优先考虑。

【药品管理】 2022年，方山县人民医院组织部分医生进行培训，学习抗菌药物、麻精药品等方面知识。麻醉药品实行每月监督检查制度，在国家法律法规监管下购进、销售、保管、销毁，办理癌症病人麻醉药品专用卡48人次，每月按时随诊、更换，保证患者正常使用，杜绝非法外流。严密监测药品不良反应，提升上报表格填写质量。全年上报药械、化妆品不良反应事件共222例，其中药品147例、医疗器械60例、化妆品15例。

【临床路径】 2022年，方山县人民医院规范医疗行为，减轻患者经济负担，坚决遏制乱用药、乱收费等现象。加强临床路径管理，科学安排，严把质量关，严格按照卫生部关于临床路径的要求，结合医院实际情况，完善并及时修改路径，按照“二甲”医院复审的要求制定符合实际的临床路径病种16种。全年应入路径582例，实际入径563例，完成路径528例。

护理工作

【疫情防控】 2022年，方山县人民医院按照新冠肺炎核酸检测采样点相关工作要求，进一步强化标本采集工作人员的标本采集及个人防护技术技能，严格执行“一人一采一手消”，杜绝交叉感染。完善标本送检流程，规范医疗废物收集及处置方法。全年全院组织开展防护演练4次，新冠病毒核酸采集规范化培训11次，全面增强一线职工应对疫情防控突发事件的处置能力和自我防护意识。全年全院医护人员支援上海1次（10人）、临县1次（5人）、离石2次（10人）、大同1次（7人）、文水1次（57人）。全年核酸检测共采集标本2098336份。

【护理质量监控与管理】 2022年，方山县人民医院护理部每周不定期到科室检查护理质量，每季度对护理质量进行全面检查1次，及时反馈存在的问题，提高护理质量。落实各项护理规章制度及操作流程，每季度组织召开护理质量及护理缺陷分析会1次，查找不安全因素，提出整改措施，消除事故隐患。全年完成质控大检查4次，日常检查12次。抽查护理病历225份,危重症病人护理162人次,基础护理215人次;检查急救药品、物品、器材管理90次,病室管理及护理安全管理90次,院感及特殊科室管理40次。患者书面式满意度调查3次共165人次。

完善护理安全不良事件主动报告和管理制度、护理不良事件报告单等制度与表格的制定及修订,主动上报护理不良事件。全年全院共上报护理不良事件6例、药物不良反应1例、输血不良反应0例和压疮0例(院外褥疮0例,难免褥疮0例),较上年上报数持平。

【护士长管理】 2022年,方山县人民医院护士长管理措施,一是建立护士长手册,要求护士长制订适合科室的年计划、季安排、月计划,亲自督促实施并监测实施效果,每月工作一小结。二是每月召开护士长例会1次,内容以安排本月工作为重点,总结上月存在的优、缺点,提出相应整改措施,向各护士长反馈护理质控检查情况。三是强化护士长管理意识。发挥护士长的主观能动性,鼓励护士长开拓思维、勇于创新,在护士长例会中提出好的管理经验,与大家共同交流。指导新上任的护士长工作,帮助她们在短时间内承担起科室护理管理工作。

【护理人才培养】 2022年,方山县人民医院护理人才培养工作,一是新制定分层护理人员培训计划、安排及课件,提高各层级护理人员业务水平。二是加强新入职护士的培训力度,入职及定岗前单独培训,培训内容为护士执业道德、护士礼仪、规范用语、各项规章制度执行、护理安全等。三是组织护理“三基”理论考试1次、新冠肺炎相关知识考试2次、操作考试3次、业务学习10次,并组织各类业务讲座及远程教育学习。

【控制院内感染】 2022年,方山县人民医院控制院内感染,加强疫情常态化管理。一是进一步强化疫情常态化下感染防控管理,加强对疫情防控小分队督导,每周感控督导临床各科室,督查医务人员工作期间是否做好个人防护,是否与患者保持1米以上的有效距离,是否对病房定时通风换气等,同时加强门禁系统管理。二是加强预检分诊台管理,严格按各项规章制度做好预检分诊、发热患者登记、流行病学调查,把好疫情防控第一关。三是加强发热门诊及核酸检测管理,医务人员24小时坚守岗位,发热患者就诊严格按疫情防控的工作程序,防止疫情扩散。

医院重点环节感染控制。一是进一步加强手卫生管理,医务人员手卫生知识知晓率达95%,洗手方法正确率达85%,手卫生依从性达90%。二是进一步加强医疗废物的管理,规范医疗废物暂存的各项环节和制度,加强各科室医疗废物分类放置管理,加强医疗废物运送者和医疗废物暂存点的各环节控制,防止医疗废物流失、泄露、扩散。全年全院未发生医疗废物流失、泄露、扩散事件。

全年全院医务人员参加感染知识培训4次,出院病人总数4194人次,医院感染病例4例,医院感染发病率0.09%;I类手术切口感染病例0例。监测、登记骨科患者手术部位感染,全年共监测140例,发生医院感染病例1例。

【无菌物品与消毒液管理】 2022年,方山县人民医院加强无菌物品与消毒液的管理。一是各科室严格规范无菌物品的存放与管理,确保各种无菌物品在有效期内使用;二是加强消毒液的管理,严格执行消毒隔离制度,确保消毒液在有效期内使用。

信息化建设

【数字化医院建设】 2022 年,方山县人民医院全院实现网络覆盖,100 台计算机同时运行。信息系统主要包括医生工作站系统、护士工作站系统、电子病历系统、医技管理系统、检验系统、医学影像管理系统、病案系统、中西药库药房管理系统、收费系统等子系统 20 个,涵盖病人来院就诊、药品、设备、物资、卫材管理等各环节。外部接口 2 个,用于与医保、卫计委各系统对接。

依据国家有关涉密信息系统管理办法和技术规范,安装杀毒软件,实行物理隔离和专机专用。每月定时备份系统数据,包括自动备份和手动备份及本地备份和异地备份。

【实施"行走的医院"项目】 2022 年,方山县落实大病不出省目标,方便患者就近就医,落实当地医疗卫生事业改革发展和基层医疗机构一体化的需求。由中国农工党中央委员会和中国初级卫生保健基金会发起"行走的医院"项目,针对该项目技术信息五年服务费,2021 年 11 月 9 日,方山县医疗集团委托中招国际招标有限公司对"行走的医院"全科医师助诊包相关信息系统服务费用进行招标,中标单位为中建材信息技术股份有限公司,中标金额 899.70 万元。至年底,履行签约,一次性支付"行走的医院"项目技术信息五年服务费,共计金额 899.70 万元。"行走的医院"项目借助信息化手段,建设县级远程中心平台,依靠"互联网+远程诊疗"模式,进一步推进县乡医疗卫生机构一体化信息化和远程医疗信息系统建设进度。

方山县中医院

【医疗运行】 2022 年,由于疫情影响,方山县中医院全年门诊服务 34192 人次,较上年降低 4.4%;住院服务 1902 人次,较上年下降 17.2%。满意度 98.6%。全年业务收入 1376 万元,较上年下降 18%,其中:医疗收入 696 万元,较上年下降 12.3%;药品收入 700 万元,较上年下降 23%。

国家和省级带量采购药品品种采购周期内采购量完成 100%。

【医疗保障】 2022 年,方山县中医院职能部门和各科室主任发挥质控组织作用,每季度对科室进行质量考核,纳入绩效考核范围。

严格落实核心制度,以"大综合、小专科"的办院模式,推广应用新技术、新项目。内科全年使用新技术设备胃功能检查仪、检查室碘液分析仪和荧光免疫检查分析仪。

规范医疗文书书写,合理检查、合理治疗,强化病历质量管理,提高病历三日归档率。

提高医疗质量、维护医疗安全,强化医疗安全意识,制定《方山县中医院关于强化医疗安全意识正确处理医疗纠纷的规定(试行)》,进一步规范和加强管理,提高工作效率。

加强传染病管理,规范传染病登记、上报制度,全年无漏报、迟报。

【重点专科建设】 2022 年,方山县中医院加强肛肠科、康复医学科、妇科等重点专科建设。发挥中医特色,开展多种形式的人才培养,夯实基础,改善就医环境,优化服务流程,打造服务品牌。

【中医药健康管理服务督导】 2022 年,方山县中医院全年督导考核全县辖区内 65 周岁以上老年人中医药健康管理服务和0—36个月儿童中医药健康管理服务,提高各乡镇卫生院中医药管理服务整体水平,助力乡村振兴,提升农村百姓健康福祉。

【落实医疗质量安全核心制度】 2022年,方山县中医院加强对医疗技术事前事中事后、医院感染预防与控制、实验室安全等重点技术、重点环节、重点领域的质量安全监管,持续改进医疗质量。加强合理检验检查管理,临床、医技科室严格遵守诊疗规范及技术操作规程,因病施治,合理检查、合理治疗、合理用药,杜绝大处方及滥用药物等过度医疗现象。

【完善工作制度及流程】 2022年,方山县中医院完善药事、设备、耗材管理委员会及物价收费管理小组等专项管理机构在药品管理、财务收费等方面的工作制度和流程,强化专项管理机构内部自身建设和自我监督,确保医院药品设备采购、管理决策民主、公平、公正、公开。第三季度药事会重新规定各科药占比和抗菌药物使用DDD值,剔除注射用苯唑西林、盐酸川芎嗪注射液、克林霉素注射液、痰热清注射液、喜炎平注射液等5种不适宜药品,对肌苷注射液、刺五加注射液使用进行预警,严格把握适宜证,注意不良反应的上报。提出围手术期用药,严格执行抗生素使用原则,优先选用国家集采药品,严防超量处方等。

【信息化建设和基础设施建设】 2022年,方山县中医院开通全民健康平台互联互通接口,完成电子票据改革。中医师系统投入使用。

完善服务功能,提高服务能力。北京理工大学捐赠GE高端彩超1台,新购置荧光免疫检测仪、胃功能仪、碘液碘分析仪、妇科白带检测仪、胎心监护仪各1台,均投入临床使用。改造煎剂室,购置煎剂机2台。设有储藏、准备、浸泡、煎煮、清洗等功能区域,达到二级甲等中医院煎药标准。改造消毒供应室,安装脉动真空蒸汽灭菌器、医用超声波清洗机,建筑布局按照国家行业标准要求划分为四区:去污区、检查包装及灭菌区、无菌物品存放区、办公区;四通道:污染通道、清洁通道、无菌物品通道、工作人员通道。改造康复科艾灸室,安装排烟系统,改善就医环境。安装康复大厅治疗床隔帘,方便患者就医。医技科室设置值班室,解决医技科室人员长期以来值班没有休息室的问题。

【打击欺诈骗保】 2022年,方山县中医院治理不合理检查。与有条件的上下级医院间检验影像结果互认,严格把握各项辅助检查的指征。

控制药品费用。一是落实处方点评制度,各处方用药必须做到用之有据,禁止超量、超常用药。二是对有可疑不合理用药的科室和个人进行谈话提醒,发现典型案例全院通报。三是控制每月排名前十位的药品,销量前五位的药品控制50%,后五位的药品控制20%。如有特殊情况不能满足临床需求时,可以由主治医师提出申请,医院审批。四是根据中医诊断及辨证分型,合理使用中药饮片,每月对大金额处方进行合理性评审,对存在不合理用药的科室和个人院内通报,评审结果纳入绩效考核。

规范医保管理。参保患者住院严格进行身份识别,杜绝冒名就诊、冒名住院现象。禁止挂床住院,严格把握入院指征,禁止将门诊患者纳入住院。配合医保部门的监督稽查管理,及时提供相关医疗档案和资料。

镇概览

马坊镇

【巩固拓展脱贫攻坚成果同乡村振兴有效衔接】 2022年,马坊镇成立由书记、镇长任双组长的巩固拓展脱贫攻坚成果同乡村振兴有效衔接领导组和农村工作领导小组,其他班子成员任副组长,镇机关全体干部包村,层层压实主体责任和帮扶责任。印发《马坊镇2022年巩固拓展脱贫攻坚成果有效衔接乡村振兴行动计划》,召开巩固拓展脱贫攻坚成果与乡村振兴有效衔接班子会议6次、全体干部会议8次,传达贯彻上级决策部署,分析研判研究解决问题,精准施策补齐短板。围绕"四个不摘",紧盯脱贫人口义务教育、基本医疗、住房安全"三保障"工作和饮水安全、兜底保障等重点领域,不间断排查摸底,不间断加强监测预警,发现问题第一时间督促整改,确保各项惠民政策落地见效。全年马坊镇实施乡村产业振兴,推动惠民惠企政策落地。提高肉牛提质增效补贴,全年肉牛养殖户806户,养牛1975头,补助1500元/头,全镇共补贴296.25万元。推动粮改饲补贴,全镇共涉及515户、604个青贮窖、85056.9立方米,补贴27.7元/立方米,共补贴235.61万元。有饲草加工企业4家,享受补贴50万元。红崖湾村晋汾白猪政策补贴150万元。全年大豆、玉米带状复合种植户共验收1992.27亩。

【巩固"五型"政府建设】 2022年,马坊镇持续巩固"五型"政府建设各项举措,进一步提高政府公信力、干部执行力、制度约束力。一是重点抓好信访维稳。学习借鉴"枫桥经验",加大突出矛盾纠纷和重点人员排查调处力度。严格落实领导包案及重点人员分析研判等制度,深入开展矛盾纠纷化解排查工作。全年收到山西信访信息系统中信访14件,吕梁12345政务服务便民热线工单167条,调处矛盾纠纷108起,至年底,全部答复处理。二是落实落细常态化疫情防控措施。落实网格化管理制度,压紧压实防控责任,加强外来人员及返乡人员登记排查,做好值班值守、防疫物资储备,严格执行微信群每日上报制度,守牢疫情防控"外防输入、内防反弹"底线。三是稳步推进法治政府建设。以全民普法教育为主线,发挥法治宣传教育的基础性、先导性作用,开展"法治宣传月"活动,全镇共配备人民调解员49名、法律明白人111名。四是全面加强安全联排联查。强化地质灾害治理,落实安全生产责任制,定期开展安全生产排查。开展防火防汛、青少年防溺水安全教育,确保人民群众生命财产安全。

【民生福祉】 2022年,马坊镇践行以人民为中心的发展理念,多措并举推进各项社会事业发展,人民群众获得感、幸福感、安全感不断增强。一是完善民生基础设施建设。扎实推进农村人居环境整治提升行动,持续加大民生投入,全面落实河长制,包片领导为镇级河长,各村支部书记为村级河长。各村均配备巡河员,坚持日常巡查,每周巡河员落实水质监测1次。三是筑牢民生保障体系。落实社会保障政策,织密社会保障网,撑起民生“保护伞”。全年全镇居民医保参保人数16238人,参保率100%。涉及低保户1300人、五保户18人。四是推进环境整治,全面改善镇、村人居环境,持续推进人、畜分离。

【落实安全生产责任制】 2022年,马坊镇每月组织镇班子成员、包村干部、村支部书记和相关站所有关人员召开安全生产例会1次,累计召开会议13次,传达安全生产工作的最新指示、安排,听取各村安全生产隐患存在问题的汇报,分析研判安全生产漏洞隐患,结合上级安排部署,提出安全生产工作的各项具体要求和措施。聚焦重点工作、重点行业、重点领域,围绕排查问题、夯实责任、整改落实三个环节,开展“百日攻坚”集中行动,推进“大检查、大整治、大提升”专项行动。全年出动人员100人次,开展各类检查30次,下发隐患整改通知书20份。一是检查危化品4次,排查隐患6条,取缔非法违法醇基燃料经营储存点。二是排查住房安全,发现农村自建房安全隐患2处,上报县住建局鉴定。三是排查地质灾害点安全隐患19处,汛期以来涉及人员全部撤离。四是排查辖区内企业安全问题,发现电线破损、灭火器损坏等问题10条,全部整改落实。

积翠镇

【巩固拓展脱贫攻坚成果同乡村振兴有效衔接】 2022年积翠镇明确目标任务、细化责任分工,推进问题排查整改,全力推动巩固拓展脱贫攻坚成果,全面推进乡村振兴,实现全年目标任务。

问题排查整改。成立排查问题整改工作领导小组,制定《积翠镇问题排查整改方案》,各村成立排查整改工作专班,由各村驻村工作队、包村干部、村干部、乡村医生、网格员、数据监测员组成,全镇共计173人参与排查。对照县下发的6个方面38条问题,逐项研判,提出整改意见、整改措施和整改时限。镇统一建立台账下发各村,至年底,全镇38条问题全部整改完成。守住不发生规模性返贫的底线,坚持目标导向、问题导向与实效导向,紧盯已脱贫的4215户建档立卡贫困人口家庭收入和支出、“两不愁三保障”等方面的困难和问题开展常态化检视,对普通农户开展常态化监测预警,对农村特困供养人员、低保对象和低保边缘家庭等低收入群体进行监测筛查。全年共开展动态调整5次,自然减少147人,自然增加60人,新识别“三类户”46户107人,消除风险15户44人。至年底,全镇未消除风险“三类户”99户202人,其中,脱贫不稳定户60户105人、边缘易致贫户6户11人、突发严重困难户33户86人。根据监测对象的风险类别、发展需求,因户施策,制定精准的帮扶计划,落实帮扶责任人,开展有针对性的帮扶。

兑现惠民政策。就业帮扶方面:以农民工培训为抓手,提供多层次的技能提升和转岗培训,利用好“吕梁山护工”“方山装潢工”等特色劳务品牌,促进脱贫劳力务工就业。全年共培训18个村5期护工140人次,实现农民工由“体能型”就业向“技能型”就业转变。确保有劳动力的群众人人掌握一门必要的生产生活技能,实现培训一人、脱贫一户、带动一片的效果。全年全镇务工总人数3873人,其中,省外务工人数430人、省内县外务工人数1226人、县内务工人数2217人。光伏资金分配方面:充分发挥公益性岗位兜底保障作用,利用光伏收益分配资金,为脱贫户提供公益性岗位,鼓励其通过力所能及的劳动获得工资性收入。开发养老护理员、光伏管护员、护林员、防疫员等公益岗位,优先安置符合条件的脱贫人口,特别是弱劳力、半劳力和无法外出的脱贫劳动力。全年全镇共新增贫困户公益性岗位1722个,在家门口解决就业增收问题。教育扶贫方面:学前教育学生全部享受学前教育资助和学前教育营养改善政策,共计幼儿211人享受补助10.55万元;义务教育阶段学生全部享受"两免一补"政策,小学396人享受补助9.9万元,初中349人享受补助21.61万元;具有正式学籍的普通高中全日制在校家庭经济困难学生每生每年给予2000元的助学资助。全年"雨露计划"共资助学生329人,补助金额98.7万元;23名高考达到二本B类以上大学生每人资助5000元,补助金额11.5万元。健康扶贫方面:完成健康"双签约"421人、农村妇女"两癌"免费筛查261人、适龄夫妇孕检46对,解决因病致贫、因病返贫问题。饮水安全方面:完成全镇脱贫人口安全饮水排查,进一步提升农村饮水安全保障,对赤红村人畜吃水工程维修改造投入资金76万元,解决饮水问题,提升和改善村民饮水安全。金融扶贫方面:至年底,方山县邮政储蓄银行、方山县农村商业银行、方山县农业银行为脱贫户发放每户不高于5万元的小额贴息贷款,重点用于种植、养殖。2022年度全镇1800万元投放目标任务完成60%。兜底保障方面:低保对象全部实现兜底保障、应保尽保。16周岁以上建档立卡脱贫人口参加城乡居民基本养老保险率达100%,60周岁以上建档立卡脱贫人口享受基本养老保险率达100%,脱贫人口参加城乡居民医疗保险率达100%。稳岗补助和一次性交通补贴方面:2022年积翠镇第一批住房稳岗领取补助401人,落实资金48.12万元;领取交通补贴94人,落实资金2.1万元。全部兑现。第二批稳岗补助申报326人,交通补贴申报129人。

消费扶贫助力乡村振兴。全镇4个省派帮扶单位、7个市派帮扶单位和7个县派帮扶单位进一步发挥各驻村帮扶单位的职能作用和部门优势,发动驻村帮扶单位职工和社会力量线上线下购买群众农副产品,拓宽农产品的销售渠道。至年底,购买土豆、小杂粮等农产品累计消费金额20万元。

【农业产业】 种植业。2022年,积翠镇完成粮食播种面积33233.249亩、经济作物5294.29亩,长势良好。粮食作物总产量9418.268吨,经济作物产量3713.08吨。年初完成土地深松2000亩,补贴资金6万元。完成撂荒地复种3000亩,验收2500亩,每亩补贴100元。农作物受灾4000亩,共下拨救灾款142万元,发放救灾白面1980袋。

林牧业。一是成立工作领导组,召开镇、村森林防火会议,布置重要时间段的防火任务。成立镇村两级扑火队伍,签订防火责任书,排查隐患15处并及时处理,落实野外用火处罚制度。二是推进林长制改革,全面提升生态建设和管理水平,执行镇村两级林长巡林制度,全年全镇培训护林员45人。三是配合县畜牧部门对庞泉沟周边山区实行封山禁牧,共出动120人次。四是按时发放退耕还林、山体绿化补助款项。五是畜牧产业养殖良好。至年底,全镇牛存栏14264头、猪存栏19530头、羊存栏14572只(山羊10953只、绵羊3619只)。按照加强领导、落实责任、依靠科学、依法防治的防控方针,坚持春秋两季集中免疫,常年适时补针的原则,组织开展春秋季防疫工作。全年牛防疫14121头、猪防疫18992头,羊防疫14451只,防疫率在全县位列前茅。以牛、羊、猪、蛋鸡等优势产业作为重点,推进粮改饲项目,落实粮改饲补贴政策到村、入户。

【困难群众生活保障】 2022年2月,积翠镇召开党政班子联席会议,对生活困难、劳动力不足、重病等符合最低生活保障条件的42户44人进行评定并纳入最低生活保障。3月,应县民政局要求,对所有最低生活保障成员、特困供养成员全面复核,对不符合条件的43户81人取消最低生活保障,对不符合条件的29人取消特困供养。至年底,全镇有低保对象1083户1420人、五保对象179人。因灾因病临时救助521人,救助金额24.17万元。

【农村集体资产"清化收"专项工作】 2022年,积翠镇出台《积翠镇农村集体资产"清化收"专项工作实施方案》,成立"清化收"专项工作领导小组、"清化收"专项工作督导领导组、"清化收"专项工作涉纪涉法涉案工作专案组、"清化收"专项工作合同纠纷调解工作专班,推动"清化收"专项工作有序进行。全年全镇合同查找率达100%,土地面积核对率102.57%,完成调查率100%,清理规范率100%。清收欠款114.09万元,抵债或化解村集体债务51.06万元,清理后总收入693.82万元。

【完善乡村治理工作机制】 2022年,积翠镇编制镇村职责清单和任务清单及镇村两级干部岗位职责清单、任务清单、村干部履职行为负面清单,全面落实村级党务、村务财务公开制度,严格执行"四议两公开""两监督一审核"制度。加强"三员"合一,即支部委员、村务监督委员、纪检监察员由同一人兼任,实现村务监督与纪检监察的有效衔接。

【疫情防控】 2022年,积翠镇持续加强疫情防控工作。加强领导机制和责任落实。明确党委副书记专门抓疫情防控工作,成立14个工作专班(前期13个,另补充增加邮政快递专班),明确各班子成员疫情防控工作任务。推动全镇疫情防控各项工作紧张有序开展,全力保护群众生命安全和身体健康,确保打好打赢疫情防控阻击战。

发挥基层党组织作用,完善包保制度。召开专题会议,安排部署疫情防控工作。建立镇包片干部包联各村下乡干部、下乡干部包联村主干、主干包联"两委"成员、"两委"成员包联村民代表和党员、村民代表和党员包户的网格体系,共有网格260个、网格员260人、网格长75人。建立12名镇科级领导干部对19家企业疫情防控包联制度。各村网格员和健康管理员为疫情监测第一报告人,全面开展摸底排查,实行日报告、零报告制度。建立各级微信工作群,推送县防控办最新政策,更新中高风险区名单,宣传引导群众理性出行、主动报备,自觉落实常态化疫情防控措施。

筑牢疫情防控堡垒。各村外省返乡人员按照要求填报返乡小程序,对中高风险地区返乡人员按要求全部安装门磁。全员核酸采样8万人次。完成各年龄段接种新冠疫苗任务,接种总人数位列全县第一。志愿者参加疫情防控宣传、文明劝导等志愿服务,督促居民做好个人防护措施。

加强防疫物资储备,全力保障需求。按照一个月的储备数量标准,全面梳理医疗物资储备,整理缺口清单,协调县疾控中心为各村发放一次性医用口罩1600个、一次性防护服200套、消毒酒精180桶、84消毒液30瓶,保障防疫物资储备充分。

【成立孝老敬亲基金会】 2022年,积翠镇确定孔家庄、后则沟、东王和赤红村等4个试点村,成立孝老敬亲基金会,制定孝老敬亲基金会章程。孔家庄村和东王村按照每缴纳100元孝老敬亲基金奖励10分爱心超市积分,10积分兑换价值10元生活用品的规则,鼓励全体党员、村民积极缴纳孝老敬亲基金。村班子成员和党员及村民代表包联本家兄弟姐妹2户,带头义务赡养老人和孝老敬亲,带头遵守基金会规章制度。后则沟村和赤红村从村集体经济收入中设立孝老敬亲奖补资金,每缴纳100元孝老敬亲基金,村集体奖励20元。建立定期发放制度,每半年给老人发放赡养金1次,保证老人老有所依、老有所养,形成移风易俗、孝老爱亲的良好氛围。2022年已缴纳赡养费559人167.7万元,奖补资金33.5万元;65周岁及以上不需要缴纳赡养费343人,奖补资金20.58万元。

【推进市场主体倍增工作】 2022年,积翠镇根据县委、县政府相关文件精神,镇政府先后召开市场主体倍增专题会议,研究推进市场主体倍增工作思路和举措,解读市场主体倍增相关政策,安排部署市场主体倍增工作。成立市场主体倍增工作领导小组,细分市场主体倍增工作专班,层层落实责任,确保责任到人。鼓励在外创业和务工的有志青年回乡,依托县有利政策,注册建筑公司、装潢公司、农业合作社等小微企业。镇市场监督管理所与镇执法队联合检查镇域范围无证经营个体工商户,对应注册而未注册的督促引导其依法注册登记。至年底,共协助个体户完成注册150户、企业完成注册32户、农业合作社完成注册36户。

【基层治理】 2022年,积翠镇制定出台《积翠镇平安建设工作实施方案》,各村、各单位、各部门与镇党委、镇政府签订《积翠镇2022年平安建设责任书》,明确任务职责,进一步优化调整网格设置。全镇共划分镇级网格6个、村级网格18个、组级网格260个,村内林田路井、矿产资源、河流沟壑等风险隐患点纳入网格管理事项。由村"两委"干部、村民组长、农村党员等担任网格员,开展日常巡查走访。全年共化解信访案件61起,成功率达100%;18个行政村共调解矛盾纠纷40起。12345政务热线全年共处理群众诉求125件,回访满意率100%。

【安全工作】 2022年,积翠镇加大宣传和培训力度,增强公众安全意识。以"安全生产月"活动为契机组织宣传,通过发放宣传手册、张贴海报、悬挂横幅等方式,把安全生产知识普及到村到户。累计张贴宣传海报300张,悬挂横幅12条,发放宣传手册200本。

安全生产隐患排查。结合安全生产"大排查、大整治、大检查、大警示"四大活动和积翠镇安全生产百日攻坚活动,建立健全安全生产相关制度,重新修订安全生产应急预案。对庞泉重型机械制造有限公司、庞泉煤焦、玉泉加油站、北川河加油站、永兴加油站进行督促检查,共排查隐患33条,整改33

条,下发安全生产现场检查意见书20份。

自然灾害综合风险普查。填报乡镇减灾能力调查表、行政村减灾能力调查表、家庭减灾能力调查表,对方山村、赤红村、胡堡村、郝家庄村4个村进行抽样调查,每村40户,完成电脑系统录入工作。

地质灾害治理。在继续巩固深化群测群防的基础上,不断加大地质灾害防治资金投入,全面构建"人防+技防"的地质灾害监测预警体系,并对纳入在册的13个地质灾害隐患点,出台《积翠镇2022年地质灾害防治应急预案》《积翠镇地质灾害巡察制度》,发放"两卡",层层落实防灾责任。

圪洞镇

【巩固拓展脱贫攻坚成果同乡村振兴有效衔接】 2022年,圪洞镇推进巩固拓展脱贫攻坚成果同乡村振兴政策有效衔接。统筹抓好教育、医疗、住房、兜底保障等政策落实,累计发放各类教育资助资金4024人443.675万元;3874户9902人脱贫户和201户477名监测对象全部参加农村基本医疗保险;资助参保居民4328名124.08万元;累计开展医疗救助1354人次,救助金额191万元;开展自建房安全隐患专项整治百日攻坚行动,累计排查农村住房、经营性用房3458户,完成农村危房改造15户;4个农村饮水安全维修养护工程全部完工;累计发放农村低保金、特困供养金、临时救助金等各类资金1454.68万元。

强化监测预警。严格落实防返贫措施,坚持宽进严出,对符合重点监测对象识别条件的,及时纳入"返贫致贫"监测范围,进行分类帮扶。全镇201户477名监测对象解除风险18户52人,未消除风险183户425人。

抓实稳岗就业。组织脱贫劳动力参加专场招聘会4次,达成就业意向165人;累计完成技能培训370人,其中"吕梁山护工"护理培训233人。

提高脱贫人口收入。严格贯彻县支持脱贫人口增收"32条"措施,投资200万元开发政策性公益岗位1877个,发放稳岗补助603人63.24万元、一次性交通补贴242人3.2万元,为584名65周岁以上脱贫老年人和"五保"老年人发放孝心赡养金35.04万元;防返贫险赔付44人2.423万元,意外伤害险赔付13人6.5万元;通过"五进九销"等形式,销售农特优产品10343斤,发放爱心消费券99.6万元;落实耕地力补贴3266户1311435.22元,发放种粮一次性补贴5149户723665.5元、玉米大豆带状复合种植补贴1409.68亩422904元;发放贷款605户3025万元。全镇脱贫人口人均纯收入10778.737元,比上年增长18.72%。

【产业发展】 2022年,圪洞镇确立"西山核桃杂粮、东山旅游养牛、沿川第三产业、贯穿乡村旅游"的产业发展思路,带动全镇脱贫户增收致富。

西山片区。完成核桃林提质增效13215亩,种植朝天椒220亩,新建西红柿加工车间1座,带动脱贫户651户1521人就业。昕广欣种猪育种有限公司新建3000头核心育种场并配套2万头育肥场,引进优良原种猪1200头,猪场满产后可达年出栏原种猪30000头、育肥猪40000头。

东山片区。发挥梅洞沟旅游资源优势和当地群众传统养殖优势,实施乡村旅游客栈项目。建成100头、200头、500头规模养牛场各1座,带动农户增收致富。

沿川片区。结合“吕梁山护工”培训、全民技能培训、致富带头人培训等劳务培训,引导群众发展第三产业,扩大就业范围,促进收入稳定增长。全年沿川各村外出务工4000人,从事小手工、家庭作坊等1000人。

乡村旅游。试点打造前东旺坪、庄上2个美丽宜居示范村,增设烧烤店、网红秋千、儿童手摇船、遥控汽艇、趣味碰碰球、太空椅、卡丁车、摄影基地、游乐场等旅游项目,依托人行木栈道和观光车行道,形成乡村旅游观光精品线路。全年来客2万人次,成为游客旅游观光新的“打卡地”。

【农村集体资产“清化收”工作】 2022年,圪洞镇共摸排各类合同798份,其中不规范合同649份,除提级的3件外全部完成清理规范。经清理,村土地经营权面积增长58255亩,收回村集体各类土地经营权面积7497亩,经营性资产14个;化解债务80.7万元,清收债权167.3万元,清理后实际入账收入1137.2万元(包含光伏资金),村均71万元。

【市场主体倍增工作】 2022年,圪洞镇企业主体增加146户、个体工商户增加654户、专业合作社增加32户,超额完成年度目标任务。

【重点工程】 2022年,方山县三川河治理工程、雨污分流(县城至潘家坂段)协调征地工作全部完成;旅游集散中心工程协调征地、拆迁工作,仅剩3户;圪洞镇至梅洞沟湿地公园旅游线工程顺利通车。

【安全工作】 2022年,圪洞镇全力开展抢险救援救灾,累计下拨专项救灾资金46万元,解决全镇11个行政村1216名受灾群众的燃眉之急。聚焦煤矿、非煤矿山、危化品、燃气、交通、食品等重点领域,累计开展专项检查8次,发现并整改安全隐患11条,全年未发生较大以上生产安全事故。学习借鉴“枫桥经验”,深入排查化解各类信访矛盾和风险隐患,把问题解决在基层、消除在萌芽状态。

峪口镇

【乡村振兴】 2022年,峪口镇围绕巩固拓展脱贫攻坚成果同乡村振兴有效衔接,聚焦“两不愁三保障”,落实各项惠民政策,助推巩固脱贫攻坚成果同乡村振兴有效衔接。

驻村帮扶。坚持属地管理、分级负责、无缝对接、全面覆盖、责任到人的原则,建立以镇党委领导总牵头、镇班子成员包片负责、站所人员业务指导、驻镇工作队和镇纪委巡回督导的“四位一体”工作管理体系,全面加强对20支驻镇驻村工作队的管理使用。组织开展“学政策、促振兴、比赶超、树新风”知识竞赛、抓党建促基层治理能力提升“擂台比武”和“明政策、算收入、展成效”年度收入测算逐村研判等活动,助推巩固脱贫成果同乡村振兴有效衔接。

动态监测。严格按照全面排查、综合研判、精准帮扶、动态销号四个环节,及时开展动态调整,扎实做好防返贫致贫预警监测和帮扶工作。综合运用自我申报、村干部排查、行业比对、系统监测等进行隐患跟踪监测,及时发现、高度重视、妥善处置。全年全镇“三类户”74户165人,风险消除户16户35人。每月定期组织各村驻村工作队开展收入测算、入户走访,了解村民需求,结合国家政策对困难群众给予一定帮助,防止出现返贫。

就业扶持。全年先后2次组织开展易地扶贫搬迁安置点扶贫车间就业宣传培训,促进就业75人。各村支两委对各村脱贫劳动力务工情况进行全面摸排,峪口镇17个行政村,总人口10928户28505人,劳动力总数8724人,就业人数8252人,其中县内就业4698人、县外省内就业3342人、省外就业212人。脱贫劳动力3402人,就业人数3226人,其中县内就业1782人、省内县外1323人、省外就业121人。全年共发放稳岗就业补贴711人,人均补贴1200元,累计发放853200元。发放一次性交通补贴215人,累计发放36938元。

问题整改。2022年5月9日,峪口镇召开排查工作动员部署会议,制定排查整改方案,成立以书记、镇长为组长的领导组,设立16个工作专班。组织镇村干部、驻村工作队、网格员等211人逐村逐户开展"拉网式"问题排查,全过程加强防止返贫监测帮扶工作,做好到户政策宣传、下沉到户到人摸清底数、建好问题整改台账。按照"进度服从质量"原则明确工作责任和整改时限,结合国家后评估、省市际检查反馈问题整改,分级分类制定措施,推动各类问题动态清理、举一反三。全年累计排查发现问题54条,全部整改完成。

【产业发展】 2022年,峪口镇加强产业发展。一是守好耕地保护红线,遏制耕地"非农化"防止"非粮化"。完成撂荒地改造种植1400亩、玉米大豆复合种植1500亩,全镇粮食种植面积稳定在3.1万亩以上,粮食产量稳步提升。二是扶持小微农特企业发展,支持山外香食品有限公司、绿庄园种植有限公司等农特企业扩大订单种植,带动全镇甜糯玉米和西红柿种植面积稳定增长。三是鼓励养殖企业、合作社、个户实施"粮改饲"青储项目,助推辖区肉牛养殖产业。全年累计验收60户12041立方米饲草,每立方补助27.7元,共计补助34.7万元。

【集体经济发展】 2022年,峪口镇积极争取县级壮大村集体经济扶持资金150万元,在圪针湾村以"村集体+企业"的模式打造年产1000吨的老油坊食用油加工产业。至年底,1000平方米的加工车间投运。东湾村连续三年扩大村集体养鸡场规模,养殖规模达2.8万只;峪口村新建5亩的高标准温室大棚,结合田园综合体项目建设,试验种植新品种蟠枣,实施大棚采摘项目;花家坡村争取市级乡村振兴示范村建设项目,投资100万元新建3亩高标准阳光板大棚2个。

【民生福祉】 2022年,峪口镇进一步提升民生福祉。加强民生兜底保障。根据中央、省市、县关于开展低保复核工作的通知,按照"应保尽保、规范运作、分类施保、动态管理"的要求,坚持公开、公平、公正的原则,对低收入人群进行摸排起底,开展收入测算,切切实实把符合条件的、真困难的人群应纳尽纳。至年底,全镇有农村低保295户378人,五保户149户151人。

落实教育扶持政策。配合教育部门优化教育结构,改善办学条件,提升教育质量,安全管理规范有序。全年落实幼儿资助155人次,每生每学期500元;落实义务教育"两免一补"政策,小学321人次、初中396人次;落实"四类"补助,小学生370人次(每生每期250元)、初中生14人次(每生每期312.5元);落实普通高中资助237人次(每生每学期800元),落实职业中学学生助学金35人次、生活补助42人次;落实“雨露计划”资助学生339人,每人每年3000元,累计资助101.7万元。

残疾人服务保障。召开峪口镇残疾人联合会第八次代表大会,选齐配强残联工作班子,每村确定1名村残疾人协会专职委员,协助镇村做好残疾人服务工作。2022年全镇残疾人1002人,其中一、二级重度残疾人370人,全部按要求落实护理补贴94元/月/人。全年为残疾人配发辅助器具55件。实施残疾人助残帮扶项目9人,每人配发价值6000元左右的农机器具。落实残疾人大学生补贴2人,每人补贴5000元。

退役军人生活保障。开展悬挂光荣牌“回头看”,确保不漏1名服务对象。全年新增优抚对象7名,全部上门为服务对象悬挂光荣牌。按月发放重点优抚对象人头经费,全年共发放128.2万元。发放2021年入伍义务兵家庭优待金和大学生一次性奖励金68.91万元,办理医疗补助180人共5.38万元,为175名优抚对象全额代缴养老保险61250元。建军节开展集中走访慰问活动,为服务对象发放挎包,倾听服务对象心声,对生活困难的80名退役军人发放困难帮扶援助资金共计3万元。

日间照料中心全覆盖。2022年,峪口镇新建村级日间照料中心8个,新建易地扶贫搬迁安置点日间照料中心2个,新建幸福小院1个,实现行政村、安置点日间照料中心全覆盖,保障各村老年人吃、住、娱、养一体化,实现老年人老有所养、老有所安、老有所为、老有所乐。

【基层治理】 2022年,峪口镇以党建引领全科网格建设为目标,以精细化治理、精准化服务为抓手,全力推进镇村四级网格化建设。以班子成员包片为单位设置一级主网格8个,以行政村和移民安置区为单位设置二级大网格19个,以村“两委”干部所包片区为单位设置三级小网格41个,以村民代表10至20户联户为单位设置四级微网格549个。各级网格长、网格员全面参与村级矛盾排查调解、新冠疫情防控、护林防火巡查、村级资源监管、安全隐患排查等各项工作,争创全科网格化治理。

坚持问题导向,围绕省委制定的38条乡镇抓党建促基层治理能力提升指标体系,逐条分析、研判,共梳理出18条达标清单和20条问题清单,扎实巩固、严肃整改。建立“三上三下一仲裁”的信访工作调处机制、镇干部包联村制度,制定《村干部岗位职责清单》《网格长职责任务清单》等,形成用制度管权、管人、管事的长效机制。

【规范行政执法】 2022年,峪口镇规范行政执法。一是强化组织机构,深入落实“一支队伍管执法”的改革要求,组建由镇长任执法队长的执法队伍10人,全部申领执法证。二是强化执法保障。县级划拨专项经费30万元,为执法人员配备执法服装,增购执法皮卡车1辆、执法记录仪6台、对讲机6台等执法装备,落实乡镇综合行政执法办公场所72平方米。三是健全执法机制,进一步明确执法事项清单,实行由乡镇巡查、上级部门处置的执法模式,逐步解决基层权责交叉、多头执法、重复执法以及基础薄弱等问题。全年累计开展行政检查15次,采取行政强制措施1次,下达责令整改通知10份,出动执法人员50人次、执法车辆15辆次。

【疫情防控】 网格化排查管控。峪口镇以村、小区为基本单位,建立联防联控网络,实现疫情防控网格化、全覆盖。以包片领导、包村干部、村干部、村小组组长为责任人,按照包片包村的原则,建立责任体系,动员和汇聚各方智慧和力量宣传疫情防控知识,开展信息摸排工作,形成“横向到边、纵向到底”的管理机制。各村按网格化每日排查风险地返方人员,尤其是大车司机、省外务工人员、返乡大学生等重点人群。建立各村健康管理汇总上报制度,镇疫情防控办公室每日总结并上报县疾控办。

开展系统化宣传培训。峪口镇组织各村支部书记、健康管理员培训学习最新防控政策,组织相关人员参加县疾控中心举办的吕梁市返乡人员登记系统登记培训,要求返乡人员应登即登。通过悬挂宣传标语、出动宣传车、使用大喇叭巡回播放,张贴通告、倡议书及利用网络平台宣传等方式,全方位同步宣传疫情防控知识,教育引导群众正确认识疫情,劝导群众不聚会、不走亲访友、不随意出入人员密集场所。

开展“无疫村”创建。峪口镇围绕“三有”“三实”“三无”创建目标,镇村两级结合实际建立平战指挥体系,制定工作方案及应急预案,绘制核酸检测、健康监测、医疗救助、应急处置等9个方面的流程图,推动全镇“无疫村”创建工作。

疫苗接种。峪口镇2个卫生院分片合作,网格化推进新冠疫苗接种。全年全镇累计接种40529人次,第一剂16325人、第二剂15352人、第三剂8852人,60岁以上老年人接种3720人。

【“清化收”工作】 2022年,峪口镇坚持高站位、高规格、高质量有序推进“清化收”工作,确保“清化收”工作起好步、开好局、有成效。全年组织镇村两级开展宣传动员,累计悬挂宣传标语条幅65条,发放《给党员和群众的一封信》950份、《告知书》《承诺书》共11011份、宣传海报800张、相关政策书籍32套。全镇累计查找合同868份,全部清理规范。收回村集体土地3870.74亩,收回村集体资金1022.86万元。

【市场主体倍增工程】 2022年,峪口镇结合乡镇行政事业单位机构改革,镇综合便民服务中心设置8个窗口便民服务业务24项,进一步明确职责任务,制定廉政建设、一次性告知、首问负责、服务承诺等工作制度,修订工作人员行为规范,优化营商环境。全年召开促进市场主体倍增动员和推进会议2次,制定出台配套政策,搭建平台载体,成立登记注册工作专班,简化办理流程,提高登记注册效率。全年累计注册个体户1232户、农业合作社155户、企业240户。

【住房安全隐患排查】 2022年,峪口镇按照全领域、全方位、全覆盖总体要求和谁拥有谁负责、谁使用谁负责、谁主管谁负责的原则,全面开展自建房和老旧危房安全隐患大排查、大整治。印发《峪口镇自建房和老旧危房安全隐患大排查大整治大提升行动实施方案》,成立自建房安全隐患排查整治领导组专班,召开自建房安全专项整治工作部署推进会,对辖区范围内自建房开展全覆盖、拉网式、地毯式安全隐患排查,全力消除各类事故隐患,保障人民群众生命财产安全。全年共排查17个行政村自建房6925户、经营性自建房219户,存在安全隐患2户,及时督促整改。

【人大工作】 2022年,峪口镇坚持以习近平新时代中国特色社会主义思想为指导，认真贯彻党的二十大精神，切实履行宪法和法律赋予的职权，主动开展各项工作，调动代表的履职积极性，提升镇人大工作的整体水平。一是增强代表的法律意识、政治意识和责任意识，提高人大代表依法履职能力和服务水平。全年线上线下组织人大代表学习、培训共5次，组织人大代表统一活动2次，承办人大代表的意见和建议13条，答复满意率达100%。二是增强人大依法监督力度。建立健全人大工作例会制度，通报全镇主要工作，讨论研究有关人大工作的重要事项、决定、部署。镇人大工作向计划性、程序型、具体化转变。

【人民政协工作】 2022年，峪口镇加强对驻镇政协委员的沟通联络和服务，利用"有事来商量"协商议事平台，发挥好人民政协"政治协商、民主监督、参政议政"的职能作用。一是积极主动参政议政。全年组织政协委员召开学习交流会议3次，及时传达学习上级党委、政协最新指示精神和工作要求，深刻领会并准确把握人民政协的性质定位、主要职能和目标要求。围绕社会关注的热点焦点问题开展集体研讨，全年累计撰写大会发言1篇、提案4篇。二是落实协商议事。始终坚持以服务发展和民生为导向，围绕党政关注的要事、改善民生的实事、社会治理的难事等方面，收集事关群众切身利益的协商议题线索7条，重点围绕3个议题，开展协商议事活动5次，形成工作意见建议7条。

【群团工作】 2022年，峪口镇群团工作，一是关爱妇女就业，维护妇女权益。举行维护妇女合法权益现场咨询活动，发放《中华人民共和国反家庭暴力法宣传册》1000册，通过面对面的法律咨询，帮助妇女提升自我保护意识和能力。全年完成农村妇女"两癌"免费筛查250人，提高妇女的健康意识。二是激扬青春能量，引深志愿服务。动员全镇青年积极参与疫情防控等工作，发挥青春力量。疫情防控期间，累计吸纳优秀青年志愿者92人，组织开展专项培训，全部投入网格化排查、核酸检测、卡口管理、疫苗接种等工作中，为疫情防控工作贡献青春力量。三是协调各方力量，开展帮扶活动。镇关工委统筹联动，积极协调各站所、学校、驻村帮扶单位，开展帮扶关爱活动。协调久久爱心公益协会对5名贫困儿童开展"一对一"助学帮扶；协调盛天景宏仁爱基金会在南村启动"助苗计划"项目，向10名贫困小学生每月资助200元，持续资助2年。四是凝聚"银龄"力量促进老区建设。镇老促会立足于峪口镇人文历史久远和红色文化厚重的优势，组织专门研讨会议4次，组织老党员、老干部20人次深入群众、深入一线探访历史遗迹，了解历史故事。

北武当镇

【巩固拓展脱贫攻坚成果有效衔接乡村振兴战略】 2022年，北武当镇抓实防返贫工作，巩固脱贫成果。一是落实驻村工作队责任制。严格执行驻村工作队的管理办法，每周召开1次驻村工作队参加的有关乡村振兴工作会议；对驻村工作队及工作队员日常工作完成情况进行考核评价，配合县驻村办、乡村振兴局管理驻村工作队。二是建立动态帮扶监测机制。聚焦"一达标、两不愁、三保障"，建立动态帮扶监测机制，发现问题，及时帮扶,全年没有发生规模性返贫。全年全镇排查农户3159户并建立工作台账,按照分级分类的原则,对“三类户”每半月排查1次,脱贫户、一般农户按月排查。至年底,全镇现存“三类户”96户190人,其中未消除风险30户72人、消除风险66户118人。三是聚焦反馈问题整改工作。召开北武当镇巩固拓展脱贫攻坚成果有效衔接乡村振兴考核评估问题整改工作动员会,成立专项工作组,以问题整改为重要抓手,制定《北武当镇问题排查整改工作方案》,列出问题整改清单,明确整改措施、整改时限、整改责任人,坚决守住不发生规模性返贫底线,统筹推进巩固脱贫攻坚成果。

【落实惠民政策】 2022年,北武当镇落实惠民政策。社会保障方面。一是严格落实基本医保、大病保险、医疗救助、补充医疗保险制度,防范因病返贫致贫风险;落实资助参保政策,确保脱贫人口参保率达100%;落实“双签约”干部服务团队职责,各级医院医生、乡镇村医、村干部随访2000次,参加“两癌”筛查妇女30人,落实“双签约”151人。二是严格落实城乡低保、特困人员供养政策。全年全镇有低保户354户439人,特困供养户(五保户)74户74人。规范最低生活保障金申请程序,健全临时救助制度,推广补充养老保险制度。动员城乡居民参加2023年医疗保险缴费,确保“三类户”100%参保,一般户和脱贫户缴费率达95%以上。全年共发放最低生活保障金180万元、临时救助金50万元。

教育保障。全镇脱贫家庭义务教育阶段适龄儿童无失学辍学,296名贫困学生享受教育扶贫政策资助。幼儿及义务教育阶段在校生157人,落实补助资金共8.5万元;中职高职类学生落实“雨露计划”助学100人,落实资金30万元;考取本科二批以上高校大学生落实助学金6人,落实资金3万元。送教上门3人。

就业帮扶。开展劳动力就业培训需求摸底,统筹就业渠道,因村制宜、因人施策、按需施策,实施“技能社会、人人持证”全民技能提升工程,确保常住居民掌握一技之长,进一步提高持证率、就业率、增收率。全年共培训脱贫劳动力507人,培训“吕梁山护工”52人,输出技能型人才223人。开展夏季洪灾灾后恢复重建,7个行政村设置558个公益性岗位。

【特色产业】 2022年,北武当镇按照科学规划、因地制宜、发挥优势、区域布局、集中连片、规模经营、自然和谐的总体要求,培育建设北武当镇现代农业产业园,发展特色产业。一是摸清旅游资源家底,激发发展潜力。依托辖区内北武当山风景名胜区、廉吏于成龙故居、鸦儿崖红色教育基地等旅游资源,打造全域旅游新格局。二是挖掘自身优势,实现农旅融合。在全县生态文旅示范区的发展框架内,依托韩庄村地势开阔、水源充沛、交通便利等优势,吸引资金打造高标准农旅特色产业园区,涵盖农耕体验、艺术创意、休闲康养、儿童游乐、特色民宿、电商推介等多个板块。承办全省“三个一批”现场会。“十一”黄金周农旅融合发展质效凸显,旅游综合收入稳步提升。三是多管齐下发力,多元产业发展。大力支持天玉粮油等小微农特企业发展,带动全镇甜玉米、小杂粮等种植扩面。以新民村为核心区发展大田西红柿等蔬菜种植园区,以韩庄村为核心区发展朝天椒种植基地,以来堡村为核心区发展葡萄采摘园区。

大力推动市场主体倍增，全镇市场主体总量达341户，比2021年底243户净增长98户，增长率为40.33%。

【疫情防控】 2022年，北武当镇疫情防控重点抓好以下工作：织牢联防联控网络。以村防控为重点，以村为基本单位，建立联防联控网络，实现疫情防控网格化、全覆盖。7个行政村对中高风险地区返乡人员进行严密监测、动态报告，确保中高风险地区人员一个不漏。

宣传疫情防控知识。充分发挥各类媒体平台的作用，通过悬挂宣传标语、出动宣传车、使用大喇叭巡回播放、张贴通告、分发倡议书和传单以及运用微信网络平台等多种方式，全方位同步宣传疫情防控知识点，教育引导群众正确认识疫情，劝导群众取消聚会、不走亲访友、不随意出入人员密集场所。

“无疫村”创建。围绕“三有”“三实”“三无”创建目标，镇村两级结合实际建立平战指挥体系，制定工作方案及应急预案，绘制核酸检测、健康监测、医疗救助、应急处置等9个方面的流程图，推动“无疫村”创建。

【安全生产】 2022年，北武当镇全面落实安全生产党政同责、一岗双责、齐抓共管的要求，紧盯重点领域，狠抓隐患排查整治。成立镇安全生产领导小组，创新安全生产网格化管理制度，开展安全生产大检查，推进打击私挖盗采矿产资源专项行动。全年全镇先后召开全镇食品安全、安全生产、应急环保会议，集中开展安全生产领域风险隐患大排查、大整治“百日攻坚”行动和安全生产“大排查、大整治、大提升”专项行动。全年开展安全生产大检查3次，发现并整治安全生产隐患3条。定期组织开展群众性安全防范培训，印发安全宣传手册1000份。

【生态环境建设】 2022年，北武当镇生态环境建设，一是全力配合县林业部门实施国家储备林及林业扶贫项目，三北防护林、天然林资源保护、吕梁山生态脆弱区、经济林提质增效、退耕还林还草等造林绿化项目。通过造林专业合作社，组织更多农民参与造林管护全过程，发展林下经济，带动增收致富。二是开展农村人居环境整治，稳步推进农村人居环境整治常态化、制度化，推进农村改厕、垃圾处理和污水治理“三大革命”。不定时检查全镇各养殖户及企业，营造良好的人居环境。

【农村集体资产“清化收”工作】 2022年，北武当镇党委把清合同、化债务、增收入作为解决农村“三资”管理混乱、乡村债台高筑、基层无钱办事等难题的重要抓手，坚持早谋划、早开局、早推进。全年全镇共查找不规范合同492份，清理规范合同492份，合同规范率100%。清收以前年度欠款141.09万元，化解村集体债务175.33万元，收回货币金额45.33万元、资产12处、资源11937.56亩。收回村集体资产、资源年发包租赁折价收入42.82万元（土地折价13.16万元、经营性资产折价29.66万元），增加土地面积43473.34亩，农村集体资产“底清账明”。

【社会综合治理】 2022年，北武当镇党委、政府坚持以习近平新时代中国特色社会主义思想为指导，深入贯彻落实习近平总书记关于“加快推进社会治理现代化，努力建设更高水平的平安中国”指示精神，发挥党建引领作用，创新工作思路举措，全面落实社会治安综合治理各项工作。

创新基层治理。发挥党组织的引领作

用,推进网格化服务管理体系建设,解决违法修建、拖欠工资等群众关注、涉及民生、关系稳定的重大社会问题,化解各种不安定因素。全年累计受理信访案件 8 件,较上年信访总量有所下降;化解处置矛盾纠纷事件 93 起。全年无教育领域、住建领域及涉军、涉众经济型案件,未出现集中性和突发性的信访需求,社会局面呈现良好态势。

强化社会综合治理。强化高清卡口、联网报警等防控体系建设,严密防范和依法严惩各类违法犯罪行为。开展禁毒、禁赌斗争,扫除社会丑恶现象。完善 7 个村的监控并网,实现视频监控全覆盖,营造和谐稳定的发展环境。防范化解金融风险、非法集资、金融诈骗等违法犯罪行为,全年全镇无电信诈骗、养老诈骗、非法集资等案件发生。依法打击邪教破坏和境外基督教渗透,全年排查出信“全能神”的邪教人员 6 人。加大矛盾纠纷化解力度,针对于成龙故居和廉政文化园建设遗留问题及 209 国道工程改线、鸦儿崖景区旅游基础设施建设等重点项目引发的拆迁安置、征地补偿等一系列群众矛盾纠纷,落实“五包一”教育稳控措施,遏制信访增量,信访存量逐步减少。

全科网格实现多网合一。以综治网格为主,探索尝试将基层党建、社会保障、综合治理、社会救助、矛调维稳等工作统筹融合,制定《关于开展网格化管理工作的实施方案》,实现多网合一。按照便民、合理、高效的原则,结合行政管理区域划分,以 7 个行政村为基础建立网格化治理体系。全镇共建立一级网格 15 个、二级网格 19 个,各村各社区网格全覆盖、对接无缝隙。网格员做到“四必访、三必问”,确保排查上报村内矛盾纠纷精准、矛盾纠纷调处化解有效。网格员全面参与应急防火防汛、“两癌”筛查动员、社会安全维稳、校园安全保卫、民生事项代办等事务,进一步健全基层网格化管理体系。

大武镇

【巩固拓展脱贫攻坚成果同乡村振兴有效衔接】 2022 年,大武镇建立健全巩固拓展脱贫攻坚成果管理机制,促进巩固拓展脱贫攻坚成果同乡村振兴有效衔接。成立大武镇防止返贫动态监测领导小组,对脱贫不稳定户、边缘易致贫户以及因病因灾因意外事故等刚性支出较大或收入大幅缩减导致基本生活出现严重困难户,开展定期检查、动态管理,重点监测其收入支出状况、“两不愁三保障”落实情况及饮水安全状况。全年共识别“三类户”8 户 25 人,风险解除 88 户 177 人。动态监测脱贫人口收入增长情况,对增速缓慢、收入不达标的困难群体制定相应的帮扶措施,使其稳定增收。全年全镇脱贫人口人均纯收入 10961.639 元,较 2021 年增长 18.33%。

稳岗就业巩固脱贫成果有效衔接乡村振兴。2022 年各村驻村帮扶工作队了解脱贫户务工就业情况,合理利用光伏收益资金,为有劳动能力但不便外出打工的脱贫户及监测户安排公益性岗位。全镇共设置公益性岗位 937 个,县级固定公益性岗位 182 个。对跨省务工和省内县外务工“两户”劳动力给予交通补贴,跨省补贴 1500 元、跨县补贴 600 元。

【基层治理】 2022 年,大武镇召开全镇抓党建引领促基层治理能力提升行动动员会,制定《大武镇抓党建促基层治理能力提升专项行动实施方案》,开展以杨家塔村、保安村为党建引领乡村治理试点村建设。坚持问题导向,探索建立"党建+12345"工作法,打造郭家沟村、杨家塔村为全省第二阶段"三个一批重点村社"。坚持以党建为基、问题为源、人民为本、实干为要,以党的建设引领基层组织建设、以"以案促治"引领清廉村居建设、以移风易俗引领文明乡风建设、以村民自治引领乡村全面振兴。开展村级活动阵地美化、亮化、规范化的"洗脸工程",发挥村级活动阵地"政治、中心、服务"三大职能,提高村级活动场所服务水平和工作效率。

建强网格党组织。大武镇以片区为单位设立一级主网格8个,由镇班子成员(片长)担任网格长;以行政村和移民安置区为单位设立二级大网格19个(17个村、2个安置区),由村党组织书记担任网格长;以村"两委"成员所包片区设立网格47个;以村民代表10至20户联户为单位设立二级网格488个,由党员骨干或村民代表为网格员。通过制度上墙、信息入网,引导网格员参与村级服务管理,社会治理成效更加显著。创建小区物业党组织,大武一、二、三、四、七区,长申坪小区、新洞上移民安置点小区、大武谐和居小区等6个小区成立党支部,物业企业联建党支部和业主委员会。开展抓党建促基层治理能力提升"观摩亮晒"活动,发挥党建引领优势,多角度展示党建工作亮点,推动党建引领基层治理水平全面提升。

提升治理能力。以镇包片领导干部下乡进村讲党课,各村召开"抓党建促基层治理能力提升"主题党日活动。镇党委班子每周召开班子会议1次,专题学习新思想、新政策。每月开展主题党日活动和谈心谈话活动,强化党员干部初心使命和责任担当。镇班子成员和17个行政村党组织主干,参加为期3天的全县村党组织书记抓党建促基层治理能力提升专项行动专题培训;镇驻村第一书记和工作队参加为期3天的全县驻村帮扶工作专题培训;镇包村干部、村"两委"主干参加为期3天的全县巩固拓展脱贫攻坚成果同乡村振兴有效衔接专题培训;新轮换驻村干部参加为期1天的政策技能培训会。全年举办干部培训班3期,参加人数260人次。

【农村资产核实认定】 2022年,大武镇农村资产核实认定,一是理清思路,按照图斑"以地找人、以人找地"的方法,明确各村图斑红线范围内土地,不漏一寸土地、不漏一份合同。二是各村开展合同事实认定,以事实为依据,以法律为准绳,以实测为手段,有条件的村聘请第三方测绘公司对改变用途的机动地进行实测。全年认定合同725份。三是边认定、边调查、边认价、边规范,有条件的村结合市场询价召开村级"两议"认价会议,根据认价标准规范合同价格,并进行公示。全年规范合同715份,收回村待发包的土地经营权面积9084.86亩,收回经营性资产20个,收回村集体资产678.326万元。

【疫情防控】 强化组织保障。成立大武镇疫情防控工作专班、应急指挥部、外来人员排查专班,实行24小时领导带班和专人值班制度,由镇疫情防控办牵头,各村及各相关单位、企业每日对重点地区、外省返方来方人员信息进行排查上报。扛起守住交通要塞的首位责任,守好各路口防线,突出服务,构筑点、线、面结合的立体化防控工作体系。各片片长、各包村干部、各行政村主干、村医协作发力,对外省返乡人员及居家隔离人员进行管控及健康监测。优化新冠肺炎疫情防控措施,最大限度减少疫情对经济社会发展的影响。加强疫情防控知识宣传,引导广大群众落实个人防护措施,当好自己健康的第一责任人。

强化市场管控。配合市场监督部门监督国省道沿线商铺,全面调动群众监督合力。要求企业对进入厂区的货车提前核验,各网格省外返乡人员第一时间落实自主摸排上报制度,做好社会面、人流面、物流面管控。建立镇领导班子联系规模以上企业制度,发挥统战优势,听取企业意见建议,托底式帮助企业构筑发展信心,保障公共安全。

【吕梁新区建设】 安置区建设。方山安置区共建9个安置区7446套,建成项目分别是:安置一区、二区、四区、七区以及三区2栋楼(共设计5栋,2栋已分房入住)共3165套;在建项目分别是:安置三区、五区、六区、八区、九区,主体竣工。

市政基础设施建设。全年总投资17500万元,占地面积192.13亩,包括市政道路12条、广场1个、中桥1座。至年底完成总工程量的90%。

"两山"防洪建设。店坪沟治理长度2千米,全部完工,完成投资7100万元;油坊沟治理长度1.01千米,全部完工,完成投资1860万元;举人头沟东段部分,治理长度0.545千米,全部完工,总投资900万元;举人头沟西段部分治理长度1.2千米,总投资2622万元。

【农业产业】 种植业。2022年全镇推广套种玉米和套种大豆2800亩,种植青储玉米2000亩,主要分布在水沟村。东西两山大面积种植小杂粮,种植面积达8000亩。推广种植泰椒26亩。店坪村、相当村、杨家会村新建春秋大棚20座,31个村开展绿色马铃薯示范种植。及时收集上报有关农情信息,防治农作物病虫、草害,推广使用无公害农药。引导农民参加政策性农业保险。

畜牧业。2022年,大武镇检疫畜禽22800头(只),畜产品质量安全检查10次,保证畜牧业健康发展。开展重大动物疫病防控,推动养殖产业发展。春季防疫猪25160头、羊32675只、牛6803头、鸡413730只。推动肉牛和生猪产业发展,全年建设完成规模场1个、扩建完成万头以上猪场1个、修建大型化粪池2个,提高畜禽粪便的利用率,防止畜禽养殖污染。在粮改饲方面,全年种植青储玉米1050亩左右,青储7066立方米。

【弱势群体生活保障】 2022年,大武镇核实全镇范围内的特困户、重点优抚对象、重灾户,根据各村初审情况,上报镇民政所审核,镇党委会议研究,临时救助451人,救助金36.70万元。保障农村低保户、五保户、孤儿、重度残疾人基本生活,全镇城乡低保对象343人,分散供养五保对象96人、孤儿6人、一级二级重度残疾人319人,按政策兜底保障。

【汛期救灾工作】 2022年,大武镇汛期救灾,一是强化组织,落实救灾工作责任制。成立防汛工作领导小组,召开防汛工作专题会议安排部署,严格执行领导带班24小时值班制度,确保突发事件信息的畅通,落实落地防汛工作目标任务。二是主动出击,做好防汛救灾保障措施。组织相关部门查看灾情,安排专人安抚灾民,24小时监测地质灾害,控制灾情发展。三是开展宣传教育活动,提高居民防汛意识和自救能力。全年全镇排查出有安全隐患的自建房24处，大部分属临时彩钢房且主要集中在大武新区建设范围内。对其中5处下达《限期拆除通知书》，对4处贴封条停止经营。拆除存在安全隐患的违法违规经营性自建房。

【安全生产】 2022年，大武镇压实安全责任。贯彻落实《吕梁市党政领导干部安全生产责任制实施办法》，严格落实党政同责、一岗双责、齐抓共管、失职追责安全生产工作规定。

强化督查监管。2022年，大武镇按照属地管理要求，全镇召开安全生产会议4次，研究解决本地安全生产突出问题。制定并落实镇所属企业监督检查计划，打击违法违规行为。建立安全监管台帐和问题整改清单、挂牌督办清单。

落实企业主体责任。2022年，大武镇督促镇所属规模企业健全并严格落实企业安全生产全员责任制、全过程安全责任追溯制度，开展“反三违”行动，做到主体责任、安全投入、安全培训、安全管理、应急救援“五到位”。镇政府与各生产企业签订安全生产承诺书，督促各生产企业依法依规安全生产。全年累计执法检查40次，下达执法文书16份。

人　物

先进人物

高　宇　2022年7月公安部监所管理局授予“全国公安监管部门抗击新冠肺炎疫情成绩突出辅警”荣誉称号。

张晓春　2022年1月山西省信访工作联席会议办公室、山西省信访局授予“突出贡献个人”荣誉称号。

薛宇鹏　2022年1月山西省人力资源和社会保障厅、共青团山西省委授予“十佳青年志愿者”荣誉称号。

雒建红　2022年9月中共山西省纪委、山西省监察委员会颁发“在纪检监察工作中取得优异成绩,特此嘉奖”荣誉证书。

高　琦　2022年11月山西省公安厅授予“党的二十大安保维稳等重点工作省厅通报表扬对象”荣誉称号。

李　冲　2022年11月山西省公安厅授予“党的二十大安保维稳等重点工作省厅通报表扬对象”荣誉称号。

薛志君　2022年11月荣获“2022年度《人民代表报》优秀通讯员”。

高玢盼　2022年5月共青团吕梁市委授予“吕梁市优秀共青团干部”荣誉称号。

赵卫红　2022年12月吕梁市委、吕梁市人民政府授予“吕梁市教育系统先进教育工作者”荣誉称号。

薛燕兵　2022年12月吕梁市委、吕梁市人民政府授予“吕梁市教育系统先进教育工作者”荣誉称号。

赵海珍　2022年12月吕梁市委、吕梁市人民政府授予“吕梁市模范教师”荣誉称号。

王纪红　2022年12月吕梁市委、吕梁市人民政府授予“吕梁市模范教师”荣誉称号。

武平连　2022年12月吕梁市委、吕梁市人民政府授予“吕梁市模范教师”荣誉称号。

冀侯还　2022年10月吕梁市新冠肺炎疫情防控工作领导小组办公室颁发“吕梁市离石区新冠肺炎疫情发生以来,您闻风而动,挺身支援,为战胜疫情作出了积极贡献”荣誉证书。

李　宁　2022年10月吕梁市新冠肺炎疫情防控工作领导小组办公室颁发“吕梁市离石区新冠肺炎疫情发生以来,您闻风而动,挺身支援,为战胜疫情作出了积极贡献”荣誉证书。

梁永林　2022年10月吕梁市新冠肺炎疫情防控工作领导小组办公室颁发“吕梁市离石区新冠肺炎疫情发生以来,您闻风而动,挺身支援,为战胜疫情作出了积极贡献”荣誉证书。

薛利红　2022年10月吕梁市新冠肺炎疫情防控工作领导小组办公室颁发“吕梁市离石区新冠肺炎疫情发生以来,您闻风而动,挺身支援,为战胜疫情作出了积极贡献”荣誉证书。

闫亮平　2022年10月吕梁市新冠肺炎疫情防控工作领导小组办公室颁发“吕梁市离石区新冠肺炎疫情发生以来,您闻风而动,挺身支援,为战胜疫情作出了积极贡献”荣誉证书。

车彩燕　2022年10月吕梁市新冠肺炎疫情防控工作领导小组办公室颁发“吕梁市离石区新冠肺炎疫情发生以来,您闻风而动,挺身支援,为战胜疫情作出了积极贡献”荣誉证书。

任花花　2022年10月吕梁市新冠肺炎疫情防控工作领导小组办公室颁发“吕梁市离石区新冠肺炎疫情发生以来,您闻风而动,挺身支援,为战胜疫情作出了积极贡献”荣誉证书。

张建平　2022年10月吕梁市新冠肺炎疫情防控工作领导小组办公室颁发“吕梁市离石区新冠肺炎疫情发生以来,您闻风而动,挺身支援,为战胜疫情作出了积极贡献”荣誉证书。

李　静　2022年10月吕梁市新冠肺炎疫情防控工作领导小组办公室颁发“吕梁市离石区新冠肺炎疫情发生以来,您闻风而动,挺身支援,为战胜疫情作出了积极贡献”荣誉证书。

任审平　2022年10月吕梁市新冠肺炎疫情防控工作领导小组办公室颁发“吕梁市离石区新冠肺炎疫情发生以来,您闻风而动,挺身支援,为战胜疫情作出了积极贡献”荣誉证书。

雒九枚　2022年10月吕梁市新冠肺炎疫情防控工作领导小组办公室颁发“吕梁市离石区新冠肺炎疫情发生以来,您闻风而动,挺身支援,为战胜疫情作出了积极贡献”荣誉证书。

张玲玲　2022年10月吕梁市新冠肺炎疫情防控工作领导小组办公室颁发“吕梁市离石区新冠肺炎疫情发生以来,您闻风而动,挺身支援,为战胜疫情作出了积极贡献”荣誉证书。

张瑞玲　2022年10月吕梁市新冠肺炎疫情防控工作领导小组办公室颁发“吕梁市离石区新冠肺炎疫情发生以来,您闻风而动,挺身支援,为战胜疫情作出了积极贡献”荣誉证书。

刘建龙　2022年10月吕梁市新冠肺炎疫情防控工作领导小组办公室颁发“吕梁市离石区新冠肺炎疫情发生以来,您闻风而动,挺身支援,为战胜疫情作出了积极贡献”荣誉证书。

刘永平　2022年10月吕梁市新冠肺炎疫情防控工作领导小组办公室颁发“吕梁市离石区新冠肺炎疫情发生以来,您闻风而动,挺身支援,为战胜疫情作出了积极贡献”荣誉证书。

石志清　2022年10月吕梁市新冠肺炎疫情防控工作领导小组办公室颁发“吕梁市离石区新冠肺炎疫情发生以来,您闻风而动,挺身支援,为战胜疫情作出了积极贡献”荣誉证书。

李燕燕　2022年10月吕梁市新冠肺炎疫情防控工作领导小组办公室颁发“吕梁市离石区新冠肺炎疫情发生以来,您闻风而动,挺身支援,为战胜疫情作出了积极贡献”荣誉证书。

烈　士

刘泽军,男,汉族,山西方山人,2002 年 4 月出生。幼时父亲去世,3 岁时母亲改嫁,同年母亲病故,继父将其托付给奶奶抚养。2019 年 5 月入队,系浙江省杭州市余杭区钱江消防救援站政府专职消防员。入职 3 年,先后参与处置各类灭火救援任务 300 次,营救人民群众 30 人,曾荣获“杭州市消防救援支队灭火救援”二等奖。

2022 年 6 月 9 日 10 时,杭州市临平区东湖街道望梅路 588 号杭州湾建材装饰城 18 幢 2 楼杭州互动冰雪文化旅游发展有限公司发生火灾,杭州支队调派 15 个消防站、52 辆消防车、237 人赶赴现场处置。接到出动命令后,刘泽军作为钱江站头车 2 号员随警出动。到场后,刘泽军和队友们迅速做好战斗准备。在经过安全员检查后,随同指挥员及 1 名知情人在攻坚组的水枪掩护下进入建筑物内部搜救被困人员。一行 4 人通过中庭扶梯到达 2 层后发现现场通道空间狭小、浓烟很大、热辐射温度极高,刘泽军向指挥员提议让知情人指出方向后先撤离至安全区域,随后,刘泽军与攻坚组一起寻找火点、打击火势。因中庭区域火点较多,一支水枪难以开辟救生通道,此时,刘泽军发现南面主入口有 1 名埔栖站队员,便与其利用水罐车出一支水枪通过中庭东南角扶梯至二楼灭火。阵地前方的火势异常猛烈,且有向四周蔓延的趋势,火舌和高温烟气一次又一次地逼近水枪阵地,刘泽军临危不惧,准确打击火势,坚守阵地,为搜救人员创造有利条件。由于战斗时间长,指挥员安排一线战斗员适时进行轮换。面对指挥员的轮换命令,已经连续作战近一个半小时的刘泽军果断拒绝,他说:“这里情况我熟,现在用人紧张,我还能坚持!”随后在完成空气呼吸器更换后,毅然选择继续坚守在战斗岗位上。12 时许,刘泽军所在攻坚组与特勤一站消防员毛景荣所在攻坚组在二层冰场北侧中庭水枪堵截阵地相遇。当时火势已被压制,搜救通道比较清楚,考虑到第一轮搜救时该区域已发现过 1 名失联群众以及初期火灾发生时西面多名群众跳楼自救,失联群众可能在通往西侧的通道区域,若要尽快找到失联群众,需深入内部进行搜救。面对复杂的内部结构和燃烧产生的氰化物、一氧化碳等易燃易爆、有毒有害气体,刘泽军主动请缨,与特勤一站毛景荣一同入内搜救。搜救过程中,聚氢酯燃烧分解产生的易燃易爆气体,遇火源等不明因素突然发生爆燃,刘泽军失联,后被搜救发现并送至医院,经抢救无效,壮烈牺牲。

2022 年 6 月 13 日,中华人民共和国应急管理部政治部批准刘泽军为烈士,并追记一等功。

2022 年 6 月 13 日,共青团浙江省委、浙江省青年联合会追授刘泽军“浙江青年五四奖章”。

2022 年 6 月 14 日,方山县精神文明建设指导委员会决定追授刘泽军“方山榜样”称号。

2022 年 6 月 15 日,共青团吕梁市委决定追授刘泽军“吕梁五四青年奖章”。

2022 年 8 月,刘泽军入选 2022 年第三季度“中国好人榜”——敬业奉献好人。

2023 年 4 月 27 日,刘泽军被追授杭州市“忠诚卫士”称号。

附　录

文献选登

以乡村振兴加快推进农业农村现代化

中共方山县委书记　周小云

民族要复兴,乡村必振兴。习近平总书记强调:“乡村振兴是实现中华民族伟大复兴的一项重大任务。”“在向第二个百年奋斗目标迈进的历史关口,巩固和拓展脱贫攻坚成果,全面推进乡村振兴,加快农业农村现代化,是需要全党高度重视的一个关系大局的重大问题。”

实施乡村振兴战略是党和国家的重大战略部署,是一篇全面振兴的大文章,是一项系统工程,要善于抓住工作重点和关键环节,以点带面带动全面发展,在全面推进乡村振兴的新征程中,不断开创方山“三农”工作新局面,加快农业农村现代化步伐。

一、坚持科学推进,准确把握乡村振兴的正确方向

要明确总体目标。当前和今后一个时期,我们实施乡村振兴战略要坚持以习近平新时代中国特色社会主义思想为指导,深入学习贯彻习近平总书记关于实施乡村振兴战略的重要论述,深刻认识全面建设社会主义现代化国家,实现中华民族伟大复兴,最艰巨最繁重的任务依然在农村,最广泛最深厚的基础依然在农村。要真正抓实乡村振兴这个新时代“三农”工作的总抓手,紧扣“二十字”总要求,聚焦“五个振兴”总任务,健全巩固拓展脱贫攻坚成果长效机制,始终坚持农业农村优先发展,深入推进农村产业革命,持续推动传统农业向现代农业转变,以产业振兴巩固脱贫攻坚成果、带动乡村全面振兴,加快实现农业农村现代化。要强化统筹协调。处理好顶层设计与实践创新的关系,既坚决贯彻中央、省委和市委顶层设计要求,统筹各方面工作、衔接各领域政策措施,又尊重群众主体地位和基层创造性,不断提振干事创业的精气神,充分激发农民群众内生动力。处理好乡村振兴与新型城镇化的关系,充分认识到两者是实现现代化并行不悖、殊途同归的两条路径,推动乡村振兴和新型城镇化同向发力、相互促进,实现城乡互补、融合发展。处理好政府主导与市场机制的关系,既充分运用市场办法推动资源要素向乡村聚集,又发挥好政府主导作用,统筹规划制定、组织发动、政策执行、要素投入、服务保障等工作,把市场和政府“两只手”的优势都充分发挥出来,推动农业农村高质量发展。

二、坚持精准发力,加快推动乡村“五个振兴”

一要聚力巩固脱贫成果,坚决完成乡村振兴的底线任务。乡村振兴,巩固成果是前提。要用足用好用活5年过渡期内政策举措,严格落实“四个不摘”要求,对已脱贫群众“扶上马、送一程”。对“三类户”要重点监测,积极帮扶,确保动态清零;重点落实教育、水利、住建、卫健等行业主管部门的常态化工作责任,巩固“两不愁三保障”成果;做好易地扶贫搬迁后续扶持工作,在产业、就业、基础设施、公共服务等方面加大扶持力度;加强扶贫项目资产管理与监督,确保其发挥应有作用,特别是要抓好光伏收益分配资金的使用;要健全农村社会保障机制,补齐工作短板,坚决守住防贫返贫底线。

二要加快农业产业特优发展,大力推动乡村产业振兴。乡村振兴,产业兴旺是基础。要因地制宜发展壮大乡村产业。加大肉牛、生猪、中药材、设施蔬菜等特色主导产业,深入实施新型农业经营主体倍增工程,强化“链主”企业培育、专家团队服务、拳头产品打造、优势品牌创建,实现从抓生产到抓链条、从抓产品到抓产业、从抓环节到抓体系转变,贯通产加销、融合农文旅,打造一批创新能力强、产业链条全、绿色底色足、联农带农紧的农业全产业链,促进产业提档升级,把更多的产业链主体留在乡村,提升产业增收带富能力。要不断深化农旅融合发展。以示范区为牵引,推动生态、文化、旅游全领域、全方位、全链条深度融合,结合张家塔古村落开发与保护、鸦儿崖景区、农旅特色产业园、美丽宜居示范村等重点项目建设,大力发展体验式、沉浸式、互动式旅游,拓宽产业发展空间,延长产业链,提升价值链,推动乡村产业发展壮大,实现以产业发展促进乡村振兴、带动农民增收。要加快推进特色农产品品牌营销。围绕培育绿色食品、有机食品和地理标志农产品,积极开展特色农产品“三品一标”认证。进一步强化产销对接,持续在包装设计、市场营销、电子商务、产品流通等方面为农产品赋能助力,持续提升“方山肉牛”“方山本草”“一方粮川”农业区域公共品牌影响力,把优质农产品推向市场,拓展乡村产业增值增效空间,实现品牌强农,特色兴农目标。

三要集聚和培育农村优秀人才,大力推动乡村人才振兴。乡村振兴,人才队伍是关键。要下大力气引导人才“返乡下乡”,畅通技术、管理下乡通道,全面开展农村基层干部乡村振兴专题培训,实施“一村一名大学生”和“万名乡贤回乡”计划,加大农业农村优秀人才引进力度。特别要以外出务工人员、大学生、退伍军人、退休职工等为重点,打好“乡情牌”“事业牌”,不断优化干事创业环境,把有志于投身农业农村发展的各类人才引进来,让真正想为乡村振兴贡献出力的人在农村有为有位、成就事业。要大力培育“土专家”“田秀才”。深入推进“人人持证、技能社会”建设,强化高素质农民培育,发展壮大一支爱农业、懂技术、善经营的新型职业农民队伍。加强乡村农业、教育、卫生等领域专家服务基地建设,让乡村人才在项目带动和专家引领下快速成长。

四要深入推进乡村文化事业和文化产业发展,大力推动乡村文化振兴。乡村振兴,思想文化是动力。要加强乡村德治建设,坚持物质文明和精神文明一起抓,建好用好新时代文明实践中心,用群众喜闻乐见的方式培育文明新风,弘扬和践行社会主义核心价值观,既“富口袋”,又

"富脑袋"。扎实推进移风易俗,推广村级事务"阳光公开""婚事新办、丧事简办、余事不办""集中代办、帮办、联办"等社会新风尚,完善村规民约,让文明乡风、良好家风、淳朴民风成为推动发展的强大能量。要保护和传承好乡土文化。方山历史悠久,沉淀了丰富的道教文化、廉政文化、匈奴文化、红色文化,必须保护好、传承好。要充分挖掘北武当山传说等非物质文化遗产,加大对左国城遗址、张家塔民居等文物古迹、古村落的保护力度,持续办好民俗传统文化活动,让优秀传统乡土文化生生不息、代代相传。同时,要坚持保护传承和开发利用两手抓,大力推动农村文化产业发展,打造一批特色鲜明、吸引力强的精品文化旅游产品和景区景点、旅游线路。

五要加快实施美丽宜居乡村建设,大力推动乡村生态振兴。乡村振兴,生态宜居是支撑。要统筹县域城镇和村庄规划建设,科学布局乡村生产生活生态空间,分类推进村庄建设,大力实施公共服务水平提升工程,坚持医疗卫生、公共文化、社会保障、养老设施等资源向农村倾斜,推动区域基本公共服务均等化。要持续改善农村生产生活条件,高标准打造一批美丽乡村精品示范村、美丽乡村特色景观带,形成串点连线成面的乡村振兴良好态势。持续加大投入力度,促进农村道路、供水保障、清洁能源利用、数字乡村建设和村级综合服务设施提档升级。常态化制度化推进农村人居环境整治,因地制宜推进农村改厕、垃圾处理和污水治理"三大革命",全面推进美丽乡村建设。要全力推进生态保护修护工程。持续开展国土绿化行动,大力实施国家储备林、三北防护林、天然林资源修复、吕梁山生态脆弱区、退耕还林还草等一批生态保护修复工程,一体推进绿化彩化财化,巩固提升"一纵七横"绿色走廊,久久为功绿化方山,持续擦亮生态宜居的乡村底色。

六要不断提升乡村综合治理能力,大力推动乡村组织振兴。乡村振兴,组织引领是保障。要加强基层党组织建设。不断建立健全党全面领导的自治、法治、德治相结合的乡村治理体系。以提升组织力为重点,突出政治功能,全面加强以村级党组织为核心的村级组织建设,管好用好农村"两委"班子队伍,常态化抓好"五好"基层党组织建设,精准整顿软弱涣散基层党组织,持之以恒正风肃纪,廓清农村政治生态,全力打造坚强有力的基层战斗堡垒。要提升乡村基层治理水平。继续推行"四议两公开一监督",引导群众在党组织领导下进行自我管理、自我教育、自我服务和自我监督。深入推进平安乡村和"雪亮工程"建设,建立集维稳、综治、信访、法治、民生为一体的网格化服务管理模式,完善农村治安防控体系,扎实开展平安乡村建设,健全乡村矛盾纠纷调处化解机制,维护好农村社会安全稳定。

三、坚持党的领导,凝聚推动乡村振兴的强大合力

全面推进乡村振兴,事关全局、责任重大,更需要加强党的全面领导。要切实加强组织领导。坚定不移加强党对农村工作的全面领导,不断健全完善党领导农村工作的体系机制,为实现乡村振兴提供坚强的政治保障。坚持"县乡村三级书记抓乡村振兴",压实党政"一把手"第一责任人的责任,各镇党委书记和村支书要承担起前沿阵地的"指挥员"职责,躬身入局、亲力亲为,层层分解责任,一级带着一级干,让乡村振兴成为全社会的共同行动,形成推动乡村振兴的强大合力。要切实提高工作能力。各级党员领导干部要持续提升理论水平、碰撞思想火花,加强调查研究,提高解决实际问题能力,锻造“真抓实干”的过硬本领,培养造就一支懂农业、爱农村、爱农民的“三农”工作队伍,为乡村振兴夯实干事基石;要统筹兼顾好农村基层党组织建设、特色产业发展、壮大新型农村集体经济、改善农村人居环境等各方面工作;要把握政策方向,吃透基层情况,科学谋划蓝图,合理设置路径,找准契合乡村发展的优势产业和经营模式,加强生产管理、产品销售和品牌打造,引导当地群众做大、做强特色产业。要切实改进工作作风,全面推进乡村振兴,比脱贫攻坚任务更为艰巨、更为繁重,挑战性更大,必须以过硬的作风做好抓落实工作。牢记全心全意为人民服务的宗旨,以群众需求为导向,从最薄弱的环节、最突出的问题入手,从群众反映最强烈、需求最迫切的地方入手,谋划举措,排出优先序,细化作战图,脚踏实地,扎实苦干,真正为群众办实事、办好事。

经济和社会发展统计资料

2022年方山县总面积及行政区划表

	总面积		行政村、社区数(个)	自然村(个)
	平方公里	折合市亩		
全县合计	1434.1	2151150	94	169
圪洞镇	212.3	318450	16行政村3社区	32
大武镇	157.3	235950	17行政村 1社区(居委会)	31
峪口镇	165.1	247650	17	32
马坊镇	368.2	552300	15	31
北武当镇	231	346500	7	11
积翠镇	300.2	450300	18	32

2022年方山县人口分布及变动统计表

单位:人

	2019年	2020年	2021年	2022年
常住人口	114472	112486	112189	11724
#男性人口	59390	60639	60480	59814
女性人口	55082	51847	51709	51910
性别比(女=100)	107.82	116.96	116.96	115.23
城镇人口	44843	44916	45997	46660
乡村人口	69629	67570	66192	65064
城镇化率(%)	39.17	39.93	41.00	41.76
出生人口	1183	1069	623	545
死亡人口	842	626	1077	1193
出生率(‰)	7.94	9.50	5.54	4.87
死亡率(‰)	5.65	5.56	9.57	10.66
自增率(‰)	2.29	3.94	-4.04	-5.79

注:此页数据为第七次全国人口普查后的核定数据。

2002—2022年方山县地区生产总值统计表

单位:万元、元/人

按当年价格计算

年份	地区生产总值(万元)	第一产业	第二产业	工业	第三产业	人均地区生产总值(元)
2002	19626	6519	7374	5566	5733	1422
2003	25284	6423	8784	6776	10077	1812
2004	29467	6715	11853	9622	10899	2102
2005	38362	5581	16708	14581	16073	2715
2006	72127	4321	44257	41572	23549	5070
2007	94807	5588	57821	53878	31398	6621
2008	134241	6540	85612	81961	42089	9316
2009	163252	8830	109562	106902	44860	11251
2010	210559	11756	146732	142146	52071	14542
2011	269712	11567	195861	189433	62284	18970
2012	277301	12874	193004	186932	71423	20005
2013	286900	14400	193100	185600	79400	21259
2014	276712	14964	181000	174500	80748	21016
2015	229472	14675	131500	126000	83297	17820
2016	245867	15197	137900	131100	92770	19512
2017	373015	17946	252800	242900	102269	30228
2018	418259	20747	278568	265800	118944	34698
2019	501300	27589	351875	345155	121836	42944
2020	523991	40195	360459	353978	123337	46175
2021	808652	51492	623928	613836	133232	71984
2022	859147	52116	667464	659013	139567	76739

2002—2022 年方山县地区生产总值构成统计表

单位:%

年份	地区生产总值(万元)	第一产业	第二产业	工业	第三产业
2002	100.0	33.2	37.6	28.4	29.2
2003	100.0	25.4	34.7	26.8	39.9
2004	100.0	22.8	40.2	32.7	37
2005	100.0	14.5	43.6	38.0	41.9
2006	100.0	6	61.4	57.6	32.6
2007	100.0	5.9	61	56.8	33.1
2008	100.0	4.9	63.8	61.1	31.3
2009	100.0	5.4	67.1	65.5	27.5
2010	100.0	5.6	69.7	67.5	24.7
2011	100.0	4.3	72.6	70.2	23.1
2012	100.0	4.6	69.6	67.4	25.8
2013	100.0	5	67.3	64.7	27.7
2014	100.0	5.4	65.4	63.1	29.2
2015	100.0	6.4	57.3	54.9	36.3
2016	100.0	6.2	56.1	53.3	37.7
2017	100.0	4.8	67.8	65.1	27.4
2018	100.0	5	66.6	63.5	28.4
2019	100.0	5.5	70.2	68.9	24.3
2020	100.0	7.7	68.8	67.6	23.5
2021	100.0	6.4	77.2	75.9	16.4
2022	100.0	6.1	77.7	76.7	16.2

2020—2022年方山县地区生产总值构成项目

单位:万元

指　　标	2020年	2021年	2022年
地区生产总值	523991	808652	859147
1. 农、林、牧、渔业	41965	53423	54125
2. 工业	353978	613836	659013
3. 建筑业	6481	10092	8451
4. 批发和零售业	5890	6631	7008
批发业	1237	1430	1427
零售业	4653	5201	5581
5. 交通运输、仓储和邮政业	13226	14811	13965
6. 住宿和餐饮业	1753	2171	2127
住宿业	215	243	224
餐饮业	1538	1928	1903
7. 金融业	13760	13911	14745
8. 房地产业	19644	21181	21351
9. 其他服务业	67294	72596	78362
营利性服务业	20726	22308	23655
非营利性服务业	46568	50288	54707
第一产业	40195	51492	52116
第二产业	360459	623928	667464
第三产业	123337	133232	139567

注:2020年数据为2021年底调整后数据;2021年后数据为季报数据。

2021—2022 年方山县住户收入和消费支出统计表

单位:元,%

指　　标	全　　体			
	2021 年	2021 增幅	2022 年	2022 增幅
全县人均可支配收入	12737	9.8%	13707	7.6%
工资性收入	8216	8.0%	9234	12.4%
经营净收入	1402	16.1%	1605	14.5%
财产净收入	316	3.3%	325	2.8%
转移净收入	2803	13%	2543	-9.3%
全县人均消费支出	8063	8.2%	8388	4.0%
食品烟酒	1980	17.4%	2334	17.9%
衣着	661	3.1%	689	4.2%
居住	1865	30.6%	1951	4.6%
生活用品及服务	461	12.7%	461	0.0%
交通通信	655	20.8%	805	22.9%
教育文化娱乐	1019	1.2%	961	-5.7%
医疗保健	1306	-21.9%	1044	-20.1%
其他用品和服务	116	73.1%	143	23.3%
城镇人均可支配收入	25877	7.3%	27430	6.0%
工资性收入	16720	7.4%	18083	8.2%
经营净收入	3067	19.6%	3808	24.2%
财产净收入	1086	4.6%	1128	3.9%
转移净收入	5004	1.2%	4411	-11.9

续表

指　　标	全　　体			
	2021 年	2021 增幅	2022 年	2022 增幅
城镇人均消费支出	14272	0%	13864	-2.9%
食品烟酒	3348	15.3%	3730	11.4%
衣着	1458	12.8%	1212	-16.9%
居住	2918	30.8%	3352	14.9%
生活用品及服务	919	32.6%	857	-6.7%
交通通信	1150	11.5%	1373	19.4%
教育文化娱乐	1798	-2.2%	1298	-27.8%
医疗保健	2417	-41.7%	1832	-24.2%
其他用品和服务	264	92.7%	210	-20.5%
农村人均可支配收入	6737	11.7%	7330	8.8%
工资性收入	4360	8.3%	5056	16.0%
经营净收入	652	6.4%	681	4.4%
财产净收入	34	-17.1%	32	-5.9%
转移净收入	1691	25.3%	1561	-7.7%
农村人均消费支出	4890	15.5%	5352	9.4%
食品烟酒	1258	19.5%	1527	21.4%
衣着	340	-1.4%	418	22.9%
居住	1250	30.3%	1207	-3.4%
生活用品及服务	249	-3.9%	266	6.8%
交通通信	401	29.4%	502	25.2%
教育文化娱乐	685	14.5%	699	2.0%
医疗保健	652	-3.4%	634	-2.8%
其他用品和服务	55	52.8%	99	80%

2022年方山县粮食作物生产统计表(反馈数)

指　　标	播种面积（亩）	产　　量（吨）	单　　产（公斤/亩）
粮食作物	190704.47	51110.33	286
一、谷物	128871.55	43772.01	339.7
1. 小麦			
2. 玉米	112986.84	40693.95	360.2
3. 谷子	8641.48	1162.02	134.5
4. 高粱	3827.46	1563.44	408.5
5. 其他谷物	3314.7	352.6	106.4
#燕麦(莜麦)			
荞麦	25.5	2.82	110.6
二、豆类	20410.32	1543.9	75.6
1. 大豆	14001.24	804.85	57.5
2. 其他杂豆	6409.08	739.05	115.3
#绿豆	108.21	8.33	76.97
红小豆	756.53	30.55	40.4
三、薯类(鲜薯)	41422.6	28972.06	699.4
1. 马铃薯	41187.88	28802.57	699.3
2. 甘薯	234.72	169.49	722.1

2022 年方山县经济作物生产统计表

指　标	播种面积（亩）	产　量（吨）	单　产（公斤/亩）
经济作物	34664.7		
一、油料	3223.7	322.5	100
1. 花生	136	19.6	144.1
2. 油菜籽	10	0.9	90
3. 芝麻			
4. 胡麻籽 54	5.4	100	
5. 葵花籽	3023.7	296.6	98.1
6. 其他油料			
二、棉花			
三、中草药材	4655	990.56	212.8
四、蔬菜及食用菌	9588.1	17454.8	1820.5
五、瓜果类	193	353	1829
六、其他农作物	17004.9		
#青饲料	17004.9		
七、特种农作物			
花卉			
鲜切花(百支)			
盆栽观赏植物(盆)			
#盆栽花(盆)			
香料原料			
#花椒			
补充资料:饲料用青贮玉米面积	6746.5		

注:盆栽观赏植物包括盆景。

2022 年方山县蔬菜及食用菌、瓜果、中草药材生产统计表

指　标	播种面积（亩）	产　量（吨）	指　标	播种面积（亩）	产　量（吨）
一、蔬菜及食用菌	9588.1	17454.8	西红柿	1179.8	1985.4
1. 叶菜类	141.3	139.1	8. 葱蒜类	622.3	473.6
#芹菜	15.3	18	#大葱	394.3	385.7
油菜	39	29.6	蒜头	217.2	67.9
菠菜	47.3	64.4	葱头		
香菜	39.7	27.1	韭菜	2.3	3.7
2. 白菜类	85	92.5	9. 水生菜类		
#大白菜	85	92.5	#莲藕		
3. 甘蓝类	287.7	470.5	10. 其他蔬菜	1091	405.6
#茴子白	270.3	458.6	#黄花菜	117	12.5
紫甘蓝			芦笋	974	393.1
菜花	8.9	5.3	11. 食用菌（干鲜混合）		1051.9
西兰花	0.5	0.1	（1）干品		
4. 根茎类	204.1	264.9	#香菇		
#白萝卜	31.3	26.3	黑木耳（干品）		
胡萝卜	172.8	238.5	（2）鲜品		1051.9
生姜			#蘑菇		959.3
5. 瓜菜类	3083.4	10495.3	二、瓜果类	193	353.1
#黄瓜	198.5	179.5	#西瓜	121	262
南瓜	146.9	121.8	香瓜（甜瓜）	70	87.5
西葫芦	2733	10191.3	草莓	2	3.6
冬瓜	5	2.5	三、中草药材	4655	990.56
6. 豆类（菜用）	1211.6	1062.2	#人参		
#豇 豆			甘草		
四季豆	1211.6	1062.2	枸杞		
7. 茄果类	2861.7	2999.2	黄芪		
#茄 子	139.9	82.7	党参		
辣 椒	1542	930.2	生地		

2022年方山县茶叶、水果及食用坚果生产统计表

指　标	年末果园面积(亩)	产　量(吨)	指　标	年末果园面积(亩)	产　量(吨)
一、园林水果	1882.5	246.7	9. 沙果		
1. 苹果	366	89.7	10. 其他园林水果	1004.6	29.3
2. 梨	136	31.2	二、食用坚果		6046.2
3. 桃	37	3.7	1. 核桃	31023	6017.9
4. 杏	144	8.6	2. 板栗		
5. 猕猴桃			3. 松子		
6. 葡萄	83.9	48	4. 仁用杏	28.3	
7. 红枣	111	36.2	5. 其他		
8. 柿子					

2022年方山县设施农业生产统计表

指　标	播种面积(亩)	产量(吨)
一、蔬菜	303.2	511.7
# 芹菜		
油菜	2	1.4
菠菜	1.8	1.3
黄瓜	6.5	2.9
西红柿	183.5	411.2
生姜		
辣椒	19.5	8.8
其他蔬菜	89.9	86.2
二、瓜果类	22	15.6
# 草莓	2	3.6
三、花卉苗木	1.8	
四、食用菌(干鲜混合)		1051.9
1. 干品		
2. 鲜品	1051.9	
# 蘑菇		959.3
五、其他作物	17	
设施园林水果	17	4.8

续表

指　标	设施数量(个)	设施农业占地面积(亩)	实际使用面积(亩)
合计	371	496.2	365.8
1. 连栋温室	2	8.6	8.6
2. 日光温室	238	304.7	248.9
3. 大棚	131	182.9	108.3

1991—2022年方山县工业产品产量统计表

年份	原煤（吨）	洗煤（吨）	水泥（吨）	生铁（吨）	白酒（千升）	铝土矿（吨）	工业取水量（万立方米）
1991	69900		12200	1200	1884		
1992	100500		18000	3549	2140		
1993	124300		18400	10460	2131		
1994	127800		17400	5860	1039		
1995	151460		15467	7200			
1996	169938		8500	990	1016		14
1997	185206		16300	15100	1350		4.3
1998							128.86
1999							5.75
2000							
2001	9849		65300	12530	721		
2002	9426		84000	30250	750		
2003	17254		46000	25033			
2004	1098578		61376	31694			50.4
2005	3292664		110662	69941			
2006	2481365	755345	48743	34900			203.64
2007	3363994	1154148	172765.5	43828.35			118.15
2008	3486530	2383805	220136.1	70577			57.18
2009	3754258	2855372	247202.1	67640.5		227.4	
2010	3970488	3069032	360508	70838		75.52	
2011	4698084	4221734	225743	59162	1884		
2012	4153957	3956543	255370	76635			
2013	4689137	4214809	290980	65227			59.9
2014	7827149	5372379	218991	48950			126.1
2015	7692458	3983999					102.4
2016	6045677	2974824		25366			52.21
2017	6967038	3426140			238	231872.84	109.02
2018	7104058	3319016		6686	123.6	109755	98.51
2019	7073300	5537000				88000	121.72
2020	8372500	5806200					95.86
2021	7316100	6696100					104.74
2022	6736400	6968100					97.4

2022 年方山县规模以上工业企业主要经济指标统计表

单位：万元

分组	代码	企业单位数（个）	亏损企业（个）	资产总计	主营业务收入	利税总额	从业人员年平均人数（万人）
一、按登记注册类型分组：	1						
内资企业	2	24	5	1669669.6	1412720.1	361102.2	6268
国有企业	3	0	0	0	0	0	0
集体企业	4	0	0	0	0	0	0
股份合作企业	5	0	0	0	0	0	0
联营企业	6	0	0	0	0	0	0
有限责任公司	7	7	1	1452333.5	888168.9	356364.9	5280
国有独资公司	8	1	0	81376.5	8162.4	3024.1	26
其它有限责任公司	9	6	1	1370957	880006.5	353340.8	5254
股份有限公司	10	0	0	0	0	0	0
私营企业	11	17	4	217336.1	524551.2	4737.3	988
私营独资企业	12	0	0	0	0	0	0
私营股份有限公司	13	1	0	2440.7	2001.5	151.6	19
私营有限责任公司	14	16	4	214895.4	522549.7	4585.7	969
其他企业	15	0	0	0	0	0	0
港、澳、台商投资企业	16	0	0	0	0	0	0
外商投资企业	17	1	0	29462.6	13741	15.5	146
二、按行业大中小类分组	18						
采矿业	19	13	3	1491616.4	1356746.3	354733.2	5696
煤炭开采和洗选业	20	13	3	1491616.4	1356746.3	354733.2	5696
有色金属矿采选业	21						
制造业	22	9	2	87843.6	54077.3	1086.2	572
食品制造业	23	1	0	4395.4	1042.7	79.8	9
非金属矿物制品业	24	6	2	52593.6	30685.7	763.8	343
金属制品业	25	2	0	30854.6	22348.9	242.6	220
电力、热力、燃气及水生产和供应业	26	3	0	119672.2	15637.5	5298.3	146
电力、热力生产和供应业	27	3	0	119672.2	15637.5	5298.3	146

1991—2022 年方山县固定资产投资统计表

年份	固定资产投资(万元)	#住宅	新增固定资产(万元)	房屋施工面积(万平方米)	#住宅	房屋竣工面积(万平方米)	#住宅
1991	355					560	
1992	568					6346	
1993							
1994							
1995							
1996	3904					4084	
1997							
1998	3282					17976	
1999	2742					7886	
2000	2047						
2001	2141					5191	
2002	2080					11400	
2003	1945					10718	
2004	23552					28182	
2005	65084					25834	
2006	82154						
2007	115688						
2008	121399						
2009							
2010							
2011	148599		899740	74501		11686	
2012	121314	1883	109304	124570		61870	
2013	142146	8288	234087	1085219	590595	68543	23508
2014	167466	73646	160806	1293761	1154168	125429	34335
2015	232394	16918	136032	168916	130266	141116	10666
2016	246846	131328	167599	1194959	89484	45787	15084
2017	108366	17786	69206	158032	130333		
2018	130972	12344	22387	161123	119633	531	300
2019	137392	6059	26784	279457	240681	100	
2020	165403	12650	70245				
2021	304961	18915	23744				
2022	473336	49257	46398				

注:1. 1991-2000 年面积指标包括城镇和农村个人建房。
2. 2001-2005 年面积指标包括城镇工矿区私人建房,不包括农村个人建房。
3. 2006-2009 年面积指标仅包括城镇投资、非农户投资。
4. 本资料 2009 年以前全社会固定资产投资包括跨地市项目。
5. 2010 以后数据不包括跨地市项目和个人建房。

2021—2022 年方山县 500 万元以上投资完成情况对比表

单位:万元

指标名称	总计		增幅	地方		增幅
	2021 年	2022 年	(%)	2021 年	2022 年	(%)
一、计划总投资						
1. 计划总投资	577285	989630	71.4	574184	987579	72
其中:本年新开工项目	95396	212596	122.9	92295	211946	129.6
二、本年完成投资(或自年初累计完成)	174152	200100	14.9	170654	199233	16.7
其中:住宅	18915	49257	160.4	18915	49257	160.4
1. 按登记注册类型划分						
内资企业	170864	195093	14.2	167366	194226	16
国有企业	132450	163397	23.4	128952	162530	26
有限责任公司	24624	23602	-4.2	24624	23602	-4.2
国有独资公司	15085	13461	-10.8	15085	13461	-10.8
其他有限责任公司	9539	10141	6.3	9539	10141	6.3
股份有限公司	601		-100	601		-100
私营企业	9943	7169	-27.9	9943	7169	-27.9
私营独资企业						
私营有限责任公司	9943	7169	-27.9	9943	7169	-27.9
外商投资企业						
外资企业						
2. 按建设性质						
新建	152375	187391	23	148877	186524	25.3
扩建(改建)	4321	3199	-26	4321	3199	-26
改建和技术改造	14252	8145	-42.9	14252	8145	-42.9
3. 按构成分						
建筑安装工程	167072	183216	9.7	165688	182349	10.1
设备工器具购置	6329	9582	51.4	4215	9582	127.3
其中:购置旧设备						
其中:用于更新的设备						
其他费用	751	7302	872.3	751	7302	872.3
其中:房屋建筑物购置费	150	0	-100	150	0	-100
其中:建设用地费	357	3809	966.9	357	3809	966.9
4. 按国民经济行业分						
(一)农、林、牧、渔业	23118	26106	12.9	23118	25549	10.5
农业	2081	4229	103.2	2081	4229	103.2
林业	7238	8333	15.1	7238	7776	7.4
畜牧业	13799	13544	-1.8	13799	13544	-1.8
渔业						
农、林、牧、渔服务业						
(二)采矿业	3870	1409	-63.6	3870	1409	-63.6
煤炭开采和洗选业	3870	1409	-63.6	3870	1409	-63.6

续表 1

指标名称	总计		增幅	地方		增幅
	2021 年	2022 年	(%)	2021 年	2022 年	(%)
(三)制造业	3288	2899	-11.8	3288	2899	-11.8
农副食品加工业						
非金属矿制品业	3288	2379	-27.6	3288	2379	-27.6
金属制品业	0	520	* * *		520	* * *
(四)电力、热力、燃气及水的生产和供应业		6838	* * *		6838	* * *
电力、热力的生产和供应业		3609	* * *		3609	* * *
燃气生产和供应业		3229	* * *		3229	* * *
水的生产和供应业						
(五)建筑业						
房屋建筑业						
土木工程建筑业						
建筑安装业						
建筑装饰和其他建筑业						
(六)批发和零售业	603	385	-36.2	603	385	-36.2
批发业						
零售业	603	385	-36.2	603	385	-36.2
(七)交通运输、仓储和邮政业		3393	* * *		3393	* * *
铁路运输业		1919	* * *		1919	* * *
道路运输业		1474	* * *		1474	* * *
(八)住宿和餐饮业		469	* * *		469	* * *
住宿业		469	* * *		469	* * *
餐饮业						
(九)信息传输、软件和信息技术服务业						
电信、广播电视和卫星传输服务业						
互联网和相关服务业						
软件和信息技术服务业						
(十)金融业						
货币金融业						
资本市场业						
保险业						
其他金融业						
(十一)房地产业	35071	69546	98.3	35071	69546	98.3
房地产业	35071	69546	98.3	35071	69546	98.3
(十二)租赁和商务服务业	22044	6157	-72.1	19290	6157	-68.1
租赁业						
商务服务业	22044	6157	-72.1	19290	6157	-68.1
(十三)科学研究和技术服务业						

续表 2

指标名称	总计		增幅	地方		增幅
	2021 年	2022 年	(%)	2021 年	2022 年	(%)
研究与试验发展						
专业技术服务业						
科技交流和推广服务业						
(十四)水利、环境和公共设施管理业	10357	30548	195	10357	30548	195
水利管理业						
生态保护和环境治理业		21032	* * *		21032	* * *
公共设施管理业	10357	9516	-8.1	10357	9516	-8.1
(十五)居民服务、修理和其他服务业		2293	* * *		2293	* * *
居民服务业		2293	* * *		2293	* * *
机动车、电子产品和日用产品修理业						
其他服务业						
(十六)教育	62932	27809	-55.8	62932	27809	-55.8
教育	62932	27809	-55.8	62932	27809	-55.8
(十七)卫生和社会工作	5401	10144	87.8	4657	9834	111.2
卫生	4657	3922	-15.8	4657	3922	-15.8
社会工作	744	6222	736.3		5912	* * *
(十八)文化、体育和娱乐业	7468	12104	62.1	7468	12104	62.1
新闻和出版业						
广播、电视、电影和影视录音制作业						
文化艺术业	3598	4114	14.3	3598	4114	14.3
体育						
娱乐业	3870	7990	106.5	3870	7990	106.5
(十九)公共管理、社会保障和社会组织						
中国共产党机关						
国家机构						
人民政协和民主党派						
社会保障						
群众团体、社会团体和其他成员组织						
基层群众自治组织						
(二十)国际组织						
国际组织						
三、本年新增固定资产	23744	46398	95.4	23099	45841	98.5
四、项目个数(个)						
1. 施工项目个数	38	74	94.7	36	72	100
其中:本年新开工	19	36	89.5	17	35	105.9
2. 本年投产项目个数	9	26	188.9	8	25	212.5
五、房屋建筑面积(万平方米)						
本年施工房屋面积						

续表3

指标名称	总计		增幅	地方		增幅
	2021年	2022年	(%)	2021年	2022年	(%)
其中:住宅						
本年竣工房屋面积						
其中:住宅						
本年竣工房屋价值						
其中:住宅						
六、本年资金来源合计						
1. 上年末结余资金	21184	26526	25.2	21184	26526	25.2
2. 本年资金来源小计	111203	166033	49.3	109503	165433	51.1
(1)国家预算资金	39967	37950	-5	39967	37350	-6.5
其中:中央预算资金	7041	600	-91.5	7041	0	-100
(2)国内贷款	40150	85843	113.8	40150	85843	113.8
(3)债券	0	5033	* * *	0	5033	* * *
(4)利用外资	3300	0	-100	3300	0	-100
其中:外商直接投资						
(5)自筹资金	17195	31192	81.4	15495	31192	101.3
其中:企、事业单位自有资金						
其中:股东投入资金						
其中:借入资金						
(6)其他资金来源	10591	6015	-43.2	10591	6015	-43.2
七、各项应付款合计	51785	42709	-17.5	49987	42399	-15.2
其中:工程款	22361	21607	-3.4	22361	21297	-4.8
新能源发电	0	3609	* * *		3609	* * *
民间投资	23329	18604	-20.3	23329	18604	-20.3
工业技改	3420	1929	-43.6	3420	1929	-43.6
道路建设	0	1474	* * *		1474	* * *
市政设施管理	8772	7959	-9.3	8772	7959	-9.3
产业类	30879	38106	23.4	30879	37549	24.6
八、征用和购置土地情况						
规划用地面积						
本年实际征用和购置土地面积						
本年实际征用和购置土地成交价款						
九、控股情况						
1. 国有控股	147535	182221	23.5	144037	181354	25.9
2. 集体控股						
3. 私人控股	19633	17679	-10	19633	17679	-10
4. 港澳台商控股						
5. 外商控股	3288		-100	3288		-100
6. 其他	3696	200	-94.6	3696	200	-94.6
十、企业技术改造投资						

2022 年方山县社会消费品零售总额统计表

单位:万元

	1-12 月	上年同期	增长速度(%)
社会消费品零售总额	107527.7	107313.1	0.2
一、按销售单位所在地分			
1. 城镇	76315.5	77202.1	-1.1
其中:城区	61052.4	61761.6	-1.1
2. 乡村	31212.2	30111	3.7
二、按消费形态分			
1. 餐饮收入	7034.6	7020.5	0.2
2. 商品零售	100493.1	100292.6	0.2

供稿单位撰稿人名单

县委系统

撰稿人	供稿单位
薛伟业　刘勇呈	中共方山县委办公室
李保平	方山县人民代表大会常务委员会办公室
任丽军	政协方山县委员会办公室
闫新明	中共方山县纪律检查委员会 方山县监察委员会
王兆雄	中共方山县委组织部
付雯倩	中共方山县委统一战线工作部
胡晓晓	中共方山县委机构编制委员会办公室
于　琪	中共方山县委巡察工作办公室
张　楠	中共方山县委老干部局
王　吉	方山县总工会
高玢昕	共青团方山县委
薛亚男	方山县妇女联合会
杜文娟	中共方山县委党校
慕小红	方山县工商业联合会
冯新明	方山县科学技术协会
王慧慧	中共方山县委党史研究室
吕　莹	方山县档案馆

政府系统

撰稿人	供稿单位
薛子慧	方山县人民政府办公室
李　丹	方山县民政局
王丽芳	方山县人力资源和社会保障局
薛永忠	方山县医疗保障局
赵亚楠	方山县退役军人事务局
郝建苗	方山县行政审批服务管理局
杜云云	方山县信访局

杨　勇	方山县残疾人联合会
马永建	方山县项目推进中心
刘　瑞	方山县招商引资服务中心
苏美芳	吕梁新区建设(方山)服务中心
赵宇芳	方山生态文化旅游示范区管理委员会
郭思桐	方山县红十字会

教育系统

王志芳　高　强	方山县教育科技局
薛连璟	山西省广播电视大学方山县工作站
秦荣平	方山县高级中学
顾永莉	方山县第一中学校
孙国平	方山县第二中学校
肖建全	山西省贺龙中学
闫卫星　崔永平	方山县职业中学校
赵　凤	方山县城内小学
杨娟娟	方山县城内第二小学
杜续珍	方山县机关职工幼儿园
刘芳芳	方山县机关第二幼儿园
秦志花	方山县机关第三幼儿园

政法系统

杜文华	中共方山县委政法委员会
张利锋	方山县公安局
李　玮	方山县人民检察院
薛小磊	方山县人民法院
吴　珊	方山县司法局
王　靖	方山县公安局交通警察大队

宣传系统

高亭亭	中共方山县委宣传部
高丽丽	方山县融媒体中心
刘永平	方山县文化和旅游局

郭　佩　　山西省新华书店集团吕梁有限公司方山分公司
赵艳红　　方山县文学艺术界联合会
高宏武　　吕梁市北武当山风景名胜区管理中心

发改系统

张侯平　　方山县发展和改革局
李　伟　　方山县住房和城乡建设管理局
王慧慧　　方山县统计局
薛翠平　　吕梁市生态环境局方山分局
冯秀英　　方山县城乡建设综合服务中心

卫生系统

李中锋　　方山县卫生健康和体育局
任云琴　　方山县人民医院
张小翠　　方山县中医院
王志云　　方山县疾病预防控制中心
王侯玲　　方山县妇幼保健计划生育服务中心

农委系统

冯　雷　　方山县农业农村局
刘建平　　方山县水利局
刘庆林　　方山县林业局
王利珍　高彤彤　　方山县自然资源局
高永进　　方山县畜牧兽医中心
芦育明　　方山县现代农业发展服务中心
李佳佩　　方山县乡村振兴局
王文婷　　方山县扶贫开发投资有限公司
高武兵　　山西省方山县气象局

工业和信息化系统

赵海婷　　方山县工业和信息化局
薛志永　　方山县交通运输局

吕海燕	方山县财政局
李　斌	方山县应急管理局
张候涛	方山县审计局
崔笑笑	国家税务总局方山县税务局
张树荣	方山县市场监督管理局
李　伟	方山县供销合作社
张雅娟	方山县中小企业服务中心
崔文中	中国银行保险监督管理委员会吕梁监管分局方山监管组
白卫明	山西省方山公路管理段
李　宁	方山县电子商务和数据应用服务中心
薛志鹏　王潇雅	中国农业银行股份有限公司方山县支行
严　厉	中国人民银行方山县支行
闫　冬	中国建设银行股份有限公司方山支行
李国华	山西方山农村商业银行股份有限公司
兰海生	中国邮政储蓄银行股份有限公司方山县支行
雒雄伟	中国邮政集团有限公司山西省方山县分公司
任　文	山西地方电力有限公司方山分公司
武　斌	中国联合网络通信有限公司方山县分公司
兰正江	中国移动通信集团山西有限公司方山县分公司
张永海	中国电信股份有限公司方山分公司
崔鹏阳	中国人民财产保险股份有限公司方山县支公司
任　宇	中国人寿财产保险股份有限公司方山县支公司
刘勤勤	中国人寿保险股份有限公司方山县支公司
刘彦宏	中国石化销售股份有限公司山西吕梁方山石油分公司
薛海波	方山县烟草专卖局
王孝楠	方山县消防救援大队

重点企业

王鹏飞	山西焦煤霍州煤电集团吕梁山煤电有限公司
杨宏伟	山西方山汇丰新星煤业有限公司
牛卫华	山西方山金晖瑞隆煤业有限公司
胡建军	山西方山金晖凯川煤业有限公司
吕燕龙	山西庞泉重型机械制造有限公司
赵　中	山西新星冶炼集团有限公司
杜红霞	方山县庞泉煤焦有限公司

李二东	山西天玉粮油食品有限责任公司
潘　森	国电电力山西新能源开发有限公司马坊风电场
王建星	晋能清洁能源光伏发电(方山)有限公司
李艳辉	方山县鑫运煤业有限公司
张海军	方山县绿华园建筑材料有限公司
刘文海	方山县金泽煤焦有限公司
王翔翔	方山县聚源选煤有限公司
闫　芳	方山县德润煤焦有限公司
王　佩	方山县山兴混凝土工程有限公司
刘耀文	山西方利砼业股份有限公司
闫斌斌	吕梁市鸿澜矿山支护设备有限公司
武佩佩	方山县日昇贸易有限公司
杨小红	吕梁市同宇砼业有限公司
刘兴民	山西吕梁山矿产品有限公司
赵李刚	吕梁全顺达煤业有限公司
翟秀梅	方山县鑫欣选煤有限公司

农业龙头企业

秦　勇	方山县宏康牧业有限责任公司
赵静静	方山县垚鑫生态养殖有限责任公司
刘海珍	方山县丰茂农业有限公司
李建国	山西山外香食品有限公司
于　晨	山西泓盛农业科技有限公司
薛平燕	方山县野林生物科技有限公司
刘彩峰	山西华森农业开发有限公司

镇

吕　婧	马坊镇
冯丽娜	积翠镇
李栋梁	圪洞镇
刘晋阳	峪口镇
杨　勇	北武当镇
李建文	大武镇